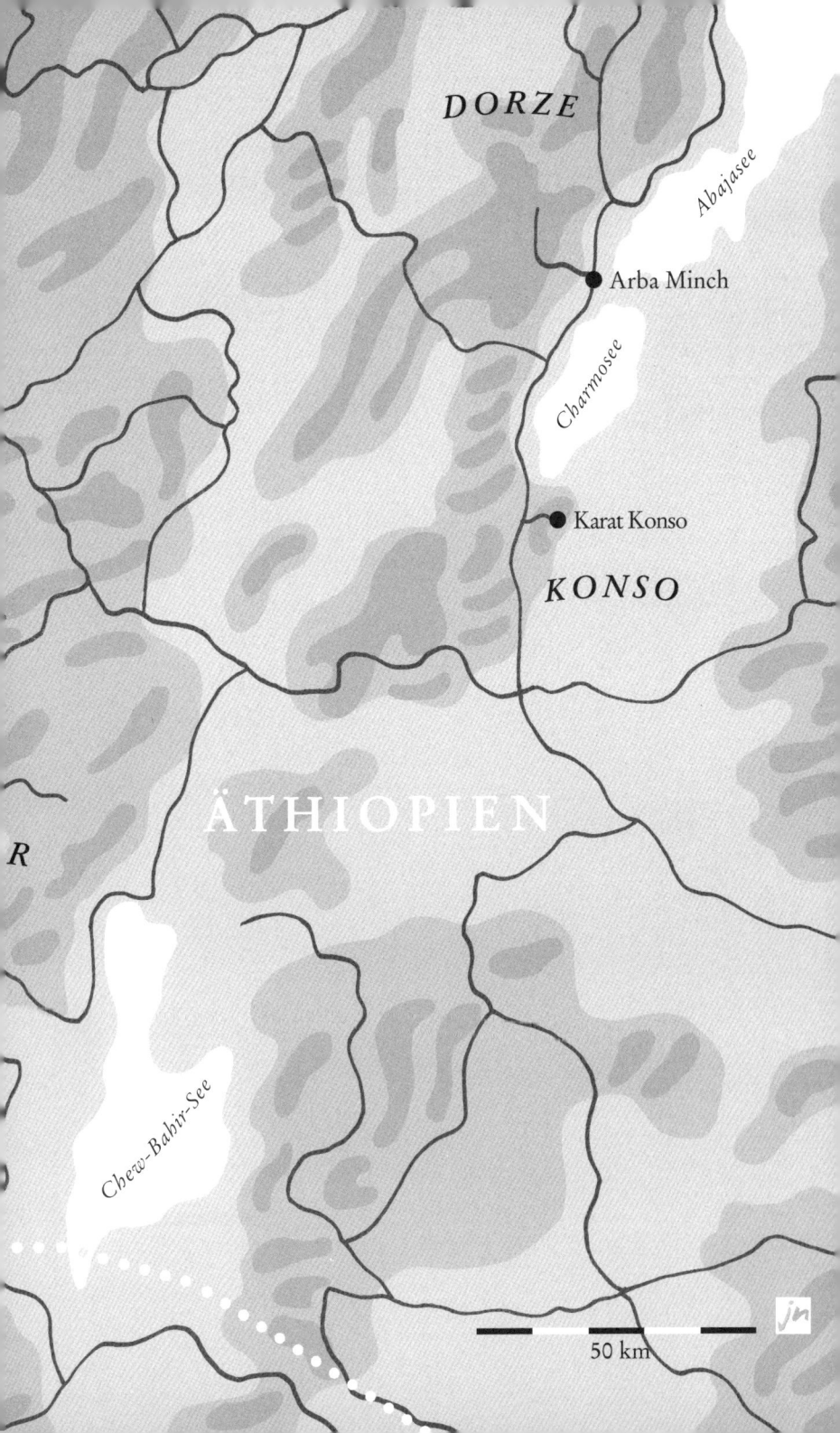

Matthias Politycki

Alles wird gut

Chronik eines vermeidbaren Todes

Roman

Hoffmann und Campe

1. Auflage 2023
© 2023 Hoffmann und Campe Verlag, Hamburg
www.hoffmann-und-campe.de
Umschlaggestaltung: Lisa Busch © Hoffmann und Campe
Umschlagabbildung: © Piotr Marcinski / Arcangel
Karten im Vor- und Nachsatz: Johannes Nawrath
Satz: Dörlemann Satz, Lemförde
Gesetzt aus der Stempel Garamond LT
Druck und Bindung: GGP Media GmbH, Pößneck
Printed in Germany
ISBN 978-3-455-01584-3

Ein Unternehmen der
GANSKE VERLAGSGRUPPE

Da war sie wieder! Auf ihrer Schulter die verknoteten Enden eines weißen Tuchs, es fiel ihr bis übers Knie, die andre Schulter nackt, die Arme nackt bis auf Dutzende dünner Messingreife, einer am andern, vom Handgelenk fast bis hoch zum Ellbogen. Überaus nackt und glänzend der glattrasierte Schädel, ein paar Kreise aus raspelkurz gestutztem Haar als Verzierung da und dort. Anstelle des Ohrläppchens ein großer, leerer Reif aus Haut und Knorpel. Wie gerahmt darin die Halssehne. Das alles von der späten Nachmittagssonne so überdeutlich ausgeleuchtet, daß er's nie würde vergessen können, dessen war sich Trattner sogleich gewiß. Als sie ihm das Gesicht zuwandte, kam auch ihr andres Ohr zum Vorschein, und mit dieser Drehung des Kopfes verwandelte sie sich von der Fremden, die ein paar Meter entfernt vor einer der Baracken stand, verwandelte sich in die Frau, bei deren Anblick ihm heut schon mal das Herz ausgesetzt hatte.

Das andre Ohr war zur Hälfte abgerissen, sie war's.

Unwillkürlich hatte er innegehalten, gebannt wie vor Stunden schon einmal, nur war jetzt kein Weraxa an seiner Seite, der ihn hätte anstoßen, auslachen, davonführen können. Und Kokordi war schon mit Bargudu weitergegangen, weil sie beide Durst hatten und Trattner eine weitere Kneipe zeigen wollten.

Da war sie wieder. Trattner hatte sie am Morgen gesehen, kurz nachdem die Männer das Blut aus dem Hals eines Rindes getrunken hatten. Erst hatten sich ein paar Jungen Gesicht und Hände mit Asche eingerieben, die eifrigsten mit Kuhfladen. Immer mal wieder stiegen sie auf die Rücken der Tiere, sahen sich um und um und um, als suchten sie das Dickicht nach Gefahren ab, sprangen wieder herunter. Der kleinste hatte die Aufgabe, die Wachhunde zu verscheuchen. Dann spülten sie ihre Plastikbehältnisse mit Rinderurin, um sie vor dem Melken zu reinigen, meist Mineralwasserflaschen, die sie knapp unterm Verschluß aufgeschnitten hatten. Um Trattner kümmerte sich keiner, er hatte Muße, die verschieden geschmückten Tiere zu betrachten. Manchen hatte man die Hörner zusammengebunden, damit die Spitzen nach innen wuchsen, alle hatten sie verschieden breite Kerben in den Ohren, Markierungen ihrer Besitzer. Bei einem der Rinder waren beide Ohren durchgehend gezackt, man hatte seinen Kopf mit farbigen Bändern geschmückt und mit den Hauern eines Warzenschweins: das Lieblingstier des Besitzers, Bargudus Augen hingen an ihm mit Wohlgefallen.

Nach dem Melken befreite man die Kälber aus ihrem Gehege und ließ sie in den Kral zu den Muttertieren. Laut schnalzten die Jungen mit den Zungen, erzeugten auf diese Weise verschiedne Töne, mit denen sie Rind um Rind herbeiriefen, beruhigten, wegschickten; so suchten sie eines aus, von dem sie heute trinken wollten. Milch gab's auch für kleine Kinder, Frauen und Alte, Blut nur für Männer und Jungen – indem sie's tranken, waren die Jungen fast schon Männer. Zu dritt hielten sie schließlich eine Kuh fest und banden ihr die Halsschlagader mit einem Seil ab. Einer packte die Kuh an Ohr und Unterkiefer, ein zweiter an Schwanzansatz und Hinterbein, der dritte am Rückenhöcker, mit der andern Hand bedeckte er das Auge des Tiers, das auf den Schützen gerichtet war. Dieser, ein Mann und gleichfalls nackt – um die Hüften lief ihm locker eine Schnur –, kniete sich etwa zwei Meter entfernt hin, schoß einen Pfeil gerade so fest ab, daß die Halsschlagader angeritzt wurde und das Blut hervorsprang. Der kleinste Junge fing den Strahl in einer Schale auf. Es hörte sich an wie das muntere Sprudeln eines Bächleins. Als die Schale randvoll war, wurde das Seil, mit dem die Ader des Rindes abgebunden war, kurz über die Wunde gelegt, es genügte, um sie zu verschließen. Ein Mann reichte Trattner die Schale, als Gast hätte er die Ehre gehabt, den ersten Schluck zu nehmen. Trattner übergab sie sofort an Weraxa, der an seiner Statt trank, erstaunlich lange. Danach wanderte die Schale von Mann zu Mann, von Junge zu Junge. Den letzten Rest bekamen die Hunde, nachdem einer seine Ferse in einen frischen Kuhfladen geschlagen hatte, um einen Napf für das Blut zu formen.

Die ganze Zeit war Bargudu am Eingang des Geheges gestanden und hatte alles mit kritischem Blick überwacht. Nun forderte er die Jungen auf, ein Lied zu singen. Sie taten's und klatschten dazu den Rhythmus, es klang lustlos. Doch es mußte sein, als Dorfältester trug Bargudu dafür Sorge, daß Trattner all das zu sehen bekam, was Weraxa bei ihm bezahlt hatte. Trattner war einer der wenigen, die's bis Surma Kibish geschafft hatten; die meisten scheuten den weiten Weg und beschränkten ihre Neugier auf Völker, die auf der andern Seite des Omo lebten, nach ein paar Stunden fuhren sie weiter. Dieser hier war offensichtlich kein gewöhnlicher Tourist, er war mit seinen zwei Begleitern auf eigne Faust gekommen. Einen Kilometer flußaufwärts hatten sie ihre Zelte aufgeschlagen, gleich hinter der Bananenplantage, direkt am Ufer des Kibish, und man tat bestimmt gut daran, sie im Auge zu behalten.

So jedenfalls versuchte sich Trattner, Bargudus Verhalten zu erklären und seine Gegenwart erträglicher zu machen. Er hatte ihn von Anfang an nicht gemocht. Aus seinen Worten wurde man nicht schlau und aus seinem starren Blick erst recht nicht. Am liebsten hätte Trattner auch noch dafür bezahlt, daß Bargudu einfach verschwand, aber im Gegenteil, er war auf seinen Schutz angewiesen und auf sein Wohlwollen.

Mittlerweile folgten sie dem Trampelpfad zu einem der drei Dörfer, die rund um Surma Kibish lagen, Kokordi vorneweg, Trattner, wie es seine Art war, als letzter. Im dichten Gebüsch war der Weg fast nicht zu erkennen, Trattner mußte aufpassen, seinen Vordermann nicht aus dem Blick zu verlieren. Surma Kibish selbst war nichts weiter als eine Ansammlung von ein paar Bretterbuden. Hier hatte sich niedergelassen, wer mit den Suri Geschäfte machen wollte; angesichts dessen, daß rundum nur Wildnis war, konnte es vielleicht als Handelsstation gelten. Am Rand der Siedlung war von der Regierung eine Schule errichtet worden, in die keine Schüler gingen, weil man die Kinder auf dem Feld oder bei der Herde brauchte; in ihrer Nähe eine kleine äthiopisch-orthodoxe Kirche, in der sich abends all die zum Singen trafen, die mit den Göttern der Suri gebrochen und die Traditionen verraten hatten. So jedenfalls hatte Weraxa das genannt. Wenige Kilometer entfernt verlief die Grenze zum Südsudan, aus dem die Flüchtlinge und die Schmuggler kamen. Sie brachten Waffen, die nach Beendigung des Bürgerkriegs nicht mehr gebraucht und hier umso dringlicher erwartet wurden, auf daß man nach alter Väter Sitte Rinder rauben, Dörfer plündern oder Blutrache ausüben konnte.

Bald hatte sich das Dickicht gelichtet und gab den Blick frei auf vereinzelte Baumkronen und einen blassen Himmel dazwischen. Der Pfad führte durch Gebüsch, vorbei an den ersten Rundhütten, davor wurde gerade gefrühstückt. Überall sprangen Kinder auf und liefen Trattner nach, bis sie von Weraxa oder Mulugeta verscheucht wurden. So abrupt das Dorf vor ihnen aufgetaucht war, so schnell lag's auch wieder hinter ihnen, und der Kibish war zu durchschreiten. »*Watch, watch, watch carefully!*« warnte Kokordi, fragte dann aber gar nicht erst und trug Trattner huckepack durchs Wasser. Er versank bis zur Hüfte und schwankte kein bißchen. Am andern Ufer ging der Pfad durch mannshoch stehendes Gras sanft hügelan. Wenn sich Trattner umdrehte, blickte er weit über die Savanne, deren Büsche und Baumkronen sich aus dieser Perspektive zu einem grünen Teppich zusammenfanden, der alles andre darunter verbarg: das Suri-Land, geschützt vom Kranz der Berge wie die Rundhütten durch ihre Einfriedung aus Dorngestrüpp. Völlig unvermutet war das nächste Dorf erreicht. Gestern abend hatte Trattner schon einiges von Kokordi über die Suri erfahren und darüber, was er heute zu sehen bekommen würde. Dennoch erschrak er regelrecht, als sich plötzlich eine Art Dorfplatz vor ihm auftat. Er wurde erwartet.

In völliger Stille wurde er vieldutzendfach erwartet, ausschließlich von Frauen und Kindern. Fast alle hatten sich geschminkt und geschmückt. Auch Bargudus zweite Frau war darunter, vielleicht dreißig Jahre alt, sie hatte bereits rotgeäderte Augäpfel, wie man sie vom regelmäßigen Qat-Kauen bekam, und deutlich hellere Haut als alle andern. Ihr Lippenteller war unglaublich groß, die meiste Zeit hielt sie mit dem Zeigefinger von unten dagegen, als einzige der Frauen trug sie Sandalen. Ihren Mann überragte sie um Hauptesslänge, neben ihr wirkte er in seinen roten *Adidas*-Shorts und dem olivgrünen Sakko samt Phantasieorden auf eine lächerliche Weise traurig, auf eine traurige Weise lächerlich. Sie hingegen, eine Art *Second Lady* von Surma Kibish, hatte sich einen dicken Kranz an Ketten um den Hals gelegt, Ketten aus grünen, orangen, weißen Plastikperlen, deren die andern Frauen allenfalls eine oder zwei trugen, nicht wenige nur eine bloße Schnur. Jeden der Gäste begrüßte sie mit

Handschlag, Trattner erschrak, so fest drückte sie zu. Dann ließ sie nicht etwa los, sondern drückte ein weiteres Mal zu, ein drittes Mal. Feierlich schritt sie von Trattner zu Weraxa und von Weraxa zu Mulugeta, schwang dabei mit dem Kopf leicht nach links, nach rechts. Die Lippenplatte klatschte bei jedem Schritt auf den Brustansatz, das Antilopenkleid knarzte, der Klang des Reichtums.

Als nächste kam Bargudus Tochter an die Reihe. Sie war das einzige Kind aus seiner Ehe mit der Hauptfrau, und so trat sie auch auf. Immer wieder strich sie sich über Brüste, Beine, Hüften, zwischendurch bohrte sie zwischen den Zähnen, Bargudus Augen hingen an ihr mit Wohlgefallen. Unvermittelt bot sie Trattner an, ihm den Kopf zu lausen. Als er nicht auf sie reagierte, widmete sie sich Weraxa. Schon bald durfte der die verschiednen Ziernarben an ihrem Körper mit der Fingerspitze nachfahren.

Ein paar wenige Männer, gehüllt in blauschwarz gemusterte Decken, wie man sie allerorts in Surma Kibish sah, hielten sich abseits, als gehörten sie nicht dazu. Ohnehin würden sie nach verbrachter Nacht bei ihren Familien jetzt wieder in die Savanne und zu den andern gehen, um die Wasserstellen gegen die Herden der Feinde zu verteidigen. Einige hatten die Mündungen ihrer Kalaschnikows mit bunten Bändern geschmückt, jeder hielt seinen Kampfstock in der Hand, senkrecht neben dem Körper auf der Erde abgestellt oder geschultert wie eine Lanze.

Kaum einer interessierte sich für Weraxa oder Mulugeta, die aus dem Norden kamen wie die Händler und genauso aussahen, niemand für Kokordi. Aller Augen waren auf Trattner gerichtet. Bargudu sprach ein paar Worte zu den Dorfbewohnern, wahrscheinlich erinnerte er sie daran, seinen Gast nicht um Geld anzubetteln, wenn der sie fotografieren sollte, weil auch dafür schon bezahlt war. Er sprach erstaunlich leise. Als er aufgehört hatte, schwiegen alle auf dieselbe erwartungsvolle Weise weiter, in der sie Trattner entgegengeschwiegen hatten. Sie regten sich nicht, ein Tableau vivant, sie waren da.

*

Oh, sie waren da. Vor allem Kinder, unglaublich viele Kinder, die Gesichter – bei den meisten auch die Oberkörper – in Ocker, Weiß und einem blassen Braunrot so bemalt, daß sie aufgrund ihrer Streifen und Sprenkel an Hyänen gemahnten. Andre aufgrund ihrer Punkte an Leoparden. Obwohl es Kinder waren, ging etwas Bedrohliches von ihnen aus, sie hatten sich offenbar in Tiere verwandelt, in rätselhafte, gefährliche Tiere. Einige der größeren Jungen hingegen hatten auf Gliedern und Brustkorb die entsprechenden Knochen mit weißer Farbe aufgemalt, sie hatten sich in Tote verwandelt, in unheimliche, gewiß böse Tote. Wenn sie wenigstens gelärmt und gelacht hätten! Aber im Gegenteil, sie lauerten. Auf dem gesamten Dorfplatz herrschte eine angespannte Stille, selbst Mulugeta, der sonst immer eine unpassende Bemerkung beisteuerte oder wenigstens den Schrei einer Katze, den Schrei eines Raubvogels, nestelte verlegen am Kopftuch und zog an seinen Rasta-Zöpfchen.

Die ersten, die sich immerhin wieder bewegten, waren die alten Frauen. Mit Brüsten, die ihnen als bloße Hautzipfel bis zum Bauchnabel herabhingen, hockten, lagerten und lümmelten sie am Rand des Tableaus. Eine von ihnen begann, einem Baby den Kopf so penibel mit einer Rasierklinge zu scheren, bis er wie blankgescheuert blitzte, die Rasierklinge hielt sie dabei locker zwischen Daumen und Zeigefinger. Andre rauchten aus wasserpfeifenartig anmutenden Kalebassen oder schmierten ihre herabhängenden Unterlippenwülste mit Vaseline ein. Gelangweilt zogen sie die Lippenwülste in die Länge und immer weiter in die Länge, bis sie so straff gespannt waren, daß Trattner fest damit rechnete, sie würden im nächsten Moment zerreißen.

Erst jetzt bemerkte er die jungen Frauen, die sich hinter der Kinderschar gruppiert hatten, die Gesichter auf ähnliche Weise bemalt wie die der Kinder – schwarze Tupfen auf weißem oder gelbem Grund, weiße Tupfen auf brauner Haut. Die meisten trugen ihre Ohrteller und einige auch Lippenteller. Nur die jüngsten hatten ungeschlitzte Lippen, man sah, wie voll sie waren, wenn man sie nicht der Tradition opferte, vom selben Tiefdunkelbraun wie ihre Haut. Oh, auch die Frauen hatten sich auf beklemmende Weise in Tiere verwandelt, auch von ihnen ging etwas Bedrohliches aus. Gleichzeitig jedoch – und vielleicht ja nur deshalb, weil's junge Frauen waren – ein Zauber, für den Trattner keine Worte hatte, etwas, das auf eine schreckliche Weise schön war und auf eine schöne Weise schrecklich.

Nun bewegten sich die jungen Frauen ebenfalls, einige schminkten sich mit Hilfe kleiner Taschenspiegel nach. Fast alle hatten sie Unterschenkel und Unterarme mit Aluminium- oder Messingringen bekleidet, ausnahmslos alle trugen sie ihre Schädel nackt bis auf verschiedene Ornamente aus Haarstoppeln, selbst die Augenbrauen waren abrasiert und die Wimpern ausgerissen. Eine hatte ein Blumengesteck auf dem Kopf; eine andre, die reichlich Ziernarben zwischen den Brüsten und auf dem Bauch präsentierte, einen Zweig mit kleinen Blättern und großen bananenartigen Früchten, deren eine ihr wie eine Tolle in die Stirn hing; die dritte einen Haufen blitzender Metallrollen, die wie eine Perücke aus Lockenwicklern und, zusammen mit ihrem riesigen hölzernen Lippenteller und dem weißen Umhang, dem völlig weiß geschminkten Gesicht, besonders unheimlich wirkten. Trattner glaubte zu beobachten, daß alle einen gewissen Abstand zu ihr hielten, vielleicht war sie eine Schamanin.

Am Rand der letzten Reihe stand eine Frau, die ihn unverwandt anblickte, das Gesicht weiß bemalt, mit schwarzen Tupfen darauf wie das der Frau daneben. Die Partien um die Augen hatte sie mit Ocker bestrichen, das wie ein Rahmen um ihre dunklen Augenhöhlen lag. Auf diese Weise wirkte zwar auch sie fremd und gefährlich, doch das tierhaft Bedrohliche war eher Dekoration und unterstrich die Gleichmäßigkeit ihrer Gesichtszüge, statt sie zu verzerren und zu verrätseln. Obwohl sie nicht mehr zu den ganz jungen Frauen gehörte – sie mochte Ende zwanzig sein –, hatte sie unversehrte Lippen, schon das machte sie zu etwas Besonderem. Als sie den Kopf kurz zu ihrer Nachbarin wandte, sah Trattner, daß der untere Teil ihres Ohrs abgerissen war. Dort, wo bei den andern Frauen ein Reif aus Haut und Knorpel den Ohrteller umfaßte, hing ihr vom hintersten Rand der Ohrmuschel ein dünner Rest des Ohrläppchens herab. Trattner konnte den Blick nicht von ihr wenden. Schließlich ließ ihm Bargudu durch Kokordi ausrichten, er solle sich endlich unter sie begeben, die sich seinetwegen so herausgeputzt hätten. Weil Trattner nicht verstand oder verstehen wollte, zog ihn Kokordi an der Hand zu den Kindern, die ihn gleich in ihre Mitte nahmen. Weraxa hob sein Handy, »*Cheese, Joe*«, doch da ließ Mulugeta sein dunkles Grollen hören, mit dem er in den Bergen schon riesige Blutbrustpaviane in die Flucht geschlagen hatte. Er sprang, anhaltend grollend, auf die Kinder zu, die kreischend auseinanderfuhren. Gleich kam freilich ein Junge zurück, mit weichen, gedehnten Bewegungen ging er geduckt auf Mulugeta zu wie ein kleines Raubtier, fauchte mutig gegen ihn an, und Mulugeta brach in sein großes Gelächter aus. Der Bann war gebrochen.

Da es nun ernst wurde mit dem Gruppenfoto, setzte sich Trattner die Sonnenbrille auf, so fiel's ihm leichter. Sofort wollten ein paar Jungen die Brille haben, im Getümmel wäre er fast umgerissen worden. Einer der Jungen – er hatte sich Gesicht und Körper komplett weiß bestrichen – zerrte so zudringlich an ihm, bis ihm Trattner die Brille überließ. Sie war viel zu groß für sein Gesicht, eine weiße Sportbrille mit orangerot verspiegelten Gläsern, die schon oft für Aufsehen gesorgt und Trattner einigen Respekt eingebracht hatte. Der Junge drückte demonstrativ die Brust raus und erstarrte zum Motiv, Weraxa fotografierte, Mulugeta keckerte, irgend jemand aus der Versammlung keckerte zurück.

Schon hatte indes ein andrer Junge die Brille an sich gerissen und wollte damit fotografiert werden. Die Brille ging von Junge zu Junge, erst spät trauten sich auch die Mädchen, zupften Trattner vergleichsweise zart von hinten am Hemd. Kaum hatte sich ein Mädchen die Brille aufgesetzt, riß sie der Junge wieder an sich, der sie als erster für sich reklamiert hatte, es begann eine Balgerei, jeder gegen jeden. So schnell sie jedoch begonnen hatte, wurde sie von der Frau mit dem halben Ohr, ausgerechnet von ihr, auch schon beendet. Sie drängte sich an Trattner vorbei, packte den Jungen, der die Brille mit beiden Händen umklammerte und, an die Brust gepreßt, vor ihr und den andern schützte, packte ihn am Genick und drückte so fest zu, daß er sich vor Schmerz krümmte. Sie schimpfte nicht mit ihm, drückte nur zu, und der Junge, er schrie nicht auf, stöhnte nicht mal, bleckte nur die Zähne in seiner Pein und krümmte sich noch tiefer. Stumm wichen die andern Kinder zurück, das Spiel war beendet.

Wie kann sie eine solche Kraft haben, dachte Trattner, und sie auch an dem Kleinen auslassen? Sie drehte seinen Kopf in ihre Richtung und blickte ihn an. Der Kleine gab die Brille frei, die Frau – noch immer hielt sie ihn mit der Rechten fest im Griff – reichte sie an Trattner weiter. Der Anflug eines Lächelns huschte ihr übers Gesicht, eine wortlose Entschuldigung. Doch als das Lächeln verflogen war, sah sie ihn immer noch an. Und sein Herz blieb stehen.

*

Da war sie also wieder! Und mit diesem Blick, mit dem sie alles so unglaublich festhielt wie mit ihrer Hand. Einen Trattner allemal, der selbst in Aksum und in Addis nichts hatte anbrennen lassen, jedenfalls bis die Sache mit Lena passiert war. Da war sie wieder, die Frau mit dem Ohr, und nun, da sie die Farben des Morgens ab- und ein weißes Tuch umgelegt hatte, ging nichts Bedrohliches mehr von ihr aus, geblieben war ihr nur die Schönheit. Auch sie hatte ihn erblickt und lächelte ihm zu. Keineswegs flüchtig, ihr Gesicht strahlte. Als es nichts mehr zu lächeln gab, hielt sie den Blick weiter auf Trattner gerichtet, sah ihn so ernst und fest an wie vor wenigen Stunden schon mal, und jetzt – erst jetzt – stand ihm das Herz erneut still. Wie sie sich von der Bretterwand löste und tatsächlich, barfüßig leicht und in ihrem weiten Gewand fast zart, tatsächlich auf ihn zukam, begann sein Herz wieder zu schlagen, schnell und hart bis hinauf in den Hals und die Schläfen.

Je näher sie kam, desto kleiner erschien sie ihm und schließlich, wäre sie nicht so sehnig gewesen, fast zierlich. Schon stand sie vor ihm, ihre großen Zehen ragten leicht nach innen, wie bei allen Suri, aber nur leicht, es konnte als apart durchgehen. Nicht mal »Tscharli« sagte sie, was auf Suri »Willkommen« hieß, so viel war Trattner schon beigebracht worden, sie sah ihn nur an. Dann legte sie ihm, noch immer wortlos, den Arm um die Hüften, zog ihn mit festem Griff an ihre Seite und ging los.

Oh ja, sie ging los, ging den Weg einfach weiter, den er ihretwegen unterbrochen, ging mit ihm durch dieses späte Licht des Tages und schräg über den an die zwanzig, dreißig Meter breiten Erdstreifen, der als Hauptstraße von Surma Kibish gelten mochte – weiter oben, wo Markt abgehalten und Handykarten verkauft wurden, voller Menschen, hier bereits von Gras bewachsen, von Bäumen gesäumt, dann wieder von weiteren Hütten mit Wellblechdächern. Direkt dahinter die Savanne, hügelan, hügelab, irgendwo verborgen vielleicht ein weiteres Dorf, einen Tagesmarsch entfernt oder zwei und eingefaßt vom Panorama der Berge, überragt vom staubgrauen Himmel.

All das, was Trattner bis eben noch mit rastloser Aufmerksamkeit beäugt hatte, nahm er kaum mehr wahr. Berge, Büsche, Bäume, Baracken waren zur bloßen Kulisse zusammengeschnurrt; was ihm noch am Morgen so fremd und abweisend entgegengestanden, daß er's immer wieder als bedrohlich empfand, floß ihm zu etwas Malerischem zusammen. Die Frau an seiner Seite ging mit ihm schräg über die Hauptstraße, zielstrebig führte sie ihn dorthin, wo sich Bargudu und Kokordi gerade anschickten, in einer etwas größeren Baracke zu verschwinden. Und immer hielt sie ihn dabei so entschieden im Arm, als wäre sie seit je seine Begleiterin, ja Gefährtin, sie ging mit ihm vorbei am Laden, vor dem sie gerade noch gestanden hatte, im Eingang ein Stapel bunter chinesischer Plastikschüsseln, ging vorbei an einem weiteren Laden, davor ein paar Säcke Reis und ein Haufen Macheten. Trattner wagte es nicht, seinerseits den Arm um sie zu legen, nicht mal um ihre Schulter, vielleicht stimmte ja irgendwas nicht mit ihr. Eine Frau kam ihnen entgegen, ihr Baby auf dem Rücken, sie zog eine ihrer Brüste hoch bis zur Schulter, so daß sie ihr Kind im Gehen stillen konnte. Ein alter Mann blieb stehen, starrte, auf einem Ast kauend, erst ungläubig den Fremden, anschließend dessen Begleiterin an. Im letzten Moment, da sie fast schon an ihm vorbeigehen wollten, streckte er Trattner die Hand entgegen, vielleicht um ihn willkommen zu heißen und dabei um ein paar Birr anzuschnorren. Aber wie hätte ihm Trattner die Hand reichen, wie hätte er stehenbleiben können? Ein weiterer Laden, diesmal auf der andern Straßenseite (Hemden, verschiedne Kekssorten, Plastiktütchen mit Gewürzen), und noch immer hielt sie ihn mit festem Griff an ihrer Seite, als wären sie ein Paar. Freilich eines, wie es sie allenfalls in Addis geben mochte und selbst dort nur rund um die Uni, noch nie hatte Trattner in diesem Land ein Paar gesehen, das Arm in Arm auf der Straße ging. Und bei den Suri, wo Frauen und Männer weitgehend getrennt lebten, schon gar nicht.

Auch Kokordi hatte ein solches Paar noch nicht gesehen. Als er sich vor der Kneipe nach Trattner umwandte, rief er der Frau gleich etwas zu, das nicht freundlich klang. Trattner spürte, wie ihr Griff nur noch entschlossener wurde. Schon rannte ihnen Kokordi entgegen, permanent schimpfend, Trattner nahm er gar nicht mehr wahr. Kaum daß er die Frau erreicht hatte, riß er sie von Trattner weg, stieß sie mit beiden Händen von ihm fort, so laut schimpfend, daß sich die Passanten umdrehten, einige blieben stehen. Schon wieder war Trattner wie gelähmt, er konnte nicht mal die Hand heben und machte keinen Mucks.

Die Frau sei betrunken gewesen, erklärte Kokordi, als er sie so weit weggeschubst hatte, etwa bis zur Mitte der Hauptstraße, daß sie keine Anstalten mehr machte, zu Trattner zurückzukommen. Bargudu dulde es nicht, daß seine Gäste belästigt würden.

Schon klar, dachte Trattner, schon klar. Kokordi tat nur seine Pflicht, er war ihm von Bargudu nicht bloß als Übersetzer, sondern auch als Beschützer zugewiesen worden und als Aufpasser. Aber, dachte Trattner, aber.

Widerstrebend folgte er ihm, alle paar Schritte blieb er stehen und sah sich um. Die Passanten waren weitergegangen, die Frau stand reglos in der Mitte der Straße und blickte ihm nach.

Weraxa hatte ihm eingeschärft, daß ein Besuch bei den Suri nur möglich sei, wenn er sich an die Gesetze halte, und daß Gesetz immer das war, was Bargudu gerade bestimmte. Bevor er die Kneipe betrat, blickte er sich noch einmal um, sah, wie die Frau, barfüßig leicht und wiegenden Schrittes, auf der gegenüberliegenden Straßenseite unter einem Dach verschwand, das zwei Baracken miteinander verband. Sie ging so zügig, als hätte sie die Sache schon vergessen und den Heimweg angetreten.

»Wahnsinn«, sagte Trattner halblaut vor sich hin, und als ihn Kokordi fragend anblickte, übersetzte er für ihn: »*What's her name?*«

»*Nasedi*«, sagte Kokordi, noch immer voll Abscheu, »*but here everybody calls her Natu.*«

*

Die Kneipe sah von innen aus wie jene, die sie zuerst besucht hatten, und war genauso voll. Ein fensterloser Verschlag, der sich überraschend tief nach hinten ins Dämmerdunkle verlor, am Ende eine Türöffnung, die zurück ins Helle führte. Rund um einen Plastikeimer saßen die Gäste dichtgedrängt auf dem Boden, durch die Bretterritzen fiel noch genug Licht, um zu erkennen, daß sie schon alle betrunken waren. Entsprechend laut wurden sie, als sie Trattners gewahr wurden, streckten ihm ihre Hände entgegen, die er der Reihe nach schütteln mußte. Einer teilte ihm mit der Schöpfkelle einen tüchtigen Schluck Hirsebier aus dem Eimer zu, den er, wie jeder, direkt aus der Kelle nehmen mußte. Aufmerksam beobachteten sie, ob er den dickflüssig trüben Willkommenstrunk hinunterschluckte. Kokordi nahm ihn bei der Hand und zog ihn ans andre Ende der Kneipe, da gebe es eine Terrasse, da sei's schöner. Jetzt war Trattner dankbar, daß ihm Kokordi den Weg vorgab, in der Tiefe des Raums nahm er nur schemenhaft die Gäste wahr, die sich auf dem Boden drängten, und fand kaum einen freien Fleck, um den nächsten Schritt zu setzen. Nicht einmal einen Tresen schien's zu geben.

Die Terrasse war nichts weiter als ein ausgetrocknetes Stück Erde, von zahllosen feinen Rissen durchzogen, an den Seiten markiert mit grob behauenen und entrindeten Stämmen, die ein Wellblechdach trugen, eingefaßt rundum mit dünnen Holzstangen und darunter einer blauen Plastikplane, die eine Art Brüstung darstellten. Überall an Stämmen und Stangen lehnten Gewehre, büschelweise auch Kampfstöcke, jeder über zwei Meter lang und aus dem gleichen hellen Holz geschnitzt, gerade so dick, daß man ihn fest mit der Hand umfassen konnte. Der Zaun hatte eine Lücke, sie diente als Zugang vom Weg, der parallel zur Hauptstraße verlief. Hatte diese schon fast ausgestorben gewirkt, war's hier noch überraschend belebt, Frauen schleppten pralle Beutel, Körbe, Säcke, dazu meist auch, im Tragetuch, einen Säugling auf dem Rücken. Sie hatten's eilig und hielten den Blick fest geradeaus gerichtet.

Auf der andern Seite des Wegs begann der Busch, für einen wie Trattner eine undurchdringlich grüne Wand, vereinzelt von Baumkronen überragt. Die Gäste, ausschließlich Männer, saßen ebenso gedrängt wie im Innenraum, allerdings auf schmalen Brettern, die als Sitzbänke dienten, Tische gab's keine. Einige der Gäste hielten ihren Stock selbst hier noch in der Hand oder hatten ihn schräg an ihre Schulter gelegt. Außerhalb der Einzäunung lagerten Frauen grüppchenweise auf der Erde. Sie waren keinen Deut weniger betrunken als die Männer.

Am Rand der Terrasse, vor der Sitzbank direkt am Weg, die aufgrund der umlaufenden Stangen als einzige eine Lehne hatte, wartete Bargudu. Als er Kokordi und Trattner kommen sah, befahl er den Männern auf der Bank mit einer Handbewegung,

Platz zu machen. In dieser Kneipe gab's nicht nur Mais- oder Hirsebier aus dem Trog, sondern auch Flaschenbier; mit der nächsten Handbewegung schickte er Kokordi zurück ins Dunkel des Schankraums, Flaschen beizubringen. Fast gleichzeitig griff er sich Trattner und zog ihn zu seinem Platz. Während er sich neben ihm niederließ, hielt er ihn hartnäckig fest.

Nun saßen sie, Hand in Hand, mit dem Rücken zum Weg, mit dem Blick auf alle, die sich hier eingefunden hatten. So farbenfroh sich Frauen und Kinder präsentiert hatten, so unspektakulär wirkten die Männer. Alle trugen sie kurze Hosen und über der rechten Schulter die übliche blaue Plastikdecke mit dem schwarzen Linienmuster, die linke Schulter nackt. Im Grunde unterschieden sie sich nur durch die Haarornamente, mit denen ihre ansonsten glattgeschornen Schädel geschmückt waren; ein einziger trug ein rundes Hütchen und golden blitzende Ohrringe. Unverhohlen bestaunten sie den Fremden. Weil jedoch Bargudu neben ihm saß, sprach ihn keiner an, Trattner konnte ihre Blicke ebenso unverhohlen erwidern. Je länger er's tat, desto angenehmer, ja fast beruhigend wollte ihn das ganze Arrangement anmuten: Männer, in blaue Decken gehüllt, auf schmalen Sitzbänken nebeneinander aufgereiht, untermalt von gleichmäßigem Gemurmel. Dahinter, in der Türöffnung, jetzt wieder Kokordi, in seinem Muskelshirt mit den giftgelbgrünen Bündchen an Hals- und Armausschnitten fast selbst wie ein Fremder.

Er sei eingeladen, ließ Bargudu wissen. Trattner tat so, als wäre er darüber hocherfreut. Es war *Bedele Beer* und warm, auf dem Etikett schwarzweiß ein meerkatzenartiges Äffchen, es hockte auf einem grünen Ast, und auf dem Kronkorken saß noch eines. Kokordi ließ die Kronkorken einfach zu Boden fallen, Trattner hob schnell einen auf und steckte ihn ein.

Bevor sie alle drei mit den Bierflaschen anstießen, mußte er die Hand des Mannes schütteln, der ihm gegenüber saß und dann auch gleich einen Zug aus der Flasche wollte, es war der Bogenschütze von heut morgen. Anschließend war er es, der Trattners Hand festhielt. Über den Vorfall auf der Hauptstraße war Bargudu bereits im Bilde und ließ wissen, die Frau sei betrunken gewesen. Jeder kenne sie, leider sei sie viel zu oft betrunken, um nicht zu sagen, ständig.

So hat sie eigentlich nicht gewirkt, dachte Trattner, fragte aber lieber, ob alle, die er hier vor sich sehe, etwa nicht betrunken wären.

Das seien schließlich Männer, erklärte Bargudu, die Frauen parterre schienen nicht zu zählen. Und dann redete er so lange, daß Trattner gar nichts andres übrigblieb, als ihn zum wiederholten Mal zu mustern – das Wasserbein, das überm Knöchel angeschwollen war, den dicken kleinen Zeh, der ihm zwischen den orangefarbenen Plastikriemen seiner Sandale seitlich herausgerutscht war, wie hatte er das übersehen können? Eine Weile betrachtete er Bargudus Nägel, die Nagelbetten leuchteten auffallend hellrosa hindurch, die zahlreichen Narben auf seinem zerdellten Schädel, und immer wieder sah er ihm in die Augen, starr blickten sie geradeaus, die Augäpfel fast rot, so lange schon war er dem Qat verfallen.

Trattner wußte, daß Bargudu gar nicht der Dorfälteste war, als der er sich hatte vorstellen lassen, wahrscheinlich weil er's gegenüber Besuchern als passend empfand. In Wirklichkeit war er der Regenmacher, also entschieden wichtiger als jeder Dorfälteste und weit über Surma Kibish hinaus eine große Nummer. Aus dem Gesang und dem Flug der Vögel konnte er die Zukunft lesen, wo andere Sandalen werfen oder die Eingeweide geschlachteter Tiere befragen mußten. Er konnte die Feldfrüchte vor Heuschrecken schützen und sein Volk vor Epidemien, er konnte die Feinde der Suri verfluchen und das Schicksal jedes einzelnen lenken, wie es ihm beliebte – er war Herr über Leben und Tod. Auch wenn Trattner nichts von alldem glaubte, er hatte sich zu hüten.

Dann kratzte sich Kokordi an seiner Schußwunde, die Narbe lief ihm schräg übern Unterarm, und übersetzte, hörte gar nicht mehr damit auf. Trattner hatte von Anfang an den Verdacht gehabt, daß Kokordi nur das von Bargudus Ausführungen vermittelte, was er für richtig hielt, und ansonsten dazugab, was er selber dachte. Vor allem wiederholte er die wichtigen Wörter, nicht selten ganze Sätze, Trattner hörte bald nicht mehr richtig zu und beobachtete stattdessen die Gäste. Die meisten saßen nur da und taten nichts, immer mal wieder stand einer auf, um sich seine aufgeschnittne Plastikflasche im Schankraum neu befüllen zu lassen, und Kokordi redete noch immer:

»… unser Leben ist gut und schlecht. Bevor solche wie du hierherkamen, hatten wir kein Geld. Geld ist gut, wenn der Magen leer ist, aber es ist auch schlecht. Mit Geld kaufen die Menschen Alkohol. Er ist gut, wenn deine Frauen, sagen wir, ein Fest machen wollen, sobald sie das Haus gebaut haben. Er ist schlecht, weil sie auch an allen andern Tagen trinken, und dann gehorchen sie nicht mehr und wollen mit fremden Männern schlafen … Unser Land ist gut, aber es ist auch schlecht, weil die Sonne immer heißer wird, weil unsre Frauen viel, viel, viel in ihre Felder hineinstecken und immer weniger, weniger, weniger herausziehen … und weil die Quellen versiegen und unsre Herden immer weiter, weiter, weiter wandern müssen. Einige unsrer Männer sind nach Maji gegangen oder nach Jinka oder in eure Städte, aus denen sie nicht mehr zurückkommen, das ist schlecht … Das ist wirklich schlecht … Das ist …«

Da war sie wieder.

Die Frau mit dem Ohr, die jeder Natu nannte. Sie stand in der Türöffnung, nach wie vor in ihrem weißen Tuch, über der

Schulter geschürzt. Auf dem Kopf balancierte sie einen Krug. Genaugenommen eine Amphore, darin einige Getreideähren.
 Allenfalls eine Sekunde stand sie dort, von den Türpfosten gerahmt. Es reichte, daß sich das Bild tief in Trattner einbrannte. Und dann kam sie, nein, schritt sie zwischen den Bänken hindurch, die Ähren im Krug wippten wie kostbare Pfauenfedern, schritt direkt auf ihn zu.

*

Bevor sie ihn erreichen konnte, sprang Kokordi auf und vertrat ihr den Weg. Weil er sie gleich wieder mit beiden Händen zu packen suchte, griff Natu schnell nach einem der Henkel und stemmte sich ihm, den Krug weiterhin auf dem Kopf, mit dem andern Arm entgegen. Als die beiden kurz voneinander abließen, stand Bargudu auf und richtete leise, sehr leise einige Worte an sie, es klang eher wie eine Bitte als ein Befehl. Da sie sich noch immer nicht zum Gehen entschließen wollte, wiederholte er seine Worte, nun eher als Befehl denn als Bitte. Erneut wollte Kokordi auf Natu losgehen, Bargudu hielt ihn zunächst davon ab, trat aber plötzlich selber an sie heran, die gerade zu einer Rechtfertigung anhob, jedenfalls klang's für Trattner so, trat an sie heran, riß ihr den Krug vom Kopf und aus der Hand und warf ihn, mit bloßem Schlenkern des Handgelenks und ohne den Blick von Natu zu wenden, zur Seite. Der Krug flog knapp über die Brüstung, traf just zwischen zwei der Frauengruppen auf, die dort lagerten, und zerbrach.
 Da war's an Natu, die Stimme zu erheben. Während Bargudu zurück zu seinem Platz ging, während er Trattner bedeutete, die Sache sei erledigt, und Natu nicht mal mehr ansah, erhob sie öffentlich Anklage. Erst sprach sie zu den Frauen, dann zu den Männern. Immer weitere Scherben las sie dabei vom Boden, bis

sie beide Hände voll hatte. Sie präsentierte sie in alle Richtungen, schließlich machte sie Anstalten, sie Bargudu zu übergeben. Zwei der Frauen, die bislang schweigend zugehört hatten, erhoben sich, um sie daran zu hindern. Doch da schnellte auch Kokordi wieder hoch und entriß Natu ihren Armen, drängte sie durch die Türöffnung zurück in den Schankraum und sicherlich durch den gesamten Schankraum und zur andern Tür hinaus.

Als er zurückkam, wollte er mit Trattner anstoßen und kein weiteres Wort darüber verlieren. Bargudu ließ wissen, daß sie jetzt Freunde seien und er deshalb eine weitere Runde ausgebe. Sowie sich Kokordi aufgemacht hatte, neue Flaschen zu holen, versuchte Bargudu mit Gesten und Grimassen, eine betrunkene Frau darzustellen, die vielleicht auch verrückt war.

»Sie ist verrückt«, sagte Kokordi, als er die neuen Flaschen verteilt hatte, »und, Joe, jeder hier nennt mich Koko.«

Sie ließen die Flaschen zusammenklirren, Trattner nahm einen tiefen Zug und gleich noch einen. Das vergißt du nie, dachte er, da würdest du gern mehr erfahren. Aber er fragte Kokordi lieber nur nach Weraxa und warum er noch immer nicht wieder aufgetaucht war. Schließlich hatte er nur kurz die morgige Weiterreise regeln und dabei den Polizisten von Surma Kibish in gute Laune versetzen wollen. Ohne gute Laune ging in Äthiopien nichts, das hatte Trattner in den vergangnen drei Jahren begriffen, die er in Aksum war; und in den vergangnen zwei Wochen erst recht, da sie durchs ganze Land gefahren waren, von einer Straßensperre zur nächsten. Der Dorfpolizist von Surma Kibish war auf willkürlich verhängte Strafen angewiesen, ersatzweise auf Bestechungsgelder, er würde in Weraxas Papieren jede Menge zu bemängeln wissen, was nur aufgrund von Zuwendungen zu übersehen war. Oder was sonst konnte Weraxa so lange abgehalten haben, er hatte doch gleich nachkommen wollen?

Das wisse er nicht, sagte Kokordi, und Bargudu wußte es ebensowenig. Aber daß Natu verrückt war, wußten sie beide und versicherten es Trattner, indem sie die Augen verdrehten. Wenn sie dann lachten, lachte auch der Bogenschütze, der beharrlich sitzengeblieben war. Alle andern lachten nicht und guckten umso genauer zu.

Wenn wenigstens Mulugeta gekommen wäre! Er konnte zwar kein Suri und also nicht wirklich weiterhelfen. Aber als einen, der ihn verstanden hätte, seinen wachsenden Widerwillen gegen Bargudu und Kokordi, hätte ihn Trattner gern an seiner Seite gehabt. Bereits kurz nach dem ersten Zusammentreffen mit Natu auf dem Dorfplatz hatte er Trattner in seiner unnachahmlich direkten Weise darauf angesprochen, »Alles gut, Joe?«, auf Deutsch. Keine Frage, er hatte die Szene genau verfolgt. Nachdem er sich auf Kosten Trattners ausgelacht hatte, rutschte ihm noch das Geständnis heraus, Natu sei auch ihm ins Auge gestochen. Trattner rechnete damit, daß Mulugeta mindestens das Gebrüll eines brünftigen Löwen hinterherschicken würde, aber, seltsam, er grinste nur – und Weraxa sowieso.

Mulugeta liebte es, Fragen und Antworten in Form von Geräuschen oder Tierstimmen zu formulieren, über die er in ungezählter Zahl verfügte: Schmatzen, Grunzen, Rascheln, Kreischen, dies alles, je nach Stimmung, in verschiednen Tonhöhen und wechselnden Rhythmen. Damit war er, jedenfalls in Afrika, kein Einzelfall, schon öfters hatte Trattner jemandem zuhören können, der die Laute gewisser Tiere äußerst treffend nachahmte. Mulugeta jedoch stellte sie alle in den Schatten. Oft saugte er einfach nur die Luft zwischen den gespitzten Lippen ein und stieß sie wieder aus, als ob ein Hamster aufgeregt nach Luft schnappte. Abgesehen von seinen diversen Affenschreien, den Vogelstimmen und dem Gefauche der Raubtiere, klangen seine Laute meist so, als würden sie von kleinen nervösen, verängstigten, empörten, hungrigen, betrunknen, zudringlichen, schläfrigen Tieren erzeugt – vielleicht von einer Maus, einer Zwergantilope, einem Erdhörnchen, dann wieder von einem Kaninchen oder Stachelschwein, sofern er eine Spur energischer wurde. Mulugeta sagte wenig, umso mehr redete er in Geräuschen. Trattner hatte ihn im Verlauf der letzten Jahre leidlich zu verstehen gelernt; jetzt sehnte er sich danach, sein dunkles Grollen zu hören, das Bargudu und Kokordi zum Schweigen gebracht hätte.

Doch auch Mulugeta ließ sich nicht blicken, Trattner war in dieser überfüllten Kneipe vollkommen allein. Jetzt fing auch noch jemand direkt hinter seinem Rücken zu lamentieren an. Bargudu versuchte, es zu ignorieren, Trattner brauchte ein paar Sekunden, um's zu begreifen.

Oh ja, sie war wieder da. Hatte man sie am Haupteingang hinausgeworfen, war sie jetzt zum Hintereingang zurückgekehrt. Sie hielt noch immer einige der Scherben in Händen.

*

Das Gemurmel der Gäste erstarb, alle wollten hören, was Natu erneut vorzubringen hatte, ihre Stimme nicht mehr so fest und so klar, es lag ein feines Zittern darin. Weil Kokordi sich weigerte zu übersetzen, hörte Trattner dem Klang ihrer Sätze ab, welchen Inhalt sie haben mochten – Was habe ich denn getan? Ist es verboten, mit einem Fremden zu sprechen? Mit einem Krug auf dem Kopf eine Kneipe zu betreten? Warum darf Bargudu so was tun? Und wieso behauptet ihr, ich sei betrunken? Ihr seid betrunken!

Immer wieder präsentierte sie die Scherben, und wenn ihr die Worte versagten, stand sie mit halb erhobnen Händen da und bebte, ihre Wut verwandelte sich zusehends in Verzweiflung, ihre Anklage in Klage. Man hat sie ungerecht behandelt, dachte Trattner, das ist sie vielleicht sogar gewohnt. Aber diesmal hat man auch ihr Eigentum zerstört, dafür will sie Entschädigung. Wie gern hätte er den zerbrochnen Krug durch einen neuen ersetzt! Sollte er Bargudu um Erlaubnis bitten? Sollte er kurzerhand einen neuen Krug besorgen? Aber wo gab's überhaupt welche? Getöpfert wurde hier von den Frauen selbst, in den Läden konnte man keine Krüge kaufen. Vor allem: Mußte er der Frau nicht beistehen, zumindest dadurch, daß er unbeirrt zusah und sie nicht Bargudus Willkür überließ? Er war schließlich nicht irgendwer, ohne ihn wäre die ganze Situation ja gar nicht entstanden.

Und sie, die da so beharrlich ihr Recht einklagte, war erst recht nicht irgendwer! Sondern nach wie vor die Frau, die ihren Arm um ihn gelegt hatte, die mit ihm über die Hauptstraße spaziert war. Wenn sie in die Knie ging, um die Erde zu berühren – und die Fingerspitzen anschließend kurz in den Mund zu führen –, schwor sie gewiß bei all den Göttern, die den Suri heilig waren, und flehte sie um Gerechtigkeit an.

Doch die Götter wollten sie nicht erhören, und Bargudu wollte's sowieso nicht. Nicht einmal die Frauen, die ihr Trinkgelage neben der Terrasse abhielten, schienen ihr noch mit voller Aufmerksamkeit zuzuhören, nicht einmal die Frauen, die mit Körben und Kindern des Wegs kamen und an ihr vorbeigingen, ohne innezuhalten. Als Natu Anstalten machte, auf die Terrasse zu kommen, erhob sich einer der Kneipengäste – Trattner hatte nicht mitbekommen, daß ihn Bargudu etwa dazu aufgefordert hätte –, verstellte ihr den Zutritt und forderte sie auf zu verschwinden. Er trug abgeschnittne Jeans, weiße Plastikschlappen und Kopfhörer in beiden Ohren, die Kabel baumelten ihm, zusammen mit einem silbernen Kreuz, vor der nackten Brust. Als Natu sich an ihm vorbeizudrücken suchte, hielt er sie mit einer Hand ab, zog sich mit der andern das Handy aus der Hose und die Kopfhörer aus den Ohren. Nachdem er alles ohne Hast abgelegt hatte, packte er Natu und schubste sie so stark auf den Weg zurück, daß sie stürzte. Im Nu stand sie wieder, dabei fielen ihr die Scherben bis auf eine zu Boden, die schlug er ihr aus der Hand. Dann führte er sie regelrecht ab, den Weg entlang, und als sie sich fast freigerangelt hatte, stieß er sie erneut zu Boden und schleifte sie an einem Arm weiter, bis er mit ihr verschwunden war. Noch während Natus Schreie zu hören waren, spendierte Bargudu die nächste Runde Bier.

Aber natürlich kam sie zurück. Bargudu tat so, als ob er sie gar nicht mehr hörte, Kokordi redete auf Trattner ein, und der wußte nun ganz deutlich, daß er Kokordi genausowenig ausstehen konnte wie Bargudu. Trotz aller Ermahnungen war er drauf und dran einzuschreiten. Aber warum tat er's nicht? Stattdessen nahm er die Bierflasche, die ihm sein Freund Bargudu spendiert hatte, stumm entgegen und reichte sie gleich an den weiter, der heut morgen das Blut aus dem Rinderhals geschossen hatte. Inzwischen wußte Trattner, daß er Badiso hieß und nicht nur ein großer Bogenschütze war, sondern auch ein großer Stockkämpfer und stolz auf seine vielen Narben. Jetzt erfuhr er noch, daß er fast taub war und vielleicht gerade deshalb wunderschön singen konnte; wenn er's tat, hörten angeblich sogar die Giraffen in der Ferne zu fressen auf und lauschten …

Kokordi hatte längst gemerkt, daß der Abend nicht ganz so verlief wie geplant, und weil sich Bargudu in ein dunkles Brüten zurückgezogen hatte, glaubte er sich nicht mehr als Übersetzer gefordert, sondern als der einzige, der die Aufmerksamkeit des fremden Gastes von Natu ablenken konnte. Also Badiso! Drei Männer habe er bereits getötet, allesamt Nyangatom, die den Suri als Todfeinde galten. Leider lebten sie fast direkt an der Grenze und konnten sich die besten Gewehre aussuchen, die die Schmuggler brachten. Nur so war's zu erklären, daß sie den Suri sogar den heiligen Berg abgekämpft hatten, auf dem die Ahnen bestattet waren, eine Schande. Wenn alle so wären wie Badiso, die Suri hätten den Berg längst zurückerobert … und vor allem, wenn sie endlich Gewehre hätten, die genauso weit schießen konnten wie die der Nyangatom und genauso schnell …

Kokordi gab nicht auf. Doch auch Natu gab nicht auf. Nun war's Trattner, der sie mit seinem Blick festhielt. So aufrecht wie möglich stellte er sich an die Brüstung und sah sie unverwandt an, auf diese Weise konnte er wenigstens vor aller Augen zeigen, daß er zu ihr hielt. Da sprang Bargudu auf, eilte zum Ausgang der Terrasse, ergriff einen der Stöcke, die dort am Pfosten lehnten, und trat mit einem Ausfallschritt auf Natu zu, schon sauste sein Schlag auf sie herab. Sie aber, schneller als ein Gedanke, drehte sich zur Seite und, geduckt gleich noch auf ihn zuspringend, entriß ihm den Stock. Und ging zum Angriff über.

*

Der Kampf dauerte nur ein paar Sekunden, Bargudu sah sehr schlecht dabei aus. Überraschend flink wich er zurück, Natu setzte nach, den Stock mit beiden Händen gepackt. Bevor sie ihm aber einen Schlag versetzen konnte, war Badiso zur Stelle, der Bogenschütze, einen Moment später auch der Mann, der Natu schon einmal aus dem Blickfeld geräumt hatte, beide mit ihren Stöcken. Und nun sah Trattner, wie brutal ein Stockkampf sein konnte.

Schon heute nachmittag hatte man ihm eine kleine Vorführung geboten. Der Stockkampf der Suri, die *Donga*, den ganze Dörfer oder Clans über Tage miteinander austrugen, war bis Addis berühmt und von der Regierung längst verboten. Trattner war enttäuscht gewesen, daß er bei seinem Besuch keine *Donga* sehen konnte, weil das Fest erst wieder nach der Ernte stattfinden sollte. Bargudu, der in seiner Jugend angeblich ein großer Stockkämpfer gewesen war, Dellen und Narben auf seinem Kopf würden's ja bezeugen, hatte immerhin acht Krieger organisiert, die dem Fremden eine Kostprobe ihrer Kunst zeigen wollten. Schon nach der Mittagspause im Camp, wo er sich mit ihnen am Lagerfeuer gehalten hatte, war er betrunken gewesen. Kichernd scheuchte er seine Krieger auf eine Wiese, weit genug von Surma Kibish entfernt, so daß ihre Darbietung nicht von zufällig Vorbeikommenden beobachtet werden konnte.

Auch die Krieger waren betrunken. Im Camp hatten sie sich mit Asche eingerieben, nun ließen sie ihre Decken fallen und zogen sich unter Gekicher auch noch das aus, was vielleicht eine Unterhose oder ein Lendenschurz sein wollte, und warfen sich – nurmehr mit der gleichen Schnur um die Hüften geschmückt wie am Morgen Badiso – in zweikämpferische Ausgangsposition. Auf ein Zeichen von Bargudu hopsten sie in allerhand putzigen Figuren paarweis um Trattner herum, ließen ihre Stöcke laut aneinanderkrachen, ohne einander Schaden zuzufügen, und sich selbst bei jeder Gelegenheit ins Gras fallen, um einen Treffer zu markieren. Schienbein- und Ellbogenschoner hatten sie gar nicht erst übergestreift, ebensowenig den Kopf mit Kalbshaut umwickelt, um ihn vor Schlägen zu schützen. Natürlich benutzten sie auch nicht ihre besten und schwersten Stöcke, wie Kokordi eingeräumt hatte, sondern grob geglättete Stecken, die kaum eingewachst waren. Schon nach wenigen Minuten lagen sie allesamt lachend im Gras. Als sie sich halbwegs wieder aufgerappelt hatten, fragten sie bei Kokordi an, warum Trattner kein einziges Foto geschossen habe.

Trattner ließ ihnen ausrichten, daß er seine Fotos im Kopf mache, selbst darüber kicherten sie. Vielleicht verlachten sie ihn, weil sie selber genau wußten, daß sie sich nicht gerade wie Krieger verhalten hatten.

Nun aber Badiso. Mit unglaublicher Wucht sausten seine Hiebe auf Natu nieder, immer wieder, die jedoch wendig war und sich wegduckte, zur Seite sprang, mit ihrem Stock parierte. Aber dann rutschte sie bei einer Drehung aus, saß unvermittelt auf dem Boden, konnte gerade noch den Stock schützend über ihren Kopf hochreißen. Badiso schlug ihr den Stock entzwei und mit solcher Kraft auf den Schädel, daß sie umkippte.

Jetzt war auch der andre Mann mit seinem Stock zur Stelle, der Mann in der abgeschnittnen Jeans. Natu, die sich erheben wollte, wurde von Badiso gepackt und erneut zu Boden geworfen, der andre Mann führte den nächsten Schlag gegen sie aus, er traf sie zwischen den Schulterblättern. Und schon schlugen sie, Badiso und er, in schnellem Wechsel. Natu auf allen vieren zwischen ihnen, das weiße Tuch färbte sich rot. Trattner kniff kurz die Augen zusammen. Er hörte das Herabsausen, das Aufklatschen der Stöcke, hörte keinen Laut aus den Reihen der Zuschauer, kein Wimmern von Natu, und erst als er die Augen wieder öffnete, hatte er begriffen, daß ihr Kampf zu Ende war und daß sie bestraft wurde. Das weiße Tuch, das ihren Körper bedeckte, war ein rotes Tuch, die Hiebe fielen abwechselnd im Sekundentakt. Und jetzt erst – erst jetzt – löste sich Trattner aus der Erstarrung, er durfte, er konnte sich nicht länger heraushalten.

Ja, Trattner ging los, ging, als wäre er schlagartig wieder der alte Trattner, der kein Abenteuer gescheut hatte, selbst die eine oder andre Prügelei, jedenfalls bis die Sache in Abuna Yemata passiert war. Er ging, entschloßnen Schrittes, ging von der Terrasse auf den Weg und – diesen einen Schritt immerhin *war* er wieder der Trattner, der er früher gewesen. Doch schon wurde er von hinten am Oberarm gepackt und zurückgezogen. Dies sei nicht sein Dorf, wies ihn Kokordi zurecht, dies sei nicht sein

Volk, nicht mal er, Kokordi, habe sich hier einzumischen. Dabei hielt er Trattner nach wie vor am Oberarm umklammert, so fest, daß es schmerzte. Auf Trattners andrer Seite, sieh an, stand Bargudu und überwachte alles mit starrem Blick.

Bargudu, der sich als Respektsperson vorgestellt und gerade vor aller Augen blamiert hatte – Trattner sah, daß er nach Luft rang. Plötzlich riß er eines der Gewehre an sich, das an der Brüstung lehnte, machte ein paar schnelle Schritte auf Natu zu, die, ergeben in ihr Schicksal, auf allen vieren des nächsten Schlages harrte, die beiden Männer hörten sofort auf, sie zu züchtigen. Bargudu riß das Gewehr am gestreckten Arm in die Höhe, trat noch einen Schritt näher, so daß er direkt neben Natu aufragte, den Gewehrkolben hoch über ihr – eine Sekunde, zwei Sekunden ... Dann führte er ihn zeitlupenlangsam herab, zeigte allen, wie er ihre Bestrafung jederzeit als Hinrichtung beenden konnte. Auf halbem Weg hielt er inne, der Gewehrkolben schwebte über Natus Nacken. Eine weitere Sekunde später drehte er sich von ihr ab, die Sache war beendet.

Auch Badiso und der Mann in der abgeschnittnen Jeans ließen Natu einfach liegen. Keiner sagte etwas, auch keine der Frauen. Trattner biß sich auf die Zunge, Trattner bebte vor Scham. Um wenigstens wortlos Protest einzulegen, blieb er weiter stehen und blickte unverwandt auf Natu, die inzwischen auf dem Weg kniete. Die Hände hatte sie zum Kopf geführt, barg ihr Gesicht darin.

Und tatsächlich, sie stand ein letztes Mal auf.

*

Diesmal aber als gebrochne Frau. Eine der Scherben fand sie noch auf dem Weg, ergriff sie und hielt sie eine Weile stumm in die Höhe. Dann zog sie sich das blutbesudelte Tuch von der Schulter und legte es als Schlinge um den Hals, verknotete es sorgfältig im Nacken. Jetzt war sie nur noch mit einem kurzen karierten Tuch bekleidet, um ihre Hüften als eine Art Unterrock geschlungen, es war an einigen Stellen zerrissen. So schlank sie bislang gewirkt hatte, so dünn war sie jetzt, kaum mehr als Haut und Sehnen. So kraftvoll sie bislang für ihre Rechte gekämpft hatte, so schwach erschien sie jetzt.

Und noch immer kam Weraxa nicht, mit ihm hätte man Natu vielleicht helfen können. Wer kam, war der Dorfpolizist. Vielleicht war ihm die Sache zugetragen worden, vielleicht drehte er seine Abendrunde, grinsend kam er und stellte sich einige Meter von Natu entfernt breitbeinig auf, beide Daumen in die Koppel eingehängt. Ein Amhare aus dem Norden, mit hellbrauner Haut und in pompös ausstaffierter Uniform. Nachdem er Natu ziemlich schamlos taxiert hatte, ging er zu Bargudu und ließ sich in wenigen Worten bestätigen, was er längst gesehen hatte. Bargudu machte eine abfällige Geste in Natus Richtung, der Polizist nickte und wiederholte die Geste, man verstand sich. Dann hängte er wieder beide Daumen in der Koppel ein und genoß das Spektakel.

Wieder erwog Trattner, trotz allem zu Natu zu gehen und ihr demonstrativ beizustehen. Wagte er's nicht, weil ihn Kokordi noch immer, wenngleich mit gelockertem Griff, am Arm festhielt? War er vielleicht nicht Manns genug, gegen diese himmelschreiende Ungerechtigkeit zu protestieren?

Natu hatte es getan. Und Trattner gezeigt, was es hier hieß, gegen die Regeln zu verstoßen. Wie sie ihre Scherbe vor der Terrasse niederlegte und abdrehte, sah er, daß ihr Rücken von Striemen gezeichnet war, nicht wenige davon waren aufgeplatzt, handspannenlange Wunden, aus denen das Blut rann. Die Rinnsale glänzten fast schwarz. Dort, wo sie in den Rock einsikkerten, wuchsen dunkle Flecken. Jetzt erst lockerte Kokordi seinen Griff. Natu ging auf einen Baum am gegenüberliegenden Wegrand zu, das blutig weiße Tuch als dicke Krause um den Hals geschlungen. Der Stamm war ein wenig schräg gewachsen, im Nu war sie oben, stand freihändig auf einem Ast, knüpfte die Enden des Tuchs um die Astgabel, zog daran, um den Knoten festzuzurren. Indem sie sich Bargudu zudrehte und, merklich leiser, noch einmal zu reden anhob, brach ihr die Stimme. Nun weinte sie.

Immer wieder sagte sie ein paar Worte, stockte, riß Blätter vom Baum, um sich die Tränen abzuwischen. Eine ältere Frau, die unten vorbeiging, blieb stehen und rief ihr etwas zu. Dann ging sie weiter. Der Mann in der abgeschnittnen Jeans stellte sich unter den Baum und drückte Natu das Ende seines Stocks zwischen die Brüste, desselben Stocks, mit dem er sie eben blutig geschlagen hatte. Er konnte sie damit gerade noch erreichen – als ob er sie so hätte festhalten, vom Sprung abhalten können. Gleichwohl verharrte er in dieser Position, Minute um Minute. Einige weitere Frauen, die vorbeikamen, erkundigten sich kurz bei denen, die am Rand der Terrasse lagerten, was vorgefallen sei, und gingen weiter. Der Polizist schüttelte belustigt den Kopf und blickte zu Bargudu, um ihm zu zeigen, daß er auf seiner Seite stand – immer das gleiche, schien er ihm zu versichern, man sollte den Frauen das Trinken verbieten. Trattner kniff kurz die Augen zusammen. Er hörte das leise Lachen des Polizisten, das leise Murmeln der Kneipengäste, er hörte kein Wort mehr von Natu, nicht einmal ein Seufzen, und erst als er die Augen wieder öffnete, hatte er begriffen, daß sie wirklich ernst machen und niemand sie daran hindern würde.

Da tauchte Weraxa auf.

*

Sofort redete Kokordi auf ihn ein, sofort aber auch Trattner, beschwor ihn, kein Wort von dem zu glauben, was Kokordi erzählte. Gleichzeitig bestürmten sie Weraxa, der eine auf Oromo, der andre auf Englisch. Weraxa verstand sofort. Es war nicht das erste Mal, daß er bei den Suri war.

Er ging direkt zu dem, der Natu mit seinem Stock zwischen den Brüsten fixiert hatte, schob sanft den Stock beiseite und auch gleich, indem er ihm den Arm um die Schulter legte, den Mann selbst. Dann wandte er sich an Natu, die auf ihrem Ast in der Baumkrone stand und stumm zuhörte. Er redete, wer weiß, in wieviel verschiedenen Sprachen, versetzt mit ein paar Brocken Suri an den entscheidenden Stellen, redete so leise, daß man auf der Terrasse kein Wort verstehen konnte. Dabei zeigte er auf – Bargudu? Oder auf Trattner? Oder warum deutete er immer wieder in Richtung der Terrasse? Jetzt war's Kokordi, der sich bei Trattner erkundigte, was hier eigentlich vorgehe. Trattner behauptete, er wisse es nicht. So ging's eine Weile hin und her zwischen ihnen; als er den Kopf wieder wandte, war Natu schon vom Baum herunter und ging, Arm in Arm, mit Weraxa davon.

Nach einer Weile kam der allein zurück und redete mit Bargudu. Anschließend mit Trattner. Es stellte sich heraus, daß Natu den Krug nur schnell von ihrer Freundin ausgeliehen hatte, nun konnte sie ihn nicht mehr zurückgeben. Nichts wünschte sie mehr, als auf der Stelle irgendwem in ihrem Dorf einen Krug abkaufen zu können, als Ersatz für den zerbrochnen. Trattner gab Weraxa hundert Birr, das sollte locker reichen, und dann das Geld für eine weitere Runde Bier, auf die er allerdings auch Natu einladen wolle.

Überraschenderweise machte Bargudu keinerlei Anstalten, das zu verhindern. Nachdem sie mit den Flaschen angestoßen hatten, erfuhr Trattner den Betrag, den Bargudu forderte. Wofür? Dafür! Letztendlich hatte sich Trattner ja doch noch eingemischt, die Angelegenheit mußte in aller Form bereinigt und aus der Welt geschafft werden. Nachdem man sich auf eine Summe geeinigt hatte, wurde Natu von Weraxa geholt und dann auch gleich den einen entscheidenden Schritt auf die Terrasse geleitet. Die einzige Frau auf der Terrasse, Arm in Arm obendrein mit einem, der aus dem Norden kam wie all die andern, die hierherzogen und den Suri das Land wegnehmen wollten oder die Gewehre und jetzt auch noch die Frauen: ein unerhörtes Ereignis, doch kaum einer schien davon Notiz zu nehmen. Bargudu saß längst wieder und blickte geradeaus, durch alles hindurch. Wieder wollte Badiso einen Schluck aus Trattners Flasche, aber Trattner tat so, als bemerkte er's nicht. Immerhin das hatte er hier schon gelernt.

»Steht sie vielleicht unter Schock?« fragte er Weraxa. »Müssen wir nicht was tun?«

Weraxa war damit beschäftigt, Natus Umarmungen zu genießen: »Was tun? Wir haben doch was getan.«

»Na, ihre Wunden verbinden«, setzte Trattner nach. »Oder wir holen zumindest die Wundsalbe aus dem Auto.«

»Willst du sie auch noch lächerlich machen?« wehrte Weraxa ab. »Die halten hier schon was aus.«

»Aber der Schlag auf den Kopf!« Sie habe ja vielleicht eine Gehirnerschütterung.

Weraxa lachte ihn offen aus: »Nun übertreibst du aber, Joe. So stark war der Schlag auch wieder nicht.«

Nein, Natu beschwerte sich nicht, weder bei Badiso, der sie fast totgeschlagen hatte, noch bei Bargudu, der ihr um ein Haar das Genick gebrochen hätte. Der Mann in der abgeschnittnen Jeans war ohnehin verschwunden. Als ob die Sache tatsächlich mit ein paar Geldscheinen geregelt und fast schon vergessen wäre. Als ob das Tuch, das sie wieder über ihrer Schulter geknüpft hatte, all die Wunden ungeschehen machte, nur weil man sie nicht mehr sah.

Dann stand sie direkt vor Trattner. Nichtsdestoweniger umarmte sie weiterhin Weraxa, offenbar empfand sie ihn als ihren Retter. Gewiß hatte er ihr weisgemacht, er habe die Situation mit seinem eignen Geld bereinigt.

Ob denn bei den Suri auch die Frauen mit dem Stock kämpfen könnten?

Natu verstand die Frage nicht und lachte Weraxa an.

Das könnten sie, versicherte Kokordi, und Natu allemal. Ihr Bruder sei schon in jungen Jahren ein großer Krieger gewesen, der habe ihr viel beigebracht.

Kokordi deutete auf Badiso, zeigte der Reihe nach auf seine vielen Narben, »*Strong man*«, und Trattner mußte schon wieder die Augen zusammenkneifen, um zu begreifen, was er gerade gehört und vorhin gesehen hatte. Natu war von ihrem eignen Bruder besiegt und dann gezüchtigt worden.

Sie schien die Schläge, zumindest im Moment, gar nicht mehr zu spüren. Nicht von Weraxas Seite wollte sie weichen, keinen einzigen Schluck aus der Bierflasche nehmen, die er ihr in die Hand gedrückt hatte. Umso bereitwilliger beantwortete sie seine Fragen, schließlich konnte er Trattner berichten, daß sie auf dem großen Festival der Kulturen in Addis, wo sie in einer Gruppe der Suri mitgesungen und -getanzt habe, zum ersten Mal in Berührung mit Weißen gekommen sei. Sie möge Weiße, und vorhin – da habe sie Trattner einfach eine Freude machen und ihn durchs Dorf führen wollen, von einem Kokordi müsse sie sich das nicht verbieten lassen. Das sei alles, und deshalb sei sie auch zurückgekommen. Zwischendurch schüttelte Weraxa immer wieder den Kopf, gegen Bargudu hätte sie sich nicht auflehnen dürfen, ob ihr Unrecht widerfahren, spiele keine Rolle. Und da ging sie.

Ja, sie ging. Ohne sich von Trattner verabschiedet zu haben, wer weiß, ob sie schon vergessen hatte, wie sie auf ihn zugekommen war, strahlend, wie sie mit ihm immerhin ein kleines Stück Wegs gemeinsam durch diesen Nachmittag gegangen war.

Sie ging, die Frau mit den Tupfen im Gesicht, die Frau mit dem halben Ohr, die Frau mit dem Krug, die Frau mit dem blutig geschlagenen Rücken.

Ging hinein ins Dunkel, das über Surma Kibish gefallen war, nach ein, zwei Schritten schon war sie verschwunden. Da erst bemerkte Trattner, daß in den vergangenen Minuten die Nacht angebrochen war, schnell und hart, ohne jede Dämmerung, wie immer in diesem Land.

*

Nein, in der folgenden Nacht schlief Trattner nicht. Wie laut die Frösche quakten, wie laut die Zikaden zirpten! Und wie leise die Männer sangen, die ihm Bargudu als Bewacher zugeteilt hatte, wie leise sie am Lagerfeuer ihre Männerlieder sangen, ein Stück entfernt von den Zelten und dem *Nissan Patrol*, in dem Mulugeta auch heute nacht schlief – und schon geschlafen hatte, als sie im Lager angekommen waren. Irgendwann hatte ihm das Warten offensichtlich zu lang gedauert, und er war einfach losgefahren, typisch Mulu. Weraxa und Trattner hatten den Weg zum Camp zu Fuß zurücklegen müssen, an der Kirche vorbei, in der gerade gesungen wurde, und eine Abkürzung durch die Bananenplantage, in der's von allen Seiten knisterte und knasterte. Immer wieder hatte Trattner die Taschenlampe am Handy anschalten müssen, wenn die Geräusche allzu nah kamen, und weil sich dann plötzlich die Schatten so ungeheuerlich unter seinen Schritten auftaten, tiefschwarze Schatten in grauer Nacht, mußte er immer wieder stehenbleiben, bis sich die Abgründe vor seinen Füßen geschlossen hatten.

»*No Mulu no cry*«, hatte Weraxa nur gesagt, als sie das Camp endlich erreichten. Dann erst erzählte er, warum er in Surma Kibish so lange verschwunden gewesen war. Auf der Polizeistation habe er erfahren, daß bereits tags zuvor ein Fahrer vorgesprochen habe. Ein Glücksfall, mit dem man hier unten wahrlich nicht habe rechnen können! Auch dieser Fahrer wollte die Route über Maji und durchs Omo-Tal nehmen, die nur für Konvois freigegeben wurde, und selbst das hing sehr vom Wetter ab und von der Laune des Dorfpolizisten. Es habe eine Weile gedauert, bis sie sich auf einen Betrag geeinigt hätten; und danach habe der Polizist erst noch seinen Kollegen in Maji anrufen und überzeugen müssen, anschließend er, Weraxa, den andern Fahrer, auf daß der Zweidrittel der Kosten übernehme, im Glauben, man mache halbe-halbe. »*Big, big business!*« Durch die Abkürzung könnten sie zwei Tage Fahrzeit sparen, vorausgesetzt, es werde nicht regnen. Dann gebe es nämlich schnell mal einen Erdrutsch, und die Straße hinter Maji sei unpassierbar. In den letzten Monaten, so der Polizist, hätten's nur zwei Konvois riskiert, beide seien umgekehrt.

Weraxa war mit dem Ergebnis seiner Verhandlungen zufrieden, alles sei für morgen früh arrangiert. Auch die Unruhen seien vorbei oder jedenfalls so gut wie vorbei, die Männer, die beim Goldschürfen gefangengenommen und verschleppt worden waren, seien freigekauft. Der Weg werde Trattner gefallen, versicherte er, ein echtes Abenteuer. Er war sichtlich erregt. Über Natu sagte er kein Wort mehr. Vielleicht sah er bereits eine steile Bergflanke vor sich, eine ungesicherte Piste, die in Serpentinen hinabführte. Und hatte es plötzlich eilig, Trattner gute Nacht zu wünschen, er habe noch was zu regeln.

Was denn jetzt noch? Mit den Männern am Lagerfeuer? Oder

mit einer Frau in Surma Kibish? Etwa mit –? Weraxa war zu keiner weiteren Auskunft zu bewegen, er lächelte nur sein Weraxalächeln, mit dem er auch sonst Nachfragen abtat.

Nein, in dieser Nacht schlief Trattner nicht.

*

Es war noch gar nicht so lang her, daß er sich in völliger Gleichgültigkeit zum Stelenfeld am Stadtrand von Aksum hatte fahren lassen, wo Weraxa die Grabungen beaufsichtigte. Teilnahmslos hatte er seine Listen ergänzt, wenn neue Funde gemeldet worden waren, teilnahmslos hatte er die neuen Eintragungen gelöscht, wenn die Funde bald darauf als verschwunden gemeldet wurden. Manchmal war er einfach, dem Rauschen des Ventilators lauschend, auf dem Bett liegengeblieben. Alle paar Tage hatte Mulugeta vorbeigeschaut und gefragt, ob wirklich kein einziger Termin anstehe. Abgesehen davon, daß Mulugeta mit seinem alten Geländewagen eine wichtige Rolle im Schleppergeschäft an der Grenze spielte, lebte er hauptsächlich davon, daß er Trattner chauffierte. Wenn der wieder mal nur abgewinkt hatte, rückte Mulugeta gern einen halben Schritt näher und ließ wissen, daß sich was zusammenbraue, nicht nur hier, in Tigray, er solle endlich aufwachen, bald sei's dafür zu spät! Dann winkte Trattner noch entschiedener ab. Solange man einen Friedensnobelpreisträger als Ministerpräsidenten habe, könne nichts Schlimmes passieren. Oh, Trattner war so müde, war immer müde, und damit, daß er etwa zu wenig Schlaf gefunden hätte, hatte es nichts zu tun.

Sein Kummer war während dieser Monate kein bißchen geringer geworden, er hatte sich jedoch so an ihn gewöhnt, daß er ihn nicht mehr spürte. Als das neue Jahr begann und Weraxa wie auch alle andern nach Hause fuhren, um das äthiopische

Weihnachtsfest im Kreis der Familie zu feiern, blieb er einfach unterm Ventilator liegen. Was man als tiefe innere Einkehr hätte deuten können, war in Wirklichkeit ein wortlos stummes, ein völliges Außer-sich-Sein. Der alte, der wilde, der hallodrihafte Trattner, der selbst der mißlichsten Situation noch eine Pointe abzugewinnen verstand, hatte aufgehört zu sein. Es gab nur noch eine Hülle namens Trattner, die von einer dunklen Leere erfüllt war.

Als Weraxa nach einigen Tagen zurückkehrte und seinen Grabungsleiter genauso apathisch vorfand, wie er ihn verlassen, kam er ernsthaft ins Grübeln. Daß Trattner in wenigen Wochen seinen Abschied nehmen würde, stand fest; mußte man jedoch, was fast drei Jahre lang gut gelaufen, so kläglich zu Ende bringen? Weraxa fühlte sich ein bißchen mitschuldig an Trattners Abgang, genaugenommen war er's gewesen, der ihn in die ganze Sache hineingeritten und etwas gutzumachen hatte. Überdies war er halb Amhare, halb Oromo, für einen wie ihn würde's in Tigray bald zu heiß werden, wenn man den Gerüchten glauben wollte, die Tag für Tag kursierten. Er mußte nicht lange nachdenken, um Trattner mit dem Vorschlag zu überraschen, vor seinem Abschied wenigstens noch schnell zu besichtigen, was er während der vergangnen Jahre versäumt hatte. Natürlich ohne sich zuvor in Wien abzumelden, schon gar nicht in Berlin. Das Ende seines Aksumer Engagements sei ja wohl beschloßne Sache, nun solle er zumindest einen Abgang mit Stil hinlegen.

Es werde rauh und ruppig werden, versprach Weraxa, spätestens im Süden, ein echtes Abenteuer, Trattner werde völlig von selbst auf andre Gedanken kommen. Oh, Weraxa dachte dabei auch an seinen Vorteil. Während der Zeiten, da die Grabungsarbeiten unterbrochen waren und Trattner, ob in Wien, ob sonstwo, seine Forschungsdokumentationen anfertigte – oder auch nicht –, hatte Weraxa stets für seinen Bruder gearbeitet.

Der betrieb in Addis vom Küchentisch aus ein Reisebüro für Individualreisende. Was auch immer bei ihm online gebucht wurde, setzte Weraxa konkret um; und weil er dabei die richtigen Leute zu bestechen wußte, an jeder Warteschlange vorbei agierte und überall im Land Freunde begrüßte, kam niemand auf die Idee, daß er gar kein zertifizierter Reiseleiter war. Im Gegenteil, bald kannte er sich besser in Äthiopien aus als die meisten seiner Kollegen, vor allem im Süden. Einladen könne er Trattner natürlich nicht, beteuerte er, aber angesichts dessen, was vorgefallen, würde sein Bruder sicher einen guten Preis machen. Den idealen Fahrer hätten sie ja schon, dazu das ideale Fahrzeug; mit Allradantrieb gebe es nicht nur in einem Grenzgebirge Wege, wo andre lediglich Sanddünen, Felshänge oder Flußläufe sähen.

Trattner mochte Weraxa, soweit man ihn eben mögen konnte, und Mulugeta mochte er wirklich. Der eine versorgte den Schwarzmarkt mit Grabbeigaben oder sonstigem antiken Nippes und hielt sich dabei erstaunlich diskret an die Abmachungen, die er mit Trattner getroffen hatte. Der andre transportierte Deserteure der eritreischen Armee, die mit dem Versprechen über die Grenze gelockt worden, man werde sie in Äthiopien mit einer Greencard für die USA begrüßen. Davon war nach ihrer Ankunft im ersten Flüchtlingslager keine Rede mehr, womit Mulugetas Dienste erst recht gefragt waren. Gelegentlich vermittelte er einen der Flüchtlinge als Arbeiter auf Trattners Stelenfeld, die meisten übergab er an irgendwelche Kontaktpersonen, die ihn im nächsten Dorf erwarteten oder Hunderte Kilometer entfernt, die ständig wechselten und die er trotzdem alle kannte. Nicht minder kannte er die offiziellen und inoffiziellen Machthaber, die auf den verschwiegnen Nebenstrecken ihre Kontrollpunkte eingerichtet hatten oder in Polizeibüros und Amtsstuben offen abkassierten. Weil er kein Qat kaute und also auch nachmittags Strecke machte, galt er als einer der besten Fahrer. Mit diesen beiden eine Abschiedsrunde durch das Land zu drehen, das Trattner zunächst so viel geboten und am Ende alles genommen hatte, war keine ganz verkehrte Idee.

Gefreut hatte er sich darüber trotzdem nicht.

*

Widersetzt freilich ebensowenig, er hatte es genauso hingenommen wie alles andre. An seiner Statt wurde Weraxa umso aktiver – alle, die unter seiner Aufsicht geschürft, gesiebt, gefunden und abgeliefert oder verschwinden hatten lassen, schickte er, kaum daß sie vom Weihnachtsurlaub zurückgekehrt waren, wieder heim. Er schloß das Projektbüro der äthiopisch-deutschen archäologischen Mission, in das Trattner nicht mal pro forma einen Schreibtisch gestellt hatte, und ermunterte ihn, die Gelder vollständig abzuheben, mit denen das Projekt noch bis Ende Februar finanziert war. Mulugeta handelte bei Trattner einen Risikoaufschlag und dann sogar einen Kriegsaufschlag heraus, auch in den südlichen Provinzen müsse man jetzt mit allem rechnen, mehr als sein kleines Haus – er meinte den *Nissan Patrol* – habe er nicht. Am 12. Januar fuhren sie los.

Schon am zweiten Tag ihrer Fahrt, noch oben im Norden, wurde Trattner zum ersten Mal wieder von einem Gefühl überrascht. Genaugenommen als in Mariam Korkor der Fels vor ihm immer schmaler wurde und die Wand neben ihm immer tiefer, als ihn plötzlich schwindelte und er nach einer Hand greifen wollte, an der er sich hätte halten können, aber keine fand.

Am Vormittag in Abuna Yemata war noch alles gutgegangen. Jedenfalls für Trattner. Erst recht für Mulugeta, der gar nicht erst ausgestiegen war, wer weiß, vielleicht wollte er die Zeit nutzen, um noch Benzin für die Reservekanister aufzutreiben, vielleicht ließ er den zweiten Reservereifen flicken, der seit Wochen platt im Heck lag, wer weiß.

Daß man hier eine Felswand senkrecht hochklettern mußte, um zu einer der berühmtesten Höhlenkirchen von Tigray zu gelangen, hatte Weraxa angekündigt. Aber daß es das Seil gar nicht gab, das er versprochen hatte, und auch sonst nichts, das die Kletterpartie hätte absichern können, war eine Überraschung. Die Männer, die sich hier täglich aus den umliegenden Dörfern einfanden, um auf jemand wie Trattner zu warten, behaupteten, sie selbst seien das Seil. Ein lebendes Seil. Vollkommen sicher würden sie Trattner hinauf und wieder hinunter geleiten. Nebenbei kassierten sie bei Weraxa schon mal diskret ab.

Die kleine Felsenkirche von Abuna Yemata galt als die gefährlichste Kirche der Welt, der Weg dorthin werde Trattner gefallen, hatte Weraxa versichert, ein echtes Abenteuer. Der Aufstieg führte die Sandsteinwand lotrecht hinauf und dann über einen schmalen Grat, gerade hing eine äthiopische Familie in der Wand, ein dünner, etwas ängstlich hantierender Mann in Bügelfaltenhose und weißem Hemd, eine Frau im Minirock, ein halbwüchsiger Sohn. Auf Trattner wirkten sie wie Amharen und fast ebenso fremd hier wie er selbst. Alle hatten sie auf Geheiß der Dörfler ihre Schuhe ausgezogen, um besser Tritt im Fels zu fassen. Einer der Einheimischen war behend vorausgeklettert, um den Weg zu weisen, drei weitere folgten, um den Mann, die Frau oder den Sohn von unten abzusichern, sie mit Zurufen zu dirigieren und nicht selten mit beherztem Griff.

Trattner hatte immer gern was riskiert – schon in Wien und erst recht bei seinen vorangegangnen Engagements in Libyen und auf Djerba. Er hielt sich für unverwundbar. Und das, obwohl er sich durch seinen Übermut schon die eine oder andre Verletzung eingehandelt hatte, auch unlängst wieder, als er mit einer frisch geborgenen Stele vor seinen versammelten Ausgräbern Faxen machen wollte. Weil er sein kantiges Gesicht im Lauf der Jahre mit ein paar verwegnen Falten verziert hatte und sein Haar trotzdem fast schulterlang trug, hätte man ihn für einen Abenteurer halten können.

Zumindest war er ein Draufgänger. Nur eben seit einigen Monaten nicht mehr. Oder doch? Irgend etwas sprang in ihm an, als er der Familie zusah, wie sie sich langsam höherarbeitete. Seine Gleichgültigkeit spitzte sich zu und konzentrierte sich, verdichtete sich zu einem energisch drängenden Fatalismus, und schon stand er barfuß am Fuß der Wand. Ohne weiter nachzudenken, setzte er den ersten Griff, dann machte er einfach weiter, arbeitete die Zurufe der Dörfler der Reihe nach ab. Es war der alte Trattner, der da für ihn kletterte, er selbst war in Gedanken sonstwo und noch immer nicht im Hier und Jetzt angekommen.

Der Einstieg in die Wand bestand aus einigen weit auseinanderliegenden Mulden, die kaum Widerstand boten, um sich mit Fingern oder Zehen festzuhalten. Weiter oben wurde der Fels schartiger, es folgten zwei ausgesetzte Kletterpassagen, arg luftig, man mußte sie schnell überwinden, damit keine Zeit für einen Blick nach unten blieb. Danach ging's über einen schmalen Grat zur nächsten Felsnadel und dort auf einen Sims, vielleicht einen halben Meter tief ins Gestein gehauen, der zur Kirche führte. In knappen Seitwärtsschritten und mit beiden Händen flach an der Wand bewegte sich Trattner voran, hinter seinem Rücken ging's dreihundert Meter lotrecht hinab.

Die Kirche selbst war ihm vergleichsweise egal. Natürlich hatte man sie komplett mit Heiligenbildern ausgemalt, natürlich gab's einen silberbärtigen Priester, der sein Holzkreuz von Mann, Frau und Sohn küssen ließ und alte Schriften zeigte. Richtete man den Blick aus der Felsöffnung hinaus, die der Eingang der Kirche war, sah man auf der andern Seite der Schlucht die gegenüberliegende Wand mit ihren Scharten und Rinnen. Als das Handy des Priesters läutete, ging er zum Telefonieren hinaus auf den Sims und lief aufgeregt hin und her, hin und her, ohne seiner Schritte zu achten.

Wie immer war der Abstieg weit schwieriger als der Aufstieg. Nachdem Trattner unten angekommen war, gab er seinen beiden Begleitern großzügig Trinkgeld – allzu großzügig, wie er an ihrer Reaktion merkte: Sie forderten mehr. Weraxa, der behauptet hatte, vor Jahren schon mal oben gewesen zu sein, nahm ihn mit ein paar Schulterklopfern in Empfang. Dann kam die Familie, die sich noch etwas länger in der Kirche aufgehalten hatte, von Zurufen ihrer Begleiter angetrieben.

Als erstes die Frau, die an ihren nackten Armen und Beinen von den Dörflern eher nach unten getragen wurde, als daß sie ging. Der Mann unter ihr nützte jede Gelegenheit, sie möglichst weit oben am Oberschenkel zu fassen und ihr Bein zum nächsten Tritt zu führen; der Mann, der über ihr abstieg und sich eigentlich um den nachfolgenden Ehemann hätte kümmern müssen, packte sie an Armen und Schultern und wo immer er ihrer habhaft werden konnte. Beide begründeten sie ihren Eifer durch besorgte Zurufe.

Einmal hielt die Frau kurz inne, noch immer etliche Meter über dem sicheren Erdboden, und zog sich mit wütendem Ruck den Rock herunter. Er rutschte sofort wieder hoch, als sie ein Bein nach der nächsten Trittmulde ausstreckte, der Dörfler unter ihr legte unbeirrt Hand an. Mit weit aufgerißnen Augen kam sie knapp neben Trattner zu stehen, verschwand sofort und überließ die Entlohnung der Begleiter ihrem Mann, der hinter ihr abgestiegen war. Oder vielmehr alles von hoch oben verfolgt hatte. Nun erst machte er Anstalten, seinen Abstieg fortzusetzen.

Freilich fehlten ihm die konkreten Vorgaben des Dörflers unter ihm, der sich statt seiner der Frau angenommen hatte.

Der Dörfler über ihm konzentrierte sich auf den nachfolgenden Sohn, dirigierte den Vater nebenbei durch energische Kommandos, selbst Trattner erkannte, daß das nicht gutgehen würde. Alle, die schon angefangen hatten, Lohn und Trinkgeld untereinander aufzuteilen, sprangen auseinander, um in der nächsten Sekunde am Fuß der Wand wieder zusammenzuklumpen. Zunehmend reglos, tonlos, atemlos beobachteten sie, wie der Mann in ängstlicher Verkrampfung dort hing, wo er aus der kleinen Felspassage herauskommen mußte und es lotrecht einige Dutzend Meter nach unten ging. Wie er sich schon viel zu lange an dieser Stelle festklammerte, zögernd mit einem Fuß unter sich nach Halt tastend. Wie jetzt auch noch der Priester von oben kam, fast freihändig die Wand herabhüpfend, und Anstalten machte, sich der Reihe nach an allen vorbeidrücken zu wollen. Aber das ging dann doch nicht.

Es gab eine genau vorgegebene Abfolge an Trittstellen, von denen man keine überspringen konnte – jedenfalls als Fremder, der den Fels nicht kannte und schon gar nicht lesen konnte. Der Mann verfehlte die nächste Mulde mit dem Fuß, verfehlte sie erneut. Gewiß spürte er, daß er die Nachfolgenden durch sein Zögern über Gebühr aufhielt, spürte, wie jede seiner Bewegungen von unten verfolgt wurde, er mühte sich doppelt und dreifach, wuchs über sich hinaus und wurde immer dünner und länger. Es wollte jedoch nichts nützen. Plötzlich hörte der Wind auf zu rauschen und das Gras auf zu rascheln, die Erde blieb stehen. Derjenige, der sich so schmählich an der Frau vergriffen hatte, erkannte die Situation als erster und löste sich aus der Erstarrung, kletterte, nein, rannte die Wand wieder hoch, dem Mann entgegen.

Doch zu langsam. Einen Sekundenbruchteil schwebte der Mann leicht schräg vor dem Fels, den zusammengeklumpten Dörflern am Fuß der Wand entfuhr ein Seufzer wie aus einem einzgen Schlund, schon rutschte der Mann die Wand herab, ein scharfes Schrappen durch die Stille, bis er an einer Felsnase nach außen gedrückt wurde und sich, nunmehr im freien Fall, einmal um sich selber drehte. Im Geröll am Fuß der Felswand schlug er auf, knapp neben dem Weg, der hinunter in die Ebene führte.

Da kam Bewegung auch in die restlichen Dörfler. Sie rannten dorthin, wo der Mann reglos liegengeblieben war, umringten ihn, und weil sie nichts zu tun wußten, schrien sie einander an. Endlich zog einer sein Handy aus der Tasche und rief den Krankenwagen, jedenfalls hörte es sich für Trattner so an. Dann beugten sich wieder alle über den Mann, der keinen Mucks machte und vielleicht schon tot war. Für alle Fälle gab ihm der Priester seinen Segen.

Erstaunlich zügig ging Trattner den Weg zurück zum Parkplatz – oder vielmehr der alte Trattner, während er selbst noch immer irgendwo weit weg in seiner Düsternis reifte. Er war eine Hülle anstelle eines Menschen. Weraxa eilte ihm hinterher und wußte, daß der Gestürzte ein Beamter war, gerade erst von Addis hierher versetzt, ein gläubiger Christ, zweifacher Vater, typischer Städter, man hätte's ja gesehen. Trattner hörte jedes seiner Worte und vernahm nichts.

*

Wie anders wenige Stunden später! Der Aufstieg zur Felsenkirche Mariam Korkor war eine lockere Bergwanderung gewesen, zunächst durch einen Felsspalt – mit ausgestreckten Armen konnte Trattner beide Wände berühren –, sodann über eine Schräge aus ausgewaschenem Sandstein. Bergab kam ihnen ein Mann in Handschellen entgegen, eskortiert von zehn Bewaffneten. Wie zum grimmigen Gruß hob er seine beiden Hände in die Höhe und schüttelte sie, daß die Ketten klirrten. Die Kirche, knapp unterm Gipfel in den Fels geschlagen, war wesentlich größer und prächtiger als Abuna Yemata, davor ein Garten aus Kakteen, Kandelaberbäumen und Gestrüpp, der sich als Friedhof entpuppte. Zwischen Fels und Buschwerk da und dort aus Zement gegoßne Sarkophage, schwimmbadblau angestrichen, erbsengrün oder violett. Am Fußende waren sie mit Einkerbungen geschmückt, die das Muster einer geziegelten Mauer imitierten, am Kopfende mit Blechkreuzen in verschiednen Formen, direkt im Zement eingeritzt die Lebensdaten der Verstorbnen. Über die Sarkophage hinweg sah man einen Ausläufer des Gebirges – zwischen mattrosa Felsnadeln, versteckt in einer Scharte, lag die Felsenkirche von Abuna Yemata.

Auf der andern Seite des Bergmassivs gab's eine Meditationshöhle, die sich ein Mönch aus dem Fels geschlagen hatte. Der Pfad von Mariam Korkor dorthin führte um den Berg herum, der hinter der Kirche plötzlich aus einer lotrechten Wand zur Rechten bestand und vor allem aus Abgrund zur Linken, einer schmalen Kluft, vielleicht zehn, zwanzig Meter breit bis zur nächsten Wand. Unverhofft kam Trattner an die Stelle, wo's mit ein paar wenigen Schritten aus der Schlucht heraus- und um ein Kliff herumging. Eben schlenderte er noch so für sich hin, schon … tat sich hinterm Kliff mit einem Mal das riesige Panorama der Ebene auf.

Bis zu diesem Augenblick hatte er auch hier alles genau wahrgenommen, aber nichts gesehen. Nun hatte er zwar noch gar nichts wirklich wahrgenommen, aber schon alles gesehen. Als wäre ruckartig ein Vorhang beiseite gezogen worden, hatte sich bei seinem Austritt aus der Schlucht die Unendlichkeit vor ihm aufgetan. Unwillkürlich hatte er innegehalten, nicht mal mehr den Blick abzuwenden gelang ihm. Er stand auf einem schmalen Felsvorsprung, der sich leicht zur Schlucht neigte. Dort, wo vor ihm plötzlich soviel Landschaft aus dem Nichts aufgetaucht war, ging's erst recht in die Tiefe. Trattner hätte sich nur wieder der Wand zuwenden und mit zwei, drei weiteren Schritten um das Kliff herumgehen müssen, aber das konnte er nicht mehr. Während er in den Abgrund geblickt hatte, der sich als weites Panorama vor ihm auftat, hatte der Abgrund auch in ihn geblickt. Und jetzt strudelte er auf ihn zu.

Trattner, der Schwindelgefühle bislang nur vom Hörensagen kannte, vermeinte leicht zu wanken und hielt sich rasch mit der Rechten an der Felswand fest. Der Weg vor ihm war so einfach, viel einfacher als der von heute vormittag. Doch gleich daneben mäanderte und wölbte sich die Welt, wollte sich zu ihm emporstülpen und seiner habhaft werden, ihn im Sog nach unten saugen. Gern hätte er nach einer Hand gegriffen, um sich festzuhalten, er fand aber keine. Wie es so seine Art war, hatte er sich auf dem Weg immer weiter zurückfallen lassen, Weraxa und Mulugeta waren längst ums Eck verschwunden. Als er so stand, bemerkte er, daß einige Pilger hinter ihm aufgerückt waren und Anstalten machten, sich an ihm vorbeidrücken zu wollen. Aber das ging dann doch nicht.

Da brach ihm der Schweiß aus. In knappen Seitwärtsschritten und mit beiden Händen flach an der Wand bewegte er sich schließlich voran, hinter seinem Rücken ging's Hunderte von Metern in die Tiefe. Und sieh an, wie für ihn aus dem Fels herausgeschlagen, tat sich fast direkt hinterm Kliff eine Nische in der Wand auf, die eine natürliche Sitzbank bildete, einige Pilger saßen dort wie in einer Loge und genossen die Aussicht. Erleichtert ließ sich Trattner zwischen sie sinken und schloß die Augen.

Er hörte die Kühe in der Ebene muhen, den Wind, wie er am Berg heraufstrich, das gleichmäßige Atmen des Mannes neben ihm. Als er die Augen wieder öffnete, hatte er begriffen, daß er gerade Todesangst verspürt und bereits heut vormittag sein

Leben riskiert hatte, auch wenn's ihm nicht bewußt gewesen war. Du hast's überlebt, sagte er sich. Gerade eben und heut vormittag erst recht. Alles, was jetzt kommt, ist dein zweites Leben. Alles, was da unten vor dir liegt, ist vielleicht schön und wartet auf dich.

Indem er so saß und mit sich sprach, gewöhnte er sich an die Weite der Ebene, die sich unter seinen Blicken in zartroten, braunen, beigen Tönen ganz langsam entrollte und bald endgültig liegenblieb, von grünen Linien durchzogen, wo während der Regenzeit Bäche verliefen. Er sah auf die Wege, die weißgetünchten Gehöfte, sogar die einzelnen Felder waren zu erkennen, terrassenartig aneinandergefügt, ein jedes anders gekrümmt und alle gleichermaßen ausgedörrt, nackte Erde in verschiednen Sonnenbrandtönen. Dazwischen einzelne Bäume, deren weit ausladende Kronen kreisrunde Schatten warfen. Als ob sich die Landschaft für Trattner geschmückt hätte. In der Ferne eine Siedlung, aus der Rauch aufstieg, daneben wuchtig ein weiteres Bergmassiv, bizarr gezackt. Am Rand des Blickfelds Tafelberge, überspannt von einem wolkenlos hellblauen Himmel, ein Panorama von alttestamentarischer Strenge.

»Da hinten rotten sie sich zusammen«, ließ Weraxa unverhofft wissen, offenbar war er umgekehrt und hatte sich, ohne daß es Trattner irgend bemerkt hätte, neben ihm niedergelassen. Er zeigte auf die Berge und meinte die Rebellen der tigrayischen Befreiungsfront. Trattner drehte sich demonstrativ von ihm ab, für ihn war dies alles ein ausgetrockneter Garten Eden, Bild des Friedens und nicht etwa eines künftigen Schlachtfelds im Bürgerkrieg. Bestimmt war hier auch schon der Mönch gesessen, der sich die Höhle aus dem Fels gehauen, vor Hunderten von Jahren, und hatte auf dieselbe Weise auf dieselbe Landschaft geblickt.

Wie sich Trattner dem Alten zu seiner andern Seite zuwenden

und vielleicht zunicken wollte, erkannte er, daß der blind war. Den Kopf leicht in den Nacken gekippt, saß er offnen Mundes da, ein Greis mit eckiger Nase und auch sonst markant knochigen Gesichtszügen, vielleicht ein Heiliger. Schräg vor sich hatte er seine Gebetskrücke abgestellt, das Ende hielt er mit beiden Händen umfaßt. Seine langen Fingernägel waren so stark ausgebleicht, daß sie wie weißlackiert wirkten, sein schütterer Kinnbart war weiß, seine Zähne waren's, der Kaftan, der Turban – soviel Weiß, daß seine tiefdunkelbraune Haut von innen zu glimmen schien. Mindestens ein Heiliger, dachte Trattner, ein Seher, der gar nicht mehr hinschauen muß, um zu erkennen.

Keine Frage, Trattner erlebte gerade seinen Moment der Erleuchtung. Er war dankbar, einige Atemzüge lang fast wieder gläubig. Und voll jähen Mitgefühls mit allem und jedem. Am liebsten hätte er dem Heiligen an seiner Seite das Kreuz geküßt, wenn er eins hätte entdecken können. Er verschränkte die Finger fest ineinander und murmelte halblaut Worte, bis ihm Weraxa die Hand auf die Schulter legte: Er solle sich doch mal die Klause des Einsiedlers ansehen, es seien nurmehr wenige Meter dorthin.

»Ich will ... Ich will ...«, murmelte Trattner. Er wußte nur, daß er wieder wollte. *Was* er wollte, wußte er nicht. Dann brach's fast wie ein Schluchzen aus ihm hervor: »Sag mir endlich, ob er überlebt hat!«

»Bestimmt hat er das«, beruhigte Weraxa, »bestimmt!«

Trattner bestand darauf, daß sich Weraxa ein weiteres Mal bei den Dörflern erkundige, auf der Stelle. Weraxa telefonierte und ging dabei erregt auf und ab, auf und ab, ohne seiner Schritte zu achten, schließlich ums Kliff herum und in die Kluft hinein. Als er sich wieder neben Trattner setzte, mußte er gestehen, er wisse es nicht.

»Du willst mir nur ersparen, daß er gestorben ist!« wußte

Trattner. Wie gern wäre er nach Abuna Yemata zurückgefahren und hätte den Dörfler, der – ach, hätte sie alle –, ja was denn, beschimpft? Verprügelt? Angezeigt? Aber sie waren natürlich längst verschwunden, da war er sich sicher. Jetzt würden andre dort stehen, Nachbarn und Onkel und Söhne, und würden jedem versichern, während ihrer Begleitung sei hier noch nie einer abgestürzt, sie seien ein lebendes Seil.

Weraxa beteuerte, Weraxa stand erneut auf, Weraxa ging auf und ab. Er telefonierte mit dem einzigen Krankenhaus, das er in dieser Gegend kannte, wo man aber keinen abgestürzten Mann unter den Patienten wußte. Erst am nächsten Tag, da waren sie schon ein Stück weiter Richtung Süden, erhielt er einen Anruf und konnte Trattner sagen: »Ja, Joe, er hat überlebt.«

Wirklich? dachte Trattner. Oder sagst du das nur, weil du mir die Wahrheit ersparen willst?

*

Auch am übernächsten Tag beobachtete er nichts und sah umso mehr. Eine Straßensperre, die aus einer dünnen Schnur bestand, quer über die Straße gespannt, sie führte zu einer Pritsche jenseits der Böschung, auf der ein Soldat schlief. Als ihn Mulugeta geweckt hatte, indem er das Läuten eines Handys imitierte, löste der Soldat im Liegen den Knoten, so daß sich die Schnur senkte und man darüberfahren konnte. Begabter Strippenzieher, dachte Trattner. Wenig später ein Kleinkind, das in einem zur Straße offnen Laden hockte und sein Häufchen auf den gestampften Boden machte, die Verkäuferin guckte zu, die Mutter fegte immerhin schon mal drum herum. Da entdeckte das Kind den weißen *Nissan Patrol* mit dem weißen Trattner auf der Rückbank, winkte ihm, hockend, aufgeregt zu. Der Beginn einer großen Karriere, dachte Trattner und winkte zurück.

Dann ein Mann, der mitten in einer Stadt am Straßenrand pißte, mit der Linken hielt er eine Matratze fest, die er auf dem Kopf trug. Den sollte man mal in der Kneipe treffen, dachte Trattner. Schließlich eine Herde von vielleicht hundert Schülerinnen, die ihnen in ihren blauverwaschnen Schuluniformen auf einer Landstraße entgegenströmten wie sonst Schafe und Ziegen. Ohne daß Mulugeta den Wagen völlig zum Stillstand bringen mußte, teilte sich die Herde vor dem Kühlergrill, Schülerin an Schülerin glitt gleich groß an ihnen vorbei und gleich schlank. Und ihr seid auch alle gleich schön, dachte Trattner.

Was er früher mit einem Kopfschütteln abgetan hätte, verfolgte er mit Staunen, nicht selten mit Rührung. Selbst über die jungen Schnösel, die ihre Handys zückten, sobald er den Wagen verließ, konnte er sich nicht mehr echauffieren. Dem dreistesten, der rasch neben ihn sprang, um ein Selfie mit ihm zu machen, legte er großzügig den Arm um die Schulter. Doch nach einigen Tagen verflüchtigten sich die großen Gefühle, er sank wieder in sich zusammen, den Blick an allem vorbei gerichtet, was draußen an Kirche, Prozession, Bergpaß, Straßencafé, Markt, Hochzeitsfeier zu sehen gewesen wäre.

An den Straßensperren, die man anfangs eher dazu genutzt hatte, um zu plaudern und Neuigkeiten zu erfahren, wurde es schroffer und manchmal laut. Auf den Polizeistationen, wo Weraxa Fahrzeug und Fahrgäste en detail an- und abmelden mußte, dauerte es länger, bis die Papiere kontrolliert und die neuesten Zwischenfälle berichtet waren. Die Sicherheitshinweise der Beamten wurden ausführlicher und die Umwege, die über Nebenstraßen zu fahren waren, länger. Dort wirkten die Jungs am Straßenrand sogleich frecher, immer häufiger schrien sie ihnen etwas Unschönes hinterher, ihre Gesichter voll Haß. Auf freier Strecke fanden sie sich im Nu ein, als Mulugeta einen Platten gefahren hatte und so schnell wie möglich das Rad wech-

selte. Weraxa und Trattner mußten sich vor ihn stellen, anfangs mit verschränkten Armen, bald in äußerster Geschäftigkeit, um die zudringlichen Griffe der Kinder in alle Hosen- und Gürteltaschen, nach Sonnenbrillen und Baseballkappen abzuwehren.
Selbst die Hunde bellten bös auf, wenn sie vorbeifuhren, und versuchten nicht selten, den Wagen wie ein Beutetier zu erjagen, sprangen an beiden Seiten des Fahrzeugs hoch, um zuzubeißen. Einmal verfolgte sie ein Pritschenwagen, auf dessen Ladefläche sich zehn, fünfzehn Jugendliche drängten, ab und zu reckte einer sein Gewehr in die Höhe und schoß in die Luft. Als Mulugeta endlich angehalten hatte, war sein kleines Haus im Nu umringt. Weraxa, der sofort ausstieg und den zur Begrüßung umarmen wollte, der ihm der Anführer schien, mußte sich mehrerer Kerle erwehren, die ihm zusetzten. Sie zerrten ihn da- und dorthin oder schubsten ihn mit dem Gewehrkolben weg. Irgendwann beruhigte sich alles wie auf Kommando, dann wurde's teuer.
Nein, das seien keine Milizionäre gewesen, erklärte Weraxa erst Stunden später, sondern Banditen, auch davon gebe es mittlerweile genug im Land. Nach dem Abendessen saßen sie am Lagerfeuer, inzwischen hatten sie die Gebirge hinter sich gelassen und – kaum daß sie die Grenze zur Region der südlichen Nationen, Nationalitäten und Völker passiert hatten – campierten zum ersten Mal im Dschungel. Weraxa hatte spontan vorgeschlagen, einen Abstecher in einen kleinen Nationalpark gleich hinter der Grenze zu machen, um dort am andern Morgen Elefanten zu beobachten. In den Baumkronen lärmten die Affen, und immer mal wieder schrie so nah ein Vogel, daß man zusammenzuckte. Ein Ranger, der vom Eingang des Nationalparks mitgefahren war, nachdem er sich neben Weraxa auf die Beifahrerbank gezwängt und dabei halb auf Weraxas Schoß gesetzt hatte, bewachte sie. An der Stelle im Urwald, die er für

die Übernachtung ausgesucht hatte, wartete bereits sein kleiner Sohn. Gerade half er seinem Vater, eine Decke zwischen den Zelten als Nachtlager auszubreiten. Weraxa verteilte Bierflaschen, auch der Ranger bekam eine. Nebenbei rügte er ihn, daß er seinen Sohn mitgenommen hatte, der solle lieber zur Schule gehen. Trattner hatte dem Jungen gleich nach der Ankunft am Camp einen Kugelschreiber und eine kleine Seife geschenkt. Bei nächster Gelegenheit würde er wieder die Schule schwänzen.

Ausnahmsweise redete Weraxa an diesem Abend viel, und Mulugeta nickte viel. Daß man dem Ministerpräsidenten letztes Jahr den Friedensnobelpreis verliehen habe, zeige nur, daß die Jury keine Ahnung habe, wie es um Äthiopien bestellt sei. Gut, der Präsident habe endlich Frieden mit Eritrea geschlossen. Andrerseits habe er gleich nach seiner Wahl die jahrzehntelange Vorherrschaft der Tigrayer im Land beendet. Das war Weraxa zwar nicht unrecht; aber auf einen Schlag alle Bauprojekte in Tigray zu stoppen und in Addis die leitenden Beamten mit tigrayischen Wurzeln von ihren Posten zu entfernen – da hätte der Präsident auch gleich eine Kriegserklärung machen können. Und dann erst sein zweiter Fehler, die Freigabe des Internets! Was vom Westen als Beginn einer offnen Gesellschaft gepriesen werde, habe in Wirklichkeit dem Haß ein Forum geboten. Längst werde nicht mehr nur gegen einzelne, sondern gegen ganze Völker gehetzt und zu deren Vernichtung aufgerufen. So was werde in einem Vielvölkerstaat wie Äthiopien schnell unübersichtlich. Es sei nur eine Frage der Zeit gewesen, bis sich der Haß auch auf den Straßen gezeigt habe, bis es zu ersten Ausschreitungen gekommen sei, zu Straßenschlachten, Massakern, Bombenanschlägen. Überall im Land bereite man sich auf den Krieg vor, man könne allenfalls noch spekulieren, wo er ausbrechen werde.

»Bei den Afar«, vermutete Mulugeta. »Die sind noch schlimmer als die Somalier. Letztes Jahr haben sie sogar 'nen Touristen erschossen.«

Er hatte sich eine Ecke seiner Papierserviette zusammengedreht und reinigte sich eines seiner Nasenlöcher. Trattner sah ihm dabei immer wieder mit großen Augen zu. Als er vor drei Jahren ins Land gekommen war, hatte er noch versucht, Mulugeta nach solchen Äußerungen zurechtzuweisen, bald jedoch auf Ermahnungen verzichtet. Je mehr er von diesem Land und seinen Bewohnern gesehen hatte, umso weniger kam er noch zu klaren Urteilen. Was er in Wien sicher zu wissen glaubte, sah in Aksum oder sonstwo völlig anders aus.

Eine Weile hörte man nur das Feuer knistern und den Urwald drum herum. Nachdem ihm niemand widersprach, gestand Mulugeta, daß er in Sorge sei, rechtzeitig wieder zurück nach Hause zu kommen, sein Land brauche ihn. Welches Land er meinte, ließ er offen und widmete sich stattdessen der Reinigung des andern Nasenlochs.

»Da oben im Norden beginnt er nicht, der Krieg«, widersprach ihm nun Weraxa: »Er beginnt genau da, wo wir gerade sind, im alten Königreich Kaffa.« Erst vor 120 Jahren sei's von den Amharen erobert worden und über die Hälfte der Bevölkerung getötet oder verschleppt. Das habe man in Kaffa und überhaupt im Süden nie vergessen. Schon vor zwei Jahren sei's zu bewaffneten Aufständen gekommen. Letztes Jahr habe man den Generalstabschef der äthiopischen Streitkräfte erschossen und den Präsidenten der Region Amhara und auch den –

»Aber das war ja selber ein Amhare«, unterbrach Mulugeta, »das war so 'n Scharfmacher, der ... Ich glaub', der wollte 'nen viel härteren Kurs gegen ... gegen ... na, gegen alle andern, und ich glaub', sie haben ihn dann ... Haben sie ihn nicht auf der Flucht? Naja, abgeknallt?«

Es war kompliziert in Äthiopien und wurde immer komplizierter. Wenn du's dir mit irgendwelchen objektiven Gründen zu erklären suchst, sinnierte Trattner, bleibt's völlig unverständlich. Du mußt es mit den Augen eines Äthiopiers betrachten. Doch was ist ein Äthiopier? Du wirst dich für 'nen Tigrayer entscheiden müssen oder 'nen Oromo oder wen immer, und schon ist alles ganz einfach. Aber willst du das? Wie immer bei solchen Gesprächen wußte Trattner am Ende weniger als zu Beginn, jeder hatte in diesem Land seine eigne Wahrheit. Wahrscheinlich war's sowieso längst egal, wer wann wo angefangen hatte, es kam nur noch drauf an, wer wann wo im großen Stil weitermachen und den Krieg beginnen würde.

»Und da, wo wir morgen hinfahren«, sinnierte Weraxa, »ist's auch nicht gerade friedlich.« Er meinte das Omo-Tal, das eigentliche Ziel der Reise. Dort lebten einige Dutzend Völker, die einander nicht gerade mochten. Dies allerdings seit eh und je, man führe permanent Krieg.

Und genau dort kämen immer mehr Flüchtlinge ins Land, lachte Mulugeta etwas gequält auf, aus dem Südsudan, aus dem Sudan, aus Kenia und wer weiß, von woher noch. Bei denen wisse man ja auch nie so recht, nicht selten seien sie in richtigen Banden organisiert und würden nicht lange fackeln, wenn –

Er habe mit den Verantwortlichen telefoniert, unterbrach Weraxa, auch da unten habe er seine Leute. Ab heute abend würde sie immer jemand begleiten, der sie im Zweifelsfall verteidigen könne.

Weraxa wollte gelobt werden, merkte aber, daß er eher Vorwürfe bekommen würde, warum er die Reise unter diesen Umständen überhaupt vorgeschlagen hatte. Indem er die glimmenden Äste auseinanderzog, beendete er den Abend. Mulugeta imitierte das ängstliche Aufquieken eines kleinen Tiers, das gerade von einem größeren gepackt wurde. Er fügte ein schnelles Hecheln an, das in ein Röcheln überging. Alle drei sahen sie noch eine Weile zu, wie die Flammen an den einzelnen Ästen kleiner wurden und wie schließlich auch die Glut verlosch. Der Junge schlief bereits, sein Vater saß mit gekreuzten Beinen, das Gewehr neben sich abgelegt, und sah in die Nacht.

*

So waren sie nach zwei Wochen im Süden des Landes angekommen. Tüchtig durch Zwischenfälle wachgerüttelt worden war Trattner immer mal wieder. Doch erst, als sie eines späten Nachmittags in Surma Kibish eingefahren waren und sofort von allen umringt wurden, die Hände schütteln wollten, war er richtig aufgewacht. Wenn er an diesem Abend geglaubt haben sollte, er sei auf dem Mond gelandet – so fremd und unbegreiflich kam ihm alles vor –, wußte er 24 Stunden später, die er mit den Suri verbracht, daß er auf der Rückseite des Mondes war.

Und doch auch wieder im Hier und Jetzt. Was er an diesem einen Tag erlebt hatte, in Aksum hätte er's im Verlauf eines Monats nicht mal geträumt. Er dachte an das Blut, wie es aus dem Hals des Rindes geplätschert war, dachte an die Männer, wie sie, in ihre blauen Decken gehüllt, nebeneinander gesessen und Bier getrunken hatten, dachte an die Frauen und Kinder, wie sie mit Hilfe von Tupfen und Linien in Tiere verwandelt waren. Aber vor allem dachte er an Natu und den zerbrochenen Krug. Vielleicht war auch sie einmal ein kleines Mädchen gewesen, dem ein Junge die Sonnenbrille aus der Hand gerissen hatte, einfach so, weil er ein Junge war und das Recht dazu hatte. Eben noch hatte Trattner mit ihr gelitten, jetzt bewunderte er sie für ihren Mut.

Schlaflos in Surma Kibish. Und die Männer am Lagerfeuer sangen dazu. Irgendwann klang's wie ein einziges Lied, die letzte Strophe sangen sie erst im Morgengrauen. Als sie verstummten, setzte der gewaltige Chor der Frösche wieder ein, wenig später der nicht minder gewaltige der Vögel. Es war ein Gezwitscher, wie man's nur in einem Paradies erlauschen konnte.

*

Der Tag begann mit dem halben Schrei eines Raben, da war's noch dämmrig, kurz drauf mit dem zudringlichen Gepiepse eines Insekts – oder war's ein Vogel? –, das sich bereits zum gestrigen Sonnenaufgang und in regelmäßigen Abständen wieder und wieder gemeldet hatte wie ein Lastwagen, sobald er rückwärts fährt. Mulugeta hatte es das Weckertier genannt und gleich ausgiebig nachgeahmt. Fast schlagartig wurde alles rundum still.

Pünktlich um halb sieben fuhren sie an der Goldgrube vor, wie der Dorfpolizist die Baracke bezeichnet hatte, die am Nordende von Surma Kibish lag. Dort begann der Weg, der aus dem Suri-Land hinausführte, dort waren sie mit dem andern Fahrzeug verabredet, mit dem sie nach Maji fahren wollten und dann im Konvoi hinab in den Omo-Nationalpark. Es war so früh, daß es noch kaum Farben und Geräusche gab, das Gras stand schwarzgrün gegen einen grauen Himmel, jeder Halm ganz fein und hoch. Über den Büschen hing der Nebel in zarten Tüchern, wenn man länger hinsah, konnte man sich einbilden, er würde ein wenig auf- und niederwallen. Mulugeta hatte sich bereits die Sonnenbrille in die Stirn geschoben und zupfte seine Rasta-Zöpfchen der Reihe nach unterm Stirnband hervor. Weraxa streifte sich seinen weißen Ärmel übern rechten

Arm. Er liebte es, den Arm während der Fahrt aus dem Fenster hängen zu lassen, wollte aber vermeiden, daß er dabei Sonne abbekam. Auch in Aksum war er darauf bedacht gewesen, direkte Sonne zu vermeiden, seine Kontrollgänge auf dem Stelenfeld hatte er stets unter einem riesigen Regenschirm absolviert, um seine Haut möglichst hell zu bewahren. Trattner kämmte sich mit allen zehn Fingern die Haare, zog einzelne der Strähnen nach vorn und kontrollierte, ob neue graue Haare zu entdecken waren. Alle drei taten sie vor allem eines: Sie lauschten in den Nebel hinein, ob sich von fern ein Fahrzeug hören ließ.

Immer mal wieder zog sich der Nebel an einer andern Stelle auseinander, dahinter zeigten sich kurz –? Leise Gräser, leise Bäume, leise Landschaft. Trattner wußte, daß es *Lala*-Bäume gab und *Dogum*-Bäume, *Toli*-Bäume und *Madhoy*-Bäume, daß man die einen aufsuchen mußte, um Feinde abzuwehren, die andern, wenn man hartes Holz für Waffen brauchte, wußte, daß manche Macht verliehen, wieder andre nur für Träumer bestimmt waren. All das hatte ihm Kokordi erzählt und die entsprechenden Bäume gezeigt, das schon. Daß es den Zahnbürstenbaum gab, wußte Trattner sowieso, seine Äste hingen wie bei einer Trauerweide herab, auch in Aksum wurden sie in handspannenlangen Stücken verkauft.

Dessen ungeachtet sah Trattner immer zu wenig, wenn der Nebel aufriß. Alles, was sich für Sekunden zeigte, war für ihn nur Grün und im nächsten Moment an andrer Stelle wieder nur Grün. Nichts ließ sich fixieren und in Ruhe betrachten. Genießen schon gar nicht. Im Gegenteil, man war ständig gezwungen, die Blicke schweifen zu lassen, auch heut früh, ob man nicht vielleicht doch irgendwo einen farbigen Fleck übersehen hatte. Trattner war froh, daß es weiterging, in dieser Landschaft mußte man immer mit Überraschungen rechnen, die man lieber nicht erleben würde. Das heißt, froh war er ganz und gar nicht, er war voller Sehnsucht danach, endlich einmal wieder Sehnsucht zu empfinden. Der gestrige Tag hatte ihn endgültig aus seiner Gleichgültigkeit herausgerissen, nun würde wirklich sein zweites Leben beginnen, auch wenn er keine Ahnung hatte, wie es hätte aussehen können.

Ja, Trattner wußte jetzt, was er wollte: aufbrechen, egal wohin! Als das zweite Fahrzeug noch immer nicht zu hören war, fragte er Weraxa, ob sie nicht einfach schon mal losfahren könnten.

»Zwei ist besser«, versetzte Weraxa auf Deutsch. Damit war alles gesagt. Als Reiseleiter hatte er viel von seinen Kunden beigebracht bekommen, er konnte in hundert Sprachen fluchen und »Ich liebe dich« sagen. Manche der Ausdrücke hatte er nicht ganz richtig aufgeschnappt, »*shit happen*« etwa oder »mit alles«, Trattner schien's jedoch, daß sie dadurch fast noch treffender waren. Mulugeta hatte viele der Ausdrücke übernommen, bei ihm klang »Zwei ist besser« wie »Swei is bässa«, deutlich kräftiger und dunkler als bei Weraxa, und danach lachte er stets so schallend auf, als ob er gerade auf unverfängliche Weise etwas Verfängliches gesagt hätte.

Ein paar Frauen kamen die Hauptstraße entlang, abgesehen von ihren Babys trugen sie Säcke und Plastikkanister, Hacken und Macheten, offensichtlich ging's zur Feldarbeit. Eine spuckte elegant durch die Zahnlücke im Unterkiefer, die man auch ihr als junges Mädchen zugefügt hatte, damit sie einen Lippenteller tragen konnte. Eine Weile umringten sie Mulugetas Wagen, betrachteten sich mit großer Freude in den beiden Außenspiegeln, riefen den drei Fremden allerlei zu, das für Trattner mindestens deftig klang. Weil sie keine Antwort bekamen, lachten sie, zogen ihre Lippenwülste in die Länge und dann weiter. Als nächstes kam eine Gruppe von Jugendlichen, die alle ihr Handy am Zigarettenanzünder aufladen wollten. Schließlich standen nurmehr ein paar ältere Männer um den Wagen herum. Sie kauten jeder auf einem Stück Ast, bis es ihnen lässig im Mundwinkel hing wie eine schmal gedrehte Zigarre. Währenddessen guckten sie still und freundlich zu, wie Mulugeta noch mal die Ladung auf dem Dachgepäckträger festzurrte.

Um kurz vor sieben trat ein Mann aus der Goldgrube, die bislang wie ein leerer Bretterverschlag gewirkt hatte. Weil noch immer kein Wagen zu hören war, schlug Weraxa vor, sich die Sache mal von innen anzusehen. Es war ein einziger Raum ohne Fenster oder Fußboden und, abgesehen von zwei langen Tischen, ohne Möbel, nicht mal eine Glühbirne hing von der Decke. Im Dämmerlicht, das durch die Ritzen drang, standen etwa zwanzig, dreißig Männer, junge Kerle zumeist, aber auch eine Handvoll Frauen. Keiner hatte eine blaue Decke umgeschlagen, keine ein weißes Tuch über der Schulter geknüpft, man sah keinen einzigen Kampfstock, keinen einzigen Ohrteller.

Es muß noch ein weiteres Surma Kibish geben, dachte Trattner, das ungeschminkte Surma Kibish.

Die Männer und Frauen, die sich hier schweigend zusammengefunden hatten, standen Schlange. Sie führte zu den beiden Tischen, an denen zwei Amharen residierten, assistiert von je einem Suri, offensichtlich ihre Dolmetscher, vielleicht auch Bewacher. Es waren die Tische der Goldhändler, hier wogen sie den Goldstaub, den die Goldsucher in kleinen Plastiktüten übergaben. Jeder der beiden Händler hantierte mit Bedacht, er ließ den Staub auf eine Waage rieseln, leuchtete ihn mit seiner Stirnlampe an, hielt für ein paar Sekunden die Flamme eines Feuerzeugs unter die Waagschale. Ohne erst lang zu rechnen, zahlte er bar aus und wortlos.

Nun waren es die Goldsucher, die mit Bedacht hantierten. Jeder, der sein Geld nachgezählt und erneut nachgezählt hatte –

eine der jungen Frauen hielt dabei einen Geldschein quer zwischen den Lippen –, protestierte ob des ausgezahlten Betrags. Der Händler widersprach nicht lange, sondern legte ein paar Scheine obendrauf. Viel war's sowieso nicht. Die Frau hatte gerade fünfzehnhundert Birr bekommen, für die sie sich ein paar Monate an einigen Flüßchen diesseits und jenseits der südsudanesischen Grenze durchgeschlagen hatte, wo man als Suri nicht unbedingt nur Freunde traf.

Die Frauen hier können nicht nur mit dem Stock kämpfen, dachte Trattner, die können garantiert auch schießen.

Und wenn jetzt nicht endlich Motorenlärm zu hören gewesen wäre, er hätte gern noch länger zugesehen. So aber eilte er Weraxa hinterher, Mulugeta war bereits draußen, und dann war's nur ein Lkw, auf dessen Ladefläche, eng aneinandergedrängt, Frauen, Männer und Kinder standen. Nun stiegen auch noch die zu, die sich bislang um Mulugetas Wagen herumgedrückt hatten.

Nachdem der Lkw losgefahren und auf dem Weg verschwunden war, der von Surma Kibish wegführte, stand da der lang erwartete zweite Wagen. Offensichtlich war er gleichzeitig angekommen, ein *Toyota Cruiser*, ebenfalls weiß, darin drei Männer auf der Rückbank, die nur kurz die Hände zum Gruß hoben. Mulugeta und der andre Fahrer stellten fest, daß sie beide Tigrayer waren, und küßten sich zur Begrüßung auf die Schultern. Es konnte losgehen.

Allerdings nicht so zügig wie erhofft. Auch außerhalb von Surma Kibish waren schon mehr Leute unterwegs, als man hätte vermuten können. Bei jedem Halt war der Wagen im Nu umlagert von Kindern, die an Trattners blonden Haaren ziehen wollten und gleichzeitig um Geld bettelten. Nackte Menschen wuschen sich in einem Bach direkt neben der Straße und lachten ihnen zu. Bald hatten sie den Lkw eingeholt, er wirbelte eine Staubwolke hinter sich auf, so daß Mulugeta Abstand halten mußte. Er fluchte, der Weg war gerade mal so breit wie der Lkw, überholen konnte er nicht. Kurz telefonierte er mit dem Fahrer hinter ihm, legte seine CD ein – er hatte nur eine einzige, einen Jazz-Sampler vom Schwarzmarkt, Trattner kannte ihn längst auswendig – und ergab sich in sein Schicksal.

Buschsavanne mit Saxophonsolo. Grassavanne mit Improvisation am Piano. Ein Galeriewald an einem Bachlauf entlang mit Klarinettenbegleitung. Da und dort ein einzelner Baum als schwarzer Schattenriß, aber nicht etwa eine Akazie mit weit ausladender Krone, wie man sie sich von einer afrikanischen Landschaft wünscht, sondern als abgestorbner Stamm, oft ohne jedes Astwerk. Immer mal wieder ein Steinhaus, auf Geheiß der Regierung erbaut, das schon wieder verfiel, weil niemand darin wohnen wollte. Als der Weg über einen Hügel führte, sah man kurz einen Horizont aus drei hintereinandergestaffelten Bergsilhouetten, vorn die dunkelste, heller und heller die beiden dahinter. Dann wieder mannshohes Strauchwerk links-rechts des Wegs, dessen Äste auf die Windschutzscheibe schlugen und an den Seitenfenstern entlangstrichen. Es saßen kleine gelbe oder weiß-violette Blüten daran. Längst war der Nebel gewichen, um halb zehn mußte man selbst auf der Rückbank die Sonnenbrille aufsetzen.

Alles, was jetzt noch kommt, dachte Trattner, ist Rückweg.

*

Wenn alles so passieren würde, wie von Weraxa geplant, wären sie in zehn oder vierzehn Tagen zurück in Addis, sein Rückflug war für den 7. Februar gebucht. Sollte der Aufbruch in ein zweites Leben mit einem Rückweg in sein altes Leben beginnen? Aber was war denn davon übriggeblieben, weswegen hätte er heimfliegen sollen? In Wien hatte er nichts mehr zu tun und erst recht nichts mehr zu suchen, es gab dort niemanden, der ihn erwartet hätte.

Strenggenommen war sein altes Leben bereits mit dem Friedensabkommen zwischen Äthiopien und Eritrea zu Ende gegangen, am 3. Juli 2018. Eineinhalb Jahre lang war er da schon auf dem Judith-Stelenfeld zugange gewesen, benannt nach der sagenhaften Königin Judith, in Wirklichkeit ein antiker Friedhof für die einfache Bevölkerung – wie hätte man da Nennenswertes finden können? Genau das hatte der Zottler Schani in seinem Antrag natürlich vermuten müssen, sonst hätte er das Deutsche Archäologische Institut niemals zu einer Kooperation gewonnen. Zottler, mit dem schwitzigen Charme des gebornen Ottakringers, hinter dem man den Betreiber eines beliebten Würstelstands hätte vermuten wollen, war Ordinarius am Institut für Klassische Archäologie, obendrein gesegnet mit einer Forschungsprofessur an der Österreichischen Akademie der Wissenschaften und insofern geübter, um nicht zu sagen, notorischer Antragsteller. Seine Fäden weit über alles Fachdisziplinäre hinaus spinnend, verabredete er sich mit Mitarbeitern der verschiednen Ministerien im *Landmann* oder im *Prückel* zu Mittag und, so deutete er gern an, nahm den kleinen Braunen danach gelegentlich am Ballhausplatz. Um das verwirrende Zusammenspiel seiner offiziellen Ämter und inoffiziellen Wirkungsstätten, von tatsächlich bestallten Mitarbeitern und der Schar an Zuträgern und guten-guten Freunden bündig zusammenzufassen, sprach man in den bessern Kreisen nur von »der Zottlerei«, wenn man des Herrn Professors vielgliedriges Wirken in der Stadt und weit über ihre Grenzen hinaus meinte. Selbstverständlich war Zottler auch begnadet im Auffinden und Ausschöpfen von Fördertöpfen und dem rechtzeitigen Abrufen befristeter Gelder, mit denen er nicht zuletzt seinem alten

Haberer Trattner immer wieder Verlängerungen einer bürgerlichen Existenz verschafft hatte.

Auch beim Projekt in Aksum hatte er ihn als seinen »langjährigen Mitarbeiter« schon bei der Beantragung in Stellung gebracht. Wenn man bedachte, daß Trattner nur einige Semester klassische Archäologie, davon nur ein einziges Proseminar in Vorderasiatischer und Christlicher Archäologie, absolviert und sich seinen Studienabschluß letztendlich nur erschlichen hatte – obgleich er sich mit Nonchalance überall als »Magister« präsentierte und anreden ließ, es war im Grunde ja egal, schließlich verstand er sich, trotz allem und noch immer, als Künstler –, wenn man bedachte, daß er auch Grabungstechnik nie studiert und seine Erfahrung nur durch Praktika gesammelt hatte, aufgrund derer ihn die Zottlerei bald als freiberuflichen Grabungstechniker überall dorthin entsenden konnte, wo man ohnehin in einem eher dubiosen Umfeld operierte: dann hatte er's auch mit dem Judith-Stelenfeld nicht schlecht getroffen.

Selbst die Tatsache, daß die Projektleitung diesmal zwischen Berlin und Wien aufgeteilt wurde – zwischen einem Professor Dr. mult. Leo Wiltschek, der bereits die Ausgrabungen in Yeha, ganz in der Nähe von Aksum, geleitet hatte, und dem Zottler Schani –, war kein Grund zur Beunruhigung. Solange der Krieg fast direkt hinter Trattners Stelenfeld begann – die Grenze zu Eritrea lag vielleicht vierzig Kilometer Luftlinie entfernt –, war er gegen Besuche des Berliner Projektleiters gefeit; und sein alter Schulfreund Zottler hatte noch bei keiner Grabung den Drang verspürt, sich einen Eindruck vor Ort zu verschaffen. Tatsächlich begnügte sich auch Berlin mit halbjährlichen Berichten aus Aksum, die Trattner mit viel Phantasie gestaltete und so der ursprünglich auf zwei Monate befristeten Sondage – drei mal drei Meter Testschnitt, zehn Meter tief – eine reguläre

Grabung hatte anschließen können, die immer wieder von Berlin und Wien verlängert wurde.

Dabei waren die Ergebnisse der Grabungen noch bescheidener als erwartet. Nicht einmal Grabinschriften in altsüdarabischer Schrift wurden gefunden wie in den Tafelbergen rundum, wo sich vorwiegend italienische Projekte angesiedelt hatten. Ganz zu schweigen von den prognostizierten Tempelanlagen, steinernen Thronen, Altären oder gar Monumentalstelen, wie sie im Zentrum der Stadt zu sehen waren, touristische Höhepunkte jeder Äthiopienreise. Dort gab's einen Obelisken mit über dreißig Metern Höhe, ein Grab mit falscher Tür, darinnen einen Sarkophag, aus einem einzigen Felsen gehauen, ohne jede Öffnung. Nichts auch nur annähernd dergleichen im Judith-Stelenfeld, wo und wie tief man auch graben wollte. Trattner war und blieb Herr über hunderttausend Scherben, sein Territorium war weniger Stelen- als Scherbenfeld. Mehr als die Handvoll windschiefer Hinkelsteine, die hier, drei bis vier Meter hoch, seit eh und je herumstanden und den Fremdenführern vom Palast Schatten spendeten, wenn sie dahinter ihre Notdurft verrichteten, hatte es nicht zu bieten. Ab und zu weideten ein paar Kühe darauf. An seinem Rand legten Bauern Zwerghirsefelder an, selbst unter sengender Sonne ackerten sie mit Ochsengespann und Holzpflug. Je steiniger der Boden, so ihre jahrhundertalte Gewißheit, desto reicher die Frucht.

Trattners Stelenfeld gegenüber, nur durch die Straße getrennt, lagen die Ruinen eines Palasts, der von der einheimischen Tourismusindustrie der Königin von Saba zugeschrieben wurde. Für die wenigen, die auf den Schwindel hereingefallen und den Weg aus Aksum gekommen waren, hatte man eine Aussichtsplattform gebaut; darauf stand Trattner nicht selten, wenn die schönste Stunde des Tages angebrochen war, die Stunde vor Sonnenuntergang. Er blickte über Ruinen, Straße, Stelenfeld hinaus in die Ebene, auf die paar Hügel, die sie in der Ferne begrenzten, und dachte schon lang an gar nichts mehr. Auch bei diesem Projekt hatte er die Geländearbeit weitgehend den Einheimischen überlassen. Von hier oben konnte er sie ausmachen, wie sie, allein oder zu zweit, an den von Weraxa zugewiesnen Stellen Erde abtrugen oder durch ein Sieb schaufelten. Weraxa, wenn er nicht gerade seinen Rundgang machte, hielt sich meist in der kleinen Hütte auf, die sich Trattner am entlegnen Ende des Stelenfelds als sein Büro hatte errichten lassen. Ob er dort schlief oder Telefonate führte, um gleich von hier aus einen Teil der Funde zu verscherbeln, wer weiß. Solange der Rest lief, war's Trattner egal.

Weraxa hatte ihn in einem Straßencafé angesprochen und sich als Tausendsassa empfohlen, sein Angebot an Dienstleistungen umfasse alles außer Sex und Diebstahl. Angeblich war er schon Vorarbeiter bei italienischen Grabungen gewesen, auf Trattners Nachfrage hin gab er gleich zu, daß er's aufgrund gefälschter Universitätszeugnisse geworden war. Das fand Trattner entschuldbar. Als ihm Weraxa erzählte, die gefälschten Zeugnisse an der Universität von Mekele erworben zu haben, am *Institute of Paleo Environment and Heritage Conservation*, fand er's geradezu großartig: Ebenjenes Institut fungierte als tigrayischer Kooperationspartner bei seiner Grabung. Weraxa versicherte, man solle ihn nur machen lassen, dann werde sich niemand aus dem Institut blicken lassen. Wie er gleich noch ganz offen beteuerte, ohne Schwarzhandel werde es sich auch hier nicht ausgehen, war Trattner überzeugt, den Richtigen gefunden zu haben. Er hatte Weraxa lediglich wissen lassen:

»Mich interessiert alles gar nicht. Einzelnes dafür manchmal sehr.«

Am nächsten Tag war Weraxa zur vereinbarten Stunde am verrosteten Eisentor zu Trattners Reich gestanden, in T-Shirt und kurzer Hose, ein rotes Tuch mit gelben Troddeln zum Turban gewickelt, den zusammengerollten Schirm in der Linken, auf seiner Brust ein Lederband mit einem großen Eisenkreuz. Zumindest das Band mit dem Kreuz hatte er noch keinen einzigen Tag seitdem abgelegt, er war gläubiger Christ und immer wieder bekümmert, daß es Trattner nicht ebenfalls war. Wenn der so auf der Aussichtsplattform stand und den Blick über sein Reich und sein Leben schweifen ließ, wußte er immerhin, daß Weraxa die Arbeit für ihn machte, auch wenn er sie zur Hälfte, vereinbarungsgemäß, für sich selber machte. Trattner hatte es schon in Libyen und Tunesien so gehalten und damit glänzende Ergebnisse erzielt. Er verstand es als seine Art der Entwicklungshilfe und spürte nicht den Anflug eines schlechten Gewissens.

Um Verlängerungen seines Aufenthalts zu beantragen, hatte er gar keine Wahl, er mußte erfinden, was nicht gefunden werden konnte. Trattner war kein Anfänger, er wußte, was er zumindest auf dem Papier zu liefern hatte. Im Rahmen seiner Berichte dokumentierte er, was in Wien niemand interessierte und in der Zottlerei gar nicht erst zu den Akten genommen wurde, in Berlin jedoch, wo man das Projekt ursprünglich für wenig aussichtsreich eingeschätzt hatte, umso größere Neugier weckte. Als dann 2018 ein äthiopischer Präsident gewählt wurde, der den Krieg mit Eritrea beendete, und als der Frieden auch im nächsten Jahr noch hielt, ließ Herr Professor Wiltschek wissen, er wolle sich endlich einmal selbst vom Fortschritt der Grabungen überzeugen, offenbar hätten sie ja alle Erwartungen übertroffen. Einen genauen Termin nannte er nicht, sprach nur von »Mitte September«. Keinesfalls brauche ihm Trattner einen Chauffeur nach Addis zu schicken, bloß keine Umstände! Er habe in der Nähe gearbeitet und kenne sich aus. Das hätte Trattner eigentlich aufschrecken können.

Dann kam der Tag, an dem Professor Wiltschek vorfuhr – perfiderweise nicht Mitte, sondern bereits Anfang September. Weil er das Tor zu Trattners Reich verschlossen fand und auch nicht sofort eine der zahllosen Zutrittsmöglichkeiten im Stacheldrahtzaun entdeckte, wandte er sich kurzentschlossen der Aussichtsplattform im gegenüberliegenden Palast zu. Von dort würde er immerhin schon mal einen Überblick gewinnen, wie in Trattners Stelenfeld gearbeitet wurde. Der Weg dorthin wurde ihm freilich von Atse verstellt, einem Flüchtling, der sich bei Weraxa tagweise ein Zubrot verdiente, wenn Touristen ausblieben und er keine Souvenirs verkaufen konnte. Gerade hatte er sich zu seinem Vormittagsschlaf unter einen Torbogen zurückgezogen, nun drängte er dem unverhofften Besucher Rundgang und Fundstücke auf. Er war in Eritrea gefoltert worden und hatte dabei ein Auge verloren, vor allem war er nur bedingt schlau, er erkannte nicht, daß er's hier nicht mit einem Touristen zu tun hatte. Als er wiederholt kleine Tonschalen anbot und dabei versicherte, er habe sie drüben, in Trattners Stelenfeld, eigenhändig ausgegraben, wurde der Herr Professor zutraulicher, und als er ihm einen aus Stein geschnittnen Stempel präsentierte, der die Königin von Saba zeigen sollte, griff der Professor zu.

Natürlich sah er auf den ersten Blick, daß Atse mit Farbe und Glasur nachgeholfen hatte, um seine Stücke ein wenig verlockender aussehen zu lassen. Auf den zweiten Blick wurde's schwierig und vor allem hochinteressant. Noch beim dritten Blick war sich Professor Wiltschek unsicher, was er von diesem Stempel halten sollte. Er war in klaren, möglicherweise archaisch klaren Linien geschnitten. Der kriegerisch behelmte Kopf, der als Stempelkappe diente, das Rund an Sonnenstrahlen, das den Stempelfuß von oben verzierte, der Stempelfuß selbst, ebenfalls aus Stein geschnitten, der einen Krieger – eine Kriegerin? – im Profil samt umlaufenden Schriftzeichen zeigte, all das kam ihm bekannt vor. Wie er Atse aber endgültig abschütteln wollte, fühlte sich der in seiner Ehre gekränkt. Er könne beweisen, daß seine Stücke echt seien, rief er, und weil der Herr Professor jahrelang in Tigray gearbeitet hatte, verstand er ihn auch. Atse ergriff seine Hand, zog ihn zur Straße und rief dabei nach Weraxa, er brauche ihn als Zeugen.

Tatsächlich rannte ihnen jemand übers Stelenfeld entgegen. Es war Takle, gewissermaßen Atses direkter Konkurrent. Er schlüpfte durch ein großes Loch im Zaun, schon standen sie zu dritt auf der Straße. Der Herr Professor sichtete auch Takles Bauchladen, der ähnlich dubios bestückt war wie der von Atse. Jeder der beiden hielt dies oder jenes Teil in die Höhe, ab und zu griff der Professor zu, um's genauer zu betrachten. Weil er wußte, wie einheimische Grabungsarbeiter gelegentlich mit kleineren Funden umgingen, war er mißtrauisch geworden. Beteuerte jedoch das Gegenteil:

All das sei Plunder, offensichtlich neu hergestellt und auf alt getrimmt.

Erneut war die Empörung groß, Atse und Takle riefen beide nach Weraxa. Der wollte indes nicht auftauchen. Also zogen sie den Professor, jeder an einem Arm, durch ein Loch im Stacheldrahtzaun und quer übers Stelenfeld: Atse mit seinem hennarot gefärbten Bart, wie er unter älteren Moslems in Mode gekommen war, der junge Takle mit seinem riesigen *Rolex*-Imitat am Handgelenk und den kahlgeschornen Schläfen, als Frisur dazwischen das mittels Haargel hoch aufgehäufelte Resthaar.

Weraxa schlief gerade in Trattners Büro und wachte erst auf, als die drei hereingerumpelt kamen. Noch schlaftrunken beteuerte er, daß alles, was von hier in den Handel gelange, echt sei. Als er erkannte, wer da gekommen war und auch gleich Einblick in die Bücher begehrte, beschimpfte er Atse und Takle als Schwindler und jagte sie davon. Es dauerte nicht lange, da hatte Professor Wiltschek in der laufenden Dokumentation der Fundstücke die Fotografie des Stempels gefunden, die ihm von Trattners letztem Bericht vage in Erinnerung war.

Nun ließ er sich keineswegs dazu hinreißen, Weraxa sofort zur Rede zu stellen. Er entschuldigte sich vielmehr, daß er ihn inkommodiere, kam wie beiläufig auf die Stele zu sprechen, die Trattner vor einigen Wochen im Rahmen eines Sondermailings als Glücksfund avisiert hatte, und las dann von einem Zettel ab: Ungewöhnlich klein zwar, nur 1320 mm lang, 220 mm Kantenlänge, aber mindestens 1500 Jahre alt und mit zahlreichen altsüdarabischen Inschriften, vor allem an keiner einzigen Stelle gebrochen. Vielleicht das Modell einer Stele, die man in ganz andern Dimensionen hätte errichten wollen, mindestens für einen Vertreter der Oberschicht, vielleicht gar für König Menelik, mit einem Wort: voller kostbarer wissenschaftlicher Rätsel, all die Arbeit habe sich auf einen Schlag gelohnt. Die Fotos der Stele waren in Berlin ausführlich betrachtet und diskutiert worden, Professor Wiltschek konnte ihr Aussehen akkurat beschreiben.

Auch Weraxa wußte genau, wie die Stele aussah. Er erinnerte sich, wie begeistert Trattner über den Fund gewesen und sofort überzeugt war, daß sein Projekt schon allein deshalb eine weitere Verlängerung erfahren werde. Trattner hatte die Stele eigenhändig gewaschen, vermessen und fotografiert. Wenig später hatte er sich in seinem Übermut auch noch daran verhoben, als er den versammelten Arbeitern ein paar Kunststücke vorführen wollte.

Die Stele war erst seit kurzem verkauft, Weraxa hatte monatelang mit sich gerungen und die Hände von ihr gelassen. Er wußte um den Wert der Stele, nicht zuletzt auch für den Fortbestand des Projekts, hatte letztendlich jedoch nicht widerstehen können und einen nächtlichen Abtransport organisiert. Es war also keinesfalls unerklärlich, wie Professor Wiltschek halbherzig vermeinte, daß er in den Büchern vor- und zurückblätterte, ohne den Fund aller Funde zu entdecken. Weraxa sah ihm dabei zu und beteuerte, eine Stele, wie sie der Herr Professor beschreibe, habe man hier nie ausgegraben, so wahr er Weraxa sei, die rechte Hand von Trattner.

Ersatzweise interessierte sich Professor Wiltschek für den Stempel, dessen Fotografie er im Verzeichnis der Grabungsfunde bereits entdeckt hatte. Mit der Mittelfingerspitze leicht darauf herumklopfend, ließ er Weraxa gar keine Wahl, er *mußte* sich erinnern. Auf Wunsch des Professors ging er durch die Schuppen, in denen die minderen Stücke gelagert wurden, und lüftete der Reihe nach Planen und Tücher, selbstverständlich ergebnislos. Weraxa, im stillen Atse verfluchend, der sich wieder einmal unerlaubt bei den Kleinfunden bedient hatte, und Wiltschek, alles bereits wissend, was Weraxa erst ahnte, sie vermieden es beide, auf den Stempel in Atses Bauchladen zu sprechen zu kommen.

Er persönlich werde den Stempel für den Professor auftreiben, versprach Weraxa, der genau wußte, wo er zu suchen hatte: So wahr er Weraxa sei, die rechte Hand von Trattner.

»Apropos«, unterbrach Professor Wiltschek, »wo steckt er eigentlich?«

Das wußte Weraxa nicht. Daß sich da etwas zusammenbraute, hatte er jedoch begriffen. Eine halbe Stunde später saßen sie zu dritt und auch bald schon zu zweit, Trattner und Professor Wiltschek, auf der Terrasse des *Daddy Club*, wo am Nachmittag Studentinnen auf ein Cola vorbeikommen würden. Jedesmal, wenn sie eine weitere Bestellung aufnahm, legte die Bedienung ihre Hand auf Trattners Schulter, auch das entging seinem Besucher nicht.

Dennoch wäre das normalerweise noch nicht das Ende vom Ende gewesen. Professor Wiltschek war auch Trattner gegenüber ausgesucht konziliant. Er bedaure es, ihn zu molestieren, wundere sich nur ein bißchen, daß so wenige Arbeiter auf dem Feld zu sehen gewesen seien, daß einige der Funde, in Trattners Dokumentationen verzeichnet, nicht auffindbar seien, beschied seine Fragen aber immer gleich selber mit einem summarischen »Wos wüst' mochn, afrikanisches System«, um Trattner das Gefühl zu geben, man könne sich jenseits der hierarchischen Verhältnisse und trotz der mißlichen Ausgangslage offen unterhalten, »Da kannst nix mochn«, sozusagen unter Eingeweihten, »A wannst wüst!«, die beide wußten, was den heimischen Akademien gar nicht erst berichtet wurde, »Da is afoch nix zu machen«. Professor Wiltschek war nicht mal abgeneigt, ein Glas Arrak mit Trattner auf den unverhofften Stelenfund zu heben, er werde sich todsicher wiederfinden, und als er sich auch beim zweiten Glas nicht zierte, sah's so aus, als wollte er Trattners bester Freund werden.

»Leo«, beugte er sich leutselig übern Tisch, um mit ihm anzustoßen.

»Jo-, Josef«, stotterte der verdutzte Trattner.

Normalerweise war er ein begnadeter Plauderbär. Schon als Schüler hatte er den Charme und die Chuzpe gehabt, die ganze Klasse in der Pause zu unterhalten, selbst gegenüber den Lehrern war er nie um ein Wort verlegen gewesen, wie der Zottler Schani. Im Grunde waren sie beide in erster Linie große Schwafler vor dem Herrn. Und Hallodris sowieso, mit dem einzigen Unterschied, daß der eine mittlerweile habilitierter Hallodri war, der andre trotz seiner 47 Jahre noch immer ein jugendlicher Spinner.

Normalerweise hätte sich Trattner auch aus diesem Schlamassel herausgeredet. Aber schon als ihn der Herr Professor mit einer angedeuteten Verbeugung begrüßt hatte, war ihm blitzartig klargeworden, daß er verloren hatte: Wiltschek war gleichfalls Österreicher, auch wenn er für Berlin arbeitete, auf einen Schmäh würde er nicht hereinfallen. Im Gegenteil, all die Freundlichkeit bedeutete nichts weiter, als daß Trattners Schicksal bereits entschieden war. Tatsächlich verabschiedete sich sein Gast nach ein paar weiteren Kaffees und einem dritten Arrak mit der Bemerkung, er werde von sich hören lassen.

Das tat er fast umgehend. Trattner wurde zu einem Zwischenbericht ans Deutsche Archäologische Institut gebeten, man sei gespannt, wie er die Fortschritte der Grabungen persönlich darstellen werde. Ja, so allgemein gehalten und freundlich im Ton war die Einladung, die nichts andres als eine Vorladung war, Wiltschek war Österreicher.

Die Anhörung, zu der Trattner im Oktober 2019 anreisen mußte, war auf zwei Tage angesetzt, Tag eins: bisherige Ergebnisse, Tag zwei: Ausblick und weitere Maßnahmen. Trattner hatte beschlossen, danach nicht direkt nach Addis zurückzufliegen, sondern erst einmal nach Wien, um zu sehen, ob sich die Sache mit Lena vielleicht noch würde einrenken lassen – Verbindung des Unangenehmen mit dem Aussichtslosen.

Und wieder wurde ihm bereits bei der Begrüßung klar, daß er verloren war: Professor Wiltschek sprach ihn auf Hochdeutsch an, und natürlich siezte er ihn wieder. Zu einer Rechtfertigung Trattners kam's gar nicht, Professor Wiltschek ergriff statt seiner das Wort und legte minutiös dar, was er recherchiert hatte. Nebenbei ließ er wissen, daß Trattner nur einen zweifelhaften Studienabschluß und auch sonst keinerlei Zeugnisse vorzuweisen hatte, die ihn für seine Tätigkeit qualifiziert hätten. Trattner sei vielleicht nicht so sehr Täter als Opfer, kam er zum Schluß seiner Expertise, nämlich Opfer des kakanischen Systems, das »selbst einen Blender wie ihn« über Hinterzimmerdiplomatie und Freunderlwirtschaft jahrzehntelang salonfähig erhalten und nebenbei mit Pfründen versorgen könne. Wiltschek nannte es »Weiterwursteln im großen Stil und mit durchaus erfreulichen Ergebnissen, sofern man bereit sei, nicht allzu genau hinzusehen«. Auf den zweiten Tag des Treffens konnte verzichtet werden, Trattner war erledigt.

Nur aufgrund einer telefonischen Intervention der Zottlerei wurde ihm die Möglichkeit eingeräumt, an seine Wirkungsstätte zurückzukehren und dort einen geordneten Abgang hinzulegen, so daß sein Nachfolger nicht im Chaos würde anfangen müssen. Sogar eine Verlängerung des Projekts über den 29. Februar 2020 hinaus wurde beschlossen, Professor Wiltschek erklärte sich bereit, die Grabungen interimsmäßig vor Ort zu leiten, bis Trattners Stelle neu besetzt war.

Beim Abschied war er wieder ganz der, als den ihn Trattner in Erinnerung hatte, feingliedrig, feinsinnig, feingeistig. Umstandslos kehrte er zum Du zurück.

»Du hastas halt a bisserl übertrieben«, rügte er ihn.

»Wer immer alles richtig macht«, hob Trattner zu einer späten Verteidigung an, »der hat am Ende nichts richtig gemacht.«

»Da samma dakkoa, Bepperl«, stimmte Professor Wiltschek gern zu, »aber nur wer immer alles falsch gemacht hat, hat am Ende nichts falsch gemacht.«

Wollte er damit sagen, daß Trattner durchaus einiges richtig gemacht und ihn gerade das ins Verderben gestürzt hatte? Er übergab Trattner den steinernen Stempel, den er offensichtlich von Atse erworben und nonchalant durch den Zoll geschmuggelt hatte: Man habe ihn hier untersucht, er sei echt. Abgesehen natürlich von all dem, was ihm Atse als »authentische« Verzierung gegönnt habe.

»Die Wahrheit liegt unterm Authentischen verborgen«, lachte er Trattner so freundlich zu, als wäre er gerade wieder drauf und dran, sein bester Freund zu werden, »aber wer wüßt' das besser als du, Bepperl«.

Er ließ es sich nicht nehmen, ihm die Hand auf die Schulter zu legen und zum Abschied leise »Serwas« zu sagen, »baba«.

Unverhofft hatte Trattner einen Tag zur freien Verfügung.

*

Und Mulugeta hatte plötzlich eine Möglichkeit erkannt, den Lkw doch noch zu überholen, er riß den Wagen so entschlossen nach links, daß Trattner auf der Rückbank hin und her geworfen wurde. An der Fahrerseite klatschten die Zweige gegen die Fenster, dann ließ Mulugeta das Grunzen eines zufriednen Silberrückens hören. Auch der zweite Wagen hatte es geschafft, fortan ging's deutlich flotter.

Offenbar war Trattner in Gedanken versunken gewesen, wie so oft auf dieser Reise, in dieser Hitze, diesem Land, vielleicht dabei auch eingenickt. Da kam auch schon die Furt, von der Weraxa gesprochen hatte, hier endete das Land der Suri, und das der Dizi begann. Der Weg weitete sich zu einer Art Platz, um den herum ein paar Hütten und Steinhäuser standen, das Dorf Koka, im Grunde kaum mehr als der Kontrollpunkt, den das äthiopische Militär betrieb. Jeder Fremde hatte hier seine Papiere vorzulegen und die üblichen Fragen nach dem Woher und Wohin zu beantworten; eine Handvoll Soldaten lümmelte herum und machte sich als Einweiser wichtig. Ein andrer Teil der Truppe durchsuchte ein paar Fahrzeuge, die aus der entgegengesetzten Richtung gekommen waren.

Der Fahrer des zweiten Wagens, offenbar kannte er sich hier aus, parkte gleich auf der linken Straßenseite, von dort war der Weg zur Baracke des Wachhabenden deutlich kürzer. Wie staunte Trattner, als sich auch die Beifahrertür des Wagens öffnete und ein altes Männlein in Armeejacke herauskam. War das wirklich Bargudu, der sich da auf seinen Stock stützte? Der Fahrer zählte ihm ein paar Geldscheine in die Hand, und als Weraxa mit seinen Papieren an ihnen vorbeiging, wollte das Männlein gleich auch noch bei ihm abkassieren. Es war tatsächlich Bargudu. Von seiner dunkelbraunen Haut hoben sich einige wenige weiße Bartstoppeln ab, im Ohrläppchen trug er einen dunklen Holzpflock, den Trattner gestern gar nicht wahrgenommen hatte, so groß wie ein Eurostück. Immer wieder warf er einen frostigen Blick zu seinem neuen Freund hinüber, der die Fenster auf beiden Seiten der Rückbank heruntergefahren hatte, um ein wenig Durchzug zu machen. Nach einigem Hin und Her ließ sich Bargudu von Weraxa die Hand mit ein paar Geldscheinen verschließen. Auch heute sah er verschlagen aus in jeder Hinsicht, schurkisch und würdevoll zugleich.

Weraxa berichtete später, Bargudu habe um Geld gebeten, weil er für jemanden aus seinem Dorf eine Medizin gegen Würmer kaufen sollte, weil seine erste Frau einen neuen Kochtopf wollte, einer seiner Enkel eine Machete und er selbst lila Glasperlen. Bevor er eines der Autos bestieg, die nach Surma Kibish fahren würden, kam er über den Platz, stellte sich so nah vor Trattners offenes Fenster, daß der den Kopf heben mußte, um seinen Blick zu erwidern, und verabschiedete sich:

»Ich bin sehr groß. Ich sehe nur klein aus.«

Auf Englisch, wer weiß, vielleicht konnte er nur diese zwei Sätze. Eine Antwort wartete er nicht lang ab, er eilte zu einem der Wagen, dessen Fahrer gerade den Motor angeworfen hatte, er wollte so schnell wie möglich wieder heim. Und nun, da Weraxa und Mulugeta wohl endlich ihre Papiere beim Wachhabenden vorlegten, kam auch der Lkw an. Er hielt mitten auf der freien Fläche, direkt am Fluß, und keiner der Soldaten blickte auch nur hin. Der Reihe nach sprangen die Fahrgäste herunter, manche ließen sich Säcke und Kanister nachreichen, einer hielt ein Bündel Hühner in jeder Hand, ein paar wenige Schulkinder erkannte man an ihren übergroßen, bunt bedruckten Rucksäcken. Alle schritten sie durch die Furt, in der Mitte des Flusses reichte den Kindern das Wasser bis übers Knie. Dann wurde eine Ziege von der Ladefläche heruntergeworfen, sie rannte sofort ins Gebüsch, einige Männer machten sich daran, sie wieder einzufangen. Eine der Frauen wuchtete sich einen großen Korb auf den Kopf, raffte ihr Kleid und ging in den Fluß, eine zweite beaufsichtigte ihr Kind, wie es mitten auf dem Platz einem kleinen Geschäft nachging, eine dritte war locker in eine blauschwarze Decke geschlagen und trug am rechten Handgelenk einen dicken Eisenring, eher Waffe als Schmuck. Zunächst ging sie etwas unschlüssig um den Lkw herum, kam an dessen hinterem Ende wieder hervor und dann auch gleich direkt auf den *Nissan Patrol* zu. Sie ging barfuß, die Haut bis zum Knöchel vom Staub der Straße hellgrau bestäubt, darüber ein paar Metallringe, darüber das bronzene Braun der Unterschenkel.

Als sie nurmehr wenige Schritte entfernt war, sah Trattner, daß sie einen bunten Wollfaden als Halsband trug. Auf ihrer Schulter, zum Teil von der Decke verdeckt, die verknoteten Enden eines weißen Tuchs. Nichts leuchtete an ihr, nichts lächelte, nichts war heute das, was es gestern gewesen. Nur das linke Ohr war nach wie vor zur Hälfte abgerissen.

Erst jetzt erkannte Trattner, wer da unversehens vor ihm stand und auch heute nicht mal »*Tscharli*« sagte.

Da war sie wieder.

Und weil er nur saß und starrte, ging sie um den Wagen herum, öffnete die Tür auf der andern Seite der Rückbank und nahm, weiterhin wortlos, Platz.

Kurz drauf kamen Weraxa und Mulugeta aus der Baracke des Wachhabenden, besprachen sich noch schnell mit dem Fahrer des andern Wagens, zeigten Trattner zwischendurch mit erhobnen Daumen, daß es gleich weiterging, bestens gelaunt. Noch als sie ihre Plätze hinterm Steuer und auf dem Beifahrersitz einnahmen, schienen sie Natu gar nicht wahrzunehmen. Mulugeta richtete sich den Rückspiegel zurecht und sagte plötzlich: »*Oh, party time!*«

Weraxa drehte sich nach hinten um, zog die Augenbrauen hoch, ließ den Blick zwischen Natu und Trattner hin- und herschweifen und fügte spitz an: »*Ladies' choice.*«

Trattner ärgerte sich, sagte aber nichts. Mulugeta startete den Motor, ließ den Schrei eines Elefantenbullen hören, der zum Angriff übergeht, und fuhr mit Vollgas in den Fluß, daß es spritzte.

*

War sie es wirklich? Von einer Sekunde zur andern war Trattner wieder im Hier und Jetzt angekommen, wagte's kaum, einen verstohlnen Blick zu ihr zu werfen. Sie war's und war's doch auch nicht. Unnahbar stolz saß sie da, mit kerzengerade durchgedrücktem Rücken, ohne die Rückbank zu berühren, und blickte starr geradeaus. Die Wundsalbe wäre nur wenige Handgriffe entfernt gewesen, doch wenn sie Trattner ein weiteres Mal ins Gespräch gebracht hätte, wäre er von allen ausgelacht worden, vielleicht sogar von Natu. Als sich Weraxa auf seinen Sitz kniete und sie auf Suri ansprach, war sie erstaunlich kurz angebunden, keine Spur davon, so schien's, daß sie ihr Verhalten in irgendeiner Weise rechtfertigte. Ihre Stimme klang viel tiefer, als sie Trattner in Erinnerung hatte. Weraxa mußte immer wieder nachfragen, weil Frauen ein andres Suri sprachen als Männer, aufgrund ihrer aufgeschlitzten Lippen konnten sie gewisse Laute nicht artikulieren. Mit diesem Frauen-Suri war auch Natu aufgewachsen. Für Trattner waren's vor allem lange Sätze mit vielen breiten Vokalen, nicht selten nasal artikuliert. Am Ende des Gesprächs hatte sie zwar auf alle Fragen etwas gesagt, sie aber offenbar kaum beantwortet, Weraxa lächelte ein paar Sekunden ins Leere und drehte sich wieder nach vorn.

Wollte sie einfach nur bis zur nächsten Stadt mitgenommen werden? Oder war das der Beginn einer Flucht? Hatte sie sich mit Weraxa schon gestern darüber verständigt, oder warum war der nicht sonderlich konsterniert? Nun, da sie die Decke abgelegt hatte, fingen ihre nackten Schultern und Arme doch ein wenig an zu leuchten. Auf dem weißen Tuch erkannte man überall verblichne Muster, Schmetterlinge und Blumen, es mußte einmal bunt bedruckt gewesen sein. Man konnte riechen, daß es frisch gewaschen war, Trattner erkannte den Geruch einer groben Seife, wie sie an den Waschbecken vieler Restaurants lag, und dann auch … Er schloß die Augen, ja, jetzt kam noch ein ganz andrer Duft darunter hervor.

Zunächst ein plakatives Tüpfelwasser, wie er's aus den Bars von Aksum kannte, eher würzig, fast schon männlich, unglaublich intensiv. Schon mit dem nächsten Atemzug stellte er fest, daß es gar kein Tüpfelwasser war, sondern sie selber, ihr Körper. Erst wollte sich Trattner darüber wundern, dann wollte er sein Seitenfenster herunterfahren, nach ein paar Minuten wollte er nichts andres mehr einatmen. Es roch nach … der Kneipe von gestern abend, nach den strohgedeckten Hütten, die als Kral beisammenstanden, den vertrockneten Sträuchern dazwischen, es roch nach den Rindern und den kleinen Kindern, die sich mit Asche eingerieben hatten, und am Ende roch's auch nach den Rinderfladen und der Asche des erloschnen Feuers, den *Lala*-Bäumen und den *Toli*-Bäumen und vielleicht auch dem staubigen Himmel darüber.

Sie war da. Sehr aufrecht, sehr distanziert, nahezu reglos. Ihr Duft erfüllte den gesamten Wagen, doch niemand außer Trattner schien ihn zu bemerken, und während er davon schon wirr im Kopf war, wurde Weraxa gesprächig und Mulugeta lustig, als ob ihnen die Anwesenheit einer Frau endlich mal gute Laune verschafft hätte. Die Fahrrillen waren bis zu einem halben Meter tief, Mulugeta war gefordert. Affen kreuzten den Weg, auf einem Baum saß ein Schlangenadler. Bald kaum mehr Büsche, stattdessen mannshohes Schilfgras. Trattner war mittendrin im Duft und verstand die Witze nicht, das Gelächter nicht, er atmete nur ein.

Wenn da nicht dieser wuchtige Armreif gewesen wäre, er mußte immer wieder aus den Augenwinkeln einen schnellen Blick drauf werfen.

Als nächstes kam die Straßensperre der Dizi und schon wieder ein Fluß, diesmal mit Brücke. Mitten im Wasser ein Pick-up und sechs Männer drum herum, die gelbe Kanister und blaue Tonnen befüllten. Die Straße führte durch Hügel mit hell- und dunkelgrünen Waldflächen, schließlich in ein Tal voller sattgrüner Wiesen, am Straßenrand ein Spalier an gelb blühenden Pflanzen, vielleicht Königskerzen. Immer mal wieder winkte ihnen jemand zu. Dann eine Art Allee zwischen hohen Bananenstauden, neben den Rundhütten zunehmend viereckige Hütten aus Wellblech, Container mit Satellitenschüsseln und sogar ein Traktor: das Städtchen Tum.

Danach ging's bergauf. Parallel zur Straße eine Zeitlang die Gipfellinie einer entfernten Bergkette, sie war mit einzelnen Bäumen so regelmäßig bestanden, einer neben dem andern, daß sie wie ein durchgehender Scherenschnitt den ganzen Horizont schmückte. Als die Straße plötzlich breiter wurde und bald auch perfekt geteert war, hatten sie den Stadtrand von Maji erreicht. Hier sah man nurmehr viereckige Häuser und Menschen in westlicher Kleidung, nicht mal mehr die Kinder waren nackt. Eine junge Frau mit rotlackierten Fußnägeln telefonierte, an einen Gartenzaun gelehnt. Die Wolken hingen fast auf die Dachfirste herab, und es war deutlich kühler.

Fast hatten sie die Stadt schon wieder durchfahren, da beschlossen Weraxa und Mulugeta, schnell noch die Vorräte an Wasser und Süßigkeiten aufzufüllen. Trattner ging mit, und weil Natu sitzen blieb, konnte er endlich offen reden. Als sie alle drei am Verkaufsfenster des Ladens standen und ihre Wünsche genannt hatten, fragte er beiläufig, ob irgendwer Natu eingeladen habe, sie zu begleiten.

Er jedenfalls nicht, versetzte Weraxa, es sei ja eh klar, daß sie Trattners wegen gekommen sei. Sie habe ja schon gestern alle Anstalten gemacht, ihn kennenzulernen.

Nun kamen auch die drei Männer, die im Wagen hinter ihnen fuhren, und wollten Bier kaufen. Der Verkäufer hatte keines. Umgehend beschwerten sich die drei – es waren Engländer –, daß es Italien als Kolonialmacht noch nicht mal geschafft habe, eine flächendeckende Bierversorgung im Land zu organisieren.

Soweit er wisse, seien die Italiener bis hierher nie gekommen, versetzte der Händler mit gewissem Stolz.

Umso schlimmer! lachten die Männer: Ach, Italiener. Nicht mal in Afrika hätten sie was hingekriegt.

Sie fanden es witzig und sich selbst großartig, Trattner war erleichtert, als sie abzogen. Es könne doch kein Zufall sein, wandte er sich wieder an Weraxa, daß Natu just in jenem Moment an der Furt gewesen sei wie sie.

»Na ja«, räumte Weraxa ein, »daß wir heut fahren, hab' ich ihr natürlich gesagt.« Doch das habe sie sowieso gewußt, die meisten in Surma Kibish hätten's gewußt. Und etwas andres als diesen einen Bus habe sie ja auch nicht nehmen können, sie habe gar keine Alternative gehabt, zur Grenze zu kommen.

»Ist sie geflohen?« Daß bei den Suri alle wichtigen Entscheidungen der Ältestenrat traf, wußte Trattner. Daß sich Natu gestern den Anweisungen von Bargudu widersetzt, ja dagegen rebelliert hatte, würde mit Sicherheit ein Nachspiel haben.

»Vielleicht mag sie einfach Weiße«, sinnierte Weraxa. »Das hat sie gestern ja selbst gesagt.«

»Und vielleicht«, schaltete sich ausnahmsweise einmal Mulugeta ein und bezahlte nebenbei die Einkäufe, »vielleicht mag sie einfach auch dich?«

Mulugeta hatte eine tiefe, wohlklingende Stimme und war doch gleichzeitig permanent heiser, was immer er sagte, es klang so, als hätte es besonderes Gewicht. Leider fügte er einen leisen, kläglichen Seufzer an, den vielleicht eine Meerkatze wie die auf der *Bedele*-Flasche hätte von sich geben können. Dann saugte er die Luft durch die gespitzten Lippen ein, um sie gleich wieder auszustoßen, ein aufgeregt schnelles Hecheln, das bei jedem Ausatmen einen kleinen hohlen Ton erzeugte, schließlich in ein gleichmäßiges Geschmatze überging.

»Vielleicht ist sie ja einfach *lollu*, wie's Bargudu gestern behauptet hat?« Weraxa sprach offen aus, was Mulugeta geseufzt und gejapst hatte.

Lollu? Trattner nahm sich ein Sechserbündel Wasserflaschen, stieß mit den Fingern zwei Löcher in die Plastikfolie, mit der sie zusammengeschweißt waren, und packte sich ein zweites Bündel, um's gleichfalls mit Grifflöchern zu versehen. »*Lollu?* Was soll das denn heißen?«

»Na ja, notorisch lüstern«, übersetzte Weraxa und schnappte sich seinen Anteil an Wasserflaschen. Bargudu habe immer von *lollu* gesprochen, wenn er Natus Verhalten erklären wollte.

Trattner erinnerte sich, das Wort gehört zu haben, er hatte gedacht, daß es »verrückt« oder »irre« bedeuten würde. Kokordi hatte es freilich mit »betrunken« übersetzt.

Das sei bei den Suri-Frauen dasselbe, warf Mulugeta ein, während sie zum Auto zurückgingen.

Trattner hätte ihn ohrfeigen können. Er war froh, daß sie noch weit genug vom Wagen entfernt waren und Natu nichts von alldem mitbekam – auch wenn sie kein Englisch sprach, *lollu* hätte sie verstanden. Wie konnte man angesichts dessen, was gestern abend passiert war, überhaupt auf solche Gedanken kommen? »Vielleicht hat sie ja nur die erstbeste Gelegenheit ergriffen, um in ein beßres Leben abzuhauen«, knurrte er einigermaßen unwirsch: »Vielleicht will sie einfach nur weg, egal wohin.«

Er stellte seine beiden Flaschenbündel vor der Hecktür des Wagens ab und wandte sich an Weraxa: Ob er denn wisse, wie weit sie mitfahren wolle?

»Vielleicht bis in den Nationalpark, zu den Mursi?« – »Ihr Mann soll von dort gekommen sein.« – »Vielleicht aber auch bis Addis, lassen wir uns überraschen.«

Ihr Mann? Weraxa verstaute in aller Gelassenheit das Wasser im Fond des Wagens, als wären ihm die Fragen, die Trattner so umtrieben, im Grunde lästig und Antworten darauf überflüssig. Nun gut, einen Mann hatte sie also. Trattner beschloß blitzschnell, daß ihm das egal war. Daß Weraxa und Mulugeta beim Einladen der frisch gekauften Vorräte immer wieder auflachten, störte ihn umso mehr. Endlich waren auch alle Gepäckstücke in einer neuen Ordnung miteinander verkeilt, und Mulugeta warf die Heckklappe zu.

»Sag mal ehrlich …«, konnte sich Trattner nicht entschließen, Weraxa zu glauben. Als der einsteigen wollte, hielt ihn Trattner am Arm fest: »Warst du letzte Nacht bei ihr?«

»Bist du verrückt, Joe?« Weraxa schüttelte sich aus Trattners Griff frei: »Ich weiß noch nicht mal, wo ihr Haus ist.« Und: »Warum sollte ich?«

»Weil du sie gerettet hast.«

»Ich hab' sie für dich gerettet.« Weraxa hatte den letzten Satz fast geflüstert, etwas trotzig fügte er nach einer Pause an: »Ich hab' genug andre, alles gut.«

Mulugeta zog die Lippen kurz ein und ließ sie mit einem lauten Knallen aufplatzen, dann entlockte er seinem Gaumen mit der Zungenspitze kleine Geräusche, die das regelmäßige Tropfen eines Wasserhahns ergaben.

Nichts war gut, gar nichts.

*

Während sie Maji hinter sich ließen, unterhielt sich Weraxa wieder mit Natu. Er sprach ein bißchen Suri, sie ein bißchen Oromo – wer sonst als er konnte ihr Bescheid gegeben haben, sich an der Furt einzufinden, dort, wo Bargudus Reich aufhörte und seine Macht, sie nach seinen Gesetzen richten zu lassen?

Als Trattner versuchte, sich in das Gespräch einzumischen, und Natu rundheraus fragte, wohin sie wolle, reagierte sie nicht. Sie verstand ja kein Englisch, und Weraxa hatte keine Zeit mehr zu übersetzen, jeden Moment konnte der gesperrte Weg abzweigen. Der Fahrer des andern Wagens hatte von einem Suri gehört: »Die Straße bergab stirbt«, wer sie nehme, werde zu Tode stürzen. Der Weg durchs Omo-Tal, der sich anschließe, sei hingegen sicher: »Die Straße unten, die lebt.«

Jetzt bogen sie von der Hauptstraße ab und in einen dichten Regenwald hinein, von oben Lianen, von unten riesig aufgefächerte Farne – es wurde richtig dunkel. Und richtig steil. Gleich in der ersten Haarnadelkurve rutschte alles im Wagen ruckartig nach vorn und nach links, Natu seufzte erschrocken auf, glitt ein Stück auf Trattner zu und, um den Schwung abzubremsen, suchte sich festzuhalten, fand nur Trattners Arm, ließ ihn erschrocken wieder los. Bevor der seinerseits in der nächsten

Spitzkehre auf sie zurutschen würde, schaute sie ihn zum ersten Mal an. Tatsächlich huschte ein Lächeln über ihr Gesicht, auch sie fand die Sache komisch. Ehe sie in der dritten Kurve wieder ins Rutschen gekommen wäre, hatte sie festen Halt an Weraxas Sitzlehne gefunden. Dennoch lächelte sie Trattner ein weiteres Mal zu. Er lächelte zurück, fühlte jedoch, daß in ihrem Blick nichts mehr enthalten war von dem, was ihr Gesicht zum Leuchten gebracht hatte, vor nicht mal vierundzwanzig Stunden.

Es war ein düstres Reich, durch das sie da fuhren, darüber ein dunkelgrauer Himmel. Der Weg hinab führte in die Wolken hinein, der Wald verwandelte sich in einen Nebelwald. Die Stämme der Bäume waren dick bemoost, von ihren Ästen hingen hellgrüne Flechten bis zum Boden herab, alles war knorrig und unheimlich. Selbst die Palmen, die sich vereinzelt dazwischendrängten, wirkten verzaubert. Plötzlich ging's aus dem Wald hinaus und über einen schmalen Grat, der zum nächsten Berg führte, die sogenannte Götterbrücke. Ausgerechnet hier kam ihnen ein Trupp Männer, so locker geschürzt wie Suri-Krieger, mit Speeren und Wasserkanistern entgegen. Kurz danach, noch immer hoch oben überm Omo-Tal, passierten sie das Dorf Adikas, hier trugen die Männer wieder westliche Kleidung, dazu kleine schwarze Hüte. Der weitere Weg war halb Piste, halb Bachbett, tief gefurcht von häufigen Sturzwassern und gerade mal so breit wie das Fahrzeug. Immer wieder war ein Stück abgebrochen, dann kam der Fahrer des zweiten Wagens nach vorne, um Mulugeta millimetergenau am Abgrund vorbeizudirigieren. Schließlich lag ein gewaltiger Felsbrocken auf der Straße. Beide Fahrer schichteten weitere Felsen, die beim Erdrutsch abgegangen waren, rund um den Brocken herum, so daß eine Rampe entstand, über die sie weiterfahren konnten.

Jedesmal atmete Trattner tief durch, wenn's wieder weiterging; auf sich allein gestellt, hätten sie längst umkehren müssen.

Es wurde wärmer, je tiefer sie kamen, die Abgründe verwandelten sich in Hänge, die zunehmend an Schroffheit verloren, anstelle des Waldes ging's nurmehr durch Gras. Einmal stand eine Frau mit abgerißner Unterlippe am Wegrand, der Wulst hing ihr vom Mundwinkel bis zur Brust. Kurz danach öffnete sich der Blick übers Tal, man sah eine weite Ebene, mit gelbem Gras bestanden, durchsetzt mit Büschen und Bäumen.
»Mursi-Land«, sagte Weraxa.
Die Piste führte als Gerade bergab und mitten hinein in die Savanne. Plötzlich sprangen drei Männer aus der Deckung, der mittlere hielt seine Lanze wie eine Schranke quer übern Weg, um ihn für die Weiterfahrt zu sperren. Mulugeta lebte vom Risiko, er fuhr stets mit maximalem Tempo, aber mehr als Schrittgeschwindigkeit hatte ihm der Berg bislang nicht zugestanden. Während der Fahrt hatte er kein Wort fallengelassen, er hatte weder gesummt noch Tiere nachgemacht. Auch jetzt sagte er nichts, umso entschloßner trat er das Gaspedal durch. Der Wagen machte einen Satz nach vorn, die drei Krieger hielten noch ein, zwei Sekunden ihre Straßensperre aufrecht, im letzten Moment sprangen sie kraftvoll zur Seite. Man hörte einen dumpfen Schlag, als ob einer von ihnen noch touchiert worden. Doch Mulugeta winkte ab, im Rückspiegel sehe er die drei, es seien übrigens Suri, keine Mursi, sie hätten mit Sicherheit nur abkassieren wollen. Erst dann machte er eine Vollbremsung. Beinah wäre ihm der Fahrer des andern Wagens, der gleichfalls Gas gegeben hatte, hinten aufgefahren.
Keine Mursi? Das wollte Weraxa genauer wissen. Natu blieb bei all seinen Nachfragen ungerührt. Es stellte sich heraus, daß die drei zwar Suri gewesen, aber nicht von ihrem Stamm und schon gar nicht von ihrem Dorf, also kümmerte sie es nicht. Im Gegenteil, der Stamm, der hier lebe, mache ihrem eignen immer wieder Weideplätze streitig, zuzeiten führe man mit ihm Krieg.

Bald verbuschte der Weg und wurde morastig, es ging durch einen Fluß, und danach erst waren sie im Mursi-Land. Unlängst hätten sie wieder mal einen Lastwagenfahrer erschossen, weil der zu einer Zuckerrohrfabrik fahren wollte, die man gegen ihren Willen mitten in ihrem Land errichtet hatte. Auch Schürfrechte habe die äthiopische Regierung an ein internationales Konsortium vergeben, das wollten die Mursi ebensowenig hinnehmen. Alles habe sich aber auf der andern Seite des Omo abgespielt, beruhigte Weraxa, weit weg von hier, und außerdem sei ein *Nissan Patrol* kein Lkw.

Ein Uhr mittags, das Außenthermometer zeigte 35 Grad. Ständig klatschten Insekten auf die Windschutzscheibe, bald bekam sie der Scheibenwischer nicht mehr klar. Weil Mulugeta die Scheibe waschen und bei dieser Gelegenheit ein Moskitonetz übern Kühlergrill ziehen wollte, beschlossen sie, mitten auf dem Weg Mittagspause zu machen. Das Gras stand beidseits so hoch, daß man nicht darüber hinwegsehen konnte. Weraxa kletterte aufs Autodach und blickte in alle Richtungen, während Mulugeta ein bescheidnes Mahl bereitete: Reissalat, Papaya und Kaffee. Die drei Engländer lagerten zum Glück im Schatten ihres Wagens, sie hatten noch ein paar Dosen Bier gefunden und furchtbar gute Laune.

Verstohlen musterte Trattner Natu, wie sie Mulugeta keineswegs zur Hand ging, sondern eine Weile einfach nur dastand und in die Savanne hineinlauschte. So quirlig er sie in Erinnerung hatte, entschlossen in ihrer Zuwendung, strahlend in ihrem Charme, sprühend vor Temperament noch in ihrer Verteidigungsrede vor den versammelten Säufern, so langsam erschien sie ihm heute, so verschlossen, nach innen gekehrt. Gemeßnen Schrittes ging sie die paar Meter vom Wagen zur Decke, auf der Weraxa das Mittagessen arrangierte, sparsam setzte sie ihre Handgriffe, schwer lastete ihr Blick auf allem, was man ihrer kurzfristigen Aufmerksamkeit empfahl. Trattners Versuche, mit ihr ein Gespräch anzuknüpfen, scheiterten erneut, was auch immer er sagte, sie nickte dazu. Aber es hieß nicht etwa, daß sie zustimmte, noch nicht mal, daß sie verstanden hatte, es hieß nur, daß sie zugehört hatte. Wenn er ihr einen Gegenstand zeigte, nickte sie gleichfalls, sie hatte ihn hiermit gesehen. Mehr aber auch nicht.

Am meisten faszinierten ihn ihre Augen: tiefdunkelbraun und völlig wimpernlos, so daß die Lider wie bei einer geschnitzten Götterstatue mandelförmig geschwungen darüberlagen. Dazu der ovale Hinterkopf, dessen lange Wölbung bereits mit der Stirn begann; und weil's keinen Haaransatz gab, sondern nur seitlich und weiter hinten ein paar Haarmuster auf dem ansonsten nacktrasierten Schädel, staunte er immer wieder aufs neue über ihr unglaublich geschwungnes Halbprofil.

Von Badisos Schlag, der sie umgeworfen hatte, keine Spur, nicht mal eine Beule. Dann aber entdeckte er, daß auch bei Natu das Weiß der Augäpfel durch rote Partien getrübt war, als ob da und dort Äderchen geplatzt wären – auch sie kaute also Qat. Und natürlich hatte man auch ihr die unteren beiden Schneidezähne gezogen, wie allen Mädchen, damit sie als Frau eine Lippenplatte würde tragen können. Trattner war froh, daß sie ihre Lippen unversehrt behalten hatte, schon als Mädchen mußte sie sich den vorgeschriebnen Ritualen widersetzt haben.

Die einzig nennenswerte Reaktion von ihr bekam er, als er auf den Armreif an ihrer Rechten zeigte. Natu suchte mit beiden Füßen festen Halt auf dem Boden, machte mit dem linken Bein einen halben Schritt auf Trattner zu, zeigte mit der linken Hand auf seinen Kopf und hob die rechte langsam in die Höhe, als ob sie ihm einen Schlag mit dem Eisenring verpassen wollte. Tatsächlich führte sie den Arm langsam auf seine Schädeldecke herab, erzeugte ein unangenehmes Knirschgeräusch, um den

Treffer akustisch darzustellen, zeigte dann auf Trattners Nase, über die ganz fein eine Narbe lief. Immer wieder zeigte sie darauf, offensichtlich glaubte sie, daß ihm die Narbe auf ähnliche Weise zugefügt worden war. Nun war's an ihm, nur zu nicken, er hatte keine Lust, dazu Erklärungen abzugeben.

Während des Essens stellte sich heraus, daß Natus Armreif Schmuck und Waffe zugleich war, die sogenannte *Ula*. Schon als Mädchen sei Natu eine gefürchtete *Ula*-Kämpferin gewesen. Sie habe kein Blut, übersetzte Weraxa wortwörtlich, also keine Angst. Und im übrigen auch kein Handy. Als Trattner nach ihrem Alter fragte, gab Natu eine ungewöhnlich lange Antwort, Weraxa faßte sie mit den Worten zusammen: Sie wisse es nicht. Vielleicht 27, vielleicht 29, in jedem Fall sei sie schon eine alte Frau. Und überdies Witwe. Sie habe aber ein eignes Haus und ein eignes Feld, sogar ein Rind. Und eine Freundin.

Ebendie, neben der du gestern auf dem Dorfplatz gestanden bist, dachte Trattner und zeigte ihr mit Zeigefingern und Daumen, daß ihre Freundin Ohrteller getragen hatte, klopfte sich mit der Mittelfingerspitze auf den Wangen herum, um darauf Leopardentupfen anzudeuten. Ja, nickte Natu, ja. Und von der hast du dir auch den Krug geliehen, dachte Trattner und zeigte ihr mit beiden Händen, wie sich der Krug auf seinem eignen Kopf ausgemacht hätte. Ja, nickte Natu, ja.

Da hoben Mulugeta und Natu gleichzeitig den Blick und lauschten in die Savanne hinein.

*

Wenn Mulugeta Vögel nachahmte, antworteten sie ihm, er konnte sich mit ihnen unterhalten. Aber nur in den seltensten Fällen zum reinen Zeitvertreib! Er lauschte auf eine Weise in die Natur hinein, die jedes Geräusch nach Gut und Böse filterte.

Alles, was er vernahm, unterschied er danach, ob man's essen konnte oder selbst Gefahr lief, gegessen zu werden. Niemals lauschte er den Tonfolgen eines Vogels, weil er sie als Melodie genoß, er hörte sich vielmehr an, was der Vogel zu sagen hatte, manchmal fragte er in dessen Sprache nach und bekam fast immer Antwort.

Soeben hatte er eine Warnung vernommen, Natu bestätigte es. Trattner spitzte die Ohren und hörte nichts, abgesehen vom Gelächter der Engländer, das immerhin nachgelassen hatte. Einer der drei lag auf dem Boden und schlief.

Nach ein paar Sekunden stieß Mulugeta einen bellenden Warnruf aus, den Natu sogleich aufnahm, deutlich lauter sogar, markanter. Beide lauschten. Mulugeta fügte einen zweiten Ruf an, kürzer als der erste, Natu erzeugte ein Jammern und Raspeln, dann lauschten sie wieder. Als darauf keine Antwort kam, entspannten sie sich, Mulugeta erzeugte ein Pfeifen, das in ein Zwitschern überging, und da vernahm Trattner endlich auch einmal die Antwort, ein fernes Gezwitscher. Beide lachten sie, Mulugeta und Natu, die Gefahr schien vorüber oder, wer weiß, war nie dagewesen. Nein, ein Vogel sei das nicht, erklärte Mulugeta, sondern ein – ? Irgendein Nagetier, kein ganz kleines diesmal, Mulugeta nannte einen Namen auf Tigrinisch, Natu einen auf Suri; als Weraxa nachfragte, auch einen auf Mursi. Trattner stellte sich eine Art Erdhörnchen vor, einen Dachs und schließlich ein Murmeltier, dessen Warnrufe und -pfiffe nun von Natu und Mulugeta in schnellem Wechsel zum besten gegeben wurden.

Allerdings knurrte Mulugeta plötzlich Natu an, als wollte er im nächsten Moment zubeißen. Tatsächlich wich Natu eine Spur zurück, sie lachte dabei. Plötzlich wurde sie wieder leicht und lebendig. Sie zwitscherte Mulugeta unverdrossen an, bis der zurückzwitscherte, immer zufriedner zurückzwitscherte und mit einer Folge von Bell- und Klacklauten abschloß. Es klang so, als wollte er sich als Männchen aufspielen und sein Revier markieren. Natu antwortete mit leichten Gurrlauten, offenbar waren die beiden dazu übergegangen, sich einander anzunähern. Trattner kniff kurz die Augen zusammen. Er hörte, wie Mulugeta seine Balzrufe wiederholte, hörte, wie Natu sanft darauf einging, und erst als er die Augen wieder öffnete, begriff er, daß ein anhaltendes Vergnügen zwischen den beiden angehoben hatte. Der Bann war gebrochen.

Trattner sollte nie erfahren, in welches Tier sich die beiden verwandelt hatten – jeder von ihnen beherrschte mehrere Sprachen, aber auf Englisch konnte Weraxa kein passendes Wort dafür finden. Auch als das Spiel auf der Weiterfahrt seine Fortsetzungen fand, konnte Trattner nur die wenigsten Laute bestimmten Tieren zuordnen. Mulugeta und Natu erzeugten Schnaub-, Brumm-, Knurr-, Bell-, Grunz- und Quiek-Laute, die eine Palette an Emotionen ausdrückten, zumeist Angst oder Aggression, ein behagliches Miteinandersein oder erotische Ambitionen. Manchmal hechelten sie nur, manchmal knirschten sie mit den Zähnen, manchmal schlugen sie mit den flachen Händen aufs Sitzpolster – das mußten wohl Paviane sein, spekulierte Trattner, die einem Gegner imponieren wollten. Als sich Weraxa dazu hinreißen ließ, ein zweites Alpha-Männchen darzustellen, und erst Mulugeta, dann Natu und sogar Trattner grimmig anbellte und -grunzte, mußten sie alle lachen.

Trattner war bei dem ganzen Spiel keineswegs taub. Zwar konnte er die meisten Tiere nicht erkennen, die gerade ihren großen Auftritt hatten, aber je länger er zuhörte, desto genauer verstand er, was erzählt wurde. Durch die mit feinem Sand besprenkelten Scheiben sah er immer wieder Zwergantilopen, kleine Kudus und Perlhühner auf dem Weg vor ihnen davonlaufen, von Natu und Mulugeta begeistert mit den entsprechenden Warnrufen angefeuert. Schließlich meldete sich unverhofft auch Trattner zu Wort, der *alte* Trattner mit seinem recht eignen Humor, der ihn schon bei seinen Sofa-Performances und Wein-Happenings aus jeder Menge Verlegenheiten gerettet hatte. Als Mulugeta und Natu zu schackern und zu krähen angefangen und bald einen ganzen Schwarm Raben hatten auffliegen lassen – es gab sie überall in diesem Land, sie verfolgten genau, was man tat, und wenn man ging, sahen sie sofort nach, was man womöglich zurückgelassen hatte –, als auch der letzte Rabe davongeflogen war und eine kleine erschöpfte Pause eintrat, beugte sich Trattner zu seiner eignen Überraschung ruckartig nach vorn, in die Lücke zwischen den beiden Vordersitzen, und machte: »Wuff!« Dies freilich in kräftiger Lautstärke. Weraxa und Mulugeta rissen beide die Köpfe herum, selbst Natu neben ihm schreckte zusammen. Trattner fügte ein abebbendes Grollen an. Dann lachten sie alle vier, lauter noch als zuvor.

Ja, der Bann war gebrochen.

*

An der Rangerstation verabschiedete sich der Fahrer des zweiten Wagens. Es war erst kurz nach vier, der Weg im Omo-Nationalpark »lebte«, seine Passagiere hatten ihn gedrängt, heut noch ein Stück weiterzukommen. Wieder küßten sie sich, Mulugeta und er, auf die Schultern, die drei Engländer schliefen im Fond. Einer der Ranger, bei denen Weraxa anschließend die Papiere vorlegte, kletterte mit ihnen auf den Ausguck. Selbst von hier oben sah man nur Savanne, abgesehen vom angrenzenden Wald, in dem die Zelte aufgeschlagen werden sollten. Die Wände der Rangerstation waren umlaufend mit Elefantenknochen und -schädeln dekoriert. Der Ranger zeigte ein gewisses

Verständnis für die Wilderer – was seit Einrichtung des Nationalparks alles illegale Abschüsse seien, empfänden die Völker rundum nach wie vor als Jagd auf ihrem eignen Territorium. Die Regierung verpachte immer mehr Land an ausländische Unternehmen, was in Addis als Globalisierung gefeiert werde, raube den Menschen hier fruchtbaren Boden für ihre Herden. Das Omo-Tal sehe zwar so weitläufig aus wie eh und je, es sei jedoch schon jetzt viel zu eng für alle, die hier leben wollten. Er habe gehört, daß ein weiterer Staudamm geplant sei, wer weiß, ob der Omo danach überhaupt noch Wasser führen werde. Als er auch noch von den Flüchtlingen aus dem Südsudan anfing, die hier neuerdings Rast machten, nicht wenige bewaffnet, ließ Weraxa wissen, daß die Zelte aufgebaut werden müßten.

Im Wald war's merklich kühler. Natu suchte Feuerholz, Mulugeta wusch den Wagen im Fluß, Trattner besichtigte das Camp. Es lag auf dem Terrain eines ehemaligen Hotels, dessen weit verstreute Bungalows so aussahen, als ob sie schon vor Jahrzehnten aufgegeben wurden. Überall fehlte das Dach, in den separat errichteten Badehäuschen war alles demontiert, der Boden mit Exkrementen übersät. Weraxa wußte, daß das Hotel erst seit zwei Jahren leer stand, weil der Besitzer plötzlich gestorben war. Gleich nach seinem Tod sei alles geplündert und abtransportiert worden, von der Seifenschale bis zum Dieselgenerator. Er zeigte Trattner die verschiednen Feuerstellen zwischen den Häusern, sie könnten froh sein, wenn sie heut abend keinen Besuch bekämen.

Den bekamen sie nicht. Abgesehen von den Mücken. Und all den andern Tieren, die Natu und Mulugeta auch nach dem Abendessen hier versammelten. Kaum war die Sonne untergegangen, begann's im Gehölz rundum zu schreien. Natu hörte eine Weile zu, weigerte sich dann, mit ihnen gemeinsam zu essen, das schicke sich nicht für eine Suri-Frau. Alsbald lenkte sie ein und griff auch gleich tüchtig zu. Es gab Couscous mit zähem Rindfleisch, anschließend einen Obstteller und warmes Bier. Weraxa legte um jede Flasche eine nasse Papierserviette, um sie zu kühlen, es nützte natürlich nichts.

Natu aß mit der rechten Hand, für Trattner sah's überraschend elegant aus. Es fiel ihm auf, daß auch sie solch intensiv rosarote Nagelbetten hatte wie Bargudu. Nach dem Essen bellte sie noch mal mit Mulugeta um die Wette (Pavian), rasselte und stampfte dazu mit den Füßen (Stachelschwein), weinte, lachte und kicherte (Hyäne), grollte, gurgelte und stöhnte (Löwe), und nachdem sie sich auch noch in ihr eigenes Rind verwandelt hatte, schnalzte sie abschließend mit der Zunge, es knallte wie der Schuß einer Pistole.

Immer wieder lächelte sie dabei, manchmal sogar in Trattners Richtung. Immer wieder lachte sie sogar, fast ein wenig zu laut, fast ein wenig zu oft. Wie kann sie so lachen, fragte sich Trattner, wo sie doch gestern so gedemütigt wurde? In ihrer Decke, die sie locker um die rechte Schulter geschlagen hatte, sah sie großartig aus, als ob ihr das Lagerfeuer all den Glanz zurückgäbe, den sie tagsüber verloren hatte. Wenn er sie einfach nur so ansah, war's Trattner völlig egal, warum sie gekommen war und was sie wollte. Sie war da, das war mehr, als man am Morgen von diesem Tag hatte erwarten dürfen, viel mehr.

Und dann gaben sie alle endlich Ruhe. Das Lagerfeuer brannte herunter, es wurde noch eine Spur kühler, und die Dunkelheit des Waldes rückte näher. Mulugeta leerte seine Flasche und ließ wissen, daß er sich in sein Haus zurückziehe. Trattner schaltete die Stirnlampe ein und entschuldigte sich. Als er in seinem Zelt lag, merkte er, daß Weraxa einige Decken über dem Zeltboden ausgebreitet hatte, es war erstaunlich gemütlich. Er hörte, wie sich Weraxa leise mit Natu unterhielt, offenbar räumten sie nebenbei den Tisch ab, und schon verlosch auch die kleine Lampe, die Weraxa immer bis zuletzt am Küchenzelt brennen ließ, und es wurde stockdunkel.

Wenige Augenblicke später wurde der Reißverschluß von Trattners Zelt aufgezogen. Trattner wagte nicht, sich zu rühren, und sagte kein Wort. Kaum war der Reißverschluß wieder zugezogen, füllte sich das Zelt mit diesem unvergleichlichen Duft, diesem Duft nach trockner Erde und Gras und Asche und Sonne. Sie war da.

*

Reglos lag Trattner, reglos lag Natu, in ihre Decke gehüllt, direkt neben seinem Schlafsack. Warum war sie in sein Zelt gekommen?

Ganz leise hatte sie gestöhnt, als sie sich neben ihm auf dem Boden niederließ, und da waren ihm wieder einmal die Wunden eingefallen, die er gestern auf ihrem Rücken gesehen, klaffende Risse im Fleisch. Gewiß war sie den ganzen Tag so aufrecht gesessen, um eine Berührung zu vermeiden. Und gerade eben, im Moment des Hinlegens, hatte sie der Schmerz wieder eingeholt.

Daß er ihr nicht mit Wundsalbe kommen durfte, wußte er. Zumindest hätte er sie gern berührt, nur ganz zart, mit den Fingerspitzen, als ob damit irgendein Heilzauber verbunden wäre. Stattdessen zog er den Reißverschluß seines Schlafsacks auf, bis er völlig entfaltet war, und legte ihn als Decke erst über Natu, ganz vorsichtig, dann den Rest über sich selbst.

*

Es war gerade mal zehn Uhr und die Nacht noch lang. Trattner hörte Frösche und Grillen, unglaublich laute Affen, in unmittelbarer Nähe ein Warzenschwein und im Morgengrauen zwei

Eulen, sie saßen auf zwei benachbarten Bäumen und sprachen miteinander. Vor allem hörte er sein Herz schlagen. Natu schlief die ganze Zeit, und Trattner schlief überhaupt nicht.

Trattner lauschte, Trattner inhalierte.

Nur einmal schreckte sie hoch, sie hatte etwas gehört. Tatsächlich versuchte sie, noch schlaftrunken, es Trattner zu erklären, immer wieder erzeugte sie ein klopfendes »*Lok-loklok*«. Trattner verstand lediglich, daß es ein bestimmter Vogel war, dessen Laut nichts Gutes bedeutete. Erst beim Frühstück konnte ihm Weraxa übersetzen, daß Natu die gelbe Krähe gehört hatte, wie sie auf den Boden hackte. Sie sei ein Vogel des Krieges, wenn man sie nachts höre, wisse man, daß der Feind gleich angreifen und daß jemand sterben werde.

Nun wollte Trattner lustig sein und zählte aufmerksam ab: Er komme auf vier, offenbar sei niemand gestorben.

Das war's aber nicht, was Natu zum Lachen bringen konnte, sie blieb ernst. Gestorben werde auf jeden Fall, insistierte sie, dazu sei noch Zeit genug.

Angefangen hatte der Tag allerdings schon eine Stunde früher und durchaus unerquicklich. Mulugeta hatte sich neben Trattners Zelt aufgestellt und das Weckertier aus Surma Kibish gegeben. Als Trattner schließlich aus dem Zelt gekrochen kam, vollkommen zerschlagen, wahrscheinlich war er gerade eben doch noch eingeschlafen, schnaufte Mulugeta übertrieben erleichtert auf, »*Big, big business*«, und klatschte Trattner die flache Hand auf den Rücken: »Swei is bässa!«

Es war nicht das erste Mal, daß Trattner von Mulugeta auf diese oder ähnliche Weise geweckt wurde. Aber es war das erste Mal, daß Mulugeta seine Vorführung mit einem unverschämten Lachen beendete.

Auch Weraxa war von einer zudringlichen Heiterkeit beseelt. Er entblödete sich nicht, Trattner anstelle eines Morgengrußes ein übertrieben konspirativ geflüstertes »*Problem finished?*« zu entbieten. Trattner fragte sich, wie er's mit diesen beiden drei Jahre hatte aushalten können, vielleicht sollte er froh sein, daß er sie bald losbekam und für immer.

»*Strong man*«, tätschelte ihm Weraxa die Schulter, er habe ein deftiges Frühstück vorbereitet, damit Trattner wieder zu Kräften komme. Genaugenommen habe es Natu vorbereitet, sie sei schon eine Weile vor Trattner aufgestanden: »*Lady even stronger.*«

Als er merkte, daß Trattner seinen Humor um diese Uhrzeit nicht zu goutieren wußte, fügte er sein übliches »Alles gut?« an. Als Antwort erwartete er zumindest ein Nicken.

Es sei nie alles gut, hatte Trattner schon vor Jahr und Tag versucht, ihm die dämliche Redensart wieder auszutreiben.

Weraxa hatte jedoch darauf beharrt: Das Leben bestehe darin, die Frage immer wieder positiv zu beantworten, spätestens mit dem eignen Tod sei wirklich alles gut.

Und wenn's mal *wirklich* nicht gut sei? hatte Trattner nachgefaßt: »Was mach ich, wenn's richtig beschissen ist?«

»Dann trinkst du ein Bier«, hatte Weraxa versetzt, ohne lang nachdenken zu müssen, »und es ist egal.«

Eine Zeitlang hatte es Trattner bedauert, mit ihm und Mulugeta kaum je ein ernsthaftes Gespräch führen zu können. Es reichte nicht, sich auf Englisch zu verständigen. Sobald's komplizierter wurde, griff man nach der erstbesten Floskel, um die Sache wieder plattzumachen. Wie hätten sie verstehen können, daß er in den neuen Tag trat und mit sich im reinen war, gerade weil er ihre Erwartungen nicht erfüllt hatte?

Als er sich zum Waschen hinter den *Nissan Patrol* verdrückt hatte, kam der Ranger hinterher, der ihn die Nacht über bewacht hatte und sein Amt auch jetzt noch ernst nahm. Er stellte sich einen der Klappstühle vom Eßtisch in zwei Meter Entfernung auf und sah mit ungenierter Aufmerksamkeit zu. Während des Frühstücks setzte der Regen ein, und die Romantik des Zeltlagers changierte sanft in eine stille Trostlosigkeit.

*

Um halb zehn fuhren sie endlich ab. Der Weg führte durch Savanne, von den Bergen in der Ferne sah man bloß den jeweiligen Bergfuß, der Rest war in Wolken gehüllt. Das Gras leuchtete heute in prächtigem Grün, immer wieder konnte man darin Büffel ausmachen, Antilopen, Schakale, aber auch schwarze Habichte, Geier und einen Nashornvogel. Mulugeta entdeckte die Tiere immer als erster und nannte ihre Namen auf Englisch, meist auch auf Lateinisch; sofern's Vögel waren, schlug er kurz ihre Melodien an. Natu ergänzte mit Freude, doch als Mulugeta den halben Schrei eines Raben machte, mahnte sie zur Stille. Nein, eine gelbe Krähe war's nicht, die Mulugeta gesehen und nachgeahmt hatte; ein Rabe war's gleichwohl.

Bald herrschte wieder allgemeine Heiterkeit, Natus Gegenwart beschwingte nicht nur Trattner. Insbesondre bei der Darstellung kleiner Tiere entwickelte er überraschende Fähigkeiten, und wenn Natu lachte und lauschte und irgendwann einfiel, fühlte er, wie ihm Energie zuströmte und fast sowas wie eine neue Lust am Leben. Das Konzert der Tierchen. Natu zeigte die Größe derselben mit beiden Händen und machte dazu »ko-ko-ko-ko-ko-ko«. Trattner nickte zu allem, was sie nachahmte, zeigte, sagte, tat. Ob er sie verstand, war fraglich, offenbar konnten auch Mißverständnisse beflügeln.

Ja, das war nach Trattners Geschmack, heute mischte er kräftig mit bei allem, was so albern erschien und tatsächlich tiefernst war, ein Flirt dreier Männer mit ein und derselben Frau, und das, obwohl jeder der vier eine andre Muttersprache hatte. Trattner war entschlossen, seinen Sitzbankvorteil auszunützen – der alte Trattner, der jede Bemerkung seines Gegenübers mit einem schalkhaften Dreh aufzugreifen gewußt und für gute Laune gesorgt hatte; der alte Trattner, der bei seinen Winzer-Happenings den teuersten Wein auf Pergamentpapier ausgeschüttet und das »Bio-Kunstwerk«, noch naß, unter den Zuschauern meistbietend versteigert hatte; der alte Trattner, der bei seinen Schaumstoff-Performances rosa Sofas auf der Donau ausgesetzt oder vom Ringhochhaus herabgestürzt hatte; der alte Trattner, der ein paar Jahre lang obenauf war in der Wiener Szene und überall Verwunderung erzeugte, nicht selten Freude.

So einer war er gewesen. Und war er offensichtlich noch immer, zwei Jahrzehnte später, er hatte es nur tief in sich vergraben gehabt und vergessen. Konnte es sein, daß ihn Natu durch ihre schiere Gegenwart verwandelt hatte? Allmählich machten sich die Tiere rarer, man sah eine große Zuckerrohrplantage, noch immer mitten in der Savanne, wenig später ein Gemüsefeld, schließlich Bauarbeiter, die einen Kanal parallel zur Straße anlegten. Der Ranger hatte ihnen beim Frühstück erzählt, daß riesige Teile des Nationalparks an chinesische Firmen verkauft oder verpachtet worden waren. Als er auch noch vom Flugfeld erzählen wollte, das von der Regierung nur deshalb angelegt worden war, um Gemüse und Blumen auf dem schnellsten Weg nach Addis und von dort, höchstwahrscheinlich, nach Europa zu schaffen, hatte ihm Weraxa beschieden, daß die Zelte abgebaut werden müßten.

Am Ausgang des Nationalparks ein Kontrollposten, der wachhabende Strippenzieher lag auf einer Pritsche in seinem Häuschen und war nur schwer zu wecken. Karger wurde die Landschaft und strenger, der Weg von einer Teerstraße abgelöst, die sogar gelbe Seiten- und einen weißen Mittelstreifen hatte.

Und dann war all die gute Laune von einem Moment zum andern dahin.

*

Weraxa hatte sich mit Trattner darauf verständigt, die Reise wie geplant fortzusetzen. Anscheinend bestand Natus Interesse vornehmlich darin, von Surma Kibish wegzukommen und von dem, was sich dort über ihr zusammenbrauen mochte; wohin die Reise gehen würde, war ihr offenbar egal. Bereits in Aksum hatte Trattner alles vorab bei Weraxa bezahlt, Schutz- und Bestechungsgelder inklusive. Ob eine zusätzliche Person eine Zeitlang mitfuhr, würde die Kosten kaum erhöhen; nicht mal Weraxa dachte daran, daraus einen Vorteil für sich zu erfeilschen. Für die kommenden Tage hatte er eine kleine Runde zu andern Völkern des Omo-Gebiets arrangiert, beginnend mit einem Besuch bei den Nyangatom, und Natu würde einfach überallhin mitfahren.

Ausgerechnet zu den Nyangatom, dachte Trattner, ausgerechnet. Schon tauchten die ersten am Straßenrand auf, Frauen mit nacktem Oberkörper und eng am Kopf geflochtnen Haarsträhnen, Natu drehte sich mit Abscheu ab. Eben noch übermütig, jetzt voller Haß, erzählte sie Weraxa – und der hatte Mühe, mit dem Übersetzen hinterherzukommen –, daß unter all den Feinden der Suri die Nyangatom am schlimmsten seien. Elende Elefantenfresser seien sie! Mit dem Blut der getöteten Gegner salbten sie sich auf dem Schlachtfeld ihre Körper, sie schnitten den Besiegten die Schwänze ab, um sie zu Hause als Zeichen ihrer Stärke vorzuzeigen. Sogar Frauen töteten sie und rissen ihnen die Vagina heraus. Sofern sie Frauen ausnahmsweise am Leben ließen, hackten sie ihnen die Gliedmaßen ab, nur um Arm- und Fußreifen zu stehlen.

Nie sagte Natu nein, angeblich galt das bei den Suri als unhöflich. Stattdessen sagte sie etwa, sie denke darüber nach, in Zukunft werde sich vielleicht ein Weg finden – jedenfalls in Weraxas Übersetzung, die vieles erst so schlagend auf den Punkt brachte, was sie weitschweifig erklärte. In diesem Fall sagte sie gar nichts. Es war sowieso jedem klar, daß sie keinen Schritt in das Dorf setzen würde, das sie gerade anfuhren. Als sie aus dem Wagen gestiegen waren, stand sie stolz und gerade da, blickte kurz über die riesige Herde, die am Dorf vorbeigetrieben wurde – weiße und braune Rinder mit Nackenhöckern, dazu ein paar Esel –, und spuckte durch ihre Zahnlücke.

Weraxa ließ wissen, daß er bei Natu bleibe, um sie – natürlich auch den Wagen – zu bewachen, ausnahmsweise solle Mulu Trattner begleiten. Hätte nicht auch *der* Natu beschützen können? Wo er doch sowieso immer in seinem kleinen Haus blieb und schlief, wenn's etwas zu besichtigen gab? Schon rannten die ersten Kinder auf sie zu, Montag, 27. Januar, halb zwölf Uhr mittags, schwerer Himmel. Ein kleiner Junge lief an der Seite Trattners mit und versuchte, ohne erst lang mit ihm in Verhandlungen zu treten, den Kugelschreiber aus seiner Gürteltasche zu ziehen. »China!« riefen andre, »Birr!« und »You! You!«, es wurden ihrer immer mehr. Die Erwachsenen waren damit beschäftigt, die Herde zusammenzuhalten. Als sich endlich einer von ihnen herbeibequemte, verlangte er unverschämt viel Geld für die Erlaubnis, das Dorf zu besichtigen. Mulugeta beschloß, ein andres Dorf zu suchen, in dem man sie freundlicher empfangen würde.

Weraxa telefonierte und suchte nach Alternativen, Natu saß schweigend auf der Rückbank, den Blick auf die Lehne des Vordersitzes gerichtet. Die Nyangatom bauten ihre Hütten aus Ästen und Zelttuch, das man schnell zusammenrollen konnte; nicht selten zogen sie schon nach wenigen Wochen ein Stück weiter, nie konnte man genau wissen, wo ihr Dorf gerade lag. Mulugeta fuhr eine Weile über kaum angedeutete Feldwege, bis hinter einem Schutzwall aus Ästen und Gestrüpp die Hütten einer kralartigen Siedlung aufspitzten. Ein Mann namens Otto sollte sie am Eingangstor in Empfang nehmen und herumführen, der Preis war schon mit ihm ausgehandelt.

Otto war tiefschwarz und trug silberne Ohrstecker, sie standen ihm ausgezeichnet. Otto hieß er nur für Touristen, seinen wahren Namen wollte er nicht nennen. Als einer der wenigen seines Volkes war er zur Schule gegangen, er wußte laufend auch Antworten auf Fragen, die man gar nicht gestellt hatte. Als er Mulugeta sah, musterte er ihn von oben bis unten und wollte wissen, ob er etwa einer vom Hochland sei, ein Amhare. Als Mulugeta den Kopf schüttelte, hellte sich Ottos Miene leicht auf, sofern man das so bei ihm sagen konnte. Amharen würde er nämlich nicht in sein Dorf lassen, erklärte er, die hätten hier früher – und mit »hier« meinte er das gesamte Omo-Tal – ihre Sklaven geraubt und würden sich auch heute noch als Herren aufspielen. Nicht umsonst hätten sie die Sklaverei in Äthiopien erst 1942 abgeschafft, zumindest offiziell, vor gerade mal achtzig Jahren. Und jetzt? Würden sie stattdessen Händler schicken, die mit ihren Waren Wünsche weckten, die früher niemand gehabt habe und jeder mit seiner Seele bezahle. Ständig erließen sie neue Verbote, sie wollten die Nyangatom dazu zwingen, Kleidung zu tragen, wie man sie im Hochland trug, wollten sie zwingen, seßhaft zu werden und Steuern zu zahlen, wollten sie zwingen, ihre Tradition zu verraten und damit ihre Zukunft.

Otto hatte sich in Rage geredet. »Und nebenbei nehmt ihr uns immer mehr von unsern Weideplätzen weg und von unsern Wasserstellen!« Trotz Mulugetas Dementi sah er in ihm einen der verhaßten Herrscher aus dem Hochland. »Was ihr uns als besseres Leben verkauft, bedeutet für uns das Ende des Lebens! Das Ende des Lebens, wie *wir*'s führen wollen, es bedeutet Vertreibung und Krieg mit unsern Nachbarn.«

Mulugeta und Trattner stimmten sicherheitshalber zu, Mulugeta betonte noch mal, er sei kein Amhare.

»Was dann?« wollte Otto wissen.

Er sei Äthiopier.

»*Bullshit!*« wischte Otto die Antwort weg, Mulugeta mußte zugeben, daß er Tigrayer war.

Die seien kaum besser als die Amharen, beschied ihn Otto, wenngleich nurmehr in verhaltnem Zorn: Auch die Tigrayer hätten sich viel zu lange in diesem Land – und mit »diesem Land« meinte er ganz Äthiopien – als Herrenvolk aufgespielt, zum Glück habe sie der Präsident »entmannt, oh ja, entmannt«.

Erst dann begann der Rundgang durchs Dorf. Otto war eine Art Kokordi, Fremdenführer, Übersetzer und Aufpasser zugleich, er sprach ausgezeichnet Englisch und ging überall gern ins Detail. Trattner schaute sich verstohlen um, ob die Nyangatom wirklich bessere Waffen hatten als die Suri, konnte aber kein einziges Gewehr entdecken. Viele der Hütten standen auf Ästen wie auf Stelzen, es waren Vorratskammern. Dazwischen strichen ein paar Ziegen umher. Einige wenige Erwachsene saßen im Schatten unter den Hütten und taten nichts.

Elefantenfresser! dachte Trattner und blieb auf der Hut. Ob sie sich wirklich mit dem Blut der getöteten Gegner beschmierten? Argwöhnisch betrachtete er die Narben, die er auf Schultern, Stirn und Schläfen der Männer entdeckte, Ziernarben in geraden und gewellten Formen, ohne Zweifel Dokumentationen ihrer Jagd- und Kriegserfolge. Dazu trugen sie Halsketten aus gelben und roten Plastikklunkern, kurze Rastalocken und *Adidas*-Shorts oder, um die Hüften gewickelt, ein Tuch. Jeder von ihnen hielt einen winzigen Holzschemel in der Hand, damit er, sofern man sich zum Gespräch gruppierte, nicht auf dem Boden sitzen mußte wie eine Frau.

Mitten unter ihnen ein alter Mann in Gummistiefeln und mit verschoßnem Sonnenhütchen, vielleicht an die siebzig, er war in eine orangefarbene Decke gehüllt, die mit großen blauen Blumenblüten bedruckt war. Als Schmuck trug er, neben Ohrsteckern und Halsklunkerkette, einen kleinen Pflock, der ihm knapp unter der Unterlippe im Fleisch steckte. Es war der Dorfälteste.

»Kann er Regen machen?« fragte Trattner.

»Oh!« bekundete Otto. »Und ob er das kann!«

»Kann er den Vogelflug deuten?«

Otto war ein wenig pikiert über die Nachfrage. Wenn Trattner darauf hinauswolle, ob er die Zukunft vorhersagen könne: Dazu lese er die Eingeweide der Schlachttiere.

Na also, dachte Trattner, noch nicht mal ein ordentlicher Regenmacher. Bargudu würde ihn glatt an die Wand zaubern.

Wenn man ihn lang genug betrachtete, sah er auch nicht wie ein Regenmacher aus. Er sah aus wie die alt gewordne Blutrache. Das also waren die Todfeinde der Suri. Elefantenfresser! Wie er das Wort zum wiederholten Mal dachte, merkte Trattner, daß er angefangen hatte, die Welt mit andern Augen zu betrachten. Wo ein Fremder einfach nur drauflosstaunen konnte, war ihm durch Natus Bemerkung alles vorab verleidet. Wo Touristen bunte Motive sammelten, sah er sich nach der Bewaffnung der Krieger um und schätzte ihre Kampfkraft ein. Immer wieder betrachtete er einen reichlich tätowierten Kerl, der ständig von andern umringt war. Seine Stirn war von kleinen Buckeln übersät, ein doppeltes Buckelband in der Größe einer Bankräubermaske lief um seine Augenpartie.

Otto erklärte, daß nur die Narben am Oberarm anzeigten, wie viele Menschen ein Krieger getötet habe. Nach dem Kampf würde man sich gegenseitig den Arm ritzen, sichtbares Zeichen einer Heldentat. Ein Tagebuch aus Narben, Trattner sah sie bald an jedem Männerarm.

Dann kam ein Kleinbus mit Touristen. Sogleich erhoben sich im Schatten der Hütten da und dort die Frauen, strömten zur Mitte des Dorfes und stellten sich nebeneinander auf. Auch sie waren mit Ziernarben geschmückt, einige hatten die Nasenflügel gepierct. Lippen- oder Ohrteller trugen sie keine, stattdessen unglaublich viele Plastikperlenketten, die eine Art bunten Schmuckwulst um den Hals ergaben. Die untersten Ketten bedeckten beide Schultern, nach oben zu verringerte sich ihr Durchmesser, sie reichten bis hoch zum Kinn. Zusätzlich hatten sich einige Frauen mit Kopfbändern aus Kaurimuscheln geschmückt, von denen im rechten Winkel ein metallisch glänzender Streifen in die Stirn und bis knapp über die Nasenwurzel lief, er hätte das Edelstahlarmband einer Herrenuhr sein können.

Nun lösten sie ihre Formation auf und kreisten die Touristen ein, um ihnen den Regentanz vorzuführen. Sie hüpften auf der Stelle und sangen dazu »*Njia, njia, njia*«, ihre bunten Halskettenkrausen hüpften mit und auch gleich die ersten Touristen. Früher hätte sich Trattner gleich unter sie gemischt und mit ein paar parodistischen Tanzeinlagen zum Lachen gebracht, er hätte seine eigne Performance draus gemacht. Jetzt stellte er verwundert fest, daß ihn sogar die geflochtnen Haarzöpfchen der Nyangatom störten. Schön war für ihn ein glattrasierter Schädel mit kleinen Schmuckornamenten, ganz zu schweigen von rasierten Augenbrauen und wimpernlosen Lidern. Und dazu ein schlichter Wollfaden als Halsband.

Erneut begriff er, daß er die Nyangatom mit Natus Augen betrachtete – oder auch nur: daß er sich einbildete, daß er sich wünschte, daß er sich darin gefiel, die Welt mit ihren Augen zu sehen. Wollte er denn die Nyangatom bald auch als seine eignen Feinde empfinden? Zumindest die Kinder, die ihn ständig bedrängten, »*Hello, Sir!*«, ihn umringten, sobald er sich ein paar Schritte von Otto entfernt hatte. Wieder und wieder mußte er einen der Jungen von sich schubsen, der ungeniert in seinen Gürtel- und Hosentaschen nach Brauchbarem wühlte. Ein andrer versuchte, ihm die Armbanduhr vom Handgelenk zu lösen. Eines der Mädchen folgte ihm stumm und blickte ihn ununterbrochen an. Es trug einen Nagel in der Unterlippe, die Spitze ragte ein paar Zentimeter nach unten.

»*You speak English?*« beugte er sich zu ihr hinab.

»*Not big*«, antwortete sie und rannte weg.

Na bravo, dachte Trattner. Beim Abschied wollte er noch kurz von Otto wissen, wie er die Suri finde. Aber Otto war zu lang zur Schule gegangen, um kurze Antworten zu geben. Oh, heimtückisch seien sie und aggressiv, das meistverhaßte Volk im Omo-Tal, jeder lebe im Krieg mit ihnen, jeder! Gern würde er einen von ihnen töten und noch einen, noch einen! Früher habe man sich ihrer nur bei Dürre erwehren müssen, heutzutage machten sie Raubzüge auch einfach so, um ihre neuen Gewehre auszuprobieren. Leider hätten sie ziemlich gute Gewehre. Wenn ihnen jemand zufällig übern Weg lief, würden sie ihn aus purer Lust töten; reihum raubten sie Vieh, Honig oder Getreide und weigerten sich, in Frieden mit ihren Nachbarn zu leben. Dabei seien sie eigentlich feig, vor jedem offnen Kampf, Mann gegen Mann, würden sie davonrennen. Die einzige Kriegstechnik, die sie beherrschen, sei der Hinterhalt. Und das Schlimmste: Trotzdem würden sie sich allen andern überlegen fühlen, als ob ausgerechnet sie das auserwählte Volk seien!

Otto war stolz auf sein Volk. Die andern waren Feinde oder Verbündete, entsprechend eindeutig fiel sein Urteil aus.

»Aber ihr seid doch alle Äthiopier!« wollte Trattner das Gespräch mit einer versöhnlichen Wendung beenden.

»*Bullshit!*« empörte sich Otto. »Wer hat euch diesen Blödsinn eigentlich beigebracht?« Abschätzig musterte er Trattner von oben bis unten: »Bist du etwa Europäer?«

Trattner hörte diese Gegenfrage nicht das erste Mal. Es gab an die achtzig Völker in Äthiopien, und abgesehen von wenigen Intellektuellen war jeder stolz, einem ganz bestimmten dieser Völker anzugehören. Was Trattner nie davon abgehalten hatte, sich dennoch – oder erst recht – als Europäer zu fühlen. Aber Otto ließ das nicht gelten, er fragte immer wieder, woher Trattner »in Wirklichkeit« komme. Weil er Österreich nicht kannte, sagte Trattner schließlich: »Es liegt neben Deutschland.«

»Ah, aus Deutschland!« Otto versicherte, die meisten Touristen kämen von dort.

Um Himmels willen! wollte Trattner widersprechen, ein Deutscher wollte er wirklich nicht sein. Aber es hätte zu lang gedauert, den Unterschied zu erklären.

»Ich hab' was für dich«, wurde Otto noch mal überraschend zutraulich und zog sein Handy aus der hinteren Jeanstasche. Mit ein paar schnellen Eingaben, wie sie nur der beherrscht, der mit Benutzeroberflächen vertraut ist, lud er ein Musikvideo, »Zeig dich« von Rammstein, offensichtlich gab es hier ein gutes Netz.

Die kämen auch aus Deutschland, erklärte er, während das Video schon lief. Den Refrain sprach er halblaut mit, »Zeig dich!«, und stieß dabei die Faust in den Himmel. Er hatte ein Handy und trug Jeans, sprach perfekt Englisch und war im Internet zu Hause. Aber auch er war ein Krieger.

*

Neben dem *Nissan Patrol* stand der Touristenbus. Weraxa und Natu hingegen standen dort nicht. Sofort stellte sich Trattner alles Mögliche vor. Aber da kamen sie schon, Arm in Arm. Weraxa versicherte ihm, das sei bei den Suri – anders als in Addis oder überhaupt im Norden – nichts weiter als ein Zeichen der Freundschaft. Trattner stand vor der Wahl, auch seinen Spaziergang mit Natu auf der Hauptstraße von Surma Kibish als rein freundschaftlich zu verstehen oder eifersüchtig zu bleiben. Er erinnerte sich, wie ungläubig ihnen die meisten damals hinterhergeblickt hatten, und entschied sich für die Eifersucht. Warum sonst war Natu so gutgelaunt? Hatte sie sich denn nicht die ganze Zeit in unmittelbarer Nähe ihrer Todfeinde aufgehalten?

Als nächstes sollte es zu den Karo gehen. Otto hatte versichert, es seien »die Zweitschlimmsten« im Omo-Tal. Für Natu waren sie vor allem Feinde der Nyangatom, ansonsten egal. Sie wußte über sie nur, daß sie ihre Kinder töteten, wenn die oberen Schneidezähne zuerst kämen. Es ist vertrackt rund um den Omo, dachte Trattner, und auch sonst in Äthiopien. Was du über ein Volk erfährst, hängt davon ab, wen du fragst. Wenn du deine Meinung unbedacht äußerst, können sich freundliche Gastgeber blitzschnell in Feinde verwandeln. Seltsamerweise erinnerte es ihn ein bißchen an zu Hause, auch in Wien hatte er in den letzten Jahren immer öfter bedenken müssen, wem er ein offenes Wort sagen konnte und wem lieber nicht. Nicht zuletzt deshalb war er immer wieder gern nach Aksum abgereist.

Die Straße führte weiter durch die flache Ebene, in der Ferne Berge, darüber ein trostlos verhangner Himmel. Gleich neben der Fahrbahn waren in schmalen Streifen Felder angelegt, dahinter begann die Savanne – endlich auch mit Akazienbäumen, deren attraktiv geschwungene Baumkronen man sich schon im Land der Suri gewünscht hatte. Einmal lag ein kleiner gelbbrauner Hund auf der Straße, den irgendwer totgefahren hatte.

Um zwei Uhr erreichten sie die Ortschaft Kangaten, die Straße entwickelte sich zu einer vierspurigen Hauptstraße mit grünem Mittelstreifen.

In einem Restaurant, das ein paar Tische auf die Straße gestellt hatte, machten sie Mittagspause. Eingetreten im Lehmboden waren zahlreiche Kronkorken, Trattner entdeckte auch mehrere der *Bedele*-Brauerei und wies Natu auf die Meerkatze hin, die darauf abgebildet war. Sofort produzierte sie ein verschrecktes Gemaunze und fletschte kurz die Zähne. Doch als ihr Trattner den Kronkorken zeigen wollte, den er in Surma Kibish eingesteckt hatte, wandte sie sich gleich wieder Weraxa zu.

Ein behinderter Junge führte Trattner in einen Hinterhof zur Toilette. Es war ein kleiner Raum, in dem's weder Kloschüsseln noch Waschbecken gab, es herrschte darin ein solch stechender Gestank, daß sich Trattner den Toilettengang lieber verkniff und sofort wieder hinausging. Als er zurück am Tisch war, roch's plötzlich nach Weihrauch, irgendwo auf der Straße mußte ein Kaffeemädchen Kaffee kochen. Weraxa fand sie ein paar Häuser weiter auf der Straße und bat sie, ihren kleinen Stand direkt vor dem Restaurant aufzuschlagen. Während sie den Kaffee zubereitete und die Trinkschälchen auswischte, brannte auf einem kleinen Teller der Weihrauch. Weraxa nützte die Gelegenheit, um wieder mal seinen Witz zu erzählen, daß äthiopische Jungfrauen vor der Hochzeitsnacht vierundzwanzig Stunden lang in Weihrauch geräuchert würden; nur so sei's zu erklären, daß Äthiopier so gern Kaffee tränken, sie würden sich dabei erinnern.

Keiner lachte darüber, nicht mal Mulugeta. Serviert wurde der Kaffee mit einem Stengel Zitronenmelisse.

*

Nachdem sie von Kangaten ein Stück zurückgefahren waren, bogen sie von der Straße ab und in die Savanne. Der Boden wurde sandig, die Büsche standen zum Teil so dicht, daß die Dornenzweige zu den Fenstern hereinschlugen. Auf einer kurvenreichen Sandpiste ging's voran, Mulugeta war in seinem Element, und immer wieder vorbei an meterhohen Termitentürmen, die wie abgebrochne Palmenstämme aufragten, drei, vier, ja fünf Meter hoch. Eine Ziegenherde kam ihnen entgegen, die Böcke mit kräftigen Mähnen. Ab und zu sah man ein Erdhörnchen, und augenblicklich schnauften sie alle vier, schnalzten, hechelten und lachten gemeinsam. Dann zeigte Natu auf eine Krähe, die – jedenfalls in den Augen Trattners – genauso aussah wie die Tausenden und Abertausenden an Krähen, die es in diesem Land gab. Natu erzeugte ein klopfendes »*Lok-lok-lok*«, es war die gelbe Krähe. Aber diesmal schien sie keinesfalls beängstigt, vielleicht galt ihr die Krähe nur nachts als Todesbote.

Bislang waren sie über Staubpisten gefahren, vom Omo keine Spur. Plötzlich sah man ihn, träg und braun, das Dorf der Karo lag auf einem Plateau hoch über der Biegung des Flusses. Der hier die Fremden in Empfang nahm, hieß Terbi und war ein Fan von Eastcoast-HipHop, sein Englisch imitierte den Sound seiner Idole und war entsprechend schwer zu verstehen. Diesmal ging Natu mit. Die Nyangatom hatte sie gehaßt, die Karo verachtete sie lediglich. Aber die Karo schienen sie nicht minder zu verachten, dazu auch Trattner und überhaupt jeden, der bei ihnen vorbeikam. Träg lümmelten einige von ihnen am Rand des Plateaus, und weil im Hintergrund der Omo zu sehen war, wirkte das Arrangement auf eine malerische Weise verworfen. Die Männer hatten sich möglichst abschreckend mit weißer Farbe angemalt, jeder hatte sein Gewehr dabei, die Frauen waren mit allem geschmückt, was man durch die Unterlippe stecken oder auf dem Kopf verzurren konnte – das war gewissermaßen *ihr* Tableau vivant, zu dem sie sich für Besucher arrangiert hatten. Keiner lachte, keiner lächelte, keiner sagte auch nur ein Wort. Man hätte auch gleich wieder fahren können.

Wenn da nicht Natu gewesen wäre. Verständigen konnte sie sich mit den Karo ebensowenig wie Trattner, aber das wollte sie auch gar nicht. Gemeßnen Schrittes ging sie umher und mit kerzengerade durchgedrücktem Oberkörper, sie wiegte dabei ein wenig mit dem Kopf. So quirlig und temperamentvoll sie sein konnte, hier war sie plötzlich wieder eine völlig Fremde, unnahbar. Schon an ihrem Gang war abzulesen, daß sie sich für etwas Beßres hielt. Und sogleich vermeinte Trattner auch wieder den Glanz wahrzunehmen, der von ihr ausging, ein stolzes Leuchten, das man nicht nur sehen, sondern spüren konnte.

Natu ging an allem vorbei und blickte an allem vorbei. Sogar an Weraxa. Erst recht an den Karo. Gerade dadurch wurden die etwas lebendiger, Trattner bildete sich ein, daß sich die Männer gegenseitig auf Natu aufmerksam machten, daß sich die Frauen zueinanderbeugten und tuschelten. *Und* er bildete sich ein, nein, er bildete sich gewiß nicht nur ein, daß ihn Natu als einzigen ansah, immer mal wieder trafen sich ihre Blicke. Einmal berührte sie im Vorbeigehen seine Hand, wenngleich nur auf eine Weise, wie man ein Ding berührt, ohne es zu bemerken. Selbst unter freiem Himmel nahm Trattner ihren Duft wahr. Daß sich die Nachmittagssonne in der Wölbung unter ihrem Schlüsselbein fing und im nächsten Moment über ihrer Schulter ergoß, nahm er nicht minder wahr.

Terbi hatte Mühe, Trattner für sein Volk zu interessieren. Nur einer der Krieger zog dessen Aufmerksamkeit schließlich auf sich, er saß etwas abseits der andern auf seinem winzigen Hocker, bekleidet mit Plastikschlappen, kurzen Hosen, Messingreifen an beiden Handgelenken und den Kabeln, die aus seinen Ohren zum Handy führten. Er sah dermaßen brutal und männlich aus, daß man Angst vor ihm bekommen konnte. Den Trageriemen seiner Kalaschnikow hatte er sich übern Oberschenkel gelegt, Schulterstück und Handlauf waren aus Holz. Er sah aus, als hätte er unzählige Feinde auf dem Gewissen, an seinen Oberarmen war allerdings keine einzige Narbe zu sehen.

Terbi versicherte, die Karo hätten mit allen Nachbarvölkern Frieden geschlossen, ein Gebot der Vernunft, es seien ihrer ja nurmehr tausend.

Auch die andern Männer hatten keine Narben, nicht mal Ziernarben. Wie konnten sie da im Omo-Tal überleben?

Zum ersten Mal lachte Terbi, lachte Trattner offen aus. Die Karo könnten gut ohne Narben überleben, auch sie seien im 21. Jahrhundert angekommen.

»Aber eure Frauen haben doch auch Narben«, warf Weraxa ein. Er zeigte auf ein Mädchen, dessen Bauch übersät war von Schmuckwülsten – streichholzkurzen Strichen, die unterm Bauchnabel begannen und sich in zwei geschwungnen Dreifachlinien bis beidseits der Brüste hochzogen. Das Mädchen saß im Schatten einer Grashütte und rührte in einer Konservenbüchse rote Lehmpaste an. Sowie genug Wasser dazugeschüttet war, rieb sie die Paste einem andern Mädchen in die Haare. Anschließend streute sie ein rotes Pulver darüber. Das andre Mädchen scrollte währenddessen durch seine Textnachrichten. Zwei ältere Frauen saßen dabei und sahen zu. Sie trugen die Kuhfellschürzen der verheirateten Frauen, darunter bunte Wickelröcke, wie es sie überall gab, sie spielten ihre traditionelle Rolle nur für Besucher. Die eine hatte ihr Kuhfell reichlich mit Glasperlen bestickt, die andre hatte sich mehrere Plastikperlenbänder als Gürtel umgelegt, an dem ein paar Patronen hingen.

Als das tätowierte Mädchen bemerkte, daß es Trattners Aufmerksamkeit erregt hatte, lächelte es ihm zu. Sie hatte nur noch einen einzigen Zahn. Auch ihre Haare waren in Lehmklümpchen verpackt, etwa in der Größe von Kaffeebohnen – sie bedeckten ihren Kopf wie eine Kippa, an den Seiten waren die Haare abrasiert. Die Klümpchen waren mit Butter zum Glänzen gebracht, und in der Sonne lief ihr das Fett übers Gesicht und den Hals.

Das sei seine Schwester, erläuterte Terbi, ohne auf die Narben weiter einzugehen, übrigens sitze sie auf dem Grab der Großmutter. Bei den Karo würden die Toten direkt am Eingang der Hütte begraben, auf der andern Seite liege sein Vater.

Weil er aber sah, daß er Trattner damit nicht vom Thema weglocken konnte, wies er mit einer abfälligen Geste auf Natu: Wenn Trattner unbedingt auf Narben stehe, könne er sich ja an seiner Mursi-Braut sattsehen.

Sie sei eine Suri, ließ ihn Trattner wissen, ein wenig von oben herab. Daß sie Ziernarben hatte, war ihm noch gar nicht aufgefallen.

Na gut, eine Suri, sagte Terbi, das sei ja fast dasselbe. Wieviel er denn für sie bezahlt habe?

»Der hat noch gar nichts bezahlt!« antwortete Weraxa an Trattners Stelle, es sollte wohl witzig sein. Aber natürlich werde er irgendwann bezahlen müssen. Wieviel *er*, Terbi, denn für sie zahlen würde?

Das konnte Terbi nicht einfach so beantworten. Reiche Männer dürften ja bis zu fünf Frauen heiraten. Da käme es sehr drauf an, das werde immer wieder neu verhandelt. Er wisse im Moment ja nur das von Natu, was er mit eignen Augen sehe, das sei zu wenig.

Aber er sehe doch, wie schön sie sei!

Auch Trattner war überzeugt, daß es Terbi gar nicht entgangen sein konnte.

Nun, wiegelte Terbi ab, nun.

Weraxa forderte ihn auf, endlich konkrete Zahlen zu nennen. Terbi sah Natu recht unbegeistert hinterher, wie sie in einiger Entfernung ihrer Wege ging, ließ dann wissen, daß der Preis für eine Frau bei den Karo bei 30 bis 38 Rindern liege, dazu eine Kalaschnikow. Aber für seine eigne Frau habe er zum Beispiel 127 Tiere gezahlt, das meiste Ziegen und nur ein paar wenige Rinder, die Kalaschnikow natürlich obendrauf.

Weraxa rief Natu den Brautpreis auf Suri zu. Sie lachte empört auf und schüttelte den Kopf.

Zwar kassiere auch bei den Suri der Vater, geruhte Weraxa für Terbi hinzuzusetzen, aber ob ein Angebot angenommen werde, entscheide die Frau selbst.

Er habe doch gar nicht geboten! wehrte sich Terbi. Eine solch alte Frau wie Natu würde er nie heiraten wollen. Und auch nicht eine solch dünne, die sei viel zu schwach für die Feldarbeit.

Trattner wies auf die *Ula* an Natus Handgelenk und belehrte Terbi, sie sei stärker als alle, die hier versammelt seien.

Terbi war inzwischen richtig sauer. Es ging ja immer auch um seine Schwester, und, wer weiß, vielleicht war eine der drei andern, die vor der Hütte saßen, seine Frau. »Unsre sind schöner!« kam er schließlich mit seinem letzten Argument. Solang sie jung seien, müßten sie ja auch nicht arbeiten wie bei den andern Völkern, da sollten sie einfach nur gut aussehen, darauf komme es am Ende an.

Der Ortsrundgang war beendet. Trattner konnte Terbi gerade noch fragen, ob man als Karo lieber einen Jungen oder ein Mädchen bekomme.

»Beides!« versicherte Terbi. »Auch unsre Mädchen sind unser ganzer Stolz.« Außerdem könne man sie ja wunderbar verkaufen. Je mehr Mädchen er zeuge, je schönere Mädchen er zeuge, desto reicher werde der Vater.

Natu stand bereits am Wagen und unterhielt sich mit Mulugeta, jedenfalls soweit der mittlerweile ein paar Brocken Oromo oder Suri verstand. Während sie auf die beiden zugingen, kicherte Weraxa. Wohin bist du hier nur wieder geraten, dachte Trattner. Bei Otto wirst du zum Rassisten, bei Terbi zum Macho. Wenn du das Lena erzählen würdest.

»*Shit happen*«, sagte Weraxa, und als er laut auflachte, lachte Trattner einfach mit. In diesem Moment empfand er ihn als seinen besten Freund und war froh, ihn an seiner Seite zu wissen.

*

Aber schon beim Abendessen belauerte er ihn wieder, als wäre er sein bester Feind. Wie vertraut er mit Natu umging! Wie oft sie einander berührten! Und alles natürlich nichts weiter als Zeichen freundschaftlicher Nähe.

Spät waren sie in Turmi angekommen. Am Ortseingang stand ein vom Blitz getroffner Akazienbaum, schwarzer Scherenschnitt vor düsterblauem Abendhimmel, auf dem obersten Ast saß schwarz ein Geier. Auf der Hauptstraße kam ihnen ein Muli-Karren entgegen, er hatte Lkw-Räder mit blank abgefahrnen Reifen. Auf der leeren Ladefläche stand aufrecht ein Knirps – in Wien wäre er noch brav in den Kindergarten gegangen – und hielt die Zügel in der Hand.

So war dann auch der ganze Ort. Die Luft schien zu knistern, der Himmel färbte sich zum Abend hin erst safranfarben, dann orangerot. Mit Not fanden sie einen kleinen Laden, in dem sie Zahnbürsten für Natu kaufen konnten. Der Händler zählte zehn Aststücke ab, nebenbei ließ er wissen, daß er von seinen Kunden neuerdings darauf angesprochen werde, daß er hier als Amhare ein Fremder sei. Dabei lebe er seit über dreißig Jahren in Turmi. Fast über Nacht sei er wieder einer, der nicht hierhergehöre. Oh, er wisse, daß sich in den Bergen was zusammenbraue, nicht nur hier, er überlege jeden Tag, zurück nach Addis zu gehen, bald sei's dafür zu spät!

Als sie den Laden verließen, war's dunkel. An der Einfahrt zur *Turmi Lodge* leuchtete immerhin eine Lampe, überm Eingangstor stand *The Desert Rose of Hammar Village*.

Der Mann an der Rezeption schickte sie gleich weiter ins Restaurant, weil die Küche bald schließen werde; einchecken könnten sie danach immer noch. Natu kaute auf ihrer Zahnbürste. Als der Rezeptionist auch ihr einen Ausweis abverlangte, zog sie nonchalant einen hervor. Sieh an, sagte sich Trattner, auch die Suri sind im 21. Jahrhundert angekommen. Mit der Zahnbürste im Mundwinkel ging Natu zum Restaurant, es lag am Hang mit Blick über die verschiednen Gebäude der Lodge, und inspizierte dort das, was vom Buffet noch übrig war. Die Speisen wurden von einem blaurotgrün blinkenden Plastikweihnachtsbaum beflackert. Zu Tisch kam sie mit einem Teller, auf dem ausschließlich Fleisch angehäuft war, die Gemüsereste hatte sie Trattner überlassen. Beide stellten überrascht fest, daß sich Weraxa und Mulugeta mit ihren Tellern ein paar Tische entfernt hingesetzt hatten, anscheinend wollten sie etwas besprechen.

Natu weigerte sich keinesfalls, im Beisein eines Mannes zu essen. Im Gegenteil, sie schien Trattner kaum wahrzunehmen, legte ihre Zahnbürste wie selbstverständlich neben dem Besteck ab, das eine Ende war schon zerkaut, ein paar abgebißne Fasern spuckte sie auf den Boden. Trattner sah mit großen Augen zu und holte seinen *Bedele*-Kronkorken aus der Tasche. Natu begriff sofort. Der Kellner brachte zwar *Habesha Beer*, aber auch damit hätte man gut anstoßen können. Natu führte ihre Flasche jedoch zum Mund, kaum daß sie vor ihr abgestellt war. Und dann konnte sie nicht mit Messer und Gabel essen.

Mit der Hand zog sie die größten Fleischstücke aus dem Haufen und zerkleinerte sie mit Hilfe des Messers. Anschließend griff sie ein Stück nach dem andern, wieder mit der Hand, und führte es zum Mund. Waren ihre Bewegungen beim Portionieren der Stücke noch unbeholfen, so wirkten sie jetzt völlig selbstverständlich, ja grazil. Auf diese Weise aß sie den gesamten Haufen Fleisch, sie ließ kein Stückchen übrig, als ob sie völlig ausgehungert gewesen wäre. Vielleicht wollte sie auch einfach so viel wie möglich in sich hineinstopfen, was ihr als Luxus galt. Für eine Konversation, den *Versuch* einer Konversation, hätte sie gar keine Zeit gehabt.

Aber auch ohne Worte war sie auf eine unglaubliche Weise präsent. Als sie angehoben hatte, ihr Fleisch mit Messer und Hand zu portionieren, hatte Trattner den Atem angehalten und die Gäste aus den Augenwinkeln beobachtet. Da niemand Anstalten machte, sich über Natu zu belustigen oder zu beschweren, fand er die Situation bald komisch, nach einem Schluck Bier großartig. Natu konnte tun, was sie wollte, sobald er ihr eine Weile zugesehen hatte, bewunderte er sie. Sie mochte dies und jenes nicht können, hatte aber selbst dann noch eine Eleganz, die all das, was man in einem Restaurant herkömmlicherweise von einer Frau hätte erwarten können, in den Schatten stellte.

Allerdings kam er auf diese Weise nicht weiter. Ein zweites Mal zog er den *Bedele*-Kronkorken hervor, umgehend gab Natu die Meerkatze, Trattner bestätigte, Mulugeta am andern Ende des Restaurants nahm die Signale auf, als letzter fiel Weraxa ein. Auch der Kellner wußte die Order offenbar schon zu verstehen, er kam mit vier neuen Bieren, kaum daß sich Weraxa und Mulugeta an Trattners Tisch begeben hatten. Oder eigentlich an Natus Tisch. Nun konnte man sie also wieder etwas fragen. Oder eigentlich Weraxa. Doch was auch immer Trattner fragte, Natu antwortete auf eine bildhafte Weise, die er nicht auflösen konnte:

»Wenn du zwischen zwei Rindern wählen kannst, nimm das weiße.« Oder: »In der Hütte der Mais, hinter der Hütte das Feld.«

Trattner verstand sie nicht, doch Natu verstand ihn genausowenig, mochte er auch die einfachsten Sachen fragen: Ob sie Fleisch lieber möge als Gemüse?

»Die Leute essen und essen, aber bald kommt der Regen.«

Wer weiß, welchen Anteil an dieser merkwürdigen Konversation Weraxa hatte. Am Ende, so mußte sich Trattner auch heute abend wieder eingestehen, unterhielt er sich nur mit ihm, antwortete auf seine Fragen, stellte ihm die eignen Fragen. Wenn er wenigstens nicht schon wieder Händchen mit Natu gehalten hätte! Nie dauerte es lang, so hatten die beiden einander gefunden. Wenig später hielt sie Weraxa sogar im Arm. Natu schien seine Zudringlichkeiten auch heute abend als völlig normal zu empfinden. Ah, Weraxa … Am Ende eines Satzes ging er mit der Stimme oft nach oben, schnappte fast über. Gut, das hatte er zwar schon immer gemacht, aber nun wurde's Trattner doch ein bißchen viel. Und Natu, lachte sie nicht zu häufig und zu laut? Gut, das hatte sie zwar schon immer gemacht, aber nun schien's Trattner doch ein bißchen übertrieben.

Und dann sagte sie plötzlich »*Eh, eh, eh, eh!*« und stieß Weraxa von sich. Wer weiß, was er ihr gesagt hatte. Trattner erfuhr, daß »*Eh, eh, eh, eh!*« die Art und Weise war, wie man sich bei den Suri beschwerte. Nun, das war zu hören gewesen. Aber worüber? Das verstand Weraxa angeblich selber nicht, Trattner hätte sich die Nachfrage sparen können. Gleich drauf brachte ihm Natu bei, daß »*Hee!*« verneinend gemeint war, »*Eeh!*« zustimmend. Beides sprach sie ihm dezidiert vor, und als es Trattner nachsprach, lachte sie ihn so lange aus, bis sie mit seiner Aussprache zufrieden war. Dann ging sie weiter zu »*Yaya*« (»*No problem*«, übersetzte Weraxa), »*Ayayay*« (»*I can't believe it«)* und *»Yee« (»Okay«)*. Trattner bat sie zwischendurch, die Worte in seinem Skizzenbuch für ihn aufzuschreiben, aber natürlich konnte sie das nicht.

»*Eh, eh, eh, eh! Hee! Yee! Eeh!*« ließ sich Trattner hören. Verglichen mit Natus heiser pointierter Artikulation klang es piepsig und harmlos, fast wie eines der kleinen Nagetiere, die er so gut nachmachen konnte. Natu platzte vor Lachen. Anscheinend hatte er selbst diese simplen Silben falsch ausgesprochen oder unfreiwillig etwas Komisches gesagt. Auch Weraxa, der bei Natu nachfragte, verstand den Grund ihrer Heiterkeit nicht. Anstelle einer Erklärung nahm sie Trattner bei der Hand und sprach ihm die Vokabeln einzeln vor. Immer wieder löste sie sich vollkommen in Gelächter auf, zu laut klang es Trattner keineswegs mehr, er vernahm darin eine leicht aufgeraute Sinnlichkeit, die hinreißend zu ihrer herben Schönheit paßte. Und gleichzeitig etwas unbeugsam Aufrechtes, das hinreißend zu ihrer Direktheit paßte. Trattner war darauf bedacht, so lang wie möglich alles falsch und immer wieder anders falsch auszusprechen.

Mit einem Mal ließ Natu seine Hand fahren und wollte seinen Namen wissen.

»Josef«, antwortete Trattner.

»Joe«, übersetzte Weraxa.

»*Josephhh…*«, bestätigte Natu. Sie sprach den Namen ganz langsam aus, als ob sie den fremden Klang auskostete, das »f« konnte sie kaum artikulieren, weil's in ihrer Sprache kein scharf akzentuiertes »f« gab. Es klang so, als würde sie durch den Mund ausatmen und dabei den Hauch eines Tons erzeugen, der viel sanfter klang als ein gewöhnliches »f«: *Josephhh…*

»*Saga Nasedi*«, stellte sie sich dann vor.

Weiß ich, dachte Trattner, du heißt Nasedi, aber jeder nennt dich Natu. »*Saga Josef*«, erwiderte er, »*tscharli, Natu.*«

»Tscharli, Josephhh…«
Endlich hatte sie ihm einen Willkommensgruß entboten. Wieder hatte sie seinen Namen ganz langsam ausgesprochen, und weil sie eine solch tiefe Stimme hatte, klang es ernst und bedeutend. Sie deutete auf Trattners Haare, er dachte schon, sie wolle auf die grauen Strähnen und sein Alter zu sprechen kommen, aber nein! Sie wollte »das Gold« in seinen Haaren begreifen. Tat es dann ausführlich, indem sie an einzelnen Strähnen entlangstrich und kräftig daran zog, wie ein Kind. Es tat richtig weh, Trattner war begeistert. Er stieß mit Weraxa und Mulugeta drauf an, und weil das nicht reichte, klopfte er übermütig auf beider Schultern. Dadurch hatte er das Gefühl, sich selbst die Schulter zu klopfen, so sehr war er überzeugt, Bewunderung verdient zu haben und, zum Dank dafür, Wohlwollen auszustrahlen.

Doch dann fragte Natu, wie viele Frauen er habe, Weraxa genoß es sichtlich, die Frage zu übersetzen. Trattner versuchte, die Miene dessen aufzusetzen, der schon mit drei Frauen verheiratet ist und gerade das Angebot erhalten hat, eine vierte dazuzukaufen. Aber offenbar gelang's ihm nicht, Weraxa lachte laut los, Mulugeta fiel ein, Natu lächelte. Was hätte er ihr von Lena erzählen können? Was von der zauberhaft charmanten Studentin, als die er sie kennengelernt hatte; was von der rigorosen Professorin mit türkisgefärbtem Igelkopf, die sie geworden war, nachdem sie beschlossen hatte, endlich mal an sich selbst zu denken? Wo hätte er da anfangen müssen mit dem Erzählen, und wann wäre er damit fertig geworden? Trattner gab sich einen Ruck und sagte: Er habe keine Frau.

Keine einzige?

Schon im Moment, da Natu ihre Nachfrage stellte, wußte er, daß seine Antwort grundverkehrt gewesen war. Er beeilte sich, eine amüsierte Miene aufzusetzen und die Runde darüber aufzuklären, daß er gerade einen Witz gemacht hatte. In Wirklichkeit habe er natürlich ... Also, ehrlich gesagt, im Moment wisse er nicht mal genau, wie viele Frauen er habe.

Doch das glaubte niemand. Kaum hatten sie das Restaurant verlassen, löschte der Kellner das Licht.

*

Als Trattner einchecken wollte, ließ ihn der Rezeptionist wissen, das habe sein Freund bereits erledigt, und überreichte ihm den Zimmerschlüssel. Ob seine Frau einen eignen Schlüssel brauche? Immerhin hätten sie ja für zwei Nächte gebucht? Ehe der verdutzte Trattner antworten konnte, zog er einen zweiten Schlüssel aus der Schublade und überreichte ihn Natu.

Die *Turmi Lodge* war eine weitläufige Anlage, die einzelnen Zimmer lagen nebeneinander aufgereiht in verschiednen Flachbauten, ein jedes zugänglich über eine kleine Terrasse. Die Wege dorthin waren mit reichlich Laternen ausgeleuchtet, und jetzt, da das Trostlose der Örtlichkeit vom Dunkel verborgen gehalten wurde, strahlten die Lichtkegel eine regelmäßig gewährte Heimeligkeit aus. Sie beleuchteten Blumenbeete, in denen nicht mal Unkraut wuchs, die Beete waren mit Plastikwasserflaschen umzäunt, die man, mit der Öffnung nach unten, in die Erde gesteckt hatte. Einen Schritt dahinter begann die Nacht, sie schien zum Zerreißen gespannt und leicht zu zittern.

Wenn man vom Zimmer auf die Terrasse und den vorbeiführenden Weg blickte, konnte man gut auf Natu warten. Sie hatte ihr weißes Tuch gewaschen, seit einigen Minuten duschte sie. Mit größter Selbstverständlichkeit war sie Trattner zum gemeinsamen Zimmer gefolgt, hatte sich nicht mal von Weraxa und Mulugeta verabschiedet, die in einem andern Teil der Anlage untergebracht waren. Hätte nicht auch Weraxa ein Zimmer mit ihr nehmen können? Nein, an allen weiteren Stationen der Reise hatte er ein Doppelzimmer für sich und Mulugeta vorgebucht, dazu ein Einzelzimmer für Trattner. Da es so gut wie keine Einzelzimmer in Äthiopien gab, sondern nur Doppelzimmer zur Einzelbenutzung – oder eben doch zur Nutzung zu zweit –, war Trattners Zimmer eine naheliegende Lösung, er *mußte* es mit Natu teilen. Aber Weraxa hätte ja auch ein zusätzliches Zimmer für sie mieten können? Das hätte seinen Profit empfindlich geschmälert, würde's doch, aller Voraussicht nach, nicht bei dieser einen Nacht bleiben – nein, wegen einer Affäre mehr oder weniger hätte Weraxa seinen finanziellen Vorteil niemals aus den Augen verloren. Wie man's drehte und wendete, Natu *mußte* in Trattners Zimmer übernachten.

Und sie wird's auch morgen tun, sagte sich Trattner, und übermorgen und so weiter, sogar noch in Addis. Vielleicht *will* sie es ja sogar? Immerhin ist sie letzte Nacht auch schon in *dein* Zelt gekommen und nicht in das von Weraxa. Du hast alle Zeit der Welt, also gib ihr Zeit. Bei den Suri wählen die Frauen die Männer, das weißt du ja jetzt.

Von der Straße hörte man einen Lkw, irgendwo heulten ein paar Hunde. Oder waren's Schakale? Trattner hatte das Deckenlicht gelöscht, weil er sich ein wenig *underdressed* fühlte, wie er so in T-Shirt und Boxershorts auf der Kante des Doppelbetts saß, hinter ihm das Moskitonetz, das er bereits herabgelassen hatte. Mild leuchtete die Laterne vom Weg her all die Dinge an, die im Halblicht eine ungewohnte Gestalt zeigten, seinen Rucksack, die Wanderschuhe, die Trinkflasche, das Skizzenbuch.

Noch immer schien die Luft zu vibrieren, draußen bahnte sich was an. Aber auch drinnen bahnte sich was an, wenn man die Geräusche vom Badezimmer richtig verstand. Und da kam sie endlich, erhobnen Hauptes und gemeßnen Schrittes und nackt. Für sie war's die natürlichste Sache der Welt, für Trattner das Aufregendste, was er seit Jahren erlebte, tatsächlich hielt er für einen Moment die Luft an. Hatte er je eine solch schöne Frau gesehen? Zu gewissen Gelegenheiten schritten alle Suri-Frauen wie Natu, das wußte er inzwischen, wer zu hastig ging, hatte keine Manieren oder keine Achtung vor dem Mann, um den's ging, ob Verehrer, Liebhaber oder Ehemann. Na also! dachte er, du bist ihr nicht gleichgültig, sonst würde sie gehen, nicht schreiten – den ganzen Weg von der Badezimmertür quer durchs Zimmer und ... Wie sie an ihm vorüberschritt, hätte er sich fast mit einem geflüsterten »*Eh, eh, eh, eh*« gemeldet. Einen tiefen Atemzug lang fing er unterm Geruch des Duschgels Natus eignen Duft auf, schon war sie an ihm vorbei. Sie hatte das Seifenstück vom Waschbecken mitgebracht und legte es am Fußende des Bettes auf den Boden, als Schutz gegen die Schlangen, wie Trattner tags drauf erfuhr. So hatte sie es von ihrer Großmutter beigebracht bekommen.

Nachdem sie auf der andern Seite unterm Moskitonetz hindurch ins Bett geschlüpft war – wortlos, blicklos, als würde all das, was sie zwei Tage lang gemeinsam erlebt hatten, nicht mehr zählen –, lag sie ebenso selbstverständlich neben ihm wie in der Nacht zuvor. Zum ersten Mal sah er ihre Wunden. Und hielt schon wieder den Atem an. Was sich tagsüber gelegentlich am linken, am nackten Schulterblatt überm Rand ihres Tuchs gezeigt hatte, war das oberste Mal auf einem durch und durch geschundnen Rücken. Allüberall klaffte ihr Fleisch in schwarzen Streifen oder eigentlich Kerben, die man hineingeschlagen hatte. Gewußt hatte es Trattner, aber es zu sehen, war etwas andres. Wie hatte Natu mit diesen Wunden so klaglos die Zeit mit ihnen verbringen, wie hatte sie so häufig lachen können? Da und dort schienen die Wundränder schon zart zu verschorfen, in einigen der Schrunden hatte sich frisches Blut angesammelt, vielleicht waren die kaum verschloßnen Wunden beim Duschen wieder aufgegangen. Trattner beugte sich über Natus Rücken und studierte die Landkarte des Schmerzes. Überall war darauf in schwarzen Runen verzeichnet: Rühr mich nicht an! Natu war ein Tabu, und das wußte sie wohl auch, wie sonst hätte sie so selbstverständlich zu ihm kommen können. Der durchlittne Schmerz lag wie ein Schutzzauber auf ihr. Ja, sagte sich Trattner, sie hat für ihre Sache gekämpft, nicht nur geredet. Und er konnte sich nicht entscheiden, ob seine Hochachtung größer war oder sein Mitleid.

Wie hätte er sie anfassen dürfen? Wie auch nur zart berühren? Schon wurden ihre Atemzüge regelmäßiger und tiefer, wär's nicht Natu gewesen, er hätte geglaubt, sie schnarche leicht. Immer wieder zählte er ihre Wunden, jedesmal kam er auf ein andres Ergebnis. Von den Wunden abgesehen, bestand ihr Körper nur aus Notwendigkeiten, kein Gramm Fett hatte daran Platz finden können – sie mußte viel gekämpft und sicher auch gearbeitet haben. Wie hätte er's wagen dürfen, sich in ihrer Gegenwart als Mann zu fühlen?

Gleichwohl, die Permanenz der unmittelbaren Anschauung machte Trattner zu schaffen. Schwer hing ihr Duft über ihm, die Asche des ausgetretnen Lagerfeuers, das nasse Fell einer Katze, der Schrei einer Eule am Morgen, der Sonnenaufgang über der Savanne, vermischt mit einer seifigen Frische. Trattner gab sich einen Ruck, um sich aus Erwägungen, die hartnäckig wiederkehren wollten, hinauszureißen.

Nun saß er aufrecht, mit dem Rücken zur Wand. Als er Natu aus dieser Perspektive betrachtete, erschrak er regelrecht vor ihr – nicht wie eine Schlafende lag sie da, wohlig ins Laken gehüllt, sondern wie eine Tote, kaum vom Laken bedeckt. Wie eine, die ihren Wunden noch auf dem Schlachtfeld erlegen war, eine, die man fürs erste nur notdürftig zugedeckt hatte.

Sie ist alles andre als *lollu*, dachte Trattner. Alles. Andre. Was Lena wohl gesagt hätte, wenn sie dich so gesehen hätte? Ob sie wenigstens Natu den Respekt gezollt hätte, den sie dir verweigert hat? Ach, Lena. Was hätte er Natu von ihr erzählen können? Was von der bezaubernd frechen Studentin, die eines Tages, noch nicht mal Mitte zwanzig, auf einem seiner rosaroten Schaumstoffsofas Platz genommen, kaum daß er seine Performance vor der Hofburg begonnen hatte, und dort sogar sitzen geblieben war, als die Polizei die Sache auflösen wollte? Wie aus dem Nichts war sie gekommen, wenig später schon bei ihm eingezogen. Und bis heute dort geblieben, über fünfzehn Jahre lang, sie hätte seine große Liebe sein können.

Vielleicht hätte er auf Natus Frage antworten sollen, er habe *zwei* Frauen? Die Lena, die sich gemeinsam mit ihm von der Polizei in ein neues Leben hatte wegtragen lassen, und die, die sich seit zwei, drei Jahren so rasant verwandelt hatte, daß er tatsächlich irgendwann geglaubt hatte, es sei eine völlig andre Frau.

Angefangen hatte die Verwandlung mit ihrer Wahl zur zweiten Stellvertreterin im Arbeitskreis für Gleichbehandlungsfragen, es war der Tag, an dem sie ihm das erste Mal vorwarf, »in veralteten Geschlechterstereotypen zu denken«. Wenige Tage später warf sie ihm vor, er sei »schon immer ein Sexist« gewesen. Als er sich zu verteidigen suchte, winkte sie nur ab, »schon klar, Josef, mehr als Mansplaining ist bei dir nicht drin«. Damit war das Gespräch für sie beendet. Im Lauf der Jahre, da sie an ihrer Habilitationsschrift gearbeitet hatte, mußte etwas mit ihr passiert sein, das ihm entgangen war. Bald traf sie sich nurmehr mit Dozentinnen, die ihn mit derselben Terminologie abblitzen ließen, wenn er zufällig in der Küche oder in Lenas Zimmer dazukam. Gleichzeitig erzeugten sie eine merkwürdig offensive Heiterkeit, die unter ihresgleichen bleiben wollte.

Vielleicht ist das die neue Form von Stammtisch, zog sich Trattner dann gekränkt zurück: nur eben von Frauen. Jede von ihnen, auch Lena, verstand sich mindestens als »dekonstruktivistische Feministin« – soviel hatte er mitbekommen, wenngleich nicht verstanden – und arbeitete an einer neuen »Sichtbarkeit« von Frauen in der Gesellschaft. Es hatte etwas zutiefst Verzweifeltes, aber das begriff er erst viel später. Zu gerne hätte er wenigstens einen Abend lang in Lenas Kopf hineinblicken können, um zu begreifen, was sie so verändert hatte und was sie ihm *wirklich* vorwarf. Erstaunlicherweise wurde sie durch ihre neuen Freundinnen, ihre neuen Überzeugungen und ihr neues Auftreten keineswegs unattraktiver in seinen Augen, im Gegenteil. Und obwohl sie sich offensichtlich mühte, so uncharmant wie möglich aufzutreten, blieb sie für ihn vor allem eines: eine Frau, die schon immer sichtbar gewesen war, sehr sichtbar. Und die er, trotz allem, noch immer liebte.

Mit ihr zusammenzuleben, wurde freilich unerträglich. Bald verging kein Tag mehr, an dem sie Trattner nicht in Debatten zog, die kaum zu gewinnen waren. Er konnte denken und sagen und tun, was er wollte, für Lena war er von vornherein im Unrecht. Bei manchem, was sie neuerdings vorbrachte, mochte er sich heimlich für sie schämen; *sie* schien ihn plötzlich offen zu verachten, nicht allein wegen seiner steirischen Herkunft aus einer Keuschlerfamilie, nicht allein wegen seines abgebrochnen Studiums und seiner gescheiterten Schaumstoffambitionen. Sondern vor allem als Mann.

Gut, daß er spätestens nach ein paar Monaten seinen Koffer wieder packen konnte, wenn ein nächster Grabungsabschnitt anstand. Von einem Tag auf den andern war aber auch Lena das andauernde Streiten leid, wurde sie kühl und unnahbar. Es war die Zeit, da er sich das nahe gelegne *Café Zartl* als Zufluchtsstätte wählte. Dort saß er oft bis zur Sperrstunde in seiner Sofanische, wertete die jüngsten Grabungsergebnisse aus, schrieb seine Zwischenberichte an Prof. Dr. mult. Leo Wiltschek und pro forma auch an den Zottler Schani, plauderte mit Mariola, der polnischen Kellnerin, oder den andern Stammgästen. Vor allem genoß er, daß hier jeder Luster, jeder Sessel, jede Vase genauso war wie in der Zeit, da Lena noch keine veganen Schuhe getragen und ihre Haare noch nicht abgeschnitten und pink, weiß oder türkis gefärbt hatte. Doch irgendwann half selbst die Flucht ins *Zartl* nicht mehr. Trattner nahm den nächstbesten Flug zurück nach Addis, auch wenn die folgende Grabungstranche erst für September angesetzt war.

Das war Ende Juli 2019 gewesen, wenige Tage vor ihrem Fünfzehnjährigen. Keine Frage, mittlerweile litt Trattner an einer chronischen Deformation, insbesondre im Verhalten zum andern Geschlecht, von der er sich auch in Aksum nicht mehr erholte. Im Gegenteil, so allein unterm Ventilator und über Tage, Wochen und schließlich Monate wurde's eher schlimmer. Er glaubte, nie wieder ein unbefangenes Gespräch mit einer Frau führen zu können – abgesehen von Iman natürlich, aber die kam ja aus Somalia, das war was andres.

Doch auch ein solches Gespräch würde Lena verurteilen. Und was würde sie erst dazu sagen, daß du jetzt neben Natu liegst? Darüber mußte Trattner nicht lange nachdenken. Lena würde dich verurteilen, auch wenn du an dieser Situation vollkommen unschuldig bist. Daß du ein Mann bist, macht dich schuldig, daß du weiß bist, erst recht.

Doch wer konnte sich schuldig fühlen, wenn er sein Herz so laut schlagen hörte? Trattner war sich sicher, daß Natu nicht im entferntesten so dachte wie Lena. Aber er wagte es nicht, die Probe aufs Exempel zu machen, hätte es noch nicht mal gewagt, wenn Natu eine Berührbare gewesen wäre. Daß sie von Wunden geschützt war, war ihm eine willkommene Ausrede. Daß ihm die Augen nach zwei durchwachten Nächten fast von alleine zufielen, kam dazu.

*

Mitten in der Nacht zog ein Gewitter auf, beim ersten Donnerschlag schreckten Natu und Trattner gemeinsam hoch. Wie der nächste Blitz das Zimmer ausleuchtete, sah Trattner die Angst in ihren Augen. Nach dem dritten Blitzschlag verloschen die Lampen draußen auf dem Weg, und drinnen schrappte der Ventilator langsam aus. Die Nacht war wieder die Nacht und reichte bis an die Bettkante heran. Die große afrikanische Nacht, wie sie Trattner aus dem Dschungel kannte. Nur hörte man anstelle der jammernden und schreienden Nachttiere einen wütenden Regen aufs Dach prasseln und Donnerschläge näherrollen.

Nein, das war nicht dieselbe Frau, die ihn mit kräftiger Hand an ihrer Seite geführt hatte. Die Hand, die sie ihm jetzt hinzuhalten schien, bat fast schüchtern um … jedenfalls um etwas andres als das, was sie damals im Begriff gewesen, sich einfach zu nehmen. Vorsichtig faßte Trattner ihre Hand, kaum daß er sie berührte. Und sie ließ es geschehen, nein, sie war dankbar. Noch bevor das Gewitter vorübergezogen, war sie wieder eingeschlafen.

Trattner hielt ihre Hand lange fest. Er lauschte auf Natus Atemzüge und auf den Regen, der langsam stiller und gleichmäßiger fiel, schon hörte man das Wasser übers Dach laufen und in dünnen Fäden auf der Terrasse aufkommen. Der Regentanz der Nyangatom hatte gewirkt, wer hätte das gedacht. Vielleicht würde Bargudu doch nicht so leicht mit dem Alten fertigwerden, der ihr Regenmacher war.

*

Trattner war so bemüht, alles richtig zu machen, daß er gar nicht bemerkte, wie sehr er alles falsch machte. Das Bett neben ihm war leer, als er erwachte, Natu saß bereits beim Frühstück im Restaurant, in bester Gesellschaft. Die beiden Herrschaften, die sich so eifrig um ihr Wohlergehen bemühten, wandten ihm erwartungsfroh den Kopf zu. Wieder zeigte Mulugeta dies obszöne Grinsen. Ein Abglanz seiner Gier lag auch auf Weraxas Zügen, insbesondre um die Mundwinkel. Natu saß zwischen ihnen und trank ein Glas Milch, es war bereits das zweite, wie man Trattner wissen ließ. Er versuchte, ein Gespräch über das Gewitter zu beginnen und die riesigen Pfützen, die man auf dem Weg zum Restaurant zu umgehen hatte. Als Mulugeta die Spannung nicht mehr aushielt, fragte er rundheraus, wenngleich fast flüsternd: »*Problem finished?*«

»*Problem finished*«, hörte sich Trattner mit fester Stimme sagen, es schwang sogar ein gewisser Stolz mit, der die Antwort wunderbar glaubwürdig machte. Mulugeta beglückwünschte ihn mit einem flackernden Kennerblick, eine Art nonverbale Verbrüderung unter Eingeweihten. Trattner wußte, daß er den Blick erwidern mußte, um das Thema so schnell wie möglich abzuhaken. Das Problem, das jedenfalls *er* damit beendete, war das immergleiche Männergezote, während eine Frau wie Natu voller Würde dabeisaß und eine Unnahbarkeit ausstrahlte, für die weder Mulugeta noch Weraxa das geringste Gespür hatten. Weraxa grinste durch Trattner hindurch und nickte anerkennend, vielleicht bleckte er aber auch die Zähne. Beide sahen ihn gespannt an, sie wollten Details hören. Mulugeta erzeugte das Geräusch eines tropfenden Wasserhahns. Als Weraxa die Spannung nicht mehr aushielt, schwang er sich seinerseits zu einer Kommentierung der vergangnen Nacht auf:

»*Strong man*«, fragte er nicht etwa, sondern stellte's fest.

»*Lady even stronger*«, hörte sich Trattner erwidern. Weraxa lachte etwas gequält auf, vielleicht wußte er das ja viel besser als Trattner und wollte es auf diese Weise angedeutet haben.

Mulugeta grunzte. »Swei is bässa.«

»Vier ist noch besser«, hörte sich Trattner einen draufsetzen. Mulugeta kreischte vor Vergnügen, Weraxa schmunzelte immerhin, Natu holte sich ein drittes Glas Milch. Der Tag konnte beginnen.

Doch unter welchen Umständen? Strom gab's zwar wieder, aber das Internet, ohnehin langsam, blieb ausgefallen, keiner konnte auf seinem Handy eine Wettervorhersage laden. Der Regen hatte die Straßen in Schlammpisten verwandelt, das war ausgemacht. Ob man's bis zum Turkana-See schaffen würde, wie geplant, war fraglich. Versuchen mußte man's, da war man sich plötzlich einig. Aber zuvor mußten sie jeder noch ein Glas pürierte Avocado trinken, zäh wie eine Creme, mußten einen Honigtoast verzehren und einen Erdnußbuttertoast. Je mehr Natu gegessen und getrunken hatte, umso heiterer wurde sie. Bei einem allerletzten Glas Milch lachte sie plötzlich laut auf, als hätte sie an etwas gedacht, Trattner glaubte einen Moment, sie habe ihn dabei angeschaut.

Es sollte der letzte unbeschwerte Tag für sie werden, ehe Bargudus langer Schatten wieder auf sie fallen würde.

*

Am Ortsausgang der verkohlte Baum und ein Geier auf dem obersten Ast, vielleicht derselbe wie gestern. In einer Pfütze darunter ein schwarzer Storch. Die Straße zum Turkana-See ein langes gerades Teerband, auf beiden Seiten von gelben Grasstreifen gesäumt, dahinter die Ebene, wie man sie kannte: verstreute Büsche, geduckte Bäume, dichte Wolken, kein Himmel. Wenn die Sonne kurz durchbrach, warf sie einen breiten Streifen Licht auf die Landschaft, einmal sogar einen ganzen Fächer an Lichtstreifen. Es sah so großartig kitschig aus wie auf einem der Ölbilder, die man auch in Aksum Touristen feilbot.

Immer mal wieder kam ihnen eine Herde Ziegen, Esel, Rinder entgegen. Am Straßenrand wechselten sich Sand- und Grasflächen ab, dazwischen waren Felder zu sehen, weite Teile davon verwandelt in Pfützenlandschaft, einmal sogar mit einem gewaltigen Traktor, vielleicht von einem der ausländischen Unternehmen, über die im Omo-Tal so viel geklagt wurde. Im Niemandsland dahinter eine Gruppe Frauen, die mit der Machete Feuerholz schlug. Alles betrachtete Trattner mit Wohlgefallen, fast alles versah er mit schrägen Kommentaren, die auf »*Big problem*«, »*No problem*« und vor allem »*Problem finished*« hinausliefen. Dies durchgehend adressiert an Natu, aus schierer Freude, neben ihr auf der Rückbank zu sitzen und mit ihr gemeinsam in den neuen Tag zu fahren, bei Bedarf ergänzt durch Gepiepse, Geschnalze, Gekecker und einer minimalistischen Situationskomik. Natu schien den einen oder andern seiner Scherze sogar zu verstehen, zumindest zum Lächeln brachte er sie immer.

Aber auch Mulugeta verwandelte sich auf dieser Fahrt in einen Humoristen, hundert lockere Redewendungen saßen ihm in der Kehle, ihm, der sich in der Regel schweigend durch den Tag knurrte. Bei jeder Gelegenheit produzierte er sein breites Gelächter, es brach großzügig und gutmütig, geradezu treuherzig aus ihm heraus. Und selbst Weraxa tat irgendwann nicht länger, als hätte er wichtige Telefonate zu führen, und schloß sich der allgemeinen Heiterkeit an. Einer Art unschuldiger Heiterkeit, wer hätte das nach diesem Morgen erwarten dürfen, sie alle waren ausgelassen ohne jeden Hintergedanken.

So einfach war das mit einem Mal. Jedenfalls während einer knappen Stunde Fahrt. Um neun Uhr bekam die Straße einen

Bürgersteig aus Betonplatten, der nach einem halben Kilometer ebenso abrupt aufhörte, wie er angefangen hatte: die Ortseinfahrt von Omorate, der letzten Siedlung vor dem Turkana-See. Auch dort mußte Weraxa beim *Immigration Office* jede Menge Papiere vorlegen, eine Art Pavillon mit einem Tresen als Raumteiler und einem einzigen Beamten dahinter. Vor dessen Augen trug er sämtliche Paßdaten in eine Liste ein, im ganzen Raum stank es unerträglich. Der Beamte überflog die Papiere ungewöhnlich schnell und schweigsam, nicht mal bei der Lektüre von Natus Ausweisdaten ließ er sich zu einem Kommentar hinreißen.

Draußen vor dem Pavillon wachte auf einem Klappstuhl eine Soldatin in blauschwarz geflecktter Tarnuniform, sie hatte ihren rechten Stiefelabsatz auf dem linken Oberschenkel abgelegt und saß auf diese Weise breitbeiniger als jeder Mann. Natürlich hatte sie ihr Gewehr quer über die Beine gelegt, sie wußte, daß sie umwerfend aussah, und langweilte sich über die Maßen.

Die Auskünfte des Beamten über die anstehende Wegstrecke trübten Trattners Laune schlagartig. Klein beigeben wollte er freilich noch nicht. Es ging ein Stück zurück nach Norden, dann auf einer Sandpiste ostwärts in die Savanne, die zusehends ins Wüstenartige changierte. Am Wegrand Säcke mit Holzkohle, zwischen verstreut stehenden Bäumen ein paar kugelförmige Hütten aus Wellblech, umgeben von Ziegenherden. Als ihnen ein Lkw entgegenkam, ließ sich Mulugeta vom Fahrer berichten, ob die Furt, die er gerade gequert hatte, auch für einen *Nissan Patrol* passierbar war. Noch! war die Antwort, noch!

Um Viertel nach zehn war die Furt erreicht, gerade fuhr ein weiterer Lkw hinein. Das Flußbett – ein Nebenarm des Omo – war zum größten Teil ausgetrocknet, einige verbliebne Bäche zogen darin weite Schleifen, nur vor der entgegengesetzten Uferböschung sah man eine gerade Rinne, arg verschlammt.

Mulugeta und Weraxa gingen ins Flußbett hinein, bis die Fahrspur in der Rinne verschwand, und studierten die Strömung. Das Wasser schwoll ständig an, das sah auch Trattner, aber er wollte's nicht wahrhaben.

»*No problem*«, sagte er.

»*Big problem*«, korrigierte Weraxa. Die Furt werde in ein paar Stunden unpassierbar sein, der Fluß würde ihnen den Rückweg abschneiden.

Die Furt werde Mulugeta dann noch viel besser gefallen als im Moment, widersprach Trattner, ein echtes Abenteuer. Er wollte die Fahrt unbedingt fortsetzen und einen Blick übern See auf Kenia werfen, man konnte doch nicht einfach abbrechen und umkehren.

Das entscheide er, entschied Weraxa. Er war beleidigt, daß Trattner widersprochen hatte. Mehr noch, daß er ihn für feige hielt. Solange es nach seinen Vorstellungen ging, war Weraxa locker drauf, manchmal gar unglaublich konziliant. Aber wehe, man wagte, kritisch nachzufragen oder abweichende Vorschläge zu machen, da glaubte er sich sofort in seiner Autorität in Frage gestellt. Und blieb nicht selten tagelang verstimmt, Trattner hatte es in Aksum immer wieder erlebt. Weraxa tat nur so locker, in Wirklichkeit war er ein hochsensibler Sturkopf.

Die schöne Stimmung war dahin. Auf der Rückfahrt nach Omorate hielt sich Weraxa mit Telefonieren beschäftigt. Als sie das *Immigration Office* passierten, hatte er bereits ersatzweis einen Besuch bei den Dassanetch organisiert. Zwei ihrer Dörfer lagen in der Nähe, am gegenüberliegenden Ufer des Omo. Schon war die Anlegestelle der Fähren erreicht, auf dem Parkplatz gab's wieder leere Blumenbeete, eingezäunt mit Plastikflaschen, die man in den Boden gesteckt hatte.

Natu wußte, daß die Dassanetch Krokodiljäger waren und

Kinder mit Mißbildungen töteten, weil sie Unglück, Unglück, Unglück brächten – derlei Bemerkungen war man von ihr ja gewohnt. Weraxa übersetzte einigermaßen unwillig, Trattner begleiten wollte er auf keinen Fall. Er werde mit Mulugeta und Natu beim Auto bleiben, am andern Ufer des Omo werde Trattner erwartet und ins Dorf geführt. Trattner blickte Weraxa an, der schnell wegsah, Trattner blickte Mulugeta an, der die Augen verdrehte, Trattner blickte Natu an, die fragend zurückblickte. Mit einem entschiednen Ruck seines Kinns Richtung Fluß deutete er ihr an, daß es losginge, einladend breitete er einen Arm aus wie ein Kellner, der einem Gast den Weg zum besten Tisch weist, und verbeugte sich leicht. Natu amüsierte sich darüber, man wußte nie genau, was sie verstanden hatte, und setzte sich in Bewegung. Nach wenigen Schritten ging sie neben Trattner.

Die Anlegestelle der Fähren hatte nicht mal einen Steg. Die Fähren waren drei Einbäume. In jedem Einbaum stand ein junger Mann und winkte sie herbei, sie unterschieden sich nur in der Farbe ihrer T-Shirts. Es ging einen steilen Uferhang hinunter, ohne daß ein Weg angelegt war. Der Boden jedes Einbaums war mit Gras bestreut, das Wasser des Omo von derselben lehmbraunen Farbe wie die Uferböschung, die Strömung beträchtlich. Am andern Ufer ging's wieder steil hinauf, auch hier ohne Weg. Trattner rutschte bei jedem Schritt mit dem hinteren Fuß ein Stück hinab, wohingegen Natu barfuß locker hinaufkam. Oben erwartete sie niemand.

Sofern sie nicht teilnahmslos ins Leere sah, hatte Natu flinke Augen; wo Trattner noch Ausschau hielt, hatte sie bereits alles gesehen. Wenn sie ihn auf dies und jenes hinwies und er gerade mal anfing, wahrzunehmen und zu erkennen, wußte sie schon Bescheid. Sie zeigte Trattner das Dorf der Dassanetch am Horizont und auch den Weg, der durch die Felder dorthin lief – ein schmales Stück schweren Lehmbodens, das man zwischen den Ackerfurchen ausgespart hatte. Zügig ging sie voran. Sie hatte eine zauberhafte Art, sich immer wieder halb über die Schulter nach Trattner umzublicken, eine fast nur angedeutete Wendung, ein fast nur angedeuteter Blick, ob er ihr folgte, und doch mußte sie in diesem Sekundenbruchteil gesehen haben, was sie sehen wollte, immer wandte sie sich mit einem Lächeln wieder nach vorn.

Oh, auch Trattner sah in diesem Sekundenbruchteil alles, was er sehen wollte, er sah ihr Lächeln und beeilte sich, ihr zu folgen. Abgesehen von ihrer beider kurzem Spaziergang auf der Hauptstraße von Surma Kibish war's das erste Mal, daß er allein mit ihr unterwegs war, und er begriff's erst so richtig, als die Hälfte der Wegstrecke zurückgelegt war. Von einem Schritt zum andern merkte er, daß er glücklich war. Wenig später rannte ihnen ein kleiner Junge entgegen. An Natu hatte er keinerlei Interesse, zielstrebig packte er Trattners Hand und ging den Weg zum Dorf mit ihm, wortlos. Natu blieb einmal kurz stehen, wies in den Himmel und machte das Geräusch des tropfenden Wasserhahns, das sie Mulugeta abgelauscht hatte. Aber ja, Trattner sah sie jetzt auch, dunkelgraue Wolken hinter den hellgrauen, bald würde's wieder regnen. Dann zeigte sie auf ein paar Punkte weit hinten in der Ebene und deutete ihm die Tiere, die dort standen, indem sie ihre Laute nachmachte. Trattner fiel ein, sobald er verstanden hatte – ein Spiel, das die beiden schon ganz gut beherrschten. Eine Zeitlang hatte Natu versucht, ihm die verschiednen Tiere auf Suri zu benennen, aber insbesondre bei den Rindern hatte sie bald aufgeben müssen. Je nach Geschlecht, Alter und Farbe gab's unterschiedliche Wörter für »Rind«, zu viele für Trattner. Ganz zu schweigen davon, daß es, je nach den Flecken der Tiere, rote, weiße und grüne Rinder gab, meist *sah* er nicht mal, was er nicht benennen konnte. Außerdem fand er's viel lustiger, die Sache nonverbal zu kommunizieren, es war eine Performance nach seinem Geschmack und vielleicht, vielleicht, vielleicht sogar ein Flirt.

Fast hatten sie das Dorf schon erreicht, da blieb Natu erneut stehen, wies auf einen Punkt, weit weg in einem Feld. Plötzlich kam Bewegung in den Punkt, es war ein Mann, der im Feld gehockt hatte, nun rannte er auf sie zu. Er stellte sich als Steve vor und entschuldigte sich, daß er sie nicht schon am Fluß in Empfang genommen hatte. Er sei ein Dassanetch, wie er gleich beteuerte, auch wenn er nicht so aussehe. In diesem Dorf da hinten sei er aufgewachsen, mittlerweile studiere er in Jinka. Ehe er losging, kassierte er den Betrag, den er mit Weraxa vereinbart hatte.

Auch das Dorf der Dassanetch war kralförmig angelegt und mit einem Wall aus Dornengestrüpp eingefaßt. Darinnen etwa hundert Hütten, aus gebognen Wellblechen zusammengesetzt und mit Rinderhäuten bespannt, verstreut ein paar Tageshütten, mit belaubten Ästen gedeckt. Steve gefielen die Hütten gar nicht, der Staat habe sie so aufbauen lassen, nachdem der Omo eines Jahres allzu heftig über die Ufer getreten sei und das alte Dorf verwüstet habe. Am liebsten würde sie der Staat alle seßhaft machen, schimpfte Steve, natürlich andernorts, um das fruchtbare Land verpachten zu können. Aber das Land würden die Dassanetch nicht kampflos hergeben, es sei ihr Land.

Das neue Dorf sah heruntergekommen aus. Die Frauen trugen Schürzen aus Rinderhaut, geschmückt mit Metallteilen, die bei jeder Bewegung klapperten und klingelten. Die Kinder spielten mit französischen Spielkarten, an Trattner waren sie überhaupt nicht interessiert und ließen ihn in Ruhe. Ein Mann in einer Hose, auf der *Party Animal* stand, schabte sich mit seiner Zahnbürste die Zunge und massierte das Zahnfleisch. Ein andrer kaute Tabak und spuckte ihn auf den Boden. Nirgendwo sah man Gewehre. Man konnte glauben, daß der Krieg, von dem überall sonst die Rede war, nicht bis hierher kommen würde und daß die Bewohner das wußten. Oder sie spielten die Friedlichen nur für Fremde, die vorbeikamen, weil sie sich an den Krieg längst gewöhnt hatten und die kurze Atempause nützten, die er ihnen gönnte.

Steve zeigte die Stelle vor einer Hütte, wo sein Vater und seine Mutter begraben waren, ausnahmsweise, denn eigentlich begrabe man Erwachsene im Kral der Herde. Blieb das Dorf also über die Jahre hier stehen, während die Männer mit ihren Tieren in der Umgebung herumzogen? Trattner hörte nur mit halbem Ohr zu, stellte nur mit halbem Herzen Fragen, er genoß es, mit Natu zusammenzusein, alles andre war bloße Zugabe. Natu ihrerseits konnte nichts von dem verstehen, was Steve erzählte. Er schien seinerseits von den Suri nicht viel zu halten und übersah sie geflissentlich.

Nein, er übersah sie überhaupt nicht. Er sah sie ständig an. In Jinka gebe es einige wie sie, nun deutete er auch noch mit dem Finger auf Natu, sie würden sich in den Touristenhotels verkaufen. Ob Trattner seine Frau etwa aus Jinka mitgebracht habe?

Sie sei aus Surma Kibish, ließ Trattner wissen, und er verhandle gerade ihren Brautpreis.

Mein Beileid, sagte Steve, der für solch übermütige Scherze nicht empfänglich war. Eine Suri komme für ihn als Frau niemals in Frage. Er ließ gleich wissen, daß der Brautpreis bei den Dassanetch zehn Rinder und sechzehn Ziegen oder Schafe betrage, dazu natürlich die obligatorische Kalaschnikow. Dann teilte er freimütig auch mit, daß es vier Arten von Heirat gebe, unter anderem würden Witwen vom Bruder des Verstorbnen übernommen. Bei keiner der vier Heiratsarten ging's um Liebe. Die Frauen der Dassanetch wollten nicht geliebt werden, sie hätten gar kein Verlangen danach, würden nicht mal küssen, nur aufs Kuhfell gingen sie mehr oder weniger gern, eher weniger, sie seien ja beschnitten. Er, Steve, habe eine Freundin in der Stadt, *die* wolle geküßt werden. Sex sei vor der Heirat verboten, Küssen nicht.

Der scheint sich aber auszukennen, dachte Trattner, doch woher will er's eigentlich wissen? Am liebsten hätte er davon *gar* nichts gehört, aber nun hatte er doch ein paar Nachfragen. Da fing's zu regnen an und auch gleich ziemlich heftig. Steve zog ihn in die Hütte seiner Tante, einer Schamanin, schließlich winkte er auch Natu, die vor dem Eingang innegehalten, herein. Trattner konnte der Tante kaum in die Augen blicken. Obwohl sie ihm gastfreundlich den besten Platz anbot und gleich anfing, in einer riesigen Schüssel Kaffee für ihn zu kochen. Es ging etwas Unheimliches von ihr aus. Auch Natu hielt sich von ihr fern. Alles Leichte und Übermütige war von ihr abgefallen, sie saß reglos da und blickte durch alles hindurch.

Der Regen prasselte aufs Wellblechdach, und es stellte sich schnell heraus, daß Steves Tante eine große Nummer war, vielleicht ähnlich groß wie Bargudu und der Regenmacher bei den Nyangatom. Wenn du in Afrika krank bist, sagte Steve, dann bist du sehr krank. In Omorate habe man eine Klinik gebaut, das Gebäude stehe leer, es gebe ohnehin keine Medizin, da sei man froh, daß man zur Tante gehen könne. Abgesehen davon, daß sie die Toten beschwöre und die jungen Mädchen beschneide, arbeite sie meist als Heilerin.

Die Tante zeigte Trattner den Altar, Trattner sah nichts als einen Haufen Mehl, drum herum ein paar alte Töpfe, Knochen und Steine. Als er wissen wollte, ob sie auch heute noch Mädchen beschneide, nickte sie: Natürlich! Allerdings würden nicht mehr alle jungen Mädchen gehorchen wollen, sie tränken lieber Alkohol und schliefen dann mit jedem, der sie hinter einen Busch werfe.

Und warum würden sie nicht mehr gehorchen?
»Schuld daran seid ihr.«
Sie meinte: die Touristen. Auf Nachfrage aber mehr noch: die Hilfsorganisationen, die den Mädchen einreden würden, sie sollten sich nicht beschneiden lassen.

An dieser Stelle hörte Steve auf zu übersetzen und erklärte, seine Uni würde, was das soziale Engagement im Omo-Tal betreffe, drei Ziele verfolgen: Förderung des Brunnenbaus, Verhindern der Mädchenheirat, Verbot der Beschneidung. Die Tante schwieg dazu, wahrscheinlich kannte sie die kritische Einstellung ihres Neffen, wahrscheinlich hätte sie es lieber gesehen, er wäre im Dorf geblieben und ein ordentlicher Mann geworden, der seine Töchter von ihr beschneiden ließ. Aber nein, schon wieder hatte sich Trattner geirrt! Steve erzählte, daß ihm sein eigner Vater den Fluch eines Schamanen auferlegt habe, als er, etwa zehnjährig, von seinem Vater den Verkauf einer Ziege erbeten hatte, um davon Schulbücher zu kaufen. Prompt wurde Steve krank; er brauchte den Gegenzauber seiner Tante, um wieder gesund zu werden – und seinen Vater zu zwingen, ihn weiter zur Schule gehen zu lassen.

Ausgerechnet die Tante hatte Steves Studium ermöglicht. Trattner war verwirrt, der Riß zwischen Tradition und Moderne verlief auch bei Steve mitten durch die Familie, genaugenommen durch jeden einzelnen. Und was die Sache mit den Beschneidungen betraf ... wohl erst recht. Das Hütteninnere lag im Halbdunkel, weil man wegen des Regens auch den Eingang hatte schließen müssen. Dennoch, als er Natu etwas ratlos anblickte, blickte sie geradewegs zurück – und hielt ihn mit ihrem Blick fest. Nein, *diese* Frage würde er ihr nie stellen können. Als der Regen aufgehört hatte, schlug er vor, sich noch ein bißchen das Dorf anzusehen, er wollte so schnell wie möglich aus der Hütte der Tante verschwinden. Draußen atmete er tatsächlich auf, aus dem Augenwinkel meinte er zu beobachten, daß es auch Natu tat.

Nun sah ihm das Dorf *ziemlich* heruntergekommen aus. Er hätte sich gewünscht, das ursprüngliche Dorf besichtigen zu können, das hier einmal stand, ehe es von der Flut und den anschließenden Wiederaufbaumaßnahmen der Regierung zerstört worden war. Eine Handvoll Männer nützte die Regenpause, um sich auf ihren kleinen Holzschemeln im Kreis zusammenzusetzen, einige von ihnen in Shorts und kurzärmligen Hemden. Ein auffällig dünner Mann, der nur mit einem Lendenschurz und einem Tuch bekleidet war, das er sich um die Stirn gewunden hatte, kniete in der Mitte des Kreises und redete auf einen der Männer ein, der ihm stirnrunzelnd zuhörte und vier Goldringe in jedem Ohr trug. Es war der Ältestenrat, erklärte Steve, und der Mann klagte gegen einen andern, der seinen Ziegenbock ausgeliehen und nicht zurückgebracht hatte. Drum herum standen ein paar jüngere Männer und hörten zu.

Daß sich in einiger Entfernung ein paar Frauen zusammengefunden hatten, um Trattner durch Zurufe herbeizulocken, tat Steve mit einer Handbewegung ab. Jede der Frauen hatte sich mit einem verschieden verrückten Kopfputz versehen, eine mit einer Haube aus Kronkorken, an einer Schnur aufgefädelt. Eine andre trug Ketten aus Kronkorken um beide Fußfesseln, die jüngeren zeigten ihre Brüste. Jede von ihnen buhlte ganz offensichtlich um Trattners Aufmerksamkeit, um ihm dann Armbänder oder Holzschnitzereien zu verkaufen, zumindest von ihm fotografiert zu werden.

Das sei alles nur Show, tat es Steve ab, Frauen mit irgendwelchen Perücken aus Kronkorken gebe es in jedem Dorf. Auf diese Weise würden sie schnelles Geld verdienen, statt ihre Felder zu bestellen. Wenn genug Touristenbusse kämen, könnten sie sich von den Einnahmen nach drei Tagen eine Kuh kaufen.

Dann singen und tanzen sie wahrscheinlich auch, stellte sich Trattner vor, und alles ist hier plötzlich bunt und fröhlich. Aber für einen einzelnen Besucher wie ihn lohnte der Aufwand natürlich nicht. Nur die Frau mit der Kronkorkenhaube lief ihm noch nach, alle andern machten schon wieder Pause. Trattner holte seinen Kronkorken mit der *Bedele Beer*-Meerkatze aus der Hosentasche und zeigte ihn der Frau. Als er dazu kurz drauflosgurgelte und Natu mit einem schrillen Zwitschern einfiel, mußte die Frau lachen, eine Weile lachten sie zu dritt. Da setzte der Regen wieder ein, im Nu war die Frau verschwunden, und auch Steve verabschiedete sich zügig in die nächstgelegne Hütte, Trattner kenne ja den Weg zum Fluß. Wieder ging Natu voran, diesmal rannte sie fast, nach Sekunden waren sie beide durchnäßt. Das Tuch klebte ihr auf der Haut, ein weißer Abdruck ihres Leibes, und wieder dachte Trattner: Das vergißt du nie. Dann sah er auch die Wunden, die schwarz durch das klatschnasse Tuch schimmerten.

Der Pfad zwischen den Feldern war noch tiefer verschlammt als auf dem Hinweg, unter Trattners Schuhen klebte der Lehm. Als er die Böschung hinabstieg, die zum Fluß führte – der Einbaumfahrer hatte auf sie gewartet und winkte ihnen zu –, glitt er aus. Zwar konnte er sich an einem dünnen Bäumchen festhalten; sobald er jedoch versuchte, einen weiteren Tritt zu setzen, rutschte er weiter. Schließlich vermochte er nicht mal mehr, aufrecht stehenzubleiben, er verharrte gebückt, beide Hände im Lehm. Natu stieg die Böschung wieder hoch, nahm ihn fest an der Hand und führte ihn den Hang hinab. Der Einbaum stand bereits voll Wasser, sie setzten im Hocken über. Weraxa war nach wie vor beleidigt, redete kein Wort mit Trattner, holte ihm aber wortlos eine Hose aus dem Fond des Wagens, seine eigne Ersatzhose. Er gab ihm sogar noch ein Hemd dazu.

Nachdem Trattner seine Kleidung so im Hotelzimmer verteilt hatte, daß sie durch den Ventilator getrocknet wurde, ging er mit Natu zum Restaurant. Natu hatte ihr Tuch gewaschen und sich danach das Bettlaken umgelegt, genauso gebunden wie ihr eignes Tuch. Mulugeta und Weraxa waren bereits bei der ersten Runde Bier. Sie hatten sich *Injera* bestellt, das äthiopische Nationalgericht, ein säuerliches Fladenbrot, darauf ein Haufen Fleisch und Knochen. Man aß mit der Hand, indem man sich ein Stück des schwammig weichen Brotes abriß und damit einen Fleischbrocken ergriff. Prompt ließ Natu wissen, sie würde gern mitessen, und weil sie heute abend viel früher dran waren als gestern, bekamen sie jetzt das Trio mit, das den Gästen abends aufspielte. Der Sänger strich nebenbei eine Art Pferdegeige und ging von Tisch zu Tisch, um zum Tanzen zu animieren, immer wieder zog er einen Gast mit sanfter Gewalt auf die kleine Fläche vor der Bühne.

Mittlerweile hatten sie sich zu viert um die *Injera* gesetzt, Natu ergriff das größte Fleischstück und fütterte damit Weraxa. Als sie danach selber zu essen anhob, klagte Mulugeta so herzzerreißend mit den Stimmen verschiedner Tierchen, bis auch er einen Fleischbrocken in den Mund geschoben bekam. Jetzt blieb nur noch Trattner übrig. Der war kein Freund von *Injera* – und von dieser Art des Fütterns, die ihm vom Norden Äthiopiens vertraut war, auch nicht. Zwar wußte er, daß es nichts weiter bedeutete als eine freundschaftliche Aufmerksamkeit. Aber wie es Natu tat, sah nach weit mehr aus als nach einer beiläufigen Liebenswürdigkeit. Schnell stand er auf, um sich am Buffet zu bedienen. Blaurotgrün blinkerte der Weihnachtsbaum.

Als er zurückkehrte, waren auch Mulugeta, Weraxa und Natu aufgestanden und tanzten zwischen den Tischen, direkt vor der Bühne. Vor allem Natu tanzte, bald tanzte sie ganz allein. Es war unglaublich, wie sie sich, ohne die Füße groß zu bewegen, vorwärtsbewegte, allein der Schwung ihrer Hüften schien sie anzutreiben. Waren die Nyangatom bei ihrem Regentanz einfach immer wieder in die Höhe gesprungen, lieferte Natu das genaue Gegenteil – eine beständig ineinanderfließende Abfolge an Schwingungen, die jede Erotik immer wieder aufs neue in Schönheit verwandelten.

Es dauerte nicht lange, da standen sämtliche Gäste des Restaurants um sie herum und klatschten im Takt, selbst der Kellner, der Koch mit seinen Gehilfen aus der Küche und Trattner sowieso. Die Musiker gaben alles, was sie zu geben imstande waren, Sänger waren sie plötzlich alle drei. Es war zwar nicht Natus Musik, aber sie tanzte ihre Tänze dazu, die Tänze der Suri. Sie tanzte sie mit dem Körper, der Seele, den Augen, sie war wie verwandelt, vielleicht in ein höheres Wesen, vielleicht in ein niedrigeres, in jedem Fall eines, in dessen Gegenwart alles rund und fließend und ganz selbstverständlich wurde. Mal hielt sie die Arme überm Kopf verschränkt, mal vor den Hüften gekreuzt, mal bewegte sie sich nach links, mal nach rechts, im Grunde tat sie immer dasselbe, und doch wirkte es in jeder Sekunde neu und einzigartig. Der Fluß des Werdens, dachte Trattner, sie tanzt das Leben, die Weltformel.

Aber eigentlich dachte Trattner in diesem Moment gar nicht, Gedanken kamen ihm erst später. So, wie sich Natu durch die Musik verwandelt hatte, hatte sie auch all die verwandelt, die ihr zusahen. Mulugeta verfolgte ihre Bewegungen mit aufgeklapptem Mund, Weraxa mit halb geschloßnen Lidern, ununterbrochen lächelte er sein Weraxalächeln. Trattner wußte nicht, ob er Natu bewunderte oder ob er sich vor ihr fürchtete. Zwar hatte er schon geahnt, daß Natu eine gute Tänzerin sein mußte, sonst hätte man sie ja nicht zum Folklore-Festival nach Addis eingeladen. Aber es zu sehen, war etwas anderes.

Hätte das Trio nicht irgendwann eine Pause einlegen müssen,

Natu wäre, so schien's, die ganze Nacht auf der Tanzfläche geblieben und alle andern mit ihr. Nun begaben sie sich wieder an ihre Tische, als letzter Trattner, wie es seine Art war. Weraxa setzte sich wieder neben Natu und machte ihr ein Kompliment, Natu lachte, Mulugeta setzte sich auf ihre andre Seite und lachte mit. Natu riß ein Stück Fladenbrot ab und schob es sich in den Mund.

Warum sie so gut tanzen könne? wandte sich Trattner an sie, als sie sich alle wieder beruhigt und dem Essen zugewandt hatten: Ob's denn bei den Suri alle so gut könnten?

Natu verstand die Frage nicht und blickte Weraxa an.

Das könnten sie, versicherte Weraxa, na ja, vielleicht nicht ganz so gut wie Natu. Dann erst übersetzte er die Frage. Es war das erste Mal, daß Natu nicht nur auf ihre flüchtige Art lächelte, sondern strahlte, lang und intensiv strahlte, offenbar freute sie die Frage.

Oh, das sei eine lange Geschichte, antwortete sie. Also gut, sie werde ihnen erzählen, was sie in ihrem Bauch verwahrt habe.

*

»Ich hatte ein gutes Leben. Mein Vater besaß Rinder, Rinder, Rinder, wir hatten immer genug Fleisch und Milch und für die Männer Blut. Während andre gegen den Hunger Bier trinken mußten, waren wir fett und stolz ...«

Natu saß wieder ganz aufrecht und rührte ihren Teller nicht mehr an. Sie war vollkommen ernst und bei der Sache, ließ sich nur ungern unterbrechen, wenn Weraxa übersetzen, und überhaupt nicht, wenn Trattner nachfragen wollte. Kaum daß sie zwischendurch mal kurz an ihrer Bierflasche nippte, die zweite *Injera*, die Weraxa hatte kommen lassen, sah sie gar nicht. Ihr Blick ging in die Weite, als ob sie all die Ereignisse, von denen sie erzählte, bildhaft vor Augen hatte und in Worte kleidete, was gerade erst passierte.

Ihre Mutter stamme aus dem Süden, wo die Suri noch nicht so verweichlicht seien durch all jene, die vom Norden kämen. Ihr Clan sei berühmt für seine starken Mädchen, aber den Kontakt zu ihrer Familie habe sie nie gepflegt. Es müsse da einige Onkel geben, faßte Weraxa zusammen, was ihm Natu viel ausführlicher und drastischer geschildert hatte, einige Onkel, die ihr zuwider waren, einer davon über alle Maßen. Sie habe ihn bei einer Familienfeier erlebt, an der sie mit ihrer Mutter teilnahm, er sei ein Schwein gewesen, Tag für Tag aufs neue, und sie seien froh gewesen, sie und ihre Mutter, daß sie nach einer Woche wieder nach Hause wandern konnten. Natu unterstrich ihr Urteil durch ein häßliches Grunzen. Aber auch in Surma Kibish habe es ein solches Schwein gegeben, den Sohn des Regenmachers, der eines Tages, wenn das Amt auf ihn überging, selbst Regenmacher werden würde: Bargudu. Sein Vater sei einer der reichsten Männer im Suri-Land gewesen und Oberhaupt eines besonders mächtigen Clans, er habe fünf Frauen und 26 Kinder gehabt, seine Herde sei sechs- oder siebenmal so groß gewesen wie die eines normalen Mannes. Bargudu habe in Surma Kibish tun können, was er wollte, niemand habe es gewagt, sich mit ihm anzulegen ...

Nicht zuletzt auch deshalb, weil er schon damals ein großer Stockkämpfer war. Und weil er in den Kriegen, die mit andern Suri-Clans oder benachbarten Völkern zu führen waren, schon zahlreiche Feinde ganz nah an seinen Speer gebracht hatte. Wenn er dann heimkehrte, blökte er sein Siegerblöken und ließ sich von allen feiern – jeder wollte sein Freund sein, jede seine Geliebte. Wenn er sich unter einem Vorwand vom Männerlager davonmachte, wanderte er in eines der umliegenden Dörfer und schlüpfte nachts in dieses oder jenes Haus. Vor allem aber in das von Natus Mutter. Die Männer waren weit weg bei der Herde, auch der ihre; Bargudu war einer der wenigen, der sich nicht selber um die Herde seines Vaters kümmern mußte. Natus Mutter war Ende zwanzig und also längst über das Alter hinaus, in dem man Begeisterung für einen Bargudu hätte entwickeln können. Sie ertrug seine regelmäßigen Besuche, weil sie eine Auseinandersetzung vor dem Ältestenrat scheute und weil sie die Verheiratung ihrer Kinder nicht gefährden wollte. Wenn Bargudu zu ihr kam, mußte Natu die Hütte verlassen und bei den andern an der Feuerstelle schlafen.

Ja, Bargudu sei ein Schwein gewesen und immer *lollu, lollu, lollu*, wieder erzeugte Natu das häßliche Grunzen.

Eines Tages fiel sein Blick auch auf sie, da mochte sie gerade mal elf Jahre alt gewesen sein. Oh, Natu hatte sich gewehrt und ihm immerhin einen Tritt in den Schritt verpaßt. Seinem Willen fügen mußte sie sich gleichwohl. Seitdem stellte er ihr nach, und wenn er in die Hütte ihrer Mutter schlüpfte, galt sein Besuch der Tochter. Die Mutter drehte sich zur Hüttenwand und tat so, als bekäme sie davon nichts mit. Auch alle Nachbarn taten so, schließlich war Bargudu der künftige Regenmacher und jetzt schon ein Krieger, wie es keinen zweiten gab. Gegen ihn aufzubegehren, wäre mindestens sinnlos gewesen.

Aber Natu begehrte auf. Schon als sie Bargudu bei ihrer Mutter hatte keuchen hören, hatte ihr das Herz bis zum Hals geschlagen, »*dugedong, dugedong, dugedong*«, und sie hatte beschlossen, ihn zu bestrafen. Bargudu seinerseits hatte beschlossen, um Natus Hand anzuhalten. Er war knapp über vierzig, noch immer im besten Heiratsalter, und Natu würde es in zwei, drei Jahren gleichfalls sein. Er schickte der Familie einen schwarzen und einen weißen Ochsen, und indem Natus Vater einen der beiden schlachtete, waren die Hochzeitsverhandlungen offiziell aufgenommen und Natu, obwohl sie kaum einen allerersten Brustansatz hatte, zur Frau erklärt. Normalerweise wäre sie stolz durchs Dorf gegangen, um sich zu zeigen.

Natus Vater, der mit Leib und Seele Hirte und fast immer bei der Herde war, hatte keine Ahnung davon, was in der Hütte seiner Frau vorgefallen war. Vielleicht hatte man's ihm auch zugetragen, doch dann hatte er längst beschlossen, es nicht gehört zu haben, mit der Familie des Regenmachers wollte er keinen Ärger haben. So war er entzückt – Weraxa ergänzte: oder gab sich darüber entzückt –, seine Tochter in ebendessen Familie einheiraten zu können, es bedeutete nicht nur ein gutes Leben für die Braut, sondern für sie alle, die ganze Familie einschließlich sämtlicher Verwandten nah und fern. Natus Mutter war entsetzt, daß ihre Tochter ausgerechnet an einen Lüstling verheiratet werden sollte – und noch dazu an diesen speziellen, der sich ihrer bereits auf ekelhafte Weise bedient hatte. In ihrem Haß waren Mutter und Tochter vereint, in ihrem Schweigen gegenüber Mann und Vater nicht minder. Und weil bei den Suri am Ende das Mädchen selbst entscheidet, wen sie heiraten will, gab's in Surma Kibish tags drauf ein unerhörtes Ereignis zu besprechen: Der Sohn des Regenmachers war verschmäht worden.

Freilich hatte er mit Natus Vater gemeinsam vom geschlachteten Ochsen gegessen, insofern konnte er trotzdem ein gewisses Recht auf Natu ableiten. Überdies war bereits der exakte Brautpreis fixiert und ihm dadurch die Braut versprochen worden. Natu wußte, daß die Sache also noch nicht endgültig entschieden war. Und daß Bargudu, abgesehen davon, bald wieder zudringlich werden würde.

Bis zu diesem Zeitpunkt war sie ein mustergültig erzogenes Mädchen gewesen, das drauf und dran war, eine schöne Frau zu werden, eine sehr schöne Frau womöglich, die ihren Vater reich machen würde. Nun ließ sie sich von ihrem Lieblingsbruder beibringen, wie man mit dem Stock kämpft. Badiso war einige

Jahre älter als sie, Natu um einiges wendiger als er, sie lernte schnell. Bald war sie so stark wie eine Elenantilope, bald nannte man sie im Dorf nurmehr das »Antilopenmädchen«. Und im übrigen gab's ja auch noch die Rituale, die hart machen sollten.

Früher wurden Suri-Mädchen dazu erzogen, sich zu wehren. Vor der Pubertät mußten sie den Männern Essen bringen, und wenn diese fertig gegessen hatten, wurden sie von den jüngsten Männern, eher noch von Jungen, ausgepeitscht. Dabei knieten sie vor den Jungen und versuchten, die Schläge mit einem Stock abzuwehren; die älteren Männer paßten auf, daß alles nach althergebrachter Sitte verlief.

An dieser Stelle gab's einen kleinen Wortwechsel auf Suri, in dessen Verlauf Natu sofort laut wurde und Weraxa zunehmend leiser. Ehe er weiter übersetzte, erklärte er Trattner noch schnell, daß er über derlei Auspeitschungen in Surma Kibish nie etwas gehört habe, Natu habe jedoch darauf beharrt, auf Nachfrage sogar noch erzählt, daß die älteren Männer manchmal einem der Mädchen befohlen hätten, aufzustehen und eine *Donga* gegen »ihren« Jungen auszutragen. Bald habe jeder gegen Natu kämpfen wollen, es sei eine Gelegenheit gewesen, mit ihr zu flirten. Wenige Monate später habe es niemand mehr gewollt. Wenn's doch mal jemand gewagt habe, sei's nicht selten Natu gewesen, die ihm die Peitsche entwand und ihn schlug.

Natu hatte zwar nicht verstehen können, was Weraxa von ihren letzten Ausführungen an Trattner weitergab, aber an seinem Tonfall hatte sie gehört und an Trattners Blick gesehen, daß ihre Darstellung nicht länger angezweifelt wurde. So jäh sie laut und heftig geworden war, so zügig beruhigte sie sich, schon nach wenigen weiteren Worten erzählte sie wieder mit einer Selbstverständlichkeit, als berichtete sie bloß, was in einer verschwommenen Ferne weit jenseits ihrer Tischrunde zu sehen war:

Wer sich nicht selbst verteidigen könne, gelte bei den Suri als Schwächling und werde verspottet, wer andre verjagen könne, werde geachtet. Schon den kleinen Kindern werde beigebracht, jede Konfrontation durchzustehen – sie *müßten* zurückschlagen ...

Aber eine solche Kämpferin wie Natu hatte es in Surma Kibish schon lang nicht mehr gegeben. Bald sprachen die Leute von ihr als »einem echten Bullen«. Stolz ging sie durchs Dorf, um ihren nackten Rücken zu zeigen – weder bei den Ritualen noch bei den Kämpfen hatte es irgendwer vermocht, einen Treffer zu landen, sie hatte keine einzige Narbe. Aber gegen Bargudu, wenn er *lollu* war, wollte das alles nicht reichen.

Es war die Zeit, da sie jeden Tag schöner wurde, die Zeit, da man die Holzpflöcke in ihren Ohrläppchen durch die ersten Tonteller ersetzte, die Zeit, da man ihr auch die Unterlippe aufschneiden wollte. Die vier unteren Schneidezähne hatte man bereits entfernt, so daß sie, wenn man immer größere Holzplatten einsetzte und alles nach Plan verlief, als Braut einen veritablen Lippenteller tragen konnte, einen mit möglichst an die fünfzehn Zentimeter Durchmesser. Aber es verlief nicht nach Plan. Normalerweise wurde die Lippe aufgeschnitten, wenn der Brautpreis entrichtet war. Der war in Natus Fall zwar festgesetzt, konnte aber nicht zur Auszahlung gelangen, und jedesmal, wenn der Vater bei seiner störrischen Tochter nachfragte, mußte auch das Aufschneiden der Lippe verschoben worden. Von einem Tag zum andern war Natu alt genug, um dagegen zu protestieren. Alle hätten ihr erzählt, daß die Lippenplatte ein Leben lang schmerze. Sie immer einzusetzen, wenn sie ihrem Mann das Essen bringe, widerstrebe ihr; die Lippen ständig einzubuttern, damit sie feucht und dehnbar blieben, und dann auch noch mit Milch zu polieren, damit sie glänzten: das wolle sie nicht, und das werde sie nicht.

Man hatte ihr einige Tage lang reichlich zu essen gegeben, damit sie dem Schmerz besser widerstehen würde. Am Tag der Zeremonie schmierte ihr der Vater frühmorgens das Gesicht mit einer grünen Farbe ein, um sie vor bösen Geistern zu schützen. Als aber gerade eine der älteren Frauen, die im Dorf als Lippenschlitzerin tätig war, mit einem spitzen Dorn ansetzen wollte, Natus Unterlippe zu durchbohren und anschließend ein kleines Loch herauszuschneiden, widersetzte sie sich. Mit der plötzlichen Gewalt, die sie als *Donga*-Kämpferin auszeichnete, schlug sie den Arm der Alten von sich und beendete das Ritual: Es reiche, daß sie bereits ihre vier unteren Schneidezähne dafür hergegeben habe.

Aber ..., versetzte der verdutzte Vater, der Schnitt sei die Markierung als heiratsfähige Frau! Ohne Lippenteller gelte sie unter Männern als häßlich!

Das tue sie nicht, wußte Natu. Und eröffnete ihrem Vater, daß sie schon etliche Verehrer gehabt habe. Sie hatte sich die Haare abrasieren lassen, damit ihr Kopf schön glatt war, sie hatte ihre Armreifen poliert und trug Ohrteller mit dem Familienmuster, sie war weit über die Grenzen von Surma Kibish hinaus bekannt. Daß sie sich schon in der Pubertät mit ihren Verehrern aufs Kuhfell gelegt hatte, war bei den Suri kein Grund zur Aufregung; daß sie beim Aufschneiden der Lippe nicht ihre Stärke zeigen wollte, eine Art Hingabe an den künftigen Mann, hingegen schon.

Stärke habe sie schon genug gezeigt, widersetzte sich Natu, und bald werde sie noch viel mehr Stärke zeigen.

Sie wolle eine gefeierte *Ula*-Kämpferin werden, erklärte sie ihrem Vater. Die schwerste *Ula*, die sie hatte finden können, habe sie sich bereits besorgt, einen regelrechten Totschläger, den wolle sie nach der Herbsternte – da stand die nächste *Donga* an, zu der sich die besten Kämpfer der umliegenden Dörfer treffen würden – mit ersten Blutspuren verzieren. Ein Jahr zu Hause eingesperrt sein, bis immer größere Lippenteller eingesetzt sein würden, verbiete sich von selbst.

Dann werde sie also nicht heiraten können, hielt ihr Vater dagegen.

Das werde sie sehr wohl.

*

Männer, die sie heiraten wollten, hatte Natu jede Menge. Sie kamen sogar aus den Bergen, aus Dörfern, die mehrere Tagesmärsche entfernt lagen, um sich ihre Abfuhr zu holen. Als einmal einer ihr Handgelenk ergriff, schlug sie ihm eine blutige Nase, seitdem zollte man ihr Respekt. Und begehrte ihrer nur desto mehr. Sogar einer vom Hochland war unter ihren Verehrern, vielleicht ein Amhare, sie hatte ihn auf ihrem Gang zum Markt kennengelernt.

Zum Mann wollte sie keinen. Noch immer hörte sie ihr Herz schlagen, *dugedong, dugedong, dugedong*, das mußte erst zur Ruhe kommen. Sie wollte, sie mußte kämpfen. Und sie konnte es auch, nun bewies sie es vor Hunderten an Zuschauern. Ihre *Ula* war nicht aus Messing, sondern aus Eisen, ein wuchtiger Armreif, den sie nicht mal zur Nachtruhe ablegte. Meist war sie kleiner als ihre Gegnerin und mußte näher an sie heran, um zu treffen, das machte sie erst recht angriffslustig. Oder eher angriffswütend. Wenn sie ihre Gegnerin vor dem Kampf taxierte, sah sie genau hin und nahm doch nichts an ihr wahr. Gegen wen auch immer sie antrat, es war Bargudu, der ihr gegenüberstand. Ihn wollte sie treffen, mit aller Wucht treffen, tödlich treffen. Fast alles war bei diesen Kämpfen erlaubt, man schlug und trat einander überallhin. Meist waren Natus Kämpfe nach wenigen Sekunden entschieden. Nur wenn Blut zu sehen war, zählte es als Sieg. Bei Natu gab es verläßlich Blut zu sehen, sie selbst hatte noch immer keine einzige Narbe.

»*La-la-la-la-la-la!*« Natu sprang vom Stuhl auf, das war der Kampfruf der Suri. Sie wollte ihren drei Tischherren zeigen, wie sie gekämpft hatte – das langsame Ausstrecken des linken Armes, das Fixieren der Gegnerin und dann ... »*bho, bho, bho!*«

Natu versetzte der Luft ein paar herbe Schläge, dann – »*Hash!*« – trat sie ihrer Gegnerin in den Unterleib und – »*Hash-hash, bho-bho-bho-bho-kong-kong!*« – versetzte ihr zwei weitere Fußtritte, vier Faustschläge, abschließend zwei Schläge mit der *Ula* auf die Stirn. Wieder erzeugte sie das unschöne Knirschen, wie vorgestern, als es um Trattners Narbe auf der Nase ging.

Die Gäste an den umliegenden Tischen waren aufmerksam geworden, einige hatten sich erhoben, um besser sehen zu können. Natu stand, schwer atmend, und ließ Kopf und Arme hängen, als hätte sie tatsächlich gekämpft. Selbst als sie zu ihrem Platz zurückgefunden und sich wieder gesetzt hatte – mit diesen unendlich langsamen, schweren Bewegungen, die Trattner so gar nicht mit der flinken Unrast zusammenbringen konnte, die sie sonst an den Tag legte –, brauchte sie ein paar Sekunden, bis ihre Seele hinterhergekommen war. Und bis sie wieder das Bild in der Ferne fixiert hatte, um davon weiterzuerzählen.

Erstaunlich, daß sie heute so redselig ist, dachte Trattner, während er ihr zusah, wie sie sich sammelte. Liegt's wirklich nur daran, daß sie getanzt hat? Oder daß du die richtige Frage zum richtigen Zeitpunkt gestellt hast? Und wie bereitwillig Weraxa heute übersetzt, bis ins kleinste Detail. Etwa weil er Natus Frauen-Suri besser versteht? Gewiß nicht. Hat er ein Interesse daran, daß du ihre Geschichte erfährst – weil er ein Interesse daran hat, daß du gewisse Dinge *nicht* von ihr erfährst?

Mit der *Ula* zu kämpfen, sei »eine Art Krieg für Mädchen«, hob Natu neu an. Trattner hatte das Gefühl, daß sie es ausschließlich für ihn gesagt hatte, weil sie vermutete, daß er diesen Krieg nicht kannte, nicht begriff, nicht zu bewundern in der Lage war. Damals hätten bei jeder *Donga* Mädchenkämpfe stattgefunden, sobald die Männerkämpfe beendet waren. Die Suri seien stolz auf ihre Kämpfe, das mache sie stark, bereite auf zukünftige Kämpfe mit Feinden vor, auch die Frauen. »Heute ist diese Tradition in den Büschen«, die Regierung habe sie verboten, und die Mädchen könnten sich nicht mehr wehren, wenn einer seine Hand auf ihren Unterarm lege.

Damit war Natus Geschichte zwar noch nicht zu Ende, aber jetzt bekam Trattner die Antwort auf seine Frage, die er längst vergessen hatte: warum sie so gut tanzen könne.

Die Antwort war: weil sie so gut singen konnte, und weil Singen und Tanzen bei den Suri dasselbe war.

Denn nach jedem gewonnenen Kampf sang das Publikum »*Siro, siro, siro, siro!*« und pries die Siegerin als Elenantilope, während die Verliererin als Schwächling davongescheucht wurde. Natu sang mit, und bald sang sie ihnen allen vor, sie sang den Sieg und tanzte den Sieg. Immer wieder. Und immer länger, heftiger, besser, so daß bald nicht nur ihre Art zu kämpfen ein Ereignis war. Oh ja, auch Singen war Wettkampf, auch als Sängerin konnte man gewinnen und sich Respekt verschaffen. So wurde sie nicht nur die beste *Ula*-Kämpferin in Surma Kibish, sondern auch die beste Sängerin und Tänzerin. Gewissermaßen nebenbei nahm sie, wie es der Brauch war, den besiegten Gegnerinnen die Jungen und bald auch die Männer weg, freilich ohne ihrer auch nur im Geringsten zu begehren. Während sie ihnen noch achtlos ein paar Perlen oder Armreife als Zeichen ihrer Gunst schenkte, hatte sie sie bereits vergessen.

Unversehens war sie vierzehn oder fünfzehn, eine Frau im

heiratsfähigen Alter. Wenn sie durchs Dorf ging, wurde getuschelt, »*gerre-gerre-gerre*«, und wenn sie stehenblieb, geschwiegen. Manch einer fuhr sich schnell mit dem Zeigefinger über die Gurgel, um zu zeigen, daß sie ihm Furcht einflößte. Daß ihr Körper so makellos war und keine einzige Narbe aufwies, zeigte allen, wie stark sie war – und Weraxa ergänzte: daß sie so stark war, machte sie in den Augen aller so schön –, dennoch gab's bald niemand mehr, der sie zur Frau haben wollte. Bis auf einen: Bargudu, der ins Haus ihrer Mutter kam, wann immer ihm der Sinn danach stand. Zwar war Natu jetzt die beste Kämpferin im Suri-Land und wußte sich gegen Männer zu wehren. Aber gegen Bargudu kam sie nicht an.

*

Auch unter den Frauen gab es keine mehr, die mit ihr befreundet sein wollte. Bis auf eine einzige, mit der sie bereits als Baby gespielt hatte. Sie hieß Arenja und hatte einen Mursi zum Freund, der aus einem Dorf im Osten kam, vier Tagesmärsche entfernt. Schon vor Jahren hatte es ihn zu den Suri verschlagen, mit denen er ohnehin Sprache und Kultur teilte und denen er, um bleiben zu dürfen, versprochen hatte, ihre Sitten anzunehmen. Fast galt er schon als einer der ihren, auch wenn ihn noch keiner der Schamanen mit Lehm beschmiert hatte, um ihn offiziell in einen der Suri-Clans aufzunehmen. Beim Hüten der Herde war er einer der stillsten, beim Kampf gegen Feinde einer der tapfersten, und wenn er dem Hirsebier zugesprochen hatte und aus nichtigem Anlaß gewalttätig wurde, schier unbesiegbar. Er hieß Saba Kana und war bemuskelt bis ins Zahnfleisch. Für einen guten *Donga*-Kämpfer war er zu massig, dafür hatte er schon mal einen jungen Stier ohnmächtig geschlagen.

Natu konnte ihn mit Hilfe ihrer Freundin dazu anstiften, den Schlag auch einmal an Bargudu zu erproben. Da er sich als Mursi dem Sohn eines Suri-Regenmachers nicht sonderlich verpflichtet fühlte, willigte er ein. Als einer der Hirten, die sich um die Herde von Bargudus Vater kümmerten, bekam er mit, wenn sich Bargudu auf den Weg nach Surma Kibish machte, und folgte ihm. Nicht immer ging Bargudu zum Haus von Natus Mutter, aber eines Nachts war's soweit: Saba Kana vertrieb sich die Zeit, die er zu warten hatte, mit Hirsebier und kam dabei in Stimmung. Als Bargudu seinen Kopf aus dem Hütteneingang streckte, um zu sehen, ob er unbeobachtet entwischen konnte, packte ihn Saba Kana, zog ihn aus der Türöffnung heraus und verprügelte ihn. Bargudu war ein guter Kämpfer mit den Waffen, die seinem Stand angemessen waren, ein Prügler war er nicht. Bald konnte sich Saba Kana den Ohnmächtigen über die Schulter werfen und zu einer der fünf Hütten tragen, die von den fünf Frauen seines Vaters bewohnt wurden. Dort legte er ihn ab und verschwand.

Natu ließ es sich nicht nehmen, sich bei Saba Kana auf angemessene Weise zu bedanken. Damit hatte sie zwar auch noch ihre letzte Freundin verloren, konnte ihren Eltern jedoch einen Mann präsentieren, der sie vor Bargudus Zudringlichkeiten beschützen würde. Ihr Vater war entsetzt. Wenn man im Omo-Tal den Brautpreis nicht zusammenstehlen wollte, brauchte man zwei Schwestern, die der Familie die nötige Anzahl an Rindern einbrachten. Saba Kana hatte weder Schwestern noch Brüder, angeblich war seine gesamte Familie bei einem Überfall getötet worden. Ein Mursi! Und vollkommen mittellos! Wie kam der überhaupt so weit in den Westen? Hatte er etwas Schlimmes getan, daß er von zu Hause fliehen mußte? Einem Mursi war nicht zu trauen, selbst wenn er so tat, als wäre er inzwischen ein Suri. Und vor allem: Niemals zog der Bräutigam nach der

Hochzeit ins Dorf der Braut. Aber wohin sollte Natu mit ihm gehen, wenn er kein Heimatdorf hatte, wo man sie erwartete?

Vielleicht war's ja Natus Vater, der Bargudu die gar nicht frohe Kunde übermittelte. Bargudu, der sich seit dem nächtlichen Zwischenfall nicht mehr in der Hütte von Natus Mutter hatte sehen lassen, erneuerte sein Angebot, ja, er gab zum üblichen Brautpreis von 38 Rindern und einer Kalaschnikow noch seinen Lieblingsochsen dazu. Der Ochse war weiß mit roten Flecken, ein Leopard in Gestalt eines Rindes, und als er ihn, mit Mustern aus Schlamm geschmückt, vor die Hütte von Natus Mutter getrieben hatte, sagte er zu jedem, der's nicht hören wollte: Schau mal, wie seine Flecken leuchten. Natus Vater betrachtete den Ochsen mit Wohlgefallen und erinnerte die Nachbarn daran, daß die Braut seit Jahren verhandelt war, jetzt sei's soweit.

Bei den Suri entscheiden freilich die Frauen, wen sie heiraten wollen. Als Bargudu mit seinem Lieblingsochsen abgezogen war, erklärte Natu ihren Eltern, daß sie sich lieber erhängen werde, als Bargudu zu heiraten. Noch dazu, wo sie bereits ein Kind erwarte – von Saba Kana. Das war zwar gelogen, aber auf der Stelle ein Problem für die ganze Familie. Wenn der Verantwortliche nicht um die Hand der Geschwängerten anhielt, indem er das erste der 38 Rinder überstellte, würde er von Natus männlichen Verwandten verprügelt und vielleicht sogar erschossen werden.

Nun mußte sich auch der Vater Natus Starrsinn beugen und begreifen, daß er soeben eine ganze Herde verloren hatte. Saba Kana hatte nicht mal das eine Rind, um der Sitte Genüge zu tun und den Heiratsantrag zu stellen. Nichtsdestoweniger stellte er ihn. Es würde Jahre dauern, bis er sich die nötigen 38 Rinder von benachbarten Stämmen zusammengeraubt hatte, und weil das jeder machte, der aus einer armen Familie kam, und also ständig geraubt und gegengeraubt und nicht selten dabei auch jemand erschossen wurde, war's so gut wie ausgeschlossen, daß Natu jemals auf angemeßne Weise verheiratet werden konnte.

Es war die Mutter, die Saba Kana auf die Idee brachte, den Brautpreis durch Wilderei zu erwirtschaften. Im Omo-Nationalpark gebe es genügend Elefanten, für einen Stoßzahn bekomme er vier Rinder, vielleicht sogar mehr, und vom Fleisch würden sie gemeinsam essen. Der Vater, der nur gewildert hatte, wenn seine Frau ein neues Antilopenkleid brauchte, sah bereits das Unglück bei seiner Familie einziehen. Fortan würde man ständig mit Zauberei gegenhalten müssen. Daß die Familienehre dahin war, verstand sich sowieso. Bis gestern war man eine der einflußreichsten Familien gewesen, ab morgen würde man von jedem verspottet werden.

Und all das, faßte Weraxa zusammen, weil Natu mit ihrem Aufbegehren wider alles und alle nun auch noch ein Leben in Armut gewählt hatte, wo sie als erste Frau des künftigen Regenmachers ein für allemal hätte ausgesorgt haben können.

Natu nickte, obwohl sie von Weraxas Kommentar gar nichts verstanden haben konnte, sie hielt selbst diese kurze Unterbrechung kaum aus, war begierig darauf weiterzuerzählen:

Als Bargudu gehört habe, daß der Vater die alte Abmachung aufkündigen und seine Tochter einem andern geben mußte, habe er begriffen, warum ihn Saba Kana damals so grundsätzlich verprügelt hatte. Es habe sich gut für ihn getroffen, daß nach erfolgter Aussaat die nächste *Donga* anstand ...

Eine *Donga* war die ritualisierte Form des Krieges. Sie fand zwei- bis dreimal pro Jahr statt und zog sich über Tage, machmal Wochen hin, wenn verschiedne Dörfer gegeneinander antraten und hundert oder hundertfünfzig Krieger auf den Kampfplatz schickten. Bei den meisten *Donga*-Kämpfen ging's, abgesehen vom sportlichen Ehrgeiz, um etwas andres, was im normalen Alltag leicht in Mord und Totschlag hätte enden können – um Vergeltung oder um eine Familienfehde, nicht zuletzt auch darum, einen Nebenbuhler öffentlich aus dem Weg zu räumen oder der Familie seiner Freundin zu beweisen, daß man ein würdiger Ehemann war, indem man gegen ihren stärksten Bruder kämpfte. Man forderte gezielt diesen oder jenen zum Kampf, um alte Rechnungen zu begleichen oder neue aufzumachen. Und immer auch, um gewissen Mädchen zu imponieren oder dem Gegner auf diese Weise die Freundin auszuspannen.

Im Lauf der letzten Jahre hatte Bargudu all seine Erzrivalen und Lieblingsfeinde geschlagen, er galt als unbesiegbar. Er mußte nicht lange nachdenken, wen er diesmal herausfordern würde. Der Kampfplatz lag einen halben Tagesmarsch entfernt von Surma Kibish, eine graswachsne Senke. Diesmal traten vier Dörfer gegeneinander an, Tausende waren gekommen und wollten mit eignen Augen sehen, wie die Geschichte von Bargudu und Saba Kana ausgehen würde. Die Frauen hatten sich ihre schönsten Lippenteller eingesetzt und Gesichter und Körper bunt bemalt. Die Männer hatten sich tagelang mit Maisbier Mut angesoffen und am Morgen des Kampfes einen bittern Rindensud getrunken, um sich zu erbrechen.

Mehrere Dutzend kämpften gleichzeitig, bekleidet nur mit der Kordel um die Hüfte, dazwischen die Schiedsrichter und drum herum der Ring der Zuschauer. Immer mal wieder verließ einer der Krieger den Kampfplatz, um sich an einer Mehlsuppe zu stärken, die die Frauen mitgebracht hatten. Bargudus Achselhöhlen waren heiß, er kämpfte durch. Er war mit seinem längsten Stock angetreten, die Spitze als Phallus geschnitzt. Einen Gegner nach dem andern schlug er aus dem Feld, bis er sich an Saba Kana herangearbeitet und ihn zum Kampf gestellt hatte. Saba Kana hatte sich mit Asche eingerieben, so sah man die

Blutspuren noch deutlicher. Er trug Schienbein- und Ellbogenschutz, vor allem aber einen von Natus Armreifen, damit war er vor aller Augen von ihr auserwählt. Als Kopfschutz hatte er Natus Kleid um die Schläfen gewickelt, eines der weißen Tücher, die sie schon damals trug. Bargudu war bereits über Mitte vierzig und sein Gegner gerade mal zwanzig, aber Natus Armreif ließ ihn nicht zur Ruhe kommen. Als erstes schlug er Saba Kanas Kopfputz blutig, dann scheuchte er ihn nach Belieben vor sich her, immer wieder mußte der Schiedsrichter eingreifen. Wenn der Gegner blutete, galt er als getötet, der Kampf war beendet. Saba Kana blutete aus zahlreichen Wunden an Kopf und Körper, und alle paar Sekunden schlug ihn Bargudu an einer weiteren Stelle blutig. Aber Saba Kana wollte nicht aufgeben. Jedesmal, wenn sich der Schiedsrichter schützend vor ihn schob und abbrechen wollte, packte er ihn und schob ihn beiseite. Um Saba Kana so tüchtig wie möglich zu traktieren, hieb ihm Bargudu erst spät den Stock entzwei, damit war der Kampf unwiderruflich beendet. Saba Kana wollte mit bloßer Körperkraft weiterkämpfen – wahrscheinlich hatte er all die Schläge so klaglos eingesteckt, um auf diesen Moment zu warten –, und mehrere Schiedsrichter mußten ihn mit Gewalt zurückhalten.

Es war Bargudus längster Kampf und sein blutigster Sieg. Als ihm das Publikum zujubelte und ein paar Salven in die Luft geschossen wurden, tanzte er den Siegertanz direkt vor Natu und buhlte um ihre Gunst. Jeder wußte, daß dem Sieger die Nacht mit dem Mädchen zustand, um das er gekämpft hatte. Doch Natu hatte sich noch nie an die Sitten der Suri gehalten, sie behauptete, die Lieder nicht zu verstehen, die Bargudu für sie sang, sie gehöre einem andern Clan an. Und ließ ihn durch ein Handzeichen wissen, daß er umsonst um sie gekämpft hatte, umsonst gesungen und getanzt.

Sie dachte bereits an die Mädchenkämpfe. Wenn die Männer

bei einer *Donga* Mut und Geschicklichkeit zeigten, um dieses oder jenes Mädchen zu beeindrucken, so verhielt es sich mit den Mädchenkämpfen nicht anders: Meist ging's dabei um weit mehr als nur um den Respekt, den man sich durch einen Sieg verschaffen wollte. Die verschiedenen Nebenfrauen eines Mannes kämpften gegeneinander, um ihre Konflikte auszutragen; manche kämpften für eine Nachbarin, die selbst zu schwach war, das Feld zurückzuerobern, das man ihr genommen hatte; einige kämpften gegen die Vertreterin eines rivalisierenden Clans; die allermeisten kämpften um einen Mann. Für Natu ging's um Saba Kana, herausgefordert worden war sie durch Arenja.

Schon vor Wochen hatte sich Arenja in Begleitung einiger Freundinnen zur Hütte von Natus Mutter begeben, um davor zu tanzen und zu singen:

»Die Vagina von Natu ist so klein wie die einer jungen Ziege, sie ist verschlossen wie die einer jungen Ziege, Saba Kana paßt nicht hinein.«

So lang sang und tanzte sie ihre Beleidigungen, bis Natu aus der Hütte trat und die Herausforderung annahm.

Für ihre Kämpfe schmückte sich Natu, wie die Männer es taten, mit Streifen aus Hyänen- und Löwenfell. Vor dem Beginn der Kämpfe betrat sie mit den andern Vertreterinnen ihres Dorfes den Kampfplatz, und sie sangen ihre Frauenlieder, Natu und Arenja gemeinsam.

Niemals hätte Natu gegen sie antreten wollen, niemals. Nun standen sie einander gegenüber, jede das eigne Kleid turbanartig um den Kopf gewickelt. Arenja hatte ein Blatt zwischen den Zähnen, in das sie ihre Unterlippe eingerollt hatte. Beide strecken sie die linke Hand aus, um sich mit den Handflächen zu berühren, gingen im Kreis umeinander herum … und drum herum mucksmäuschenstill das ganze Dorf, das Nachbardorf, das nächste Nachbardorf und das übernächste.

Natu kämpfte immer schnell und wild, sie war berühmt dafür, daß sie Kämpfe mit einem einzigen Schlag entscheiden konnte. Schon beim ersten Angriff trat sie ihrer Freundin in die Vagina, und wie sich Arenja nach vorne krümmte, schlug sie ihr mit einem Haken das Blatt weg, in dem sie ihre Lippe aufgewickelt hatte. Nun hing Arenjas Unterlippe in einem laschen Halbkreis herab und schlenkerte bei jeder Bewegung hin und her. Aber noch floß kein Blut. Mit dem nächsten Schlag fegte ihr Natu den Lederumhang vom Kopf, dabei fielen die sorgfältig aufgerollten und überm Ohr festgeklemmten Ohrläppchen herab. Jetzt sah Arenja ein bißchen lächerlich aus, eher wie eine Frau, die zur Feldarbeit geht als eine Kämpferin, und griff voller Wut an. Natus nächster Schlag streckte sie zu Boden, sie blutete stark aus einer Kopfwunde, der Kampf war beendet.

Natu riß sich, wie bei all ihren früheren Kämpfen, das Kleid vom Kopf und – »*Siro, siro, siro, siro!*« – sang mit dem Publikum das Antilopenlied. Sie tanzte an Bargudu vorbei bis zu Saba Kana, der ihr fortan allein gehörte, und zurück zu Bargudu, um erneut mit einer abfälligen Geste vor aller Augen kundzutun, wie sehr sie ihn verachtete. Im Grunde hatte sie gar nicht um Saba Kana gekämpft, sondern gegen Bargudu. Wie sie ihren Triumph auskostete und auch noch zu ihrem Vater tanzte, ihrer Mutter, ihrem Bruder Badiso und zurück, bekam sie überhaupt nicht mit, daß sich Arenja aufgerappelt hatte, daß sie einige Augenblicke lang, schwer blutend, Natus Siegestanz beobachtete und sich plötzlich von hinten auf sie stürzte. Sie riß Natu um und boxte wild auf sie ein, dann rang sie mit ihr. Als man die beiden auseinandergezerrt hatte, stand sie, kreischend, und hielt ein langes, dünnes Stück Haut und Knorpel in der Hand, offenbar hatte sie es im Handgemenge von Natus Ohr abgerissen. Wenigstens das war ihr gelungen, sie hatte diesem narbenlosen Körper endlich einen Makel zufügen können, einen Makel, einen Makel. Wie zu Beginn des Kampfes standen sich die beiden von Angesicht zu Angesicht gegenüber, nun war's Arenja, die es zwar sah, aber gar nicht mitbekam, daß Natu ihre Linke langsam in Arenjas Richtung streckte. Arenja hielt die Linke mit Natus halbem Ohr hoch überm Kopf, damit es jeder, jeder, jeder sehen konnte. Sie schrie vor Schadenfreude und war eine Sekunde später tot.

Natu hatte ihr einen schrecklichen Schlag auf den Schädel versetzt. Augenblicklich gingen die weiblichen Mitglieder beider Familien aufeinander los, als erstes schlugen sie die Schiedsrichterin zu Boden. Bevor auch die Männer aneinandergeraten konnten, trieb man die Menge mit Schüssen auseinander, »dhos, dhos, dhos, dhos«, und in die Büsche.

Natu war auf dem Kampfplatz stehengeblieben und um sie herum die Hälfte der Zuschauer. »*Siro, siro, siro, siro!*« hob sie erneut an und setzte ihren Antilopentanz dort fort, wo ihn Arenja unterbrochen hatte. Aber keiner der Zuschauer wollte in ihr Lied einfallen, sie sang und tanzte allein.

Es war ihr letzter Kampf mit der *Ula*, danach wollte niemand mehr gegen sie antreten.

*

Natu hielt inne und blickte wortlos in die Ferne, es schien, als ob es dort nichts weiter zu sehen gäbe. Keiner ihrer drei Zuhörer wagte es, sie anzusprechen. Schließlich wandte sich Weraxa an sie, behutsam stellte er eine Frage. Natu – bis gerade eben noch hatte sie sich immer mehr in Rage geredet, nun antwortete sie teilnahmslos in kurzen Worten. Nach ein, zwei Minuten konnte sich Weraxa an Trattner wenden und das Ende ihrer Geschichte erzählen:

Normalerweise hätte zwischen den beiden Familien verhandelt werden müssen, welche Kompensationszahlungen für den Totschlag zu leisten waren. Da Natus Familie sehr reich sei, hätte sich schnell eine Lösung gefunden, anschließend hätten sich die beiden Familien durch die entsprechenden Rituale wieder versöhnt. Doch Arenjas Familie habe eine Versöhnung abgelehnt. Auch der Ältestenrat habe keine Lösung gefunden, mit der Natus Tat hätte gesühnt werden können. Man habe sie in Ruhe gelassen, aber während man bis dahin nur getuschelt habe, wenn sie durchs Dorf ging, habe man jetzt einen Bogen um sie gemacht. Sie sei vierzehn oder fünfzehn gewesen, die Braut eines Mursi und geächtet. Schon allein des Totschlags wegen, erst recht wegen des frevelhaften Tanzes danach. Sogar Bargudu habe sie nicht mehr besucht, ein Leben in Schimpf und Schande und äußerster Armut habe ihr bevorgestanden.

Das ist doch nicht das Ende der Geschichte! dachte Trattner. Aber es war das Ende dessen, was Natu erzählen wollte. Sie erhob sich, schritt zur Tanzfläche, die vollkommen leer war. Nicht nur die drei Musiker, auch alle andern hatten das Restaurant längst verlassen. Bloß der Christbaum blinkerte noch, und der Kellner wartete darauf, das Licht löschen zu können.

»*Siro, siro, siro, siro!*«

Natu sang das Lied der Siegerin. Erst leise, dann immer lauter, bis es ein schauriger Triumphgesang war. Und sie tanzte. Erst schwer und langsam, dann immer flüssiger, bis es ein schrecklicher Trauer- und Totentanz war. Wieder hatte sie ihren Körper in ein unablässiges Gleiten und Schwingen versetzt, mal hielt sie die Arme überm Kopf verschränkt, mal vor den Hüften gekreuzt, mal bewegte sie sich nach links, mal nach rechts, im Grunde tat sie dasselbe wie zuvor. Und doch wirkte es völlig anders. Es war die dunkle Seite des Lebens, die sie tanzte, die Schrecken der Nacht, die nach den Freuden des Tages kommen.

Das vergißt du nie, dachte Trattner. Voller Entsetzen verfolgte er ihre Bewegungen, beim Gedanken, daß er bald neben ihr liegen würde, schauderte ihn. Ja, jetzt wußte er, warum sie so gut tanzen konnte.

Es war nicht das Lied einer Siegerin, das sie tanzte, sondern eine Anklage, eine Verzweiflung, ein letztes Aufbegehren und am Ende ein resigniertes Sichfügen. *Siro, siro, siro, siro …* Es war das Lied einer, die alles verloren hatte.

*

Auch im Schlaf legte Natu ihre *Ula* nicht ab, daran hatte sich Trattner gewöhnt. Heute sah er den Armreif jedoch genau an, als wären daran noch alte Blutspuren auszumachen gewesen. Wie in Trance war ihm Natu aufs Zimmer gefolgt, als ob sie all ihre Kämpfe heut abend noch mal gekämpft und all ihre Lebenskraft aus sich herausgetanzt hätte, erst die helle und dann die dunkle. Wie in der gestrigen Nacht beleuchtete die Laterne draußen Weg und Terrasse, übergoß sie die verstreuten Kleidungsstücke im Zimmer mit einem silbernen Abglanz. Aber draußen wie drinnen sah alles heut fremder und geheimnisvoller aus, am allermeisten Natu. Ihr Körper schimmerte auf dem weißen Bettlaken wie aus Metall gegossen. Trattner sah sie mit andern Augen als in der Nacht zuvor.

Sie hatte ein Menschenleben auf dem Gewissen, war ein Täter. Wenngleich ein Opfer nicht minder. Eine Rebellin, die ein Leben lang gekämpft hatte, gegen Männer, gegen Frauen, gegen ihr Dorf, ihr Volk, die ganze Welt.

Vielleicht war sie die erste in Surma Kibish gewesen, die sich dem Aufschneiden der Lippen verweigert hatte. Die erste, die kein Antilopenkleid anziehen wollte, als sie alt genug gewesen wäre, um in die Klasse der erwachsnen Frauen aufgenommen zu werden. Die erste, die stattdessen bei einem großen weißen Tuch geblieben war, wie sie es schon als Mädchen an den Amharinnen vom Hochland bewundert hatte. Trattner erinnerte sich, daß unter den jungen Frauen in Surma Kibish kaum eine noch einen Lippenteller getragen hatte und immerhin einige ein weißes Tuch wie Natu. Mit ihr hatte all das angefangen, was Bargudu Kummer machte – daß die Suri keine Suri mehr sein wollten, keine echten Suri.

Nun lag sie neben ihm – eine, die ihr Leben der Rache geweiht hatte, nicht der Liebe. Zutrauen mußte man ihr alles.

»Laßt das, was ich gesagt habe, nicht zu Boden fallen!« – mit dieser Bitte hatte sie ihren Lebensbericht beschlossen. Nun, ohne Weraxa als Übersetzer, hätte sie Trattner immerhin noch in Tönen und Lauten weitererzählen können, in Gesten, Gebärden, Gelächter und einigen Schlüsselbegriffen. Nichts von alldem geschah, sie lag auf der Seite, den Kopf in der Hand aufgestützt, und schwieg. Vor allem sah sie ihn an, hellwach und eine andre als gerade eben noch. Wie schnell das bei ihr immer ging! Und sogleich war auch er selbst ein andrer. Hatte ihn je eine Frau so angesehen, so festzuhalten gewußt mit ihrem Blick? Auch er hatte sich so auf die Seite gedreht und den Kopf aufgestützt, zwischen ihnen lag nurmehr die Symmetrieachse. Es gelang ihm, ihrem Blick standzuhalten und dabei jung und gefährlich auszusehen. Jedenfalls empfand er sich so.

Jetzt erst, im schrägen Licht der Laterne, sah er ganz zart die ersten Fältchen auf ihrer Stirn und an den Augenwinkeln, plötzlich erkannte er, daß sie ein feines trauriges Gesicht hatte. Wie sie so dalag und ihn anblickte, durch ihn hindurchblickte, erschien sie ihm fast ein wenig schwermütig. Da griff sie mit ihrer linken nach seiner freien rechten Hand, keinesfalls grob, keinesfalls zögernd, nein! Sondern auf eine feste Weise zart, auf eine zärtliche Weise fest. Und zog seine Hand an ihr linkes Ohr, dorthin, wo's abgerissen war, so daß er mit seinen Fingerspitzen darüberstrich.

Trattner hatte, weiß Gott, schon einiges auf seinem Kerbholz angesammelt. Aber in diesem Moment, da sie seine Hand so führte, daß er mit den Fingerspitzen am Unterrand ihres halben Ohrs hin und her strich, hin und her, wären ihm fast die Tränen gekommen. Sofort war er bereit zu verzeihen, was sie getan hatte und noch getan haben mochte, ja, alles für sie zu geben, was er konnte, er hatte in diesen Sekunden das Gefühl, er müßte sie retten und würde es auch tun. Erst nach einer Weile bemerkte er, daß sie seine Finger längst freigegeben hatte, daß er die ganze Zeit weitergestreichelt hatte über ihr Ohr, über die harte, unregelmäßig gewellte Unterkante ihres halben Ohrs.

Wie er die Hand beschämt sinken ließ, ergriff sie erneut – nicht so sehr seine Hand als die Finger und führte sie zwischen ihre Brüste, legte seine Fingerspitzen auf drei winzige Narben, die ihm bislang entgangen waren: drei kurze Parallelen, die als schmale, schwarzblau schimmernde Wülste wie eine dreifache Trennlinie zwischen den Brüsten verliefen. Es waren Ziernarben – die einzigen, wie er tags drauf erfuhr, die sie sich hatte leisten können. Als er auch diese streichelte, mit Zeige-, Mittel- und Ringfinger gleichzeitig, lächelte sie ihn an.

Oh, da war's wieder, ihr Lächeln, das er so liebte.

Was hast du da gerade gedacht, rügte sich Trattner, als er seine Fingerspitzen endlich von diesen drei Narben lösen konnte, du wirst dich doch nicht etwa in sie –?

Mach jetzt bloß keinen Fehler, ermahnte er sich. Leg jetzt bloß nicht die Hand auf ihren Unterarm! Das gilt in Surma Kibish als Anmache, und als ein weiteres Schwein darfst du ihr nicht kommen. Aber wie zeigst du ihr, daß du sie verehrst?

Verehrst? Oh ja, verehrst, das zumindest könntest du zugeben. Trotz allem und allem verehrst, jawohl, und vielleicht sogar wegen allem und allem.

Wie bitte, was hast du da gerade gedacht?

Trattner wußte nicht weiter.

Aber Natu wußte es.

Vorsichtig strich sie ihm über die kleine Narbe, die quer auf seinem Nasenrücken verlief, unglaublich vorsichtig, hin und her, hin und her, und sagte »*Josephhh...*«. Als ob seine Persönlichkeit für sie ausgerechnet in dieser Narbe saß. Ausgerechnet. Trattner mühte sich, einen verwegnen Gesichtsausdruck aufzusetzen, aber Natu hatte ja längst erkannt, daß man ihm die Nase mit einem Faustschlag gebrochen hatte, und nickte, »*Ayayay*«. Sie wußte, was Wut war, wußte, was ein K.-o.-Schlag war. Plötzlich war Trattner froh, daß er wenigstens diese Narbe vorzuweisen hatte. Erst Narben machten Männer bei den Suri zu Männern, ein Feigling konnte er damit in Natus Augen nicht sein, immerhin.

Schon wieder wußte er nicht weiter.

Schließlich deutete er auf ihre Wunden am Rücken, soweit er das in dieser Position konnte, zeichnete mit gestrecktem Zeigefinger eine Ellipse darüber, und weil er ihr nicht sagen konnte, daß auch all diese Wunden demnächst Narben sein würden, sagte er gleichfalls »*Ayayay*«.

»*Eeh!*« Natu nickte, »*eeh!*«, nickte erneut und, »*ko-ko-ko-ko*«, zeigte mit ihren beiden Händen, wie lang die Narben werden würden. Mit schnellem Schwung drehte sie sich auf den Bauch und legte ihren Kopf auf die gekreuzten Arme, es wirkte fast so, als wollte sie es sich bequem machen und ihn einladen, ihren Rücken in aller Ruhe zu betrachten oder eigentlich die Wunden darin. Sie erschienen ihm, bei Licht betrachtet, deutlich kleiner als im Zwielicht der gestrigen Nacht. Einige hatten sich schon mit einer dünnen Haut geschlossen, dennoch wußte er bei diesem Anblick sofort wieder, warum Natu neben ihm lag. Nein, *lollu* war sie ganz und gar nicht. Er nahm sich ein Herz und strich mit aller ehrfürchtigen Behutsamkeit um den Rand einer Wunde, ganz leicht nur mit der Spitze des Zeigefingers. Die Kerbe im Fleisch an der einen Seite herunter und an der andern hinauf. Weil Natu nichts sagte, fuhr er auf dieselbe Weise um das Wundmal daneben, fuhr herunter, hinauf, seine Hand schwebte überm kaum geschloßnen Fleisch, ohne es zu berühren, und ganz eigentlich, so glaubte er, schwebte sie ja über der unverletzten Haut direkt daneben ... Aber Natu zuckte zusammen und fiepte wie ein kleiner Welpe, unglaublich leise und kläglich, er mußte ihr wehgetan haben. Erschrocken zog er die Hand zurück und brach die Unternehmung ab. Kaum hatte er sich jedoch wieder neben ihr zurechtgefunden, den Kopf in der Linken aufgestützt, so daß er sie zumindest noch betrachten konnte, drehte sie sich ihm wieder zu und strahlte ihn an. Oh ja, strahlte, strahlte, strahlte, als ob sie nichts erzählt hätte heut abend und nichts getanzt und auch jetzt nichts gespürt, am allerwenigsten Schmerz. Wie gern hätte er sie einfach nur in den Arm genommen!

Stattdessen strahlte er zurück.

Aber das war Natu zu wenig. Sie faßte in seine Haare – das hatte sie schon öfter getan, um das Gold darin zu begreifen –, aber nicht etwa, um nur ein bißchen daran zu ziehen, sie packte tüchtig zu und riß daran, erst nach unten und dann in ihre Richtung, es tat richtig weh.

»*Eh, eh, eh, eh!*« protestierte Trattner. Als sie nicht aufhören wollte, versuchte er, sie sanft von sich wegzuschieben, letztendlich mußte er sie mit aller Kraft wegstoßen.

Natu ließ ein kleines Grollen hören, es klang nach einem Erdhörnchen, das man gerade beleidigt hatte. Sowie er's vernahm, wußte Trattner, daß er gerade einen Fehler gemacht hatte. Und wahrscheinlich auch schon zuvor, als er die Hand von ihren Wunden zurückgezogen hatte, sicher sogar.

Bevor Natu einschlief, von einem Moment zum andern, hielt sie ihn noch ein paar Sekunden mit ihrem Blick fest. Oder waren's Minuten? In denen nichts weiter passierte, als daß sie ihn ansah – mit diesem Blick, der immer ein wenig zwischen Melancholie und Ironie changierte, man wußte nicht und wußte umso weniger, je länger man sie betrachtete, ob sie im nächsten Moment bitter werden oder in spöttisches Gelächter ausbrechen würde. Den Blick kannte er schon ganz gut. Aber was am Grund ihrer Augen lag, wußte er weniger denn je.

Dann erlosch das zwiespältige Glimmern darin, Natus Blick wurde leer und glasig, sie hätte eine Antilope sein können oder zumindest ein Antilopenmädchen. Paß auf, sagte sich Trattner, paß auf! Es liegt an diesem verzauberten Licht, es liegt an ihren abrasierten Augenbrauen, es liegt an den ausgerißnen Wimpern, es liegt … immer wieder nur an dir selbst.

Erst jetzt, da sie ihn nicht mehr durch Lächeln und Grimassenschneiden oder durch ihre rätselhafte Traurigkeit in Bann schlug, erst jetzt, da sie reglos neben ihm lag, bemerkte er wieder den herben Geruch, der ihrem Körper entströmte. Er atmete so tief ein, daß er davon berauscht wurde. Noch im Schlaf zog sie die Augenbrauen leicht zusammen, über der Nasenwurzel sah man eine weitere zarte Falte, die vielleicht in wenigen Jahren eine Furche sein würde. Unter den Lidern ruckten die Augen und kamen nicht zur Ruhe.

Natu führte ihre Kämpfe im Traum weiter.

*

Wie sie sich mit einem Seufzer abdrehte, erkannte Trattner ihren Schädel. Oh ja, er erkannte ihn wieder – schon als Schulbub hatte er ihn gesehen. Vor allem den ausladend dekorativen Hinterkopf, der bereits mit dem leicht fliehenden Stirnansatz begann und ein perfektes Oval ergab. In einer Illustrierten, die man im Hause der Zottlers hielt, hatten sie ihn entdeckt, er und der Zottler Schani, auf der Suche nach aussagekräftigen Fotos. Es war eine kolorierte Zeichnung und ganz und gar nicht aussagekräftig in ihrer beider Sinne. Dennoch hatten sie nicht weiterblättern können, schließlich sogar den dazugehörigen Artikel gelesen. Es ging um eine Nofretete-Ausstellung, die berühmte Büste war abgebildet. Daneben die Skizze, jemand hatte versucht, Nofretetes Kopf darzustellen, wie er wohl ohne die sagenhafte blaue Krone ausgesehen hatte.

Es sei nicht gerade das, was sie gesucht hätten, befand der Zottler Schani, aber auf seine Weise aussagekräftiger als alles, was sie bislang gefunden. Man komme da schon auch auf Gedanken, räumte er ein, allerdings auf andre.

Weil er ohnehin eine Flasche aus dem Weinkeller seiner Eltern organisiert hatte, nützten sie die Gelegenheit, sich zu berauschen. Immer wieder versuchten sie, einander zu verdeutlichen, was sie an Nofretete so faszinierte. Letzten Endes mußten sie einsehen, daß sie es nicht in Worte fassen konnten, sie konnten's nur betrachten. Der Zottler Schani riß die Seite aus der Zeitschrift heraus und ließ sie verschwinden. Mußte sie aber gleich wieder herausrücken, weil sich Trattner den Kopf abzeichnen wollte. Es war eine seiner ersten Skizzen, seitdem er sich wie über Nacht zum Künstler berufen fühlte, äußerst mißlungen, nichtsdestoweniger für ihn fortan ein Schatz. Wohingegen der Zottler Schani beim nächsten Treffen mit einigen Büchern aufkreuzte, die ihm sein Vater aus der Nationalbibliothek besorgt hatte, mit weiteren Fotos von Nofretete und von Mumien, die im Profil dieselbe ovale Schädelform zeigten.

Auch für diesen Abend hatte er eine Flasche aus dem elterlichen Weinkeller organisiert. Als sie beide betrunken waren, verkündete er seinen Beschluß, Archäologie zu studieren. Einmal im Leben eine Nofretete ausgraben – ob Trattner dabei sei? Der hatte ja eigentlich andre Ambitionen. Da er aber alles mit dem Zottler Schani gemeinsam machte, seitdem ein steirischer Dorfschullehrer seine Eltern überredet hatte, ihren Sohn aufs Gymnasium zu geben, und ihm auch gleich ein Stipendium im Theresianum besorgt hatte, sagte er zu. Beide waren sie gerade mal fünfzehn, also in einem Alter, da man so langsam anfing, zum Größenwahn zu neigen. Die Begeisterung nicht nur für aussagekräftige Fotos, sondern auch für spektakuläre Funde, vornehmlich aus dem Vorderen Orient und Nordafrika, hielt bei ihnen beiden tatsächlich bis zur Matura an, wenngleich sie der Zottler Schani eher durch Recherche auslebte und Trattner durch Abzeichnen.

Aber auch er nahm zum Wintersemester 92/93, wie verabredet, ein Studium der Klassischen Archäologie an der Uni Wien auf. Um's abschließen zu können, hätte ihm nicht der Wein in die Quere kommen dürfen und kurz drauf auch noch der Schaumstoff. Denn von der Idee, zu Höherem berufen zu sein, hatte Trattner trotz des Studiums nie abgelassen. Die Sinnhaftigkeit eines bürgerlichen Berufes wollte sich ihm bald umso weniger erschließen, als ihm der frei florierende Unsinn, den er mit Hilfe von Wein und Schaumstoff in die Welt setzte, auf der Stelle Anerkennung, Spaß und sogar ein bißchen Geld einbrachte.

Als er mit einigen aufsehenerregenden Wein-Besprenkelungen großer Pergamentblätter und bald auch nackter Körper zum »Nitsch ohne Blut und Geschrei« avancierte, war er plötzlich ein Geheimtip in der Kunstszene. Was aus reinem Übermut begonnen, schien plötzlich eine echte Alternative und wurde von ihm nicht mehr nur mit Heiterkeit garniert, sondern mit Tiefgründigem. Weil er aber auch das Tiefernste auf witzige Weise anklingen ließ, wußte man nie, ob seine Aktionen ein spielerischer Ernst waren oder ein ernstes Spiel. Bald galt er nicht mehr nur als schriller Außenseiter, sondern als verkanntes Genie.

Da gab's kein Halten mehr. Trattner legte mit seinen Schaumstoffsofas spektakulär nach. Nicht zuletzt, weil's auch immer darum ging, die Aktion vor dem Auftauchen der Polizei durchgezogen und den Aktionsalkohol gemeinsam weggesoffen zu haben, war er jetzt in Wien weltberühmt. Der Trick war, den Durst mit einer Haltung zu verbinden. Nie saß man nur einfach auf dem Sofa und ließ es sich gutgehen, man trank gegen den Klimawandel oder für Migration, und Trattner sorgte dafür, das Ganze mit künstlerischer Bedeutung aufzurüschen: das Sofa als textiles Bodenobjekt mit szenischer Interpretation durch die Schwarmintelligenz, das Sofa als vieldeutiges, assoziatives Narrativ, das Sofa als Schnittpunkt der offnen Gesellschaft ... Noch immer war Trattner ein begnadeter Lallbär, und noch immer wußte man nicht, ob er's ernst meinte oder nicht – das war's ja gerade, das war's!

Und schon begann er mit seinen Sofafahrten in die verschiedensten europäischen Metropolen. War zu Beginn seiner Karriere noch der Zottler Schani sein Assistent gewesen, der jeden ungeniert ansprach, wenn er sich an Trattners Schaumstoffspektakel vorbeidrücken wollte, so fanden sich nun überall in Europa Künstler und andre regionale Berühmtheiten, mit deren Hilfe die immergleichen rosaroten Sofas an auratischen Orten auftauchten. Vorbeiflanierende lud Trattner in allen möglichen Sprachen – die er gar nicht beherrschte, sondern nur in Sound und Rhythmus zu imitieren wußte – zum Sofatratsch, zufällig anwesende Straßenmusiker zum Konzert. Je toller er's mit dem Schaumstoff trieb, desto bedeutender wurde sein Name selbst in Kennerkreisen. Gegenüber der regionalen Presse sprach er gern davon, daß er mit seinen Aktionen die Kunst ins Leben zurückbringe, sprach von interkulturellen Happenings und daß er all das bloß inszeniere, um das Sofa mitsamt den darin eingeschriebnen Geschichten schlußendlich der Stadt zu »vermachen«. De facto entsorgte er's nächtlings an möglichst markanter Stelle. Auch als Künstler war er vor allem Hallodri. Zu dieser Zeit war's längst vorbei mit dem Studieren. Wenngleich Trattner noch viele Jahre inskribiert blieb, um sich als Billigesser in der Mensa zu versorgen.

Es war Lena gewesen, die seiner Karriere ein abruptes Ende verpaßte. Mit Hilfe eines Gönners – eines der Winzer, die er vor Jahren mit Weinsprenkeletiketten berühmt gemacht – hatte er einen riesigen Schaumstoffwürfel, drei mal drei mal drei Meter, mitten in einem Weinberg nahe der tschechischen Grenze verzurrt und zu zehnt im Rahmen eines ersten Happenings mit bloßen Händen ausgehöhlt: Dekonstruktion eines technischen Objekts, Revolte gegen die Vierkantmentalität, Widerstand gegen die Maßregelung der Natur zur Kulturlandschaft ... Am Abend der Vernissage bat er ein paar Jazzmusiker zum Konzert in die Höhlung, es wurde eine richtige Sause, wie man sie von seinen Aktionen erwarten durfte, und am nächsten Tag erklärte ihm Lena: Das sei ein Riesenscheiß gewesen, der Würfel im Weinberg, aber auch schon der ganze andre Schaumstoffschmarrn. Nur am Anfang, als es um den bloßen Schmäh gegangen war, sei's ehrlich gewesen. Es sei höchste Zeit für ihn, wesentlich zu werden.

Trattner war zutiefst gekränkt. Denn Lena hatte recht. Er selbst war zwar immer von seiner künstlerischen Mission überzeugt gewesen, aber schon lang nicht mehr von den Ergebnissen, die dabei entstanden. Auch in seinen Augen waren sie nur noch Schischi. Er mußte wesentlich werden. Lena verstand darunter eine Ermannung zum bürgerlichen Leben einschließlich eines bürgerlichen Berufs. Nun gut, beide hatten sie über die Jahre immer arg improvisieren müssen, Lena als Hiwi bei den Germanisten, Trattner als Hausmann. Von seiner künstlerischen Berufung hatte er nicht leben können, die Leute wollten keines seiner Werke kaufen, weil sie – wie es Trattner formulierte – Angst vor Schaumstoff hatten. Der Zottler Schani, der eine steile Karriere an der Uni machte, hatte seinen Freund seit Jahren regelmäßig mit kleineren Grabungsprojekten über Wasser gehalten. Fortan nannte er ihn bei einigen seiner Publikationen als Co-Autor, stellte ihm die fehlenden Scheine für Seminare und Praktika aus und sorgte für einen äußerst verschwiegen dokumentierten Studienabschluß.

Trattner, der Sohn eines Hilfsmonteurs und einer Bauerntochter, ließ sich nun nicht mehr nur von der Mariola im *Café Zartl* als Herr Magister anreden. Auch bei der Zottlerei wurde er fortan mit Titel geführt, was in Wien manche Tür öffnete und die Zuteilung von Geldern und Grabungsaufträgen beförderte.

Natürlich durchschaute Lena die ganze Farce, aber natürlich war sie auch lieber mit einem Herrn Magister zusammen als mit einem mäßig erfolgreichen Künstler. Und immerhin ein passabler Grabungsleiter wurde Trattner im Lauf der Jahre doch noch oder eigentlich sogar ein recht genialischer. Denn all das, was er als Performer erprobt hatte, brachte er mit seinen libyschen, tunesischen oder äthiopischen Hilfskräften zur Meisterschaft: die Grabung als Installation, das Auffinden von Kostbarkeiten als Performance, die immer mal wieder direkt in den Schwarzmarkt hineinspielte und dort für angemeßne Resonanz sorgte.

Seine einheimischen Arbeiter liebten ihn dafür. Die einheimischen Mädchen nicht minder. Schon während seiner Beziehung mit Lena war er zunehmend wieder seinem alten Lebensstil verfallen, als Künstler hatte er sich dazu geradezu verpflichtet gefühlt. Die einfachen Wege waren ihm die schwierigsten, die krummen fielen ihm leichter. Sein Erfolg bei den Frauen lag vor allem daran, daß er offen als Weiberer auftrat. Er machte kein Hehl daraus, daß er ein Macho war – obwohl er ihn eigentlich nur spielte. Gegenüber dem Zottler Schani schilderte er sich gern als einen Getriebenen, der sich der immer neuen Verlockungen nur dadurch zu entledigen wußte, indem er ihnen so ausgiebig erlag, bis es keine Verlockungen mehr waren.

Auch in Aksum war er überall gut dabei und selten einsam. Lena hatte ihn im Lauf ihrer zunehmenden Selbstverwirklichung immer öfter ab- und schließlich ganz zurückgewiesen, da hatte er doch allen Grund, sich als Mann nicht zu verstecken. Den Macho zu spielen, jedenfalls als Sprücheklopfer, war Trattner immer leichtgefallen. Einer zu sein, war ihm dagegen nie gelungen – nicht mal in den arabischen Ländern, in die ihn die Zottlerei entsandt hatte, nicht mal in Äthiopien. Um nicht unterzugehen, vor allem den andern Männern gegenüber, spielte er den *Ober*macho. Seinen Wiener Humor verstand hier niemand, seine Fähigkeit, alles mittels ausgiebigem Gebrauch des Konjunktivs und verschachtelter Nebensätze aufzubauschen und gleich anschließend mit denselben Mitteln zu beschwichtigen.

Trattner wurde auch in dieser Hinsicht wesentlich. Nein, er war kein Guter, war nie einer gewesen und in Aksum am allerwenigsten. Auch hier blieb er bekennender Hallodri, war bald im *Daddy Club* und andern einschlägigen Örtlichkeiten bestens bekannt. Tagsüber waren's Cafés, in denen sich sogar Touristengruppen niederließen, abends verwandelten sie sich in Bars, in die sich nurmehr Einheimische trauten. Als Weißer aus dem Westen hatte man dort allerbeste Chancen, wenn nicht bei den Tigrayerinnen, die sich einfanden, um ihr Cola mit Freundinnen zu trinken, so immerhin bei den Mädchen, die bedienten und meist illegal aus Somalia herübergekommen waren oder aus dem Sudan oder sonstwoher. Trattner ließ es nicht selten krachen. Wobei's ihm um die Mädchen als solche gar nicht ging, sie waren wenig mehr als wechselnde Dekorationen seiner Langeweile, seines Überdrusses und zunehmend auch seiner Einsamkeit. Man mußte sich am andern Morgen sofort von ihnen trennen, auf daß sie gar nicht erst anfangen konnten, sich heimisch zu fühlen, sofort und auf der Stelle, sonst bekam man nur Scherereien. Manchmal warf er sie noch in der Nacht aus seiner Wohnung, wenn sie sich zu offensichtlich als seine neue Freundin und Hausherrin aufspielten und anfingen, Pläne zu schmieden.

Trattner fühlte sich kein bißchen schuldig, so hielten's alle, mit denen er sich in Aksum oder sonstwo in Afrika dazu ausgetauscht hatte. Aber nach der Sache mit Lena – er hatte sich diese Formulierung zu eigen gemacht, um den Schmerz der Details im Abstraktum zu bannen – war all das, was er bis dahin wo auch immer mit wem auch immer getan oder unterlassen hatte, zu ihm zurückgekommen, sein ganzes bisheriges Leben, innerhalb weniger Wochen war er völlig auf den Hund gekommen. Gab's etwas Erbärmlicheres als einen erschöpften Schlawiner? Tatsächlich hatte er sogar den Gedanken erwogen, sich nach Beendigung des Aksumer Grabungsprojekts direkt vom Judith-Stelenfeld in irgendeine waldviertlerische Einsamkeit zurückzuziehen, um sich zu reinigen von all dem, was er getan hatte. Oder, im Gegenteil, sich eine schwere körperliche Arbeit zu suchen, so daß er abends glcich ins Bett fallen und nicht länger die Kraft haben würde, sich Vorwürfe zu machen.

Aber auch damit war jetzt Schluß. Schon seit Beginn der Reise, und seitdem Natu zugestiegen war erst recht. In aller Unschuld lag sie neben ihm und hatte mit ihrer Gegenwart alles, was sein bisheriges Leben war, zur Vergangenheit gemacht. Sie atmete ruhig, die Nacktheit ihres Schädels wurde betont durch die kunstvoll ausgeschornen Ornamente aus Haar, Trattner kannte sie auswendig. Sie war ein Kunstwerk, obwohl sie eigentlich das Gegenteil eines Kunstwerks war. Alles an ihr erschien ihm mit einem Mal so verwirrend, daß es wieder ganz einfach war, man mußte es nur akzeptieren. Mußte einsehen, daß man's nicht in Worte fassen konnte, man konnte es nur betrachten. Im Halbdunkel tastete er nach seinem Skizzenbuch und versuchte Natus Kopf zu zeichnen.

Es war eine seiner ersten Skizzen, nachdem ihm Lena die Weinkleckserei und den Schaumstoffschmu und auch alles andre verleidet hatte, äußerst mißlungen, nichtsdestoweniger fortan für ihn ein Schatz.

*

Mitten in der Nacht war wieder ein gewaltiger Regen aufs Wellblechdach geprasselt, herrlich und heimelig, alsbald war kühle Luft ins Zimmer gekommen. Natu hatte schlaftrunken ihre Decke geholt und – Trattner lag hellwach – auch über ihm ausgebreitet.

Als er sich um sieben auf der Terrasse des Restaurants einfand, hatte sie ihr zweites Glas Milch schon fast ausgetrunken. Nebenbei fütterte sie Weraxa, schon beim Frühstück. Auch Mulugeta bekam den einen oder andern Bissen in den Mund geschoben. Der Regen hatte nachgelassen, überall sah man Rinnsale auf der roten Erde, die gesamte Anlage der *Turmi Lodge* strahlte eine stille Melancholie aus. Unter den Vordächern der verstreut liegenden Gebäude warteten Männer in Liegestühlen oder auf hölzernen Hockern, warteten darauf, daß der Regen vollends aufhören und der Tag erneut anfangen, vielleicht auch schon darauf, daß er zu Ende gehen würde. Man hörte ein erstes Vogelpiepen.

Natu winkte ihm beiläufig zu wie einem entfernten Bekannten. Als hätten sie sich nicht noch vor wenigen Stunden ihre Narben gezeigt. Jeden Tag fing man mit ihr wieder bei null an, das hatte Trattner begriffen. Sie lebte weit mehr in der Gegenwart, als er's selbst an seinen besten Tagen vermocht hatte.

»Alles gut?« begrüßte ihn Weraxa, und als ihm Trattner nur schweigend Hemd und Hose zurückgab, die er gestern von ihm geliehen bekommen, fragte auch Mulugeta: »Alles gut, Joe?«

Beide klangen sie heute keineswegs lüstern.

»Alles gut«, winkte Trattner ab.

Am Frühstücksbuffet gab's das Brot vom Vortag, den Rest der Dosenananas vom Abendessen und ein Sortiment abgepackter Marmeladen. Trattner stand etwas ratlos vor dem Angebot. Auch heute schenkte ihm der Mann hinterm Buffet die Kaffeetasse so voll, daß sie überlief, erst dann war er's zufrieden. Als Trattner zum Tisch zurückkam, rückte ihm Weraxa den Stuhl zurecht, und Mulugeta schob ihm eine Papierserviette zu, damit er den übergeschwappten Kaffee aus der Untertasse wischen konnte.

Weraxa schmollte nicht mehr. Im Gegenteil, nachdem der Kellner Trattner versichert hatte, daß es keinen Honig gebe, ging er selber in die Küche, um dort nach Honig zu suchen. Stolz kam er mit einem Glas zurück, dazu ein weiteres Glas mit Erdnußbutter. Er wirkte so, als hätte er sich Sorgen um Trattner gemacht und wollte ihm eine Freude bereiten.

»*Problem?*« fragte er nach einer Weile, ohne jeden lauernden, schadenfrohen Unterton. Er lächelte sein Weraxalächeln, bei dem man nie wußte, woran man war und ob's überhaupt etwas zu belächeln gab. In diesem Moment fiel Trattner auf, daß er auf dieselbe rätselhafte Weise lächelte wie Natu, nur weniger flüchtig.

»*Problem finished*«, hörte er sich sagen.

»*Problem finished?*« Weraxa war sichtlich überrascht, er konnt's nicht fassen, klatschte ihm schließlich halbherzig die Hand auf die Schulter und bekundete Erleichterung, dann sei ja wirklich alles gut. Mulugeta tätschelte ihm die andre Schulter, er gratuliere.

»Danke«, hörte sich Trattner sagen, auf Deutsch, und noch einmal, leiser, »danke«. Er hatte keine Ahnung, was die beiden vermutet und wie sie seine Antwort verstanden hatten. Nun gab's kein Halten mehr.

Wie es denn gewesen sei, wollte Mulugeta wissen.

Oh, hörte sich Trattner sagen, oh.

»Verstehe«, sagte Weraxa. »*La-la-la-la-la-la!*«

»*Ayayay*«, beschwichtigte Trattner.

»*Hash-hash!*« illustrierte Mulugeta. »*Bho-bho-bho-bho-kong-kong!*«

»*Eh, eh, eh, eh!*« mahnte Natu zur Ruhe, Weraxa und Mulugeta waren sofort still. Beide wirkten auf befremdliche Weise erleichtert, wer weiß, worüber. Trattner war immer wieder erstaunt, wie viel man mit Hilfe einer Handvoll Worte mitteilen konnte und wie wenig man am Ende verstanden hatte. Aber vielleicht kam's aufs Verstehen nicht an.

So seltsam brach er an, der Tag, an dem Bargudus langer Schatten auf sie fallen würde. Aber das konnten sie so früh am Morgen natürlich noch nicht wissen.

*

Heute würden sie Touristen besichtigen, hatte Weraxa angekündigt. Ihr Ziel war Dimeka, eine Ansammlung von hundert oder zweihundert Häusern, an einem Fluß gelegen, dessen Ufer in wenigen Stunden Schauplatz der größten Touristenattraktion im Süden werden würde: des Bullensprungs, entscheidender

Initiationsritus beim Volk der Hamar für jeden Jungen an der Schwelle zum Mannesalter. Kurz vor Dimeka wollte Weraxa einen Zwischenstopp in einem Dorf der Hamar einlegen, sozusagen als Einführung. Der Weg dorthin führte durch eine Ebene, die nur aus roter Erde zu bestehen schien und, weit verstreut, den üblichen Büschen und Bäumen.

Sie saßen im Wagen verteilt wie in den Tagen zuvor, Trattner hinter Mulugeta auf der Rückbank – und neben Natu, die ihren Platz hinter Weraxa hatte. Die *Ula* an ihrem Handgelenk wirkte wieder wie ein mächtiger Schmuck und weniger wie eine Waffe. Daß man damit töten konnte, war schier unvorstellbar. Dennoch wagte es keiner, eine Unterhaltung anzufangen, schon gar nicht über das, was Natu gestern erzählt hatte. Kein einziges Tiergeräusch, keine einzige überflüssige Bemerkung.

Als das Dorf der Hamar schon vor ihnen auftauchte, gab Weraxa schnell noch ein paar Erklärungen, anschließend auch für Natu auf Suri. Immerhin galten ihr die Hamar nicht als Feinde, auch wenn sie nur Abstoßendes über sie beizutragen wußte: Sie betreiben Inzucht; sofern bei einem Kind die oberen Schneidezähne zuerst kämen, werde es getötet. Hatte sie dasselbe nicht auch schon von den Nyangatom behauptet? Oder von den Karo? Ihre Urteile über Nachbarvölker bezogen sich auf eine längst vergangene Zeit, auf eine Welt, die gerade noch als Kulisse bewirtschaftet wurde, aber schon morgen versunken sein würde. Dennoch führte jeder Umweg zu einem andern Volk immer auch ein Stück Wegs zu ihr. Was Trattner dort zu sehen bekam, mochte auch bei den Suri so oder ähnlich gewesen sein. Verstohlen musterte er Natu von der Seite. Auch heute war sie – abgesehen davon, was sie sonst noch alles für ihn war – ein Kunstwerk, das man immer wieder wie neu betrachten konnte. Allein das zur Hälfte abgerißne Ohr paßte nicht dazu, es jetzt zu betrachten, tat ihm richtig weh.

Der große, schlanke Herr, der sie am Eingang des Dorfes erwartete, hätte auch gut und gern eine Aktentasche oder, untern Arm geklemmt, eine Zeitung tragen können, war jedoch »ein echter Hamar«, wie er gleich versicherte. Er hieß Gech und sagte fast jeden Satz mit Verspätung, er stotterte. Daß Natu eine Suri war, erkannte er nicht, er hielt sie für eine Mursi. Und entschuldigte seinen Irrtum damit, daß er in Jinka lebe und nur als Fremdenführer arbeite. Natu hatte nichts verstanden und kurz vor Gech ausgespuckt, dann war sie, wie es ihre Art war, alleine in das Dorf hineinspaziert. Sämtliche Kinder liefen ihr entgegen, um sie aus sicherer Entfernung zu betrachten. Ein Teil von ihnen folgte ihr, einen gewissen Abstand wahrend und ohne jeden Zuruf.

Gech stammelte eine Entschuldigung, die vielleicht dem Verhalten der Kinder gelten sollte, Weraxa winkte ab. Er hatte Gech gebucht und stellte ihm ununterbrochen Fragen, um ihm Gelegenheit zu geben, sein Wissen vor Trattner zu entfalten. Als Gech den Rundgang durchs Dorf endlich beginnen wollte, entschuldigte sich Weraxa, er müsse sich in Dimeka erkundigen, wo genau der Bullensprung heute stattfinden werde.

Das Dorf war eine Ansammlung von Hütten, aus stangenartig dünnen Baumstämmen gebaut und mit Gras gedeckt, der Schutzwall drum herum aus den gleichen dünnen Baumstämmen, die gesamte Fläche darinnen so sauber, als wäre sie heut morgen erst gefegt worden. Einige der Bewohner – es sollten ihrer an die vierhundert sein – hatten sich, farbfroh ausstaffiert, zwischen den Hütten plaziert, von fern meckerten dazu ein paar Ziegen. Trattner hatte das Gefühl, in einem weiteren Freilichtmuseum gelandet zu sein, noch dazu, weil er keine einzige Kalaschnikow entdecken konnte. Wo es bei den Dassanetch fast schon trostlos ausgesehen hatte, wirkte hier alles auf eine angenehme Weise pittoresk arrangiert, die Hamar hatten offensichtlich mehr Erfahrung mit Tourismus. Am liebsten wäre Trattner einfach nur wie Natu durchs Dorf gelaufen, ohne Gechs Erklärungen, und hätte die Sache schnell hinter sich gebracht.

Aber nein, Gech wollte ihm zeigen, wie sich einige der Männer die Hinterköpfe mit Hauben aus getrocknetem Ton verziert hatten. Die Hauben waren mit bunten Mustern bemalt und mit verschiedenartigen Federn geschmückt. Trattner war in Sachen Hinterkopf Purist und empfand die Tonhauben als etwas geckenhaft, wenngleich es sich, das war klar, nicht um bloßen Kopfschmuck handeln konnte.

Ob man eine Tonhaube als Auszeichnung verpaßt bekomme, wenn man einen Feind getötet habe? Oder deren mehrere?

Dann sei's ja ein Mord, versetzte Gech, derlei werde in Äthiopien bestraft und nicht etwa ausgezeichnet. Er machte Trattner auf einen Mann aufmerksam, dessen Tonhaube in der vorderen Hälfte rot angestrichen war: Der hier zum Beispiel habe einen Schakal erlegt.

Es waren, sozusagen, nur Jagdtrophäen? Oder fühlte sich Gech verpflichtet, sein Volk möglichst positiv darzustellen und ihm die Wahrheit zu verschweigen? Abgesehen von ihrem Kopfschmuck hatten sich die Männer mit breiten Schmuckbändern und Halsketten angetan. Dazu trugen sie westliche Kleidung, etwa ein ärmelloses T-Shirt oder ein blauweiß kariertes Hemd, natürlich offen, und knielange Shorts oder Tücher, sie sahen verwegen und lässig aus – und nahmen Trattner kaum zur Kenntnis. Mochten sie auch keine Kalaschnikows mit sich führen, sie waren echte Krieger, man sah's. Jeder hatte seinen winzigen Schemel am langen Arm und vier große Ringe im Ohrläppchen. Die Löcher dafür waren so groß, als wären sie mit einem Bürolocher gestanzt worden.

Ob die Narben, die man auf der Brust mancher Männer sehe, die Strichliste seiner getöteten Feinde sei?

»Aber ich bitte Sie!« empörte sich Gech, »solche Tätowierungen sind seit Jahren verboten, dafür würde man ins Gefängnis kommen!«

Die Narben, die Trattner auf Brust und Armen der Männer sah, waren dicke Wülste, beeindruckend.

Ausschließlich Ziernarben, versicherte Gech. Und außerdem, Trattner solle doch mal genau hinschauen, die meisten seien ja gar keine Striche, sondern Ovale.

»Trinken sie wenigstens Blut?« wollte Trattner wissen.

»Allerdings!«

Aha! Jetzt hatte er Gech überrumpelt, und der hatte ausnahmsweise mal die Wahrheit gesagt. »Aus dem Hals eines Rindes?«

»Woraus sonst.« Gech war wieder ganz die stotternde Ruhe selbst. »Aber mal ehrlich«, fügte er nach einer Pause an und grinste verschmitzt, »in der Regel trinken wir eine Art Kaffee. Unsre Frauen kochen ihn aus den Schalen der Kaffeebohnen.«

Unsre Frauen ... Im Gegensatz zu den Männern waren sie noch traditionell gekleidet – oder vielmehr, wie es Trattner empfand, sie waren gut verkleidet. Sie präsentierten sich in Ziegenfellschürzen und breiten Lederbändern, die ihnen, neben zahlreichen weiteren Halsketten, über Schultern, Nacken und Dekolleté liefen und mit Kaurimuscheln reich geschmückt waren. Auch die Frauen hatten sich – wie die der Karo – ihre Haare mit Hilfe von Butter und rotem Lehm zu dünnen Wülsten gerollt. Ihr habt euch prächtig rausgeputzt, dachte Trattner, ihr wißt genau, was Touristen von euch sehen wollen. Sofern ihr die Haare länger tragt, seht ihr von hinten aus wie 'n Mopp. Als Gech auf eine der Frauen wies, die zusätzlich zu ihren Plastikperlenketten zwei schwere Eisenringe um den Hals trug, und langatmig erklärte, daß sie den einen trage, weil sie verheiratet, den zweiten, weil sie die Hauptfrau sei, der Griff daran stelle einen Phallus dar –, fragte Trattner recht unvermittelt nach dem Brautpreis, der für sie gezahlt worden.

Fünfzehn Ziegen und Honig, antwortete Gech, nachdem er die Frau gefragt hatte. Sie sei erst zehn gewesen, als man sie verheiratet habe.

Das erscheine ihm als Brautpreis aber arg niedrig, zweifelte Trattner. Gech fragte erneut nach und nannte zwanzig Rinder.

Immer noch zu niedrig, versetzte Trattner.

»Sind Sie der Brautvater?« fragte Gech ein wenig pikiert. »Oder warum wollen Sie die Frau mit mir verhandeln?« Trattner wußte es selber nicht. Eigentlich hatte Weraxa damit angefangen, als sie bei den Karo waren, da hatte er sich schon ein wenig gewundert. Aber seitdem Natu gestern abend von ihrem Leben erzählt hatte, in dem's an den entscheidenden Stellen ja auch immer um Brautwerbung und Brautpreis ging, war er anscheinend selber mit dem Thema beschäftigt.

»Nun?« setzte Gech nach. Und weil Trattner immer noch nicht antwortete: »Nennen Sie mir doch einfach Ihren Preis, dann spare ich mir weitere Nachfragen.«

»Nicht mal 'ne Kalaschnikow obendrauf?« Trattner war an dem gefährlichsten Punkt jeder Reise angekommen, an dem man glaubt, sich auszukennen, wenn nicht gar, manches besser von einem Land begriffen zu haben als die Einheimischen. »Überhaupt, wo habt ihr denn eure Gewehre versteckt?«

»Wozu sollten wir sie denn brauchen?« wunderte sich Gech.

»Na ja, der Krieg kommt doch auch zu euch«, belehrte ihn Trattner. Eigentlich sei er ja längst da, schon immer da, im Omo-Tal herrsche doch sowieso permanent Krieg.

Nun war Gech wirklich verärgert: Ob Trattner vielleicht aufgefallen sei, daß er auf dem Weg hierher keine einzige Straßensperre passiert habe? Die Hamar seien mittlerweile alle Christen und entsprechend friedlich.

Erzähl mir jetzt bloß nicht, sagte sich Trattner, daß euer einziger Feind die Regierung in Addis ist! Aber da stachen ihm drei junge Mädchen ins Auge, sie trugen ihre Haare in zahlreichen dünnen Zöpfchen, eng am Kopf geflochten und nach vorne offen als Pony, mit mehreren bunten Plastikklammern zusammengehalten. Alle drei berührten sie einander ständig irgendwo an den Hüften, den Armen, den Schultern, die Älteste hielt ihr Handy in der freien Hand und tippte mit dem Daumen Textnachrichten.

Trattner fragte Gech, ob sie beschnitten seien.

Aber nein! entrüstete sich Gech, auch das sei verboten.

Seit wann sich die Hamar denn an Verbote hielten? Verbote, die irgendwo im Hochland, weit weg von hier, erlassen wurden?

Da wurde Gech ungehaltner und fragte Trattner, warum er laufend so absonderliche Fragen stelle. Aber ehe Trattner hätte antworten können, rief er den Mädchen etwas zu, sie schienen ihn nicht zu verstehen. Nein, wandte er sich wieder an Trattner, sie seien nicht beschnitten.

Aber sie hätten doch gar nicht geantwortet, widersprach Trattner.

Eben! Gech stotterte eine Weile ins Leere, dann versetzte er entschlossen: Sie hätten nicht mal seine Frage verstanden, auch das sei eine Antwort. Und nach einer Pause: Nur bei den Dassanetch, soviel er wisse, würden die Mädchen heute noch beschnitten. Und, wahrscheinlich, auch bei den Mursi.

Trattner glaubte ihm kein Wort. Vor allem ärgerte ihn, daß sich aus Gechs Auskünften keinerlei Schlüsse ziehen ließen, wie man bei den Suri mit Mädchen verfuhr. Da drehten sich die drei Mädchen ab, und man sah auf dem Rücken der Ältesten zwei kaum verheilte Wunden, helle Streifen, schräg von der Schulter bis zum Rückgrat verlaufend.

Jede Narbe eine Trophäe, kam Gech einer Frage zuvor. Als er merkte, daß Trattner endlich seinen Mund hielt, fügte er großzügig hinzu: »Ja, die Frauen werden bei uns ausgepeitscht, falls Sie das fragen wollten, auch heute noch.« Und weil Trattner immer noch schwieg: »Sie werden's ja bald mit eignen Augen sehen.«

»Die Wahrheit liegt unterm Authentischen verborgen«, sagte Trattner plötzlich halblaut vor sich hin, aber da saß er längst wieder auf der Rückbank von Mulugetas kleinem Haus. Das einzig Echte, das er hier gesehen hatte, war Gech gewesen. Nun! Die Narben, die Narben, die Narben. Die natürlich auch.

*

Um halb zwölf kamen sie in Dimeka an. Weraxa ging sofort wieder los, weil er noch immer nicht genau wußte, wo der Bullensprung stattfinden sollte. Mulugeta ließ seine Rückenlehne herunterfahren, um zu schlafen, und auch Natu blieb im Wagen und streckte sich auf der Rückbank aus.

Anfangs war nur eine Kuh, muhend, mit Trattner auf der Schlammstraße unterwegs, die durchs Dorf führte. Die Häuser, aus Lehm, Holz, Schilf und Wellblech gebaut, waren in gelben und grünen Streifen bemalt oder in Schwimmbadblau. Einige hatten Satellitenschüsseln auf dem Dach, und immer mal wieder standen Plastikhocker davor, wie sie überall in Äthiopien herumstanden. Rotblühende Büsche ließen ihre Zweige üppig über eine blaugestrichne Wellblechwand hängen. Davor saßen zwei alte, dicke Hamar-Frauen halbnackt am Straßenrand und boten Milch in Mineralwasserflaschen an. Danach eine mannshohe Lehmmauer, die mit Fotos von Fußballspielern behängt war *(Hammeraw Soccer)*, wenig später eine Kreuzung, auf der ein alter Bus wendete, während gleichzeitig eine Ziegenherde passierte. Ein Polizist im gelben Hemd beobachtete die Szene aufmerksam, er wollte von Trattner wissen, was er da gerade aufgeschrieben habe. Trattner zeigte ihm sein Skizzenbuch, der Polizist hatte am Ärmel seines Hemds ein Abzeichen aufgenäht, in dem *South Police* stand.

Auf dem Rückweg entdeckte Trattner ein Café, vor dem ein violettblühender Baum stand, darunter eine Bank. Das Kaffeemädchen, eine Amharin, lud Trattner freundlich ein, Platz zu nehmen. Sobald er auf der Bank unterm Baum saß, fand er Dimeka wunderbar. Direkt neben dem Café, mitten im Dreck, saß eine Hamar-Frau und bot Eier zum Verkauf, dabei fädelte sie bunte Plastikperlen auf einen Bindfaden. Alle Frauen, die an ihr vorbeigingen, waren mindestens so dick wie sie, es fiel richtig auf, wenn man aus Surma Kibish kam. Eine war mit einem gelben T-Shirt bespannt, auf der Brust stand *Sunday*. Dann kam eine weitere Hamar-Frau, die kurz mit der Eierverkäuferin plauderte. Sie trug einen knielangen Rock und ein bis zum Brustansatz aufgerolltes T-Shirt mit chinesischen Schriftzeichen, es wirkte wie ein BH. Nachdem sie ihren Weg fortgesetzt hatte, sah man sie von hinten, ihr T-Shirt war auch am Rücken hochgerollt und mit Hilfe einer Schnur so zusammengebunden, daß der Nacken gleichfalls freigelegt war. Alles, was man auf diese Weise von ihrem Rücken dargeboten bekam, war mit Narben übersät, nein, nicht eigentlich übersät, sondern so regelmäßig von parallel verlaufenden Narben gezeichnet, daß er wie schraffiert wirkte. Schnell bezahlte Trattner seinen Kaffee und ging der Frau hinterher. Immer wieder zählte er ihre Narben, jedesmal kam er auf ein andres Ergebnis – fünfzehn, zwanzig, achtzehn Narben, die bis zu zwei Fingerbreit waren und dick aus dem ansonsten glatt gewölbten Rücken hervortraten. Alle liefen sie von den Schultern mehr oder weniger schräg zum Rückgrat.

Vor einem Laden blieb er endlich stehen und ließ die Frau ziehen. Der Laden hatte nur drei Wände, die Verkäuferin saß auf dem Boden und verkaufte eine Matratze, einen Schulrucksack, Silvesterdeko, T-Shirts, einen Gartenschlauch, ein Minikleid in Leopardenprint und jede Menge Plastikschlappen. Hinter dem Laden ragte ein Handymast in die Höhe, die Frau blickte Trattner fragend an, Trattner wußte nicht weiter. Neben ihm stand plötzlich ein Hund und war ganz still, ein zweiter kam dazu, ebenfalls still. Schließlich tauchte ein Polizist auf, er war durchgehend blauuniformiert, und wollte wissen, ob Trattner Amerikaner sei. Auf seinem Oberarm stand das Wort *Police*, ohne *South* oder sonstige Ergänzung. Am Ende war Trattner froh, daß er das Restaurant wiederfand, vor dem der *Nissan Patrol* parkte. An einem der Tische, die draußen aufgebaut waren, saß Mulugeta und trank ein Cola.

Nach und nach trafen Touristen in Dimeka ein, alle wurden sie vor ebenjenem Restaurant abgesetzt. Davor hatten zwei Souvenirverkäufer ihre Plastikplanen ausgebreitet. Es gab all das zu kaufen, was gerade schon im Dorf der Hamar zu sehen gewesen, Kaurimuschelketten, Ledergürtel für Männer, mit türkisen Plastikperlen besetzt, Patronentaschen, Behältnisse aus Leder und Gras, eiserne Halsringe für verheiratete Frauen mit und ohne Phallus. Wie Trattner die Auslagen betrachtete, tauchte plötzlich Gech wieder auf. Und begann erneut, ihm alles zeigen und erklären zu wollen, diesmal voller Widerwillen: Trattner solle bloß nichts kaufen, es sei Schund aus Addis, wo der ganze Kram massenhaft fabriziert werde. Übrigens auch für all die andern Völker, die Trattner wahrscheinlich schon besucht habe.

Gech war also auch für den Nachmittag gebucht. Nach einer Weile kam Weraxa, erstaunlicherweise in Begleitung von Natu. Hatte die nicht im Wagen schlafen wollen? Weraxa wirkte beschwingt, fast ein wenig ausgelassen, er hatte herausgefunden, wo der Bullensprung stattfinden sollte. Mehr und mehr Touristen fanden sich ein, auf der Straße vor dem Restaurant parkte bald ein Geländewagen am andern, zum Schluß fuhr sogar der alte Bus vor, den Trattner beim Wenden beobachtet hatte. Irgendwann saß ein Krieger mit Tonhaube und Pfauenfeder in der Nähe der Souvenirverkäufer und ließ sich gegen Geld fotografieren. Der Wirt schleppte leere Bierkisten in den Hof, und einige seiner Kellner – wenn man sie so bezeichnen wollte – stellten zusätzliche Tische vors Restaurant. Mulugetas Tisch stand jetzt mitten im Rummel, im Schatten eines Baumes. Am Stamm lehnten zwei Hamar-Frauen und langweilten sich.

»Vielleicht warten sie auf den Beginn der Regenzeit«, witzelte Gech.

»Und während der Regenzeit«, fügte Weraxa an, »werden sie drauf warten, daß sie aufhört.«

»Und weil das Jahr um Jahr so geht«, gab Mulugeta einen seiner seltnen Kommentare, »kommen wir in diesem Land auch nie voran.«

Als das Essen serviert wurde, war's nicht Reis mit Ei, wie bestellt, sondern Reis mit Knorpeln. Es traf sich gut, daß gerade ein Bettler um den Eingang des Restaurants herumstrich, blitzschnell ließ er das dargebotne Essen verschwinden und verschwand selbst. Die Wirtin hatte indessen alles mitbekommen und schimpfte Trattner aus, auf diese Weise bekomme sie den Bettler niemals los. Wenige Minuten später lieferte sie eine Gratisportion Reis mit Ei.

*

Der Bullensprung sollte knapp außerhalb von Dimeka stattfinden, nach und nach verließen die verschiednen Touristengruppen das Lokal und gingen, alle auf derselben Straße und dann auf demselben Trampelpfad, stromaufwärts und Richtung Ufer. Gech erzählte ununterbrochen, was rund um das Ereignis zu sehen sein würde. Sie passierten einen Laden, bei dem die meisten Touristen ihren ersten Foto-Stopp einlegten. Verkauft wurden leere Flaschen, Kaffeebohnenschalen in einem großen offnen Sack, *Sunshine*-Seife, Unterhosen und darauf ein Häufchen Knoblauchknollen und Batterien. Ob sie wohl zu Hause alle das gleiche Foto herzeigen und ihren Freunden erklären würden, so sehe ein äthiopischer Supermarkt aus? Kurz bevor das Flußufer erreicht war, sah man abseits des Weges eine Gruppe junger Hamar-Männer. Sie hatten den Bullensprung vor einiger Zeit absolviert und durften Frauen auspeitschen. Die Ruten, die sie dafür benötigten, hatten sie sich gerade frisch geschnitten, sie standen eng beieinander, als ob sie sich erst noch beraten müßten. In Festlaune schienen sie nicht zu sein.

Am Flußufer hatten sich bereits einige Hamar-Frauen versammelt, bunt zurechtgemacht, aber keineswegs so folkloristisch wie im Touristendorf heut vormittag. Sie sangen und tanzten im Kreis, pusteten dabei in kleine, krumme Blechhörner und lärmten mit ihren Fußrasseln. Gech wußte, daß sie sich alle schon mit Hirse- oder Honigbier in Stimmung gebracht hatten, ein Sechzehnjähriger aus ihrer Familie werde heute den Bullensprung machen. Weraxa mußte für Trattner 800 Birr »Fotogebühr« zahlen, weil Tourist. Natu sollte zunächst gar nicht zugelassen werden, weil Mursi. Nachdem Gech versichert hatte, daß sie Suri sei, durfte sie zuschauen, nachdem er irgendeinen Witz gemacht hatte, sogar kostenlos. Wie zur Entschuldigung erklärte er, daß sich heutzutage fast jede Familie den Bullensprung finanzieren lasse. Schließlich dauere das Fest mehrere Tage und koste 30 000 Birr, das ganze Dorf werde mit Essen und Trinken freigehalten, ohne Tourismus könnten sich's die meisten gar nicht mehr leisten.

Einige Männer lagen im Schatten, verstreut im sandigen Flußbett, das der Fluß während der Trockenzeit hier nur zur Hälfte einnahm. Er kam, anders als der Omo, aus den Bergen, wo der Regen noch nicht eingesetzt hatte, aber man konnte sich gut vorstellen, wie es hier in wenigen Wochen aussehen würde. Alle Männer trugen aufwendig gepflegte Frisuren, wenngleich nur ein einziger eine Tonhaube. Die Köpfe hatten sie auf ihre kleinen Schemel gelegt, einige der Älteren schliefen mit aufgeknöpftem Hemd, weil sie ihre Brustnarben zeigen wollten. Der mit der Tonhaube hatte auffällig lange Fingernägel, oval gefeilt; aufgrund der dezent hindurchschimmernden Schmutzränder wirkte er trotzdem echt. Auch hier sahen die Männer, im Gegensatz zu den Frauen, perfekt durchgestylt und trotzdem lässig aus.

Jetzt wurden die ersten Stiere durch den Fluß ans gegenüberliegende Ufer getrieben. Die Touristen, inzwischen an die zwanzig, standen reisegrüppchenweise beieinander. Einige liefen zwischen den malerisch lagernden Männern herum und schossen Fotos, die dreistesten knieten sich dazu direkt neben ihr Motiv. Ein vollbärtiger Tourist, wohlgelaunt lauter Amerikaner, trug ein T-Shirt mit dem Logo der *Habesha*-Brauerei, seine äthiopische Begleiterin eines mit der Aufschrift *Everybody loves Habesha-Girls*. Ein junger Kerl hielt sich im Abseits, alles an ihm – Fuß- und Handrücken, Nacken und sogar der kahlgeschorne Schädel – war komplett mit Tätowierungen bedeckt. Für die Vorbereitungen des Bullensprungs interessierte er sich nicht, er hockte nur da, zupfte ab und zu ein Blatt aus einem Büschel Qat und kaute mit voller Backe.

Plötzlich gackerte eine ältere Touristin glücklich auf. Einer der Hamar-Männer, neben den sie sich gesetzt, hatte ihr »aus

Versehen« über den füllig nackten Oberschenkel gestrichen. Sie drehte sich immer wieder nach links und rechts, ob's auch ja jeder mitbekommen hatte. Noch Minuten später grinste sie in alle Himmelsrichtungen. Das Fest hatte begonnen.

*

Immer weitere Männer trafen ein, die ihre Stiere gleich durch den Fluß und das andre Ufer hinauftrieben; immer weitere Frauen, die von den bereits anwesenden mit Umarmungen und Lärm begrüßt wurden, mittlerweile waren's über dreißig. Sogleich reihten sich die neu Hinzugekommenen in die Reihen der Tänzerinnen ein, sangen, tröteten und rasselten mit ihnen, unablässig im Kreis herum. Natu putzte ihre Zähne. Auch sie wurde fotografiert, wenngleich nur en passant, sie gehörte ja schon rein optisch nicht ins heutige Programm.

Motorradtaxis brachten ein paar allerletzte Touristen. Und jetzt ging's endlich für alle durch den Fluß, zunächst über schwarzen und gelben Sand, dann durch eine überraschend starke Strömung. Das Wasser war warm und reichte Trattner bis knapp unters Knie.

Der Platz, der sich wenige Meter hinter der Uferböschung im Gebüsch auftat, war der Festplatz. Er lag etwas erhöht und war in regelmäßigem Abstand mit mannshohen Agaven gesäumt, offensichtlich eine Art Einfriedung. Hier hatte man die Stiere zusammengetrieben, ausnahmslos Zeburinder, am Widerrist hatten sie mächtige Höcker. Trattner versuchte, die Tiere zu zählen, aber da ständig weitere Tiere durch den Fluß herbeigetrieben wurden, kam er jedesmal auf ein andres Ergebnis.

Außerdem tanzten die Frauen um die Stiere herum und tröteten permanent. Sie stampften noch entschloßner als bislang im Kreis, zwischendurch hüpften sie fast auf der Stelle. Das Fett lief ihnen aus den Haaren und übern Nacken. Die älteren trugen Bustiers oder hatten ihre T-Shirts hochgerollt, damit man die dicken Narbenwülste auf ihrem Rücken sah. Von alldem wurden die Stiere sichtlich nervös, immer wieder brach einer aus, und die Touristen, die einen Kreis um die Tänzerinnen gebildet hatten, stoben erschrocken auseinander. Einer der Stiere schaffte es auch durch die Agaven, ein Stück den Hang hinab und ins Gebüsch. Ehe sich einer der Hirten aufmachen konnte, den Stier wieder einzufangen, stand Natu am Rand des Festplatzes und schnalzte mit der Zunge. Der Stier blieb tatsächlich stehen und blickte sich um. Es schien, als ob er auf den Hirten wartete, und dann ließ er sich anstandslos auf den Festplatz zurückbringen.

Während sich noch alle für den Stier interessierten, tauchte einer der Jünglinge auf, die Trattner auf dem Hinweg gesehen hatte, die Rute in der Hand. Fast gleichzeitig beendeten die Frauen ihren Rundtanz, alle Stiere verteilten sich friedlich übern gesamten Platz. Es dauerte nicht lang, da hüpfte schon eine erste Frau auf den Jüngling zu, in Trattners Augen noch ein Mädchen, hüpfte eineinhalb Meter vor ihm auf der Stelle, die Beine geschlossen, und blies dabei in ihr Blechhorn. Eine zweite, deutlich ältere, war mitgekommen und hatte sich breitbeinig neben den beiden postiert. Aufmerksam beobachtete sie die Szene, hoch erhoben in der Rechten das Blechhorn. Einige weitere Frauen sahen aus der Entfernung zu. Der Jüngling tat gelangweilt und wirkte etwas hilflos. Mit einem Mal machte er einen halben Schritt nach vorn, holte dabei mit der Rechten zum Schlag aus, und schon sauste die Rute auf das Mädchen hinunter. Trattner kniff kurz die Augen zusammen, hörte das Aufklatschen der Rute auf dem nackten Rücken des Mädchens, Sekundenbruchteile später die Rufe einiger Frauen, und als er die Augen wieder vorsichtig öffnete, mußte er begreifen, daß hier nicht gestraft wurde, sondern eine Auszeichnung vergeben. Das Mädchen hüpfte trötend zurück zu den andern, das Blut lief ihr übern Rücken, ihre allererste Wunde.

Als eine zweite Frau auf den Jüngling zuhüpfte, sie hätte locker seine Mutter sein können, hatte Trattner auch begriffen, daß sie hier wirklich ernst machten mit dem Auspeitschen. Und daß es die Frauen von den Männern einforderten, von ihren Ehemännern, Söhnen, Brüdern, Onkeln, und sie mit Getröte so lange bedrängten, bis sie den Schlag empfingen. Wenn sie keine Angst davor zeigten und den Schmerz klaglos ertrugen, stieg ihr Wert als Frau, auch bei den Hamar war nur eine starke Frau begehrenswert. Vielleicht ging's im Verlauf des Fests immer so weiter, stellte sich Trattner vor, bis jede so viele Peitschenhiebe bekommen hatte, wie sie wünschte – jeder einzelne davon eine Trophäe, alle zusammen Siegel der Verbundenheit mit ihrer Familie.

So jedenfalls hatte das Gech dargestellt. Restlos auf die Reihe bekam Trattner dessen Auskünfte nicht – ließen sich die älteren Frauen auspeitschen, um den Bullenspringer zu unterstützen, und die jüngeren vielleicht eher, um einem zukünftigen Bräutigam zu beweisen, daß sie für ihn jeden Schmerz auf sich nehmen würden? Merkwürdigerweise war Gech ausgerechnet jetzt verschwunden. Dafür entdeckte Trattner mitten unter den Touristen Natu. Sie stand neben Weraxa und verfolgte die Auspeitschung der Frauen, noch immer hing ihr die Zahnbürste im Mundwinkel, einmal spuckte sie kurz aus. Hatte sie nicht erzählt, daß bei den Suri, wenn auch nicht die erwachsnen Frauen, so doch die Mädchen in einem gewissen Alter ausgepeitscht wurden – und daß das als eine Gelegenheit zum Flirt gesehen wurde, zur Anbahnung einer flüchtigen Affäre oder gar einer Ehe?

Gech hatte behauptet, eine Frau auszupeitschen, sei ein Liebesbeweis – nicht zuletzt des Mannes, schließlich würde er sich damit öffentlich zu dieser Frau bekennen. Lena wäre entsetzt, wenn sie davon erführe, sie würde fordern, das Ritual sofort zu verbieten, es sei nichts andres als das Relikt eines besonders schlimmen Patriarchats, sei Demonstration von Macht und Frauenhaß. Aber so simpel war's nicht.

»*It is proof of love, believe me*«, hatte Gech beteuert, »*and the whole village is witness.*«

Natu schien die Auspeitschungen ungerührt zu verfolgen. Daß Weraxa neben ihr stand, hatte sie vollkommen vergessen. Daß Trattner sie schon eine Weile fixierte, bekam sie nicht mit. Sie sah nichts als die Rute, wie sie durch die Luft schnalzte, der Brauch war der Brauch. Wahrscheinlich beobachtete sie lediglich, wie all die Hamar-Frauen auch, ob ein Schlag mit genügend Wucht ausgeführt und mit genügend Freude empfangen wurde.

*

Kurz bevor der Bullensprung endlich stattfinden sollte, tauchte Gech wieder auf und zog Trattner ins Gebüsch. Dort saß auf einer Rinderhaut der Sechzehnjährige, umringt von jungen Männern, um ihn vor allzugroßer Zudringlichkeit zu schützen. Dahinter, nicht selten im direkten Körperkontakt mit ihnen, Touristen. Weil die meisten kaum etwas sehen konnten, hielten sie Kameras und Handys hoch über den Ring der Hamar-Männer und fotografierten unentwegt in deren Mitte, wo sie etwas Exotisches wähnten.

Der Junge auf der Rinderhaut tat nichts und war nackt. Um seine Zukunft zu befragen, warf man vier mit Bast umwickelte Zweige und einen geschnitzten Holzphallus in die Höhe; die Art und Weise, wie sich die geworfnen Teile wieder auf der Erde zusammenfanden, war die Antwort. Die Touristen, die ständig versuchten, näher an ihre Motive heranzudrängen, schienen die jungen Männer gar nicht wahrzunehmen. Sie bespritzten den Sechzehnjährigen mit Milch und schnupften Tabak. Gech stotterte Erklärungen, Trattner hörte nicht zu. Am Ende bauten sie aus den Zweigen ein Tor und führten einen Bullen hindurch.

Auf dem Festplatz hatte man all die andern Stiere wieder zusammengetrieben, die Hirten suchten acht von ihnen aus. Hatten sie sich für einen entschieden, packten sie ihn zu zweit, der eine an den Hörnern und am Unterkiefer, der andre am Schwanz. Wieder brach einer der Stiere aus und verschwand im Gebüsch, diesmal ließ man ihn ziehen. Es dauerte eine Weile, bis acht Stiere nebeneinander in einer Reihe aufgestellt waren. Acht Männer hielten sie an den Hörnern fest, acht an den Schwänzen, indem sie sich mit ihrem Körpergewicht dagegenstemmten. Die Frauen waren mitsamt Tröten und Rasseln verschwunden.

Endlich nahm der Sechzehnjährige Anlauf, setzte den linken Fuß auf die Schulter des ersten Stiers und den rechten im Schwung auf dessen Rücken, knapp neben den Buckel. Dann lief er, mit einem dünnen gelben Band bekleidet, das man ihm kreuzweis um Nacken und Oberkörper geschlungen hatte, lief locker über die Rücken der Tiere, stets knapp neben den Buckeln, und sprang am andern Ende der Reihe zu Boden. Das Ganze war achtmal zu bewerkstelligen, viermal von jeder Seite. Gech ließ wissen, daß jeder drei Versuche in drei aufeinanderfolgenden Jahren habe, schaffe er's nicht, werde er geschlagen. Er wußte von einem Knaben, der den Bullensprung schon als Achtjähriger bewältigt habe, auch er sei, der Sitte gemäß, anschließend verheiratet worden.

Wo denn die Frauen abgeblieben seien? fragte ihn Trattner, als der Junge zum letzten Mal über die Rinder gelaufen war und sich alles sofort auflöste.

Die Frauen? Gech wußte nicht, wo sie waren. Sicher schon auf dem Weg ins Dorf, das Fest habe ja gerade mal begonnen.

Ob da weitergepeitscht werde?

»Sie stellen ja seltsame Fragen«, wunderte sich Gech. Da gingen sie bereits zurück durch den Fluß und den Trampelpfad entlang und am Laden vorbei und auf die Straße, wo sie Mulugeta mit seinem kleinen Haus erwartete. Auch die Frauen sind hier am Ende echt, dachte Trattner, Blut lügt nicht.

*

Zum Sonnenuntergang erreichten sie Jinka. Während der Fahrt hatte Natu gesungen, man konnte sie noch immer nichts fragen, schon gar nicht, wie das damals mit den Auspeitschungen in Surma Kibish *genau* gelaufen war. Links und rechts der Straße das übliche Buschland, ab und zu kleine Sonnenblumenfelder und Rundhütten, sogar die eine oder andre Palme. Darüber ein schöner Abendhimmel mit ein paar hellblauen Flecken. Am Ortseingang eines Dorfes stand ein Rotary-Schild, danach kam ein Kreisverkehr, in dessen Mitte das Bild des äthiopischen Präsidenten plaziert war. Auf freiem Feld ein Junge auf Stelzen, er hatte sich – wie auch schon einige Jungen in Surma Kibish – als Gerippe bemalt und wollte fotografiert werden. Natu sang zu alldem, und kurz bevor's dunkel wurde, gab's sogar Schirmakazien vor einem hellblau marmorierten Himmel.

Später erfuhr Trattner, daß es Lieder auf den Lieblingsochsen ihres Vaters waren oder auf eine Wiese in der Nähe ihrer Hütte, auf ihren Clan oder ein bestimmtes Ritual. Auch ein Lied über eine große Hungersnot war darunter, Natu hatte sie gar nicht selbst erlebt, alle Lieder zusammen erzählten von ihrem Leben und dem ihrer Familie.

Vom Rezeptionisten des Hotels wurden sie mit der Mitteilung überrascht, gerade seien zwei Männer hiergewesen und hätten nach ihnen gefragt.

Nach uns? staunten Weraxa und Trattner im Gleichklang, Mulugeta stieß einen Pfiff aus.

Nun ja, wiegelte der Rezeptionist ab: nach einem Touristen und zwei Hochländern.

Es stellte sich heraus, daß es Mursi gewesen waren, jedenfalls behauptete es der Rezeptionist. Weraxa hatte den ganzen Tag herumtelefoniert, um für den morgigen Tag ein Programm zu arrangieren. Aber bis jetzt wußte er noch nicht mal ein Dorf, das bereit war, Fremde zu empfangen. Er schlug vor, das Einchecken Mulugeta zu überlassen und den beiden Mursi nachzugehen, vielleicht waren sie ja von jemandem geschickt worden, mit dem er telefoniert hatte, und bereit, morgen mit ihnen zu fahren. Trattner hatte nicht vergessen, daß man sich im Land der Mursi schnell mal eine Kugel einfangen konnte; zwei Mursi als Begleiter wären auch ihm hochwillkommen gewesen. Überraschenderweise kam Natu mit, vielleicht weil sie sich mal wieder mit jemandem unterhalten wollte, ohne daß sie einen Übersetzer brauchte.

Doch schon nach einer knappen Viertelstunde kehrten sie um. Kaum waren sie irgendwo aufgetaucht, starrten alle Männer auf Natu und riefen ihr Obszönitäten hinterher. Trattner konnte kein Wort verstehen, begreifen umso besser. Einer warf mit einer Bananenschale nach Natu und rief dazu: »*Muni gersi!*« Ein andrer schob sich den Zeigefinger ins Nasenloch und machte obszöne Beckenbewegungen, dazu rief er »*Chokto, chokto!*« und lachte dreckig. Weraxa behauptete, er würde die Zurufe nicht verstehen, und als sich Trattner damit nicht zufriedengeben wollte: Er habe keine Lust, sie zu übersetzen. Dann telefonierte er eine Weile, um herauszubekommen, wer die beiden Mursi losgeschickt hatte und zu welchem Hotel sie als nächstes gegangen waren, ohne Ergebnis.

Als jemand mit einem benützten Kondom nach Natu warf,

war das Maß voll. Weraxa versicherte ihr, daß er sich für seine Landsleute schäme. Er werde morgen früh einen neuen Anlauf nehmen, Begleitschutz für das Mursi-Land zu organisieren. Auf dem Rückweg wurde Natu von hinten getreten. Blitzschnell fuhr sie herum und versetzte dem Jungen, der so schnell gar nicht schauen und erst recht nicht flüchten konnte, einen schweren Schlag mit der *Ula*. Der Junge, vielleicht sechzehn, siebzehn Jahre alt, blutete an der Stirn und blickte beleidigt. Im Nu rotteten sich ein paar andre um ihn und wollten ihm beistehen. Als sie jedoch Natu sahen, die mit allen Fasern ihres Körpers zum Kampf bereit war, die Rechte mit der *Ula* schon zum nächsten Schlag erhoben, beschränkten sie sich auf Beschimpfungen aus der Distanz.

Im Bad des Hotelzimmers kam das Wasser nur tröpfelnd aus der Leitung, es war braun. Erst fiel der Duschvorhang herunter, dann der Spiegel, er war nur über zwei aus der Wand herausstehende Nägel gehängt gewesen. Natu nahm trotzdem ihre Abenddusche, es dauerte noch länger als sonst. Währenddessen erinnerte sich Trattner an Steve, den Studenten im Dorf der Dassanetch, er hatte behauptet, Suri-Frauen würden sich in Jinka prostituieren, wahrscheinlich hatte auch er Suri mit Mursi verwechselt. Als Natu aus dem Bad kam, brachte sie den Seifenspender mit. In diesem Hotel gab es keine Seife, die sie, gegen Schlangen, ans Fußende des Bettes legen konnte, ersatzweise plazierte sie dort den Seifenspender. Die Marke hieß *Nilüfer Lotus Flower*, mit ü. Wie Trattner schon mal die Gardine am Fenster zuziehen wollte, fiel sie samt Stange herunter.

Im Restaurant gab's keine Livemusik, dafür überall große Fernseher, auf denen eine Talkshow aus Addis lief. Ein Moderator im auffällig gemusterten Sakko unterhielt sich mit zwei Influencerinnen – untertitelt nicht mit ihren Namen, sondern den Adressen ihrer verschiednen Kanäle – und lachte bei jeder

Gelegenheit. Die Musik dazu kam aus den Autos, die draußen vorbeifuhren, immer wieder klirrten die Gläser auf den Tischen. Weraxa eröffnete Trattner, daß er sich in der Küche des Restaurants umgesehen und anschließend mit Mulugeta gemeinsam beschlossen habe, für jeden *Injera* zu bestellen. Alles andre sei hier eine Zumutung. Trattner haßte *Injera*, seitdem er's vor drei Jahren zum ersten Mal hatte essen müssen. Daß man's mit den Fingern tat, kam für ihn erschwerend dazu.

Kaum standen zwei riesige Portionen auf dem Tisch – je eine für zwei Personen –, wartete Trattner nur darauf, daß Natu wieder einen Fleischbrocken für Weraxa heraussuchen würde. Möglicherweise anschließend den zweitbesten für Mulugeta. Die beiden teilten sich freilich den andern Teller und hatten auch schon mit dem Essen angefangen. Trattner saß unschlüssig, während Natu ein paar besonders große, fette Bissen zusammenklaubte und mit einem Stück Fladen zu einer tüchtigen Portion zusammenrollte. Unvermittelt wandte sie sich damit zu ihm und fuhr ihm – um ein Haar ins Gesicht, Trattner konnte gerade noch zurückschrecken. Natu sah ihn überrascht an. Mulugeta quiekte auf wie ein kleines Nagetier, das gerade von einem Raubvogel gepackt wird. Weraxa lächelte sein Weraxalächeln. Dann schob sich Natu die Portion selber in den Mund. Oh ja, Trattner hatte einen Fehler gemacht.

Um ihn wieder wettzumachen, fragte er sie endlich, ob Auspeitschungen in Surma Kibish für Mädchen tatsächlich als Flirt galten. Natu behauptete, in Surma Kibish sei nie jemand ausgepeitscht worden, Mädchen schon gar nicht.

Schon klar, dachte Trattner, schon klar. Er hatte Natu zurückgewiesen, und sie fühlte sich in ihrer Ehre gekränkt. Aber, dachte Trattner, aber.

Da kam ihm Weraxa zu Hilfe, ausgerechnet er. Nachdem er eine weitere Runde Bier beim Kellner bestellt hatte, bat er Natu, mit ihrer Geschichte fortzufahren. Sie schien nicht zu begreifen, Weraxa mußte sie erst daran erinnern, daß sie gestern abend ihr Leben erzählt hatte, leider nur bis zu ihrem letzten Kampf – er übersetzte seine Bitte an sie mit: »*We don't want you to end in tragedy.*« Sie habe ja gesagt, es sei ein gutes Leben gewesen, sie möge bitte bis zum Happy-End weitererzählen.

Oh, das sei eine lange Geschichte, antwortete Natu. Also gut, sie werde ihnen berichten, was sie in ihrem Bauch verwahrt habe.

*

»Ja, ich hatte ein gutes Leben. Jetzt bin ich zwar arm, aber ich besitze einen Topf aus Aluminium, eine Taschenlampe und ein eignes Haus. Ich kann der Frau meines Bruders helfen, wenn geerntet wird oder Gäste erwartet werden. Und ich habe eine Freundin, die immer zu mir hält …«

Während Weraxa übersetzte, saß Natu wieder ganz aufrecht und rührte das frische Bier nicht an. Auch heute hatte sie offenbar eine weitschweifige Art, nicht zu sagen, was sie meinte. Weraxas Übersetzungen fielen deutlich kürzer aus, wenngleich nicht unbedingt klar und eindeutig. Einmal klang's eher so, als würde er sich selbst ein Urteil erlaubt haben, ein andermal, als würde er etwas weglassen, was Natu erzählt hatte. Natu blickte beim Erzählen durch ihre Zuhörer hindurch, von Trattners Nachfragen ließ sie sich auch heute nicht unterbrechen.

Schon immer konnte sie gut singen, aber daß sie auch bei den Sängerwettkämpfen, die nicht selten spontan im Schatten eines Baumes ausgetragen wurden, immer siegen würde, wußte sie damals noch nicht. Sie war nicht mal fünfzehn, die Braut eines Mursi, der den Brautpreis durch Wilderei erwirtschaften mußte, und in Surma Kibish geächtet. Saba Kana entwickelte sich schnell zum erfolgreichen Wilderer, stets bekamen die Ranger im Omo-Nationpark ihren Teil, so konnte schon nach zwei Jahren Hochzeit gefeiert werden. Natu war da vielleicht sechzehn, ihr Vater schlachtete einen Ochsen und verteilte das meiste, was Saba Kana gezahlt hatte, in der Verwandtschaft. Am Tag der Hochzeit schmierte er Natu mit Lehm ein und segnete sie schweren Herzens, dann ging sie zum Klang der Trommeln den Weg zum Haus, das man für sie und ihren Mann erbaut hatte.

Der Tradition zufolge hätte Natu in das Mursi-Dorf ziehen müssen, aus dem Saba Kana stammte. Da er dort aber keine Familie mehr und obendrein wohl Grund hatte, sich nicht mehr blicken zu lassen, hatte Natu ihr Haus ganz in der Nähe des Hauses ihrer Mutter gebaut. Normalerweise halfen beim Hausbau alle Nachbarinnen und feierten anschließend mit Bier und Gesang. Das Haus gehörte fortan der Frau, für die es errichtet wurde, Männer waren bei den Suri überall nur zu Gast. Aber keine der Nachbarinnen wollte Natu helfen, sie baute ihr Haus nur mit Hilfe ihrer Mutter und einiger Cousinen.

Am Tag, da sie als Saba Kanas Frau dort einziehen konnte, mußte sie all ihren Mädchenschmuck ablegen. Der neue Schmuck, den ihr Saba Kana gekauft hatte, war längst nicht so kostbar wie der alte von ihrem Vater. Hätte sie nicht auch ihre *Ula* als Schmuck getragen, wäre sie verspottet worden. Spätestens als sie eine Fehlgeburt hatte, war allen in Surma Kibish klar, daß sie sich auf den Weg des Unheils und der Armut begeben hatte. Schuld daran war sie selbst, schließlich hatte sie sich schon als Mädchen nicht an die Regeln gehalten. Ihr Vater beschäftigte ständig den Schamanen, um weiteres Unheil von ihr und der Familie fernzuhalten.

Dabei lag's an Saba Kana, er war schon damals ein schlechter Mann. Zwar wilderte er weiterhin, war auch als Viehdieb erfolgreich, vertrank das Geld aber auf dem Markt und kümmerte sich nicht um die wenigen Rinder, die er besaß. So kam's, daß Natu während der Schwangerschaft zuwenig Milch und Blut bekam, und weil ihre Mutter zu dieser Zeit schwerkrank auf dem Kuhfell lag und ihr Vater bei der Herde war, merkten ihre Eltern viel zu spät, daß sie ihr hätten helfen sollen. Nach der zweiten Fehlgeburt wurde sie von Saba Kana fast jede Nacht geschlagen. Er warf ihr vor, ihre Hüften seien zu schmal, auch sonst fehlten ihr überall die Rundungen, an denen man Frauen erkenne, die viele Kinder bekommen könnten, er werde sich von ihr scheiden lassen.

Zwei Jahre später gebar sie einen Sohn, den sie Shamba nannte. Nun war sie doch noch Mutter geworden, und die andern Frauen knüpften ihr, wie es die Sitte erforderte, ein Kleid, auch wenn sie es nur aus Pflichtgefühl taten und auch kaum feierten, als sie es ihr überstreiften. Erst damit war Natu eine vollwertige Frau geworden, jetzt durfte sie den andern gegenüber ihre Meinung vertreten und wurde von ihnen ernstgenommen.

Als junge Mutter hätte sie allerdings auch neue Pflichten erfüllen und neue Verbote einhalten müssen: Sie hätte lange nicht mehr zum Fluß gehen dürfen, weil sie dort von den Flußgeistern heimgesucht werden konnte; sie hätte einen Monat alleine leben müssen, um Unheil von ihrem Baby abzuhalten; bis es krabbeln konnte, hätte sie nicht mit ihrem Mann schlafen dürfen, sonst würde das Kind ständig krank werden und keine starken Knochen bekommen. Aber welche Frau konnte all diese Verbote einhalten, wenn sie einen Mann wie Saba Kana hatte!

Shamba wurde krank, jeder im Dorf begründete es mit einem andern Tabu, das Natu gebrochen hatte. Shamba mußte den Mageninhalt einer geschlachteten Kuh trinken, jeder dachte, er würde sterben, aber nein, nach zehn Tagen stand er wieder auf.

Dann blieb der Regen aus, und das ganze Dorf, die Nachbardörfer, alle Dörfer im Suri-Land litten unter dem Fluch, der auf Natu lastete. Ihr Vater steckte sein gesamtes Vermögen in den Schamanen, vergeblich. Seine Herde war schon so klein geworden, daß er fast als armer Mann galt.

Bald stellte sich heraus, daß sich der kleine Shamba nicht so entwickelte wie die andern Kinder, erst recht, als er endlich laufen konnte. Wenn man ihm die Hände ins Feuer hielt, weil er etwas gestohlen hatte, lernte er daraus nichts und stahl erneut. Wenn man ihn hungrig zur Nachtruhe schickte, weil er gelogen hatte, begriff er auch das nicht und log weiter. Er sei vom Dämon besessen, sagten die Leute, eine weitere Strafe für all das, was Natu getan hatte. Natu selbst glaubte nicht an Dämonen, mußte aber erkennen, daß Shamba einen kleinen Geist hatte, wie sie es nannte, und daß er deshalb von den andern Kindern gehänselt wurde. Immerhin konnte sie ihm beibringen, sich zu wehren, und so erprügelte er sich im Lauf der Jahre immerhin einen gewissen Respekt.

Eine normale Familie umfaßte bei den Suri neben dem Mann und seinen zwei bis drei Frauen etwa acht bis zehn Kinder und siebzig oder achtzig Rinder. In Natus Familie gab es nur einen Mann, der allenfalls auftauchte, um sie zu belästigen oder ihr Geld zu stehlen, es gab keine Nebenfrauen, die ihr bei der Arbeit auf dem Feld geholfen hätten, und nur ein einziges Kind. Die Nachbarinnen erinnerten sich an Arenjas Spottverse, mit denen sie Natu zum Kampf herausgefordert hatte, manchmal sang man die Verse sogar vor ihrem Haus. Dabei hatte Natu angefangen, sich auch gegen Saba Kana zu wehren, sie haßte seine Zudringlichkeiten fast so sehr wie die von Bargudu. Einmal verprügelte sie ihn vor aller Augen mit dem Kampfstock, gegen den er sich noch nie so richtig zu wehren gewußt hatte, und machte ihn zum Gespött des Dorfes. Seitdem verlagerte er seine Begehrlichkeiten auf Frauen in andern Dörfern. Man erzählte sich, daß er auch dort mitunter Schläge einstecken mußte, wenn er erwischt wurde, einmal wäre er beinah vom Vater eines geschwängerten Mädchens erschossen worden. Er selbst schoß Elefanten, half bei Raubzügen als Viehdieb und, so erzählte man, versuchte sein Glück als Goldsucher jenseits der Grenze, im Südsudan.

Ja, auch die Frauen der Suri konnten kämpfen. Meist war der Alkohol schuld, da trugen sie ihren Streit gleich vor Ort aus, schlugen mit Fäusten oder Ästen aufeinander ein. Natu war noch immer so stark, daß sie in Ruhe gelassen wurde, selbst wenn sie die Grenzen ihres Feldes auf Kosten einer Nachbarin verrückte oder sich etwas ausborgte, ohne es zurückzugeben. Auch gegen Männer, die ihr aufgrund von Saba Kanas langen Abwesenheiten wieder nachstellten, wußte sie sich zu verteidigen. Stets war sie kleiner als der, der sie bedrängte, und mußte zuschlagen, noch ehe er selbst Gewalt anwenden konnte.

»Gegen wen auch immer sie zum Schlag ausholte«, faßte Weraxa Natus ausführliche Darstellung, an Trattner gewandt, zusammen, »es war noch immer Bargudu, der ihn empfing.«

Empörenderweise mischte auch der sich wieder unter ihre Verehrer, tauchte regelmäßig bei ihr auf und machte anzügliche Bemerkungen. Natu wies ihn durch bloßes Schweigen ab. Aber auf Dauer vertreiben ließ er sich nicht.

Und dann lag eines Morgens Saba Kana tot vor dem Eingang ihrer Hütte. Zum letzten Mal hatte sie ihn gesehen, als man ein Fest gefeiert hatte, um sich für einen Raubzug in Stimmung zu bringen. Die Männer hatten sich mit Schlamm beschmiert und zerstampften die Feinde schon mal beim Tanzen, bis sie selber zu Boden fielen. Von diesem Raubzug kam Saba Kana nicht lebend zurück.

»*Dhos, dhos, dhos!*« stellte Natu dar, wie auf ihren Mann

geschossen wurde und wie er getroffen umfiel. »*Dhos, dhos, dhos – kong!*«

Als er so vor ihr lag, war sie erleichtert. Sie sah die Schußwunden in seinem Körper, einer der Schüsse war ins Herz gegangen. Wo man ihn gefunden hatte, konnte sie nie herausfinden. Ebensowenig, wer ihn zu ihrem Haus gebracht hatte. Wen auch immer sie fragte, es wollte keiner gewesen sein. Das war nun drei Jahre her, und wieder hatte man Natu die Schuld daran gegeben – sie habe sich nie richtig um Saba Kana gekümmert, sei nie eine gute Ehefrau gewesen, eine gute Mutter, eine gute Suri, sondern nur ... *lollu*. Sie habe sich ja schon geweigert, einen Lippenteller zu tragen, das sage alles. Längst hätte sie irgendwer, wenn's schon ihr Vater versäumt hatte, verprügeln sollen, dann wäre sie nicht so arrogant geworden. Aber wer hätte sich das getraut und wer, außer Bargudu, hätt's auch vermocht?

Da Saba Kana nur ein Mursi gewesen war, legte sich die Aufregung über seinen Tod bald wieder. Beim Begräbnis warf Natu die Tonplatte ins Gebüsch, die sie in ihrem heilen Ohr getragen hatte, wenn sie ihrem Mann das Essen brachte, sie nahm sämtliche Armreifen ab und auch all den andern Schmuck, sie rasierte sich den Kopf nicht mehr, tat alles so, wie man's von ihr erwartete. Schon nach kurzer Zeit hielt man bei ihrem Vater um ihre Hand an. Witwen galten für eine gewisse Zeit als unrein, aber da's Bargudu war, der sie heiraten wollte, wagte niemand, auf Einhaltung der Sitten zu pochen.

Erneut umwarb Bargudu Natus Vater mit einem Angebot, das der nur allzugern angenommen hätte. Bargudu ging auf Ende fünfzig zu, er war der reichste Mann von Surma Kibish – und, als Nachfolger seines verstorbnen Vaters, der Regenmacher, obwohl er nie mit dem entsprechenden Ritus in sein Amt eingeführt worden war. Er hatte sich ebensowenig an die Regeln gehalten wie Natu. Daher trug er auch keine Krone und verfügte über keine Leibgarde.

Erstaunlicherweise hatte er bislang nur eine Frau geheiratet, wo er bei seiner riesigen Rinderherde doch vier hätte haben können. Für Natu als seine Zweitfrau bot er zusätzlich zu den 38 Rindern auch noch jede Menge Schafe und Ziegen. Dazu einen Schild, mit dem schon sein Vater in den Krieg gezogen war, so groß wie ein Elefantenohr und unbezahlbar. Noch immer war Natu stark wie der Geruch von Zecken, stark wie ein Esel, stark wie eine Elenantilope, stark wie ein Bulle. Sie würde schneller im Feld arbeiten, mehr Wasser für die Familie nach Hause tragen können als andre ... und abgesehen davon, daß sie das alles zwar als Bargudus Ehefrau hätte tun können oder sogar müssen, aber sicher nichts davon tatsächlich getan hätte: Er wollte sie einfach haben, wollte sie besitzen, sie war ihm jedes Angebot wert.

Saba Kana hatte keinen Bruder gehabt, der Natu hätte zur Frau nehmen können oder müssen, ihre Onkel, die in Frage gekommen wären, lebten weit im Süden, sie war tatsächlich frei. Aber sie wollte nicht noch mal alle Tage nur für einen Mann arbeiten, während der mit seinen Freunden Bier trank. Sie wollte –

Natu stockte.

»Was wolltest du denn?« fragte Weraxa nach.

Einen Mann, der sie liebte, dachte Trattner. Aber er sagte: »Ihre Freiheit vielleicht?«

Natu hörte es nicht mal. »Ach, Bargudu«, spottete sie, »er denkt noch immer in Kühen statt in Handys und Uhren und Sandalen. Er glaubt noch immer, eine Frau sei glücklich, von einem Alten wie ihm geheiratet zu werden.«

Natu machte eine obszöne Geste, Bargudu sei nichts als ein geiler Bock. Bei einer Feier im Dorf war er auf sie zugetanzt, um sie vor aller Augen zur Frau zu wählen. Aber Natu war während des Liedes einfach immer weiter von ihm weggegangen. Er hatte sich aus den Blättern des *Soghodi*-Baums einen Zaubertrank bereiten lassen und Natu damit angespuckt. Aber Natu reinigte sich rituell und wehrte so den Zauber ab. Er hatte sich vom ältesten Schamanen im ganzen Suri-Land, der als einziger noch die Geheimnisse der Ahnen in seinem Bauch verwahrt hatte, ein Amulett aus Wurzeln machen lassen. Aber Natu verkündete überall, daß ein solches Amulett gar nicht wirken könne, weil keiner mehr wisse, woran man die Wirkung erkenne. Schließlich mußte sich Bargudu der Einsicht fügen, daß ihn Natu ein zweites Mal verschmähte. Wenig später nahm er Nabala zur zweiten Frau, eine enge Freundin von Arenja, die vor zehn Jahren mit ihr vor Natus Haus getanzt und gesungen und gelästert hatte.

Natu wurde aufgrund der jüngsten Ereignisse zwar nicht mehr geächtet, dafür hielt man sie für verrückt. Das Leben einer Witwe demjenigen an der Seite eines wohlsituierten Mannes vorzuziehen! Noch dazu an der Seite von Bargudu! Statt an den Festen des Dorfes teilzunehmen, blieb sie immer häufiger über Tage verschwunden, sie führte das Leben eines Junggesellen, der sich mal da, mal dort im Suri-Land umsah – als wäre sie ein Mann. Und wenn sie zu Hause war, interessierte sie sich für jeden, den's von sonstwo für ein paar Stunden nach Surma Kibish verschlug. Sie mußte in Addis verhext worden sein, als sie beim Festival der Kulturen getanzt hatte.

»Sie mag Weiße«, unterbrach Weraxa erneut, um sich an Trattner zu wenden: »Das hat sie uns ja schon in Surma Kibish gesagt.«

Als man ihr nach der Geburt ihres Sohnes das Kleid geknüpft und umgebunden hatte, war sie zur vollgültigen Frau geworden. Seitdem hatte sie an den Singwettkämpfen teilnehmen dürfen, die – gut versorgt mit Bier und Schnaps – häufig unter den

Frauen ausgetragen wurden. Natu war darin bald so unbesiegbar wie bei den Kämpfen mit der *Ula*, am Abend konnte sie stets den Essenskorb oder die Trinkschale ihrer Kontrahentin nach Hause tragen. Beim Singen nahm sie ihr grünes Band in die Hand, es war das Halsband ihres grünen Ochsen, und verwandelte sich in den Ochsen. Sosehr man sonst einen Bogen um sie machte, sosehr hing man, wenn sie sang, an ihren Lippen. Dabei hatte ihr Clan keinerlei bedeutende Siege errungen oder Tragödien erlebt; es war die Art und Weise, wie sie die Begebenheiten vortrug, die ihr jedesmal nicht nur den Sieg sicherte, sondern auch allgemeine Bewunderung. Niemand konnte sich der Macht ihres Gesangs entziehen, sogar die Löwen in der Ferne hörten zu fressen auf und spitzten die Ohren.

Bald war sie bei allen Festen die Vorsängerin und -tänzerin. Galt sie früher als »starkes Mädchen« und später als »starke Frau«, so sprach man jetzt von ihr als »starke Sängerin«. Tagsüber arbeitete sie in ihrem Feld, abends ging sie zu ihren Rindern. Niemand liebte sie, aber jeder achtete sie. Weil sie in ihren Reden so ehrlich und unverblümt war wie in ihren Liedern, erwarb sie sich zusätzlichen Respekt, man sagte über sie, ihre Zunge sei scharf wie das schwarze Horn eines Ochsen. Seitdem sie in Addis getanzt und gesungen hatte, machte man ihr im Dorf den Vorwurf, sie wolle keine Suri mehr sein, sondern wie eine vom Hochland. Aber solange ihre Freundin zu ihr hielt, war ihr das egal.

»Mein Leben ist gut und schlecht«, schloß Natu, »ich habe ein paar Rinder und Ziegen und kann sie verteidigen. Ich muß nicht jeden Tag Hirse und Blätter essen, ich habe Milch zu trinken. Am stärksten bin ich, wenn ich allein bin, und ich kann gehen, wohin ich will. Eine verheiratete Frau kann das nicht.«

Wer denn diese Freundin sei? wollte Trattner nun, da Natu geendet, doch auch von ihr wissen.

Als Weraxa die Frage an Natu weitergab, sah sie ihn ungläubig an: Aber das habe sie doch längst erzählt! Es sei Arenja.

Es stellte sich heraus, daß es auch sie war, von der sie sich den Krug für ihren Auftritt in der Kneipe geliehen hatte. Nun ja, »geliehen«. Im Grunde war's ihr eigner Krug, sie hatte ihn auf Arenjas Grab gestellt – oder vielmehr auf die Stelle, wo man sie begraben hatte, am Rand des Feldes, das ihr gehört hatte, ein paar Schritte hinein ins angrenzende Buschland. Alle andern hatten die Stelle längst vergessen, sie aber ging noch immer regelmäßig hin, um Arenja zu besuchen und mit ihr Bier zu trinken oder Qat zu kauen. Ohne den Krug hätte freilich auch sie die Stelle bald nicht mehr gefunden, so hastig wie hier alles wuchs. Deshalb habe er auch, als ihn Bargudu kaputtgemacht, so schnell wie möglich durch einen neuen ersetzt werden müssen.

Trattner sah das rote Schimmern in Natus Augäpfeln. Er stellte sich vor, wie sie im Gebüsch saß, irgendwo am Rand eines Feldes, und Qat kaute, während all die andern ebenfalls Qat kauten, allerdings im Dorf. Noch ehe er ihr eine weitere Frage stellen konnte, sang sie eines der Lieder, die sie an Arenjas Grab zu singen pflegte. Weraxa übersetzte Vers für Vers leise mit:

Tausch deine Glasperlen gegen Hirse ein.
Nachts beißt dic Schlange, und
Männer sind schlecht. Sehr schlecht.
Es gibt so viele Kühe, Kühe, Kühe.
Und im Dorf werden sie tratschen,
werden tratschen über dich ...

Weiter kam sie nicht. Schon eine geraume Weile war der Kellner um ihren Tisch herumgestrichen. Er war nicht so diskret wie sein Kollege in Turmi, hatte erst der Reihe nach die verschiednen Fernseher, gegen Ende von Natus Erzählung auch das Licht ausgeschaltet, um zum Aufbruch zu ermuntern. Nach zwei, drei Sekunden hatte er das Licht wieder angeschaltet und gelacht, als hätte er nur einen Spaß gemacht. Nun aber kam der Rezeptionist herein und rief ihm etwas zu. Trattner, der mit dem Rücken zum Eingang saß, sah, wie Weraxa erstarrte. Mulugeta, ebenfalls mit Blick zum Eingang, zog die Augenbrauen hoch und fletschte die Zähne. Natu saß reglos, ihr Blick wurde stark und fest. Als sich Trattner zur Tür umdrehte, hatte sich der Rezeptionist bereits an ihn oder an Weraxa gewandt und teilte auf Englisch mit, die beiden Mursi seien noch mal gekommen. Sie hatten hinter ihm das Restaurant betreten und warteten am Eingang. Der eine trug eine abgeschnittne Jeans und dazu weiße Plastikschlappen, der andre hatte sich eine blauschwarze Decke über die Schulter geschlagen, wie man sie in Surma Kibish trug. Es waren Badiso und der Mann, der ihm bei Natus Züchtigung geholfen hatte.

Zögernd kamen sie auf ihren Tisch zu, Mulugeta erzeugte das Summen einer Hummel. Badisos Begleiter sagte etwas, das Weraxa als »Wir haben nur unsre Herzen gebracht« übersetzte und gleich anfügte, daß es nichts zu bedeuten habe, bei den Suri sei das eine gängige Begrüßung. Dann spuckten sie vor Natu auf den Boden, auch dies nichts weiter von Bedeutung, verdolmetschte Weraxa, es gehöre sich so. Trattner war im ersten Moment vollkommen vor den Kopf geschlagen, daß es ausgerechnet diese beiden geschafft hatten, Natu hier aufzuspüren. Weraxa aber hatte fast damit gerechnet, wie er tags drauf einräumte, schließlich habe er auf der Polizeistation von Surma Kibish den geplanten Reiseverlauf angeben müssen und ihn auf allen weiteren Stationen quittieren lassen.

»Herzlich willkommen!« Er lächelte sein Weraxalächeln und versuchte, die Situation durch einen Scherz zu entspannen: »Für einen Suri führen alle Wege nach Jinka. Sofern sie nicht nach Maji führen.«

Aber warum, fragte sich Trattner, und warum ausgerechnet diese beiden?

Weil's Natus Familie war, die sie geschickt hatte, wie sich herausstellte. Der eine war Natus Bruder, der andre, und wieder war Trattner perplex, der älteste Sohn der Mutterschwester, die als junges Mädchen – gemeinsam mit Natus Mutter – als Kompensationszahlung nach Surma Kibish gelangt war. Er hieß Aru. Jetzt, da Trattner Muße hatte, ihn zu betrachten, entdeckte er die Narben an seinen Armen, sie waren geradezu übersät davon, lauter kurze Striche, nebeneinander eingeritzt wie bei einer Strichliste – Aru mußte schon viele Männer getötet haben. Er war's auch, der redete, sehr leise redete, sehr freundlich. Badiso war nur mitgekommen, um neben ihm zu stehen und ernst zu blicken. Nein, setzen wollten sie sich nicht, ihre Botschaft war rasch überbracht: Die Familie bat Natu zurückzukehren. Nein, sie befahl's ihr nicht, wie Trattner vermutet hätte, Weraxa blieb dabei:

»*They are just asking her to come home.*«

Viel später erst sollte er ergänzen, daß dies vielleicht auch nur eine höfliche Form gewesen war, es zu befehlen. Von Bargudu war mit keinem Wort die Rede, nicht von Natus Auflehnung gegen seine Befehle, der Unbotmäßigkeit ihres Betragens. Umso mehr von Natus Sohn Shamba, der niemandem gehorchen wolle, Badiso habe ihn schon mehrmals verprügelt, vergeblich. Er sei ebenso rebellisch wie seine Mutter, Natu sei die einzige, die ihn in den Griff bekomme. Und im übrigen … Und abgesehen davon … gebe es auch die Familienehre, die wiederhergestellt werden müsse. Niemand bei den Suri handle nur für sich allein, immer seien alle andern mitbetroffen, alle andern, alle andern. Natu sei nun mal, ob sie wolle oder nicht, eine Suri und werde es bis zu ihrem Tod bleiben.

Kaum hatten die beiden das wahre Motiv ihres Kommens genannt, war sich Trattner sicher, daß Bargudu sie geschickt hatte.

»Die Leute sind friedlich«, beteuerte Aru, »die Leute sind friedlich. Sie wollen in einem Kreis sein.«

»Er meint den Ältestenrat«, ergänzte Weraxa.

Ihr wollt Gericht über sie halten, war sich Trattner sicher. Und wenn ihr von der Familienehre redet, meint ihr Bargudus Ehre, die wiederhergestellt werden soll. Als er Aru fragte, ob Bargudu noch wütend auf Natu sei – überraschenderweise verstand Aru Englisch, Weraxa mußte nicht übersetzen –, winkte der ab: Bargudu habe einen ruhigen Bauch.

Die beiden Boten waren zu Fuß gekommen. Während Mulugeta weite Umwege durchs Omo-Tal gefahren war, um Weraxas Reiseziele der Reihe nach anzusteuern, waren sie auf direktem Weg durchs Land der Suri gewandert und dann durch das der Mursi. Trattner schätzte die Strecke Tage später anhand seiner Landkarte auf gut hundert Kilometer. Ihre Waffen hatten sie an der Rezeption abgegeben, nach einer knappen Viertelstunde holten sie sie wieder ab und gingen. Mit Natu selbst hatten sie kein Wort gewechselt, hatten sie kaum angesehen.

Und auch Natu hatte gar nicht erst versucht, sich ins Gespräch einzumischen. Während sie als einzige am Tisch sitzen geblieben war, schien's Trattner, als würde sie immer kleiner werden, und schließlich, wäre sie nicht so sehnig gewesen, fast zierlich. Ihr Blick ging in die Weite, als ob sie all das, was von ihr erwartet wurde und demnächst passieren würde, schon bildhaft vor Augen hätte.

Kaum waren Bruder und Cousin gegangen, wandte sie den Kopf und blickte Trattner an, hielt ihn mit ihren Augen fest, so daß er sich nicht rühren konnte. Erhob sich und, nach ein paar schnellen, wiegenden Schritten, stand vor ihm und sagte nichts. Ihre großen Zehen ragten leicht nach innen, Trattner hatte sie so oft betrachtet, daß sie ihm völlig normal vorkamen. Er schloß kurz die Augen, weil er das plötzliche Gefühl hatte, das alles schon mal erlebt zu haben, er hörte das Summen der Neonröhren und das Summen einer Hummel, und wie er die Augen wieder aufschlug, stand da noch immer vor ihm Natu. Unverwandt legte sie ihm den Arm um die Hüften, zog ihn mit festem Griff an ihre Seite und ging los.

Oh ja, sie ging los, ohne sich von Weraxa und Mulugeta zu verabschieden, ging zum Ausgang des Restaurants, quer übern Hof des Hotels, der völlig im Dunkeln lag, ging mit ihm durch die Nacht und auf der andern Seite des Hofs die Treppe hoch in den ersten Stock und über einen Laubengang, erst vor der Zimmertür gab sie ihn frei, so daß er aufsperren konnte. Kaum hatte er die Tür wieder hinter ihr geschlossen, ging sie, wortlos und federnden Schrittes, ging so zielstrebig, als hätte sie den Besuch ihrer Verwandten schon vergessen und wollte nurmehr schlafen, ging zum Bett.

»Wahnsinn«, sagte Trattner halblaut vor sich hin, und als ihn Natu fragend anblickte – da lag sie schon auf der Matratze und hatte die Decke bis zum Kinn hochgezogen –, übersetzte er für sie: »*Ayayay.*«

※

Es war dies schon die vierte Nacht, die er neben ihr verbrachte, und die erste, in der er froh war, daß er sie nicht mit ihr verbrachte. Im Hof platzte mitunter ein lautes Gelächter auf, ein paar Männer hatten sich dort zu einer letzten Runde Bier zusammengefunden. Trattner lag mit offnen Augen und begriff, was er bereits vor vier Tagen hätte begreifen können: Natu war nicht so sehr auf der Flucht vor einem Leben, das sie stets als beengend empfunden, ihre Flucht hatte einen konkreten Namen – Bargudu.

Was sich für Trattner bis eben wie eine kleine Tour d'Horizon in einer wilden Welt angefühlt hatte, erschien ihm jetzt wie eine anhaltende Fahrlässigkeit, fast wie eine Herausforderung des Schicksals, und er war heilfroh, daß sie heute abend erst mal nur von Aru und Badiso überrascht worden waren. Indem sie offiziell bloß eine Bitte überbracht hatten, hatten sie in Wirklichkeit eine Drohung ausgesprochen. Es war höchste Zeit, hier zu verschwinden – nicht nur für Natu, sondern mehr noch, mehr noch, mehr noch für ihn selbst.

Das Gelächter im Hof war verstummt. Für heute hatte Trattner genug gehört und gesehen. Nun brach die Stille danach an, in der ihm lautlos auch noch die letzten Sterne vom Himmel herabfielen.

*

Wieder einmal lag Natu da und schlief, während Trattner auf sie aufpaßte. Das war ja vielleicht wirklich geboten. Eine große Stille ging von ihr aus, sie schien nicht mal mehr zu atmen. Im Zwielicht sah er die zarte Falte zwischen ihren Augenbrauen, sie war von einem Schatten ausgefüllt und wirkte weit tiefer, als sie eigentlich war. Trattner wollte mit der Zeigefingerspitze darüberstreichen, doch wie er vorsichtig näher rückte, stöhnte Natu auf, so laut, daß er zusammenzuckte, und drehte sich auf die andre Seite.

Nein, es war kein Frieden in ihr, und es ging kein Frieden von ihr aus. Sie hatte ein Leben lang gekämpft, sie würde's auch weiterhin tun. Selbst wenn sie in Trattner jemanden an ihrer Seite wußte, der ihr einen ganz andern Schutz vor Bargudu bieten konnte als den, den ihr ein Saba Kana hatte geben können. Plötzlich wurde ihm klar, daß Natu niemand Besseren hätte finden können als einen wie ihn und daß sie ihn nie verlassen würde. Aber wollte er das? Unter diesen Bedingungen? Immer wieder hatte er während der letzten Tage überlegt, unter welchen Umständen er mit ihr würde zusammenleben können. Und immer wieder hatte er sich eingestehen müssen, daß es mit ihnen beiden wohl nie zu einer wirklichen Beziehung würde kommen können, selbst wenn's Natu gewollt hätte.

Alle Menschen sind gleich, hatte er sich gesagt, die Liebe ist universell, sie ist stärker als alles, was sich zwischen zwei Menschen an Abgründen auftun mag. Mach dir nichts vor, hatte er sich umgehend korrigiert, die Menschen sind nicht gleich. Je mehr wir voneinander wissen, Natu und ich, desto weniger begreifen wir einander. Ihre Fremdheit war ihm ein Zauber. Aber wann würde sie aufhören, ihn zu faszinieren, und interessant werden? Um schließlich nurmehr beschwerlich zu sein? Und die Liebe? Ach, die Liebe. Wer wollte wissen, wie sie im Herzen Afrikas geregelt war. Mußte sich nicht irgendwann auch hier eine Art Vertrautheit entwickeln, damit sie Bestand hatte? Mußte man auf Dauer nicht mehr voneinander wissen als das, was man an der Oberfläche ablesen konnte? Wurde Fremdheit vielleicht irgendwann zum Fluch?

Trattner wußte ja noch nicht mal, was Natu über die Auspeitschung der Hamar-Frauen dachte, und würde es niemals wissen. Konnte sie, die Auspeitschungen schon in ihrer Jugend kennengelernt hatte, konnte sie je begreifen, welche Vorstellungen *er* von einem Liebesbeweis hatte? Sie kommt aus einer andern Kultur, sagte er sich, sie kommt aus einer andern Schicht, sie hat eine andre Religion als du, eine andre Geschichte, eine andre Sprache, eine andre Hautfarbe. Ihre Sicht auf die Welt ist eine völlig andre als die deine. Wie schnell würden euch die Worte ausgehen, die Worte füreinander, wenn der Zauber verflogen und ihr einander endlich begreifen müßtet. Am Ende würdet ihr an einem banalen Mißverständnis scheitern.

Und wieso eigentlich hatte Natu ihren Sohn in Surma Kibish zurückgelassen? Der heutige Tag, erst recht der heutige Abend, hatte Trattner ins Grübeln gebracht. Wenn er mit ihr zusammensein wollte, mußte er irgendwann wohl auch Shamba akzeptieren, einen schwer erziehbaren Ziehsohn mit kleinem Geist. Und sie selbst, war sie vielleicht nicht doch ein bißchen verrückt? Ihre beste Freundin war eine Tote, so ganz normal war das ja nicht.

War sie in ihren Träumen vielleicht noch immer an Arenjas Grab oder in ihrer Hütte und lauschte, ob jemand kam, gegen den sie sich zur Wehr setzen mußte? Und wo konnte man mit ihr leben, damit sie diese Träume nicht jede Nacht neu träumen mußte, etwa in Wien? Würde sie dort je ankommen? Wenigstens ankommen wollen? Und würde man sie dort überhaupt ankommen lassen? Nie würde sie wirklich dazugehören, das stand für Trattner fest, bestenfalls würde man sie als Kuriosum behandeln oder, schlimmer noch, hofieren. Sobald er mit ihr irgendwo auftauchen würde, wär's das reinste Spießrutenlaufen. Man würde genau beobachten, ob sie mit Messer und Gabel essen konnte und wie sie sich in Abendgarderobe zu bewegen wußte.

Und ihn erst recht. Trattner mußte sich gar nicht erst vorstellen, was eine Lena dazu sagen würde. Selbst der Zottler Schani würde sich, natürlich in eine ironische Bemerkung verkleidet, besorgt erkundigen, ob das denn ginge.

Was »das«?

Na ja, einmal im Leben eine solche Büste wie die von Nofretete ausgraben, das sei schon ein Ziel. Aber mit ihr im Prater Ringelspiel fahren, auf eine Melange mit ihr ins *Prückel* gehen?

Was er damit denn sagen wolle?

Na, ob das heutzutage denn überhaupt noch ginge, daß sich ein Weißer eine Schwarze aus Afrika mitbringe. Also eben nicht aus Addis Abeba sondern ... na ja, sagen wir mal nur, vom Land. Obwohl er wisse, daß man ihm rassistische Motive unterstellen würde und erst recht ... na ja, daß er noch immer nichts begriffen habe, als Mann.

Nein, in Wien oder sonstwo in der westlichen Welt würde ihnen beiden keine Gerechtigkeit widerfahren. Aber wo sonst konnte er mit ihr leben? Etwa hier, in Jinka? Auf keinen Fall. Auch das lief auf ein tägliches Spießrutenlaufen hinaus, übrigens auch für Trattner, davon war er überzeugt. Sobald Weraxa und Mulugeta nicht mehr an seiner Seite sein würden, war auch er den Zumutungen dieser Stadt ausgesetzt, spätestens am Abend würde er als Weißer für einige, die in den Straßen herumsaßen und nichts zu tun hatten, eine willkommne Abwechslung sein.

Und in Maji würde's nicht besser sein, in keiner der Provinzstädtchen hier unten. Nicht mal in Aksum, im Norden vielleicht sogar am allerwenigsten. Es blieb eigentlich nur, mit ihr nach Surma Kibish zurückzugehen. Oh, mal abgesehen davon, daß Bargudu das nie und nimmer zulassen würde, verboten wäre eine solche Verbindung dort nicht! Du müßtest dich vollständig in ihre Lebensweise einfinden, sagte sich Trattner, voll-stän-dig. Du müßtest ein Suri werden. Kannst du das? Wenn's selbst Saba Kana nicht so hinbekam, daß sie ihn akzeptierten? Und der war immerhin ein Mursi, also fast schon ein Suri. Du würdest es nicht über dich bringen, frisches Rinderblut zu trinken, du würdest nicht mal mit der Machete einen Weg durch den Busch schlagen können. Und selbst wenn du's könntest, müßtest du erst noch ihre Götter übernehmen und ihre Lieder lernen, du müßtest ihre Feinde zu hassen beginnen, und letztendlich müßtest du dafür kämpfen, daß ihre Welt nicht untergeht. Du müßtest dich so verwandeln, daß nichts mehr von dir übrigbleibt, nichts vom alten Trattner und nichts vom neuen. Dann bekämst du dafür am Ende Amöbenruhr, Hitzschlag, Malaria, Schlafkrankheit. Vergiß es, dazu bist du nicht in der Lage, in Surma Kibish kannst du nicht mit ihr leben. Und sie kann's nirgendwo sonst, außer vielleicht bei den Mursi, aber das macht's für dich nicht besser.

Erneut hatte der Regen eingesetzt, man hörte ihn aufs Dach und in den Hof prasseln. Jinka lag schon in den Bergen, die das Omo-Tal umfaßten, nachts wurde's hier auch ohne Regen deutlich kühler als überall sonst, wo sie bislang übernachtet hatten. Natu rückte im Schlaf nah an Trattner heran. Noch immer lag sie von ihm abgewandt, aber ... mit einem Mal war sie vollkommen an ihn geschmiegt wie ein kleines Kind. Es war überraschend leicht für ihn, den Arm um sie zu legen, es ging gar nicht anders. Er sog ihren Duft ein und spürte die Wärme, die ihrem Körper entströmte, witterte in die Zukunft und hörte ihr Herz schlagen, *dugedong, dugedong, dugedong*. Oder war's sein eignes Herz? Am Ende, so ahnte er, würde ihm nur ihr Geruch bleiben, die Erinnerung an ihren Geruch.

*

Wieder war sie gegen Morgen hochgeschreckt, wieder hatte sie die gelbe Krähe gehört. Trattner erkannte das Geräusch sofort, mit dem sie ihm das Hacken der Krähe auf dem Erdboden nachmachte, er selbst vernahm nichts, sosehr er auch in die Nacht hineinlauschte. Vielleicht hatte sie ja nur geträumt, die Krähe zu hören? Auch eine geträumte Krähe war ein Zeichen, das vor etwas warnen wollte – vielleicht sogar noch stärker, als hätte man tatsächlich eine Krähe gehört. Jemand wird sterben, das war diesmal auch Trattner klar, wird sterben, wird sterben. Um halb sechs fing der Priester an zu beten, Trattner kannte die Beschallung mit Morgenandacht aus vielen andern Städten in Äthiopien, aber dieser hier hatte einen besonders starken Lautsprecher. Er sang halbtonweise hinauf und hinunter, nach einer Stunde wurde er durch einen Platzregen übertönt. Als der Regen abzog, ließ sich der Priester wieder vernehmen, und die Sonne ging auf.

Bald hörte man die ersten, die sich quer übern Hof etwas zuriefen, und noch immer sang der Priester. Als er endlich aufhörte, war's acht, da hatte Natu bereits ihr zweites Glas Milch getrunken und Weraxa eine Entscheidung getroffen.

»*Big problem*«, hatte ihn Trattner am Frühstückstisch begrüßt.

»*No problem.*« Weraxa hatte auch heute morgen ein großes Vorratsglas mit Honig und eine Dose Erdnußbutter aus der Küche geholt und setzte sich zufrieden auf seinen Platz.

Das Frühstück fand im Hof unter einer Überdachung statt, gerade ging erneut ein Prasselregen nieder, wenn's nicht so kühl gewesen wäre, hätt's lauschig sein können. Der Kellner mußte fast alle andern Tische für eine große Reisegruppe eindecken und hatte keine Zeit. Jetzt kam auch Mulugeta aus der Küche und brachte Toastbrot, Butter, Kaffee. Ohne ihm erst lang guten Morgen zu wünschen, ließ er Trattner wissen, daß er auch für ihn beim Koch ein großes Käseomelette bestellt habe.

Natu sagte nichts. Weraxa hatte für sie Hirsebrei organisiert, wie es ihn überall im Suri-Land zum Frühstück gab. Sie war so beschäftigt, daß sie nicht mal den Kopf aus der Schüssel hob.

»Sie hat heut nacht wieder die gelbe Krähe gehört«, sagte Trattner und machte »*lok-lok-lok*«.

Ruckartig hob Natu den Kopf und nickte ihm mit aufgerißnen Augen zu.

»Ich hab' heut nacht vom gelben Elefanten geträumt«, erwiderte Weraxa und schmierte sich mit Sorgfalt einen Erdnußbuttertoast.

»Und ich vom rosaroten Panther«, ergänzte Mulugeta. Er fauchte ein paarmal so täuschend echt, daß man sich am Nachbartisch umdrehte.

»*Shit happen*«, übersetzte Weraxa. Offensichtlich wollte er die Fahrt fortsetzen, als wäre gestern abend nichts geschehen.

Ob er den Schuß nicht gehört habe? fragte Trattner, und weil ihn Weraxa verständnislos ansah: Na ja, Aru und Badiso, die hätten doch in Wirklichkeit eine Warnung ausgesprochen, einen Befehl?

Aber nein, beharrte Weraxa darauf, sie hätten nur eine Bitte übermittelt.

»Und? Werden wir sie erfüllen, die Bitte?«

»Ich hab' schon mit ihr gesprochen.« Weraxa machte eine kleine Pause und lächelte sein Weraxalächeln. »Keine Sorge, Joe. Sie will bei uns bleiben.«

Sie läßt's drauf ankommen, dachte Trattner. Aber er sagte: Ob's nicht doch Bargudu gewesen, der die ... die Bitte ausgesprochen habe?

Nein, die Familie, wahrscheinlich Natus Vater. Aber so ganz klar sei das nicht. Natürlich werde am Ende der Rat der Alten über Natus Verhalten urteilen. »Gott und der Erdboden werden zu ihnen sprechen. Dann werden sie etwas schlachten und den Darm betrachten und darüber befinden.«

»Hör mal, Weraxa.« Trattner war immer ein Draufgänger gewesen, aber sehenden Auges in sein Verderben fahren wollte er nicht: Es sei ja wohl klar, daß Saba Kana auf Befehl von Bargudu erschossen wurde.

Ach ja? Auch Mulugeta blickte von den diversen Toasts auf, die er auf seinem Teller angehäuft hatte. Ehe er einen passenden Tierlaut beisteuern konnte, erinnerte er sich, daß er Omelettes bestellt hatte und machte sich auf, in der Küche danach zu suchen.

»Und wenn schon«, versetzte Weraxa, »was hat das mit uns zu tun?«

Trattner lächelte Weraxa entschlossen an. Möglichst beiläufig, fast so, als wär's ihm egal, sagte er: »Könnt' ja sein, daß er als nächsten mich ausm Weg räumen will.«

»Wieso denn dich, Joe?« lachte Weraxa auf. »Was hast denn du mit der Sache zu tun?«

Nun, dachte Trattner, nun. Meinetwegen erschießt er als nächsten dich und hat am Ende auch nicht den Falschen erwischt.

Weraxa merkte sofort, daß er Trattner verärgert hatte, in diesem Punkt war er äußerst sensibel, wahrscheinlich weil er selbst so schnell eingeschnappt war, und er nahm ihn kurz in den Arm, »Alles gut, Joe«. Und als er ihn wieder losgelassen hatte: »Sei froh, daß sie Natu verfolgen und nicht dich. Wenn sich ein Mädchen mit jemandem einläßt, ohne zuvor mit ihm verheiratet zu werden, können sie jeden krankenhausreif schlagen. Oder sie schießen dir ins Bein, als Warnung.«

Ich glaube, die schießen hier nicht erst ins Bein, dachte Trattner, und ein Mädchen ist Natu schon lang nicht mehr. Aber er sagte: »Egal, wen sie von uns im Visier haben!« Ob sie nicht schleunigst weiterfahren sollten, wegfahren sollten?

Weraxa sah Trattner ein wenig betrübt an: Alle andern, mit denen er bislang ins Omo-Tal gereist sei, wollten vor allem die Mursi sehen, offenbar hätten die's in Europa zu einem gewissen Ruf gebracht. Und er, Trattner, wolle ausgerechnet darauf verzichten?

Schon gut, dachte Trattner, schon gut. Er wäre am liebsten auf dem schnellsten Weg in den Norden gefahren, so weit wie möglich weg von Surma Kibish. Aber als Angsthase wollte er auch nicht gelten.

Er habe Natu schon davon erzählt, fuhr Weraxa fort, sie freue sich drauf. Schließlich seien die Mursi fast so was wie die Suri.

Eben, dachte Trattner, eben.

Und es gebe *noch* eine gute Nachricht, schloß Weraxa: Heute morgen habe er endlich einen Rückruf erhalten. Am Eingang des Nationalparks würde sie einer erwarten, um mit ihnen zu seinem Dorf zu fahren.

Ob sie den nicht einfach warten lassen sollten?

Lieber nicht, winkte Weraxa ab. Mit den Mursi würde er sich's ungern verscherzen. Nach dem Krieg werde er ja vielleicht noch öfter hierherkommen. »Und du weißt ja, Joe ...«

»Jaja, ich weiß, die erschießen schon mal 'nen Lkw-Fahrer, wenn er ohne ihre Erlaubnis –«

»Nicht nur 'nen Lkw-Fahrer, Joe.«

Na fein, dachte Trattner, da haben wir doppelt Grund, uns auf diesen Ausflug zu freuen. In diesem Moment kam Mulugeta, breit grinsend, mit den Käseomelettes.

*

Um Viertel nach acht fuhren sie los, nach Westen, in die Richtung, aus der sie gekommen waren – wie Aru und Badiso auch. Es hatte zu regnen aufgehört, die Wege waren voller brauner Pfützen und Bäche. Auch heute wieder hingen die Wolken bis knapp über die Baumwipfel hinab, Trattner hatte ein mulmiges Gefühl. Im Grunde hätten sie schon seit Tagen in die andre Richtung fahren sollen, zielstrebig nach Osten, zu den Konso, die angeblich einen eignen König hatten und nichts mit den

Völkern am Omo zu tun haben wollten. Und von den Konso dann ab in den Norden! Nun gut, sagte sich Trattner, in ein paar Stunden haben wir's hinter uns. Natu saß ganz entspannt neben ihm. Aufmerksam sah sie aus dem Fenster, zeitweise drehte sie ihm dabei sogar den Rücken zu.

Um halb zehn war die Grenze des Mago-Nationalparks erreicht, und ein Ranger stieg zu, ein Oromo mit silbernem Kinnbart, der gleich munter mit Weraxa zu plaudern begann. Trattner rutschte in die Mitte der Rückbank, um ihm Platz zu machen, doch als der Ranger auf derselben Rückbank Natu wahrnahm, stieg er wieder aus und quetschte sich zu Weraxa auf den Vordersitz. Sein Oberkörper hing halb aus dem Fenster, mit einem Arm hielt er sich am Dachträger fest. Irgendwann wurde Weraxa nervös, weil der Mursi nicht auftauchen wollte, den er als zusätzlichen Begleitschutz gebucht hatte. Er telefonierte, zwischendurch ließ er Trattner wissen, der Ranger habe ihm gerade angeraten, nur bis zum ersten Dorf zu fahren. Vor einigen Tagen sei ein ähnlicher Geländewagen wie der ihre, ein *Toyota Cruiser*, weit ins Mursi-Land hineingefahren und bis heute nicht wieder aufgetaucht. Am Eingang des Nationalparks habe der Fahrer des Wagens erzählt, seine Passagiere würden ihn unter Druck setzen, ein vom Tourismus noch unberührtes Dorf für sie zu finden. Als ein Ranger mitfahren wollte, hätten ihn die Passagiere dermaßen angepöbelt, daß er sie alleine habe fahren lassen, jetzt mache er sich Vorwürfe.

Der Weg war ein dunkelbraunes Band durch dichtes Grün. Im Dickicht sah man immer wieder Hütten, die sich, grasbedeckte Halbkugeln, unter den Baumkronen zusammengefunden hatten. Überall dort, wo ein Weg nach links oder rechts abzweigte, stand ein Mursi in voller Montur und winkte ihnen schon von weitem zu, er wollte sie zum Abbiegen animieren und in sein Dorf locken – Wettstreit der touristischen Anbieter.

An einer Abzweigung fünf nackte Jungen, wieder mit weißen Knochen auf die Haut gemalt, so daß man sie von fern für fünf Gerippe halten mochte. Als sie Mulugetas *Nissan Patrol* kommen sahen, formierten sie sich zum Gruppenfoto. Kurz dahinter kam eine Straßensperre, eine Gruppe Krieger am Wegesrand, bewaffnet wie die Suri mit Kalaschnikows und Kampfstöcken, einer hatte neben sich ein Maschinengewehr auf dem Boden abgestellt. Nach einem kurzen Wortwechsel löste sich einer der Männer aus der Gruppe, es war der, den Weraxa erwartet hatte und nun überschwenglich begrüßte. Der Mann erwiderte fast unwirsch, blickte kurz in den Innenraum des Wagens und stieg hinten zu. Trattner rutschte erneut in die Mitte der Rückbank. Der Mursi konnte kein Englisch und nannte nicht mal seinen Namen; als er Natu sah, sprach er sie sofort an. Und unterhielt sich angeregt mit ihr bis zur Abzweigung, die zu seinem Dorf führte.

Mehr als eine Handvoll halbkugeliger Grashütten war es nicht. Dazwischen, am Boden lagernd, Frauen und kleine Kinder. Alle sprangen sie auf und stürmten auf den Wagen zu, den Mulugeta noch ein paar Meter ausrollen ließ, sie liefen seitlich mit und boten Lippenteller und Schnitzereien an. Als Natu ausstieg, wurden sie schlagartig still. Der Mann, der als Begleitschutz mitgekommen war, sprach ein paar Worte, immer wieder deutete er auf Natu, offensichtlich stellte er sie den Dorfbewohnern vor. Als er fertig war, fingen alle gleichzeitig zu reden an und bestürmten Natu mit Fragen, so klang's jedenfalls. Niemand interessierte sich für Trattner, niemand wollte ihn begrüßen, ihm etwas verkaufen. An Touristen waren sie hier gewöhnt, an den Besuch einer Suri, die noch dazu Mursi sprach, nicht.

Während Natu, umringt von allen andern, vor einer der Grashütten Platz und einen ersten Schluck Bier nahm, standen der Ranger, Weraxa und Mulugeta noch eine Weile unschlüssig abseits. Dann setzten sie sich zu den andern, bereitwillig rückte man beiseite und versorgte sie gleichfalls mit Bier. Die Frauen hatten sich mit Lehm beschmiert, der, inzwischen getrocknet, Gesicht und Körper mit weißen Punkten und Wellenlinien verzierte. Eine ältere Frau hatte sich zwei mächtig ausladende Rinderhörner auf dem Kopf befestigt, ein Relikt aus einer andern Zeit, das sie gewiß nur noch für Touristen hervorholte. Sie setzte die Hörner Natu auf, und alle amüsierten sich. Ihre Lippenteller, für die Besucher schnell eingesetzt, hatten sie längst wieder herausgenommen. Wenn eine von ihnen zu einer Hütte ging, um dort eine weitere Plastikflasche mit Bier zu holen, baumelten die dünnen langen Fleischbänder hin und her, die von ihren Unterlippen übrig waren, und, sofern ein Windstoß dazukam, auch ihre leeren Ohrläppchen.

Trattner konnte völlig ungestört umherschlendern, die große Feuerstelle besichtigen, wo der Kaffeebohnenschalenkaffee gekocht wurde, konnte im Vorbeigehen in die Hütten hineinschauen, sie waren alle auf dieselbe Art und Weise mit Rinderhäuten ausgelegt und ansonsten leer. Da das Dorf so klein war, ging er im Grunde ständig um das Biergelage herum. Immer mal wieder stieg er aufs Dach des *Nissan Patrol*, sah sich um und um und um, als suchte er das Dickicht nach Gefahren ab. Es gab keine Tanzvorführung, keine Zurschaustellung als Fotomotiv, Trattner hatte das Gefühl, zum ersten Mal ein Dorf im Omo-Tal zu besuchen, das sich so zeigte, wie es war. Arg puristisch. Aber vollkommen normal. Nur ein paar Kleinkinder begleiteten ihn auf seinen Rundgängen – ein Mädchen mit einer Schürze, beklebt mit Plastikperlen und Fruchtsamen, das versuchte, im Gehen einen Korb auf dem Kopf zu balancieren; ein kleiner Junge, lediglich mit einer Plastikperlenschnur um die Hüften gekleidet. Beide waren sie unglaublich fett, also Kinder reicher Eltern, geschmückt mit Armreifen, Halsbändern und Glöckchen an den Knöcheln, die bei jedem Schritt schepperten.

Trattner schloß die Augen, hörte das Scheppern der Glöckchen, das Gelächter der Frauen, das Rascheln der Blätter im Wind, und wie er die Augen wieder öffnete, hatte er begriffen, daß es genauso auch in Natus Dorf zugehen mochte, abgesehen vom einen oder andern Detail. Als er zu den lagernden Frauen und ihren Gästen hinüberblickte, sah er, daß sich Natu den Schädel hatte scheren lassen. Jetzt strich ihr die, die gerade noch mit der Rasierklinge hantiert hatte, weiße Asche über die Augenlider, damit sie die Wimpern besser erkannte, die herauszureißen waren. Eine ältere Frau stand dabei und überwachte das Ganze. Ohne den Blick abzuwenden, nahm sie eine Tabakkugel, die sie hinterm Ohr eingeklemmt hatte, kaute kurz auf dem Tabak, spuckte aus, nahm den Tabak wieder aus dem Mund und steckte ihn zurück hinters Ohr.

Bei seiner nächsten Runde durchs Dorf entdeckte Trattner in einer der Hütten ein Mädchen, vielleicht zehn oder elf Jahre alt, es saß vor einem kleinen Feuer und kam sofort heraus, als es ihn sah. Schweigend blickte sie ihn an und hatte bereits geweitete Ohrläppchen, ihre Lippen waren noch unversehrt. Auf dem Bauch war sie mit Ziernarben geschmückt, lauter quer verlaufenden Linien, die aus vielen einzelnen Punkten bestanden, vom Bauchnabel bis hoch zur Brust. In ihren Händen hielt sie einen kleinen Hund, aus Ton gebrannt, der teilweise mit roter Farbe bemalt und weißen Punkten verziert war. Ihre Nagelbetten schimmerten so rosa wie die von Natu, einen Augenblick lang war sich Trattner sicher, daß Natu als junges Mädchen ähnlich ausgesehen hatte. Bereitwillig gab sie ihm den Hund zur Ansicht. Als er ihr jedoch klarzumachen suchte, er wolle ihn kaufen, zeigte ihr Gesicht keinerlei Regung, sie schien ihn nicht zu verstehen.

Verrückt, dachte Trattner, als er aufgegeben und seinen ziellosen Rundgang fortgesetzt hatte, ausgerechnet hier, bei den Mursi, die seit Jahren von Touristen leben, wollen sie dir nichts verkaufen. Wollen dir nichts aufnötigen, das man extra so für dich angefertigt oder einstudiert hat, weil man glaubt, daß du's für echt hältst und in einem Mursi-Dorf erwartest. Wenn man dich stattdessen unbehelligt herumlaufen läßt, so nicht etwa, weil der Krieger dafür gesorgt hat, der hier angeblich zu Hause ist, sondern weil du durch Natu von einem beliebigen Besucher zu einem Gast geworden bist.

Plötzlich begriff Trattner, daß die Fremde nicht verstanden werden wollte und erst recht nicht geliebt. Sie wollte einfach nur bleiben, was sie war. Das half ihm freilich bei dem Mädchen mit dem Hund nicht weiter. Sie war keinesfalls überrascht, als er zum zweiten Mal bei ihrer Hütte vorbeischaute, kam auch gleich wieder heraus, den Hund auf dem Handteller knapp unterm Bauchnabel präsentierend. Ehe Trattner jedoch etwas sagen oder ein paar Geldscheine hervorholen konnte, stand Natu neben ihm, büschelweise Grünzeug im Arm. Sie richtete ein paar Worte an das Mädchen, es klang fast ausgelassen, dann lachte sie Trattner an, ergriff ihn bei der Hand und zog ihn zum Auto. Ihr Schädel war so glattgeschoren, daß er spiegelte, auch die Augenbrauen waren frisch abrasiert.

Als die Frauen sahen, daß sich ihre Gäste zur Abfahrt bereitmachten, kam Bewegung in ihr Gelage, und es wurde laut. Blitzschnell setzten sich einige wieder ihren Tonteller in die Unterlippe, andre rannten in ihre Hütte, um Schnitzereien zu holen, alle zusammen umringten sie Trattner, so daß er gar nicht hätte einsteigen können. Im letzten Moment wollten sie doch noch ein Geschäft machen. Eine Frau, die nichts zu verkaufen hatte, bettelte ihn an, »*Soap! Soap!*«, und strich sich dabei übern Kopf. Auch das junge Mädchen war unter ihnen, jetzt trug es seine Ohrteller. Wenn er schon nicht den Hund von ihr hatte kaufen können, so feilschte er ihr wenigstens einen der Ohrteller ab. Er war aus rotem Lehm gebrannt und mit weißen Linien kreisförmig verziert, in der Mitte hatte er ein kleines Loch. Kaum war der Kauf getätigt, wurden alle andern Frauen noch lauter und richtig zudringlich. Trattner war nicht mehr ihr Gast, sie bedrängten ihn. Natu stand sehr aufrecht neben ihm und hielt eine Frau von ihm ab, die einen riesigen Lippenteller aus Holz trug. Als die Frau keine Ruhe geben wollte, hob sie die Rechte und gab ihr, aber nur leicht, einen Schlag mit der *Ula* auf den Kopf. Auf der Stelle herrschte Ruhe, Mulugeta startete den Motor, der Ranger stieg zu, und sie verließen das Dorf als die Fremden, als die sie gekommen waren. Der von Weraxa engagierte Krieger hatte sich längst ausbezahlen lassen und war verschwunden.

Nun hatte Trattner das Dorf noch auf die Schnelle erlebt, wie es sich Besuchern normalerweise präsentierte. Vielleicht waren das einzig Echte, was er hier gesehen hatte, die Aluminiumtöpfe an der Feuerstelle und die Plastikkanister in den Hütten. Noch bevor sie wieder den Hauptweg erreicht hatten, drückte ihm Natu vorsichtig etwas in die Hand. Es war der kleine Tonhund.

*

Und dann verteilte sie auch gleich die Büschel, die sie im Dorf gekauft oder geschenkt bekommen hatte. Es war Qat, jeder bekam ein paar Zweige, auch der Ranger. Vergnügt erzählte sie, das Dorf sei von den Frauen extra für Touristen errichtet worden, niemand wohne darin, der Krieger sowieso nicht, der sie begleitet hatte, den hätten sie gar nicht gekannt. Normalerweise würden die Mursi die gleichen stabilen Häuser wie die Suri bauen, keine Grashütten. Die Frauen würden in diesem

Dorf Geld verdienen, während die Männer draußen seien, bei den Herden.

Normalerweise! korrigierte der Ranger, derzeit seien sie im Krieg mit den Aari. Deshalb sei auch kein einziger Mann zu sehen gewesen.

Dort, wo sie auf der Hinfahrt die Straßensperre passiert hatten, war niemand mehr. Auf dem Weg saß eine Pavianfamilie, um die Mulugeta langsam herumfuhr. Im Dickicht beidseits des Wegs sah man unglaublich viele Schmetterlinge, einige gelb, die meisten weiß. Eine Weile liefen zwei Zwergantilopen auf dem Weg vor ihnen her, sie sprangen erst ins Gebüsch, als eine Militärkolonne entgegenkam. Der Ranger behauptete, die Soldaten hätten Befehl, die Mursi zu entwaffnen. Als er am Eingang des Nationalparks ausstieg, 11:40 Uhr, wiederholte er seine Behauptung und fügte an, er sei froh darüber. Die Mursi seien heimtückisch und aggressiv, das meistverhaßte Volk im Omo-Tal, jeder lebe im Krieg mit ihnen, jeder! Mulugeta schenkte ihm zum Abschied seine Ration Qat, währenddessen drängten sich Kinder von beiden Seiten gegen die Scheiben und forderten Seife, Kugelschreiber, T-Shirts, Geld.

Auf der Straße ging's zurück nach Jinka, auch hier noch einmal ein paar Jungen, als Gerippe bemalt. Sie standen auf hohen Stelzen mitten in der Straße, um Mulugeta zum Abbremsen zu zwingen. Im letzten Moment fuhren sie mit riesigen Schritten auseinander. Mulugeta wäre fast in ein paar Ziegen hineingerast, die gleich dahinter auf dem warmen Teer der Straße lagen, selbst die Hupe konnte sie lange nicht zum Aufstehen bewegen.

Und immer hielt Trattner den kleinen Hund in der Hand. Ob ihn Natu auf die Schnelle gekauft oder dem Mädchen abgebettelt hatte?

*

Mittagspause machten sie im selben Hotel, in dem sie übernachtet hatten. Es gab Thunfischpizza, sogar Trattner aß mit der Hand. Vor dem Hotel parkten neun Geländewagen, an allen Tischen saßen Reisegruppen. Auf der Weiterfahrt fing Natu an, die ersten Blätter von ihren Qat-Zweigen abzuzupfen und zu zerkauen. Weil sich Weraxa prompt anschloß, machte auch Trattner mit, immerhin ging's ab jetzt in die richtige Richtung. Ja, er wußte, was er vor allem wollte: weg vom Omo, egal wohin! Die Blätter schmeckten bitter, ab und zu fuhr auch er sein Fenster herunter und spuckte den ausgekauten Blätterbrei, den er einigermaßen ungeschickt in der Backe verstaut hatte, auf die Straße. Je länger er kaute, desto mehr Durst bekam er, und da es bald keine Wasserflaschen mehr in Griffnähe gab, verteilte Weraxa warmes Flaschenbier.

In jedem Dorf gab's einen Kreisverkehr mit Baum in der Mitte, der Sockel gemauert und in äthiopischen Nationalfarben gestrichen, grüngelbrot. Ab dem dritten Dorf fand Natu das lustig, Weraxa auch. Die Straße bald wieder geteert, die Schlaglöcher darin nicht selten tiefe Trichter, mit Regenwasser gefüllt, aus denen Ziegen tranken. Wenn's bergauf ging, fielen die Ohren zu, Natu schnalzte sie sich so laut frei, daß Trattner zusammenzuckte. Ihm selbst gelang das Schnalzen nur mäßig, um ihn zu weiteren Versuchen zu ermuntern, schnalzte sie mit ihm gemeinsam. Es war diesig und heiß, Mulugeta obendrein in Sorge, weil der Motor nicht so klang, wie er klingen sollte. Alle außer ihm fanden das lustig und gaben Kostproben, wie ein Motor klingen – und vor allem, wie er nicht klingen sollte. Mulugeta legte sich ein nasses Taschentuch auf den Kopf, um ihn zu kühlen, Weraxa verteilte eine zweite Runde Bier. Eine grüne Ebene, umkränzt von Bergzügen, da und dort eine Herde. Direkt an der Straße, hoch oben in den Baumkronen, Bienenröhren. Dann ein Schild *Say No to early marriage! Save young girls' life.* Wenig später das Schild *For safe motherhood! No pregnancy during adolescence.*

Um Viertel nach drei querten sie einen Fluß, dahinter begann das Königreich der Konso: rote Erde, braune Flüsse, grüne Felder. Trattner atmete durch. Am Straßenrand gleich nach der Grenze ein kleiner Junge, der Weihrauch verkaufte. Frauen mit Feuerholz auf dem Rücken, die grüppchenweise auf dem Heimweg waren. In den dornigen Sträuchern am Straßenrand weiß leuchtende Baumwollfetzen. An den Hängen, auf die sie zuhielten, Ackerterrassen.

»UNESCO-Welterbe!« wußte Weraxa, er meinte die Ackerterrassen. »Von den Lkws, mit denen die Baumwolle abtransportiert wird!« Er meinte die Fetzen in den Büschen. Plötzlich kicherte er: Der König sei übrigens ein paar Jahre im Knast gesessen, er habe sich zu sehr für sein Volk eingesetzt.

Natu kicherte gleichfalls, obwohl Weraxa auf Englisch gesprochen und sie kein Wort verstanden hatte.

»Natürlich gehen sie immer erst mal zum König, wenn's Probleme gibt, nicht zur Polizei.« Weraxa meinte die Konso. Ein paar Jahre seien sie also ins Gefängnis gegangen, während der Besuchszeiten habe der König für Recht und Ordnung in seinem Land gesorgt.

Natu wußte über die Konso nichts zu sagen, offensichtlich lebten sie außerhalb ihrer Welt. Trattner nahm's als ein gutes Zeichen.

Sofern's was zu beschwören gebe, würden sie sich auf dem Dorfplatz hinknien, ergänzte Weraxa, und ihre Hand auf den Schwurstein legen. Die Motorräder, die man überall sehe, kämen aus indischer Produktion, Schmuggelware aus Kenia.

Nun lachten Natu und Weraxa zusammen. Offenbar wirkte das Qat bei ihnen schon. Wie immer ließ Weraxa seinen rechten Arm aus dem Beifahrerfenster hängen, plötzlich zog er seinen weißen Ärmel jedoch ab, weil ihn Natu anprobieren wollte. Sie ließ die Scheibe auf ihrer Seite herunter und hängte sich wie Weraxa in die Öffnung, sogar Mulugeta, der sich seinen zweiten Rückspiegel extra auf Natu eingerichtet hatte, mußte darüber lachen. Trattner spürte nichts, obwohl er eifrig gezupft und gekaut hatte. Aber weil die Stimmung so war, wie sie eben war, präsentierte er Natu recht unvermittelt den kleinen Tonhund: Er hielt ihr seine beiden Hände wie die zwei Hälften einer Muschel vor die Nase, ließ sie aufschnappen und machte dazu »Wuff!«. Natu erschrak und jaulte auf wie ein verängstigter Straßenköter, Mulugeta und Weraxa fielen mit großem Gebell ein. Natu mußte so lachen, daß sie sich an Trattners Unterarm festhielt.

Und dann ließ sie ihre Hand einfach weiter darauf liegen.

Trattner wagte nicht, seinen Arm wegzuziehen, selbst als er zu schmerzen begann. Und als sie ihre Hand doch wieder von ihm löste, lächelte sie ihn an, als wollte sie sich dafür entschuldigen. Er versuchte, die Gelegenheit zu nützen und ihr ein Gegengeschenk zu machen: den Ohrteller.

Ach, winkte sie fröhlich ab, der sei doch nur als Souvenir für Touristen gemacht worden. Und die Bemalung nach Art der Mursi, wie hätte sie ihn als Suri tragen können? Statt nach dem Ohrteller griff sie in Trattners Haare und zog daran, noch immer viel zu fest, als daß es eine Zärtlichkeit hätte sein können. Das Gold darin fühlen wollte sie aber offenbar nicht, vielleicht sollte es eine liebevolle Form der Zurückweisung sein.

Trattner war versessen darauf, sie einmal mit Ohrteller zu sehen. Und er war hartnäckig. Widerstrebend setzte sie ihn schließlich in ihr heiles rechtes Ohr ein, er paßte, schien ihr freilich Schmerzen zu bereiten. Sie sah großartig damit aus, und als ihr Trattner seine Bewunderung bekundete – wer weiß, was Weraxa davon übersetzte oder dazuerfand –, fühlte sie sich offensichtlich geschmeichelt. Tatsächlich ließ sie den Ohrteller im Ohr, ja, kokettierte damit, indem sie den Kopf immer wieder so weit zu Trattner drehte, daß er ihre rechte Gesichtshälfte sehen konnte. Als sie allerdings Weraxas Ärmel vom Arm zog und ihm zurückreichte – Weraxa kniete schon eine Weile auf seinem Sitz, um die Geschehnisse auf der Rückbank über seine Kopfstütze hinweg verfolgen zu können –, warf sie ihm einen tiefen Blick zu. Als Weraxa die Hand auf sein Herz legte und die Augen zum Himmel drehte, schüttelte sie sich immerhin vor Lachen. Unvermittelt brach sie ab, wandte sich Trattner zu und warf ihm denselben tiefen Blick zu.

Es ist vielleicht nur das Qat, sagte sich Trattner. Aber meinetwegen, dann ist's eben das Qat!

Bei der nächsten Rast an einem Aussichtspunkt bot er ihr, als wär' er mit ihr auf der Wiener Ringstraße oder im Graben, seinen Arm. Sie hängte sich mit einer Beiläufigkeit ein, als hätte sie es schon viele Male gemacht. Dann spazierten sie los, einfach den weiteren Straßenverlauf bergab, und Weraxa hinterher. Ein Bauer kam ihnen mit zwei Ochsen entgegen, die einen Holzpflug zogen. Die Straße führte einen Hang hinab, auf dem Weihrauchbäume mit hellgrünem Stamm standen. Im Tal üppige Felder, da und dort strohgedeckte Hütten mit bunten Spitzen, auf den Hügelkuppen in der Ferne Handymasten. Das vergißt du nie, dachte Trattner, aber er fragte Weraxa nur möglichst herzlich nach weiteren Einzelheiten über die Konso.

»Aber ja, auch die Mursi-Frauen tanzen«, antwortete Weraxa. »Sie pusten so lang in ihr Horn, bis sie ausgepeitscht werden!«

Hatte er nicht nach den Konso gefragt? Trattner versuchte gar nicht erst, seine Frage noch mal zu stellen, die allgemeine Beschwingtheit hatte auch von ihm Besitz ergriffen. Immerhin lag das Omo-Tal hinter ihnen, er fühlte sich schon fast in Sicherheit.

»Und am Nachmittag sind sie in der Regel betrunken und ziemlich aggressiv.« Nicht wenige würden Drogen nehmen, insbesondre ein Medikament gegen Schlafkrankheit, sie bekämen's an den Missionsstationen.

Trattner hörte gar nicht richtig hin, offensichtlich hatte Weraxa qatmäßig schon abgehoben, oder warum sonst redete er ständig von den Mursi statt von den Konso? Egal! Trattners Befürchtungen waren wie weggewischt – Aru, Badiso, Bargudu, die gelbe Krähe, pah! Solange Natu an seiner Seite war, konnte gar nichts passieren, weder ihr noch ihm. So einfach war das.

Als sie wieder zurück am Aussichtspunkt waren, saßen da im Schatten eines Baumes acht Jungen und schnitzten Souvenirs, dazu lief Musik aus einem Radio. Was bereits fertig war, wurde auf einer Plastikplane angeboten, es gab Schildkröten, Tiger, Kalaschnikows und all das andre, was es auch schon bei den Mursi gegeben hatte. Noch immer war's unglaublich heiß, die Jungen forderten Cola und einen Anteil der kleinen Bananen, die Mulugeta unterwegs gekauft hatte: »*Give bananas.*« Auf dem Parkplatz standen jetzt zahlreiche Geländewagen, sofern sie zu einer größeren Reisegruppe gehörten, waren sie mit Nummern versehen. Als die Touristen, die ausgestiegen waren, Natu entdeckten, zückten sie ihre Fotoapparate; weil sie aber keinerlei Anstalten machte, von Trattners Seite zu weichen, war ihnen das Motiv verdorben. Endlich einmal konnte auch Trattner von Herzen lachen. Das Land der Konso war schön, Natu war schön, das Leben war schön, jawohl!

»Swei is bässa«, nickte ihm Mulugeta zu, als er mit Natu zum Wagen zurückschlenderte, es klang kein bißchen lüstern. Trattner öffnete Natu den Schlag wie ein Kavalier alter Schule, und als er wieder neben ihr auf der Rückbank saß, legte er ihr seinerseits die Hand auf den Unterarm. Unglaublich beiläufig, unglaublich selbstverständlich. Natu lächelte ihn an und – als wär's nur ein weiteres Zeichen ihrer Freundschaft, als würde's für eine Suri-Frau nicht etwas ganz andres bedeuten – zog ihren Arm nicht fort. Es war halb fünf, die Zeit, da in Äthiopien sowieso immer der schönste Teil des Tages anbrach.

*

Karat Konso war seit langem mal wieder eine richtige Kleinstadt, sie galt als Tor zum Omo-Tal, alle Reisegruppen machten dort Station. Es gab Banken, Busse, Tuk-Tuks und überhaupt alles, was es die letzten Tage nicht gegeben hatte, sie waren zurück in der – Trattner wagte nicht mal, es zu denken, Weraxa sprach's offen aus:
»*Welcome back to civilization.*«
Die *Kanta Lodge* lag außerhalb, ein weitläufiges Luxusresort am Hang, das einem Schweizer mit äthiopischen Wurzeln gehörte. Man übernachtete hier nicht in Zimmern, sondern in strohgedeckten Rundhütten mit Blick auf den Großen Afrikanischen Grabenbruch, Weraxa hatte schon seit Tagen davon geschwärmt. Als der Pförtner den Schlagbaum für Mulugeta hochfahren ließ, salutierte er. Natu, noch immer barfuß und mit ihrem weißen Tuch bekleidet, wurde an der Rezeption mit großen Augen bestaunt. Wir werden sie neu einkleiden müssen, dachte Trattner, morgen.
In der Hütte, die er sich mit Natu teilte, ging nur die Hälfte der Lampen. Dafür gab's zwei Doppelbetten, jedes mit einem Moskitonetz versehen, das man bereits heruntergelassen hatte, sie sahen wie Hochzeitsbetten aus. Zwei? Egal. Als Natu aus der Toilette kam, erschlug sie, ohne stehenzubleiben und mit der bloßen Hand, eine Hornisse. Weil's erst halb sechs war und Donnerstag, an dem in einem nahe gelegnen Vorort Markt abgehalten wurde – so der Laufjunge, der sie von der Rezeption

zur Hütte geführt hatte –, beschloß Trattner, bis zum Abendessen noch einen weiteren Spaziergang zu machen. So heiter und gelöst hatte er Natu nie gesehen, der Tag durfte noch nicht zu Ende gehen.

Natu verstand sofort, was ihr Trattner bedeuten wollte, und weil Karat Konso ziemlich hoch in den Bergen lag, nahm sie ihre Decke mit. Und zwei Flaschen Bier aus der Minibar. Wieder bot er ihr seinen Arm an, wieder schritt sie ganz selbstverständlich an seiner Seite und kaute dabei auf ihrer aktuellen Zahnbürste. Als Trattner mit ihr auf die Hotelausfahrt zuschlenderte, salutierte der Portier erneut, dann zog er die Schranke hoch und lächelte ihnen freundlich zu. Etwa einen Kilometer gingen sie auf der Landstraße durch lockeren Waldbestand, kein Vergleich zum Dickicht im Omo-Tal. Ein Gutteil des Weges lief ein kleiner Junge neben Trattner her und redete auf ihn ein, »*I use his umbrella*« oder »*You, you, you!*«. Er war stolz darauf, daß er so gut Englisch konnte, am Ende wollte er dafür Geld. Trattner lachte ihn freundlich aus. Und immer war Natu an seiner andern Seite und trug ihren Ohrteller.

Im Lauf der letzten Tage hatten sie beide ein eignes Pidgin entwickelt, ein Gemisch von Wörtern in Suri, Oromo, Englisch, sogar Deutsch – vor allem Trattners »oh ja« griff Natu bei jeder Gelegenheit auf, in der ganzen Bandbreite von beiläufig bis begeistert –, dazu viel Gestik, Mimik und Gelächter. Manchmal nahm sie seine Hand und malte mit ihrer Zeigefingerspitze etwas auf die Handfläche. Nicht zu vergessen ihre Lust an der Lautmalerei und ihre mitunter beängstigende Fähigkeit, Dinge zu erahnen, die Trattner gerade hatte ansprechen wollen. Es geht also doch, dachte er in solchen Momenten, über alle Grenzen und Gräben hinweg – jedenfalls bis zum nächsten Mißverständnis. Wenn sie aufgrund des Verkehrs hintereinanderlaufen mußten, hatte Natu eine zauberhafte Art, sich halb über die

Schulter nach Trattner umzublicken, eine fast nur angedeutete Wendung, ein fast nur angedeuteter Blick, ob er ihr folge, und wenn's auch nur ein Sekundenbruchteil war, hatte Trattner doch alles gesehen, was er sehen wollte, und strahlte sie an.

Gewissermaßen die Grenzmarkierung des kleinen Marktfleckens bildete ein Haufen aufgeschnittner Lkw-Reifen am Straßenrand, auf einer weißen Plastikplane daneben eine Musterauslage von Sandalen und Schlappen, die daraus hergestellt wurden. Verschiedne Männer, die Schuster sein mochten, hantierten in Verschlägen schräg dahinter. Auf dem Marktplatz wurde alles parterre feilgeboten, Gemüse, Säcke mit sonstwas darin, haufenweise Altkleider. Am Rand des Platzes saßen an die zehn Schneider mit ihren Nähmaschinen und warteten darauf, daß man ihnen etwas zur Reparatur vorbeibrachte. Inmitten des Geschehens suchten sich Motorradfahrer einen Weg, an den Ausläufern des Marktes manövrierten Tuk-Tuks. Trattner merkte, daß er eines solchen Trubels völlig entwöhnt war, laute Musik lockte ihn in eine Seitengasse, auch dorthin kam Natu, ohne zu zögern, mit. Die Gasse führte bergauf und war mit Wimpeln in den äthiopischen Nationalfarben geschmückt. Ein paar Kinder spielten auf dem Boden mit Batterien, einige Frauen gingen gleichfalls bergauf und der Musik entgegen, Kopf und Schultern mit weißen Gazetüchern bedeckt, wie es Trattner vom Norden her kannte. Und immer war Natu an seiner Seite.

Die Musik kam von einer Kirche, die am Ende des Wegs auf der Hügelkuppe lag, weitläufig umgeben von einem hohen Zaun, an dem Sitzbänke entlangliefen. Mit der Musik rief man die Gläubigen zum Gottesdienst, Trattner und Natu gehörten zu den letzten, die gekommen waren. Die Frauen vor ihnen schoben hastig einen Vorhang an der Außenwand der Kirche zur Seite, küßten das Jesusbild darunter, schon trat der Geistliche aus dem Portal, eher Diakon als Priester, und beschimpfte die Gläubigen. Sein Pult, von einem weißen Tuch drapiert, stand auf einer Veranda, die die gesamte Kirche umlief. Er schrie so lange in sein Mikrofon, bis es ausfiel und vom Kirchendiener durch ein andres ersetzt werden mußte. Mit einem Schrei setzte der Geistliche neu an, gleichzeitig flammten Glühbirnengirlanden an den Dachtraufen auf. Die Gläubigen – ausschließlich Frauen, mit weißen Gazetüchern über Kopf und Schultern festlich gekleidet, und neugierig nach Trattner und Natu guckende Kinder – harrten reglos auf ihren Bänken aus.

Als der Geistliche den seltenen Besuch unter den Kirchgängern entdeckt hatte, übersetzte er einen Teil seiner Ansprache auf Englisch. Er erzählte Trattner, heute feiere er mit allen Gläubigen den Tag der Jungfrau Maria, *»Jesus is the way«*. Hatte er anfangs voll Pathos gepredigt, geriet er jetzt in Ekstase, ständig ging er auf die Zehenspitzen, war drauf und dran abzuheben. Die Gläubigen antworteten ihm mit Gleichmut und, sofern er's befahl, mit Gemurmel. Dann erhoben sich drei Mädchen und schlugen drei ziemlich große Trommeln, dazu wurde gesungen. Währenddessen drückten sich, arg verspätet, noch vier kleine Kinder durchs Eingangstor. Sie knieten sich kurz nebeneinander in der Kirchentür hin, anschließend küßten auch sie der Reihe nach das Jesusbild hinterm Vorhang.

Eines der kleinen Kinder, ein Junge, drängte sich neben Trattner auf die Bank. Immer wieder drehte er ihm den Kopf zu, um ihn zu bestaunen. Bald spürte Trattner, wie ein kleiner Finger vorsichtig über seine Hand strich, offensichtlich nützte der Junge die Gelegenheit, um einmal weiße Haut zu fühlen. Als er sich überzeugt hatte, daß sie sich genauso anfühlte wie seine eigne, schob er seine kleine Hand in die von Trattner, wagte jetzt aber nicht mehr, ihn anzusehen. Auf der andern Seite saß Natu und schlief.

Als sie zu schnarchen begann, beschloß Trattner aufzubrechen, er wußte, daß ein äthiopisch-orthodoxer Gottesdienst locker zwei Stunden dauern konnte. Zurück auf dem Marktplatz wählte Natu ein Tuk-Tuk für den Heimweg, die gesamte Rückseite bedeckte das Bild eines Rehkitzes, darüber stand *Hope*.

*

Als Trattner die Restaurantterrasse betrat – halb acht, das gesamte Hotelareal war durch Laternen stilvoll beleuchtet –, sah er auf den ersten Blick, daß sich Weraxa und Mulugeta schon emsig eingetrunken hatten. Noch immer oder schon wieder ging Natu untergehakt an seiner Seite, und Trattner fand alles großartig, die Terrasse, den Abend, seine beiden Freunde, die aufsprangen, um ihnen entgegenzugehen: Mulugeta hängte sich in Weraxas Arm ein und krümmte sich vor Lachen, Weraxa sah herausfordernd nach links und rechts und stolzierte wie ein Pfau.

Es war der Moment, in dem Trattner dachte: Jetzt ist sie die Frau an deiner Seite, die sie vielleicht schon in Surma Kibish hätte sein wollen. Es wird Zeit, daß ihr auch ein Paar werdet, damit sie dich nicht wenigstens grundlos abknallen. Da fiel ihm auch schon Mulugeta um den Hals und herzte ihn wie einen verlorenen Sohn. Gleichzeitig nahm Weraxa Natu in die Arme, seine Begrüßung fiel nicht ganz so überschwenglich aus.

Immer wieder während der gesamten Mahlzeit legte Trattner die Hand auf Natus Unterarm, und er ließ sich sogar bereitwillig von ihr mit Leckerbissen füttern. Mulugeta wieherte dazu wie ein Hengst. Weraxa blieb nichts andres übrig, als in die Küche zu gehen und der Reihe nach in alle Töpfe zu sehen. Oder mit dem Kellner gemeinsam nach den kältesten Bierflaschen im Kühlschrank zu suchen. Auch Trattner hatte heute Durst für zwei, so entschieden glücklich war er. Selbst die Stühle erregten sein Wohlwollen – an der vorderen Kante der Sitzflächen waren zwei Mulden für die Beine ausgesägt, selbst daran hatte man gedacht.

Ein Großteil der Gäste war bereits gegangen, ihr übermütiges Gezeche störte niemanden. Von einer Sekunde zur andern sprang Natu auf und wollte tanzen. Da es keine Musikanten gab, die ihr hätten aufspielen können, stimmte sie selbst ein Lied an. Spätestens jetzt war sie wieder hellwach und bester Laune. Sie führte einen Tanz vor, der eine Taube darstellen sollte. Als sie fertig war, erzählte sie vom Folklorefestival in Addis und daß sie die Bewegungen der Taube einer Tanzgruppe aus dem Norden abgeguckt habe. Aber sie hätte dort auch weitere Tiere gelernt! Als Taube ruckte sie mit den Schultern, als Huhn beugte sie sich immer wieder hinab, als ob sie etwas vom Boden pickte. Dazu sang sie ein Schlaflied der Suri.

Mulugeta, der zunächst nur mit Gurren und Gackern assistiert hatte, tanzte als nächster. Er zog sich sein Stirnband ab und schüttelte seine Rastalocken wie eine Mähne, dazu stampfte er herum wie ein plumpes Ungeheuer und brummte merkwürdige Girlanden aus Halbtönen. Später erzählte er, daß er den Weg nach Golgatha getanzt habe, und viel später gestand er Trattner, daß er Priester hatte werden wollen, bei der Aufnahmeprüfung allerdings zusammengebrochen sei. Elf Jahre alt sei er da gewesen und habe immerhin schon achtzehn Stunden lang fasten gekonnt, zweimal die Woche.

Dann gab Weraxa einen Löwen, genaugenommen einen Löwen auf dem Weg zum Wasserloch, alle andern klatschten dazu im Takt. Er griff mit den Händen so dezidiert durch die Luft, als würde er, vollgefressen und müde, gerade noch eine Tatze vor die andre setzen können. An der Art, wie Weraxa tanzte, erkannte man den erfahrenen Weiberer, obendrein hatte er eine schöne, volle Stimme, auch das mußte man ihm lassen. Anerkennend hob Trattner seine Flasche und prostete ihm zu.

Gleich anschließend gab Weraxa den Pfau. Aber das nützte ihm gar nichts mehr, mochte er auch noch so viele Blicke auf Trattner werfen, ob der die tiefere Bedeutung des Tanzes begriff. Trattner war in einem Zustand, in dem er nur immer wieder das eine begriff, Weraxa kam dabei gar nicht mehr vor.

Als er endlich wieder Natu zusehen konnte, wie sie als nächstes den Bambus tanzte, wie sie sich hin und her wiegte und den Wind dazu sang, merkte er, wie sehr er sie mochte, von Anfang an gemocht hatte und jetzt erst recht. Nicht etwa: weil, sondern: obwohl. Obwohl er so viel von ihr wußte, das ihn eigentlich hätte abschrecken müssen. Dann war er selber an der Reihe.

Trattner sang und tanzte »Drah di ned um, oh-oh-oh, schau, schau, der Kommissar geht um, bo-bo-ba« und gab dabei eine dubios dunkle Gestalt, die sich, ruckartig in alle Richtungen Ausschau haltend, im Rhythmus hüpfend vorwärtsbewegte. Da er den Text, abgesehen vom Refrain, nicht kannte, sang er den Rest in einem selbsterfundnen Pseudo-Suri: »*Ale-ka-ko-hinde-ku-duri-wololo-ye ...*«

Mulugeta klatschte begeistert den Takt, Natu fiel ein, beide sangen sie auf ihre Weise mit und imitierten seine Bewegungen. Weraxa blieb nichts andres übrig, als mitzuklatschen und mitzusummen. Am Ende warf Trattner nur noch abwechselnd den rechten und den linken Arm von sich und rief dazu »tscha!«, bis er nicht mehr konnte, »tscha!«. Mulugeta und Natu taten's ihm gleich, auch einige der Hotelangestellten, die sich eingefunden hatten, um einen Blick auf ihn zu werfen.

Danach klebte ihm das Hemd am Körper, er mußte ein Bier auf ex leeren. Die Hotelanstellten klatschten, Natu jubelte vor Freude und fiel ihm um den Hals. Für sie war's der Tanz eines

Beseßnen, wie sie ihm gleich erklären wollte, es half nichts, Weraxa mußte übersetzen.

Mulugeta klopfte Trattner freundschaftlich auf den Rücken, »*We have a winner! We have a winner!*«.

Trattner stand eine Weile benommen, und als Natu auf die Toilette verschwunden war, drehte er sich zu Weraxa und fragte ihn unverschämt direkt: »Was heißt'n ›Ich liebe dich‹?«

Weraxa schluckte trocken durch, dann raspelte er los: »Ich liebe dich (auf Deutsch), *ti amo, te quiero, je t'aime, Aishitema* –«

»Auf Suri natürlich!« unterbrach Trattner.

»Verstehe.« Weraxa wurde ernst. Er mußte eine Weile nachdenken, dann sagte er: »*Kihinenyndo.*« Er wiederholte es und betonte noch etwas stärker auf der letzten Silbe, so daß Trattner es nachsprechen konnte. Der versuchte es, versuchte es erneut, Weraxa schüttelte nur immer wieder den Kopf.

»Schreib's mir bitte auf«, bat Trattner und hielt ihm sein Skizzenbuch hin.

Während er zusah, wie Weraxa mit Mühe etwas auf die Seite schrieb, sich korrigierte, erneut ansetzte, wurde er plötzlich schlagartig müde. Auch Mulugeta war still geworden. Natu saß, in sich zusammengesunken, auf ihrem Stuhl und guckte auf den Fußboden. War sie so schnell zurückgekommen, oder hatte Weraxa so lange gebraucht, um »Ich liebe dich« zu schreiben? Es war höchste Zeit.

*

Sie hatten alle zuviel getrunken, das Qat kam noch obendrauf. Oder umgekehrt? Trattner hätt's nicht zu sagen gewußt. Natu hatte sich schwer an seinen Arm gehängt, fast daß er sie in ihre Hütte abschleppen mußte. Sie warf sich, wie sie war, aufs Bett,

Trattner fürchtete, sie würde im selben Moment einschlafen. Als er den Arm um sie legte, schlug sie die Augen wieder auf und rückte sogar etwas näher, um ihm mit der Zeigefingerspitze über die Narbe auf dem Nasenrücken zu streichen:
»*Josephhh*...«
Jetzt oder nie, dachte Trattner. Und sagte –
Versuchte zu sagen –
Sprang aus dem Bett, suchte den Zettel, fand ihn, sprang zurück ins Bett, baute sich neben Natu auf, stellte fest, daß ihr schon wieder die Augen zugefallen waren, rüttelte sie und las vom Zettel ab: »*Ki-hi-ne-nyn-do.*«
Natu blickte ihn verständnislos an.
»*Ki-hi-ne-nyn-do!*«
Nachdem ihn Natu auch nach dem dritten Versuch nicht verstand, fiel ihm nichts weiter ein als: »*Eeh! Yee! Yaya!*«
Natu schrak vor ihm zurück, es nützte ihm gar nichts, daß er die Hand auf sein Herz legte, wie's Weraxa getan.
Sei's drum, dachte Trattner, dann eben ohne. Und nahm –
Ja, er nahm sie erneut in den Arm, das war sie inzwischen gewohnt, und zog sie, das war neu, zu sich heran. Wie er sich aber zu ihr beugte und schon ihre Lippen berührte, wich sie im letzten Moment zurück, »*Eh, eh, eh, eh!*«, und drückte ihn mit aller Kraft von sich. Verwirrt entließ er sie aus seiner Umarmung.
Die Entschlossenheit war dahin und die Chance vorbei. Natu drehte sich von ihm ab, er hatte von ihr nur noch die verschorften Wunden. Und diesen unglaublichen Duft. Ein paar Minuten lag er reglos und versuchte an ihren Atemzügen zu erkennen, ob sie noch wach war. Und ob sie sich ihm womöglich wieder zuwenden würde. Eine große ernste Stille lag um sie herum. Wenn er sie leicht berührte, schien sie es nicht mal zu merken.
Ja, Trattner hatte einen Fehler gemacht. Er lag neben Natu

und dachte an die Frauen, neben denen er in seinem Leben gelegen und daß immer irgendwann der Moment gekommen war, in dem er etwas Falsches gesagt hatte oder getan. Und daß er nun überhaupt nichts mehr sagen konnte oder tun und daß das wahrscheinlich erst recht falsch war. Er suchte sich einzureden, daß es ihm nichts ausmache, weil die Reise mit Natu morgen weitergehen und er den Fehler wieder wettmachen werde. Aber so recht gelang's ihm nicht.

»War's das?« sagte er halblaut vor sich hin und, auf Natus regelmäßige Atemzüge lauschend, übersetzte die Frage schließlich für sich: »Das war's.«

*

Am nächsten Morgen war sie verschwunden. Es war schon hell, als Trattner erwachte, und er brauchte eine Zeit, um sich zu erinnern, warum er solchen Durst hatte und solches Kopfweh. Nachts hatte er geträumt, daß Natu eine Dusche nahm, er hörte das Wasser so intensiv rauschen, daß er davon erwachte. Ein gleichmäßiger Regen war aufs Strohdach niedergegangen, knapp neben dem Bett war das Wasser zu Boden getropft. Als er quer durch die Hütte Richtung Badezimmer ging, sah er da und dort weitere Wasserlachen, offenbar war das Dach an mehreren Stellen undicht. Beinahe wäre er auf einen riesigen Käfer getreten, der rücklings auf dem Fußboden lag und schon fast tot war, er maß drei Finger in der Breite. In seiner Nähe saß eine Spinne und wartete. Von der Straße hörte man einen Lkw, der sich mühsam den Berghang hochquälte.

Für Trattner war's zu früh an diesem Morgen, er mußte sich erst an den neuen Tag heranknurren. Nach und nach erinnerte er sich an den fulminanten gestrigen Abend und an dessen mißratnes Ende. Auch im Badezimmer stand Wasser auf dem Boden, Natu hatte also schon geduscht und war zum Frühstücken gegangen, wie immer.

Im Restaurant war sie allerdings nicht. Stattdessen vor allem eine japanische Reisegruppe, jeder über sein Smartphone gebeugt. Obwohl alle Tische belegt waren, herrschte fast völlige Stille. Trattner brauchte eine Weile, bis er Weraxa und Mulugeta entdeckte, sie verfolgten die Nachrichten auf einem der Bildschirme an der Wand. Man sah Verwüstungen nach einem Bombenanschlag, skandierende Menschenmengen, Militärkolonnen. Daß sich jemand zu ihnen gesetzt hatte, nahmen die beiden gar nicht wahr.

»Jetzt geht's wirklich bald los«, wandte sich Weraxa endlich an Trattner, ohne den Blick vom Bildschirm zu wenden. Im Süden, im Norden, im Westen, im Osten, überall könne's morgen schon –

Garantiert im Norden, unterbrach ihn Mulugeta.

Es habe Ausschreitungen in Tigray gegeben, wollte Weraxa erklären, aber Mulugeta fiel ihm erneut ins Wort:

»Das waren keine Ausschreitungen! Es war eine normale Demonstration, nur ist dann plötzlich Militär aufmarschiert.«

Man wolle dort eigne Wahlen abhalten, setzte Weraxa neu an, das werde die Regierung in Addis nicht hinnehmen.

»Das wird sie wohl hinnehmen müssen«, behauptete Mulugeta.

»Falls das zu schnell für dich war, Joe: Wir haben gerade von unserm Friedensnobelpreisträger geschwärmt.« Weraxa lächelte sein Weraxalächeln. »Und wenn Mulu von Wahlen redet, meint er, daß sich Tigray unabhängig erklären will.«

Unabhängig von der Zentralregierung in Addis? Trattner verstand tatsächlich nicht so recht, wahrscheinlich hatte er einiges versäumt, während sie durchs Omo-Tal gefahren waren. Weraxa hatte seine letzten Sätze überraschend scharf vorgebracht, Mulugeta reagierte entsprechend:

»Ich bin Äthiopier, klar. Aber wenn's hart auf hart kommt, bin ich natürlich aus Tigray.«

»Und du, Weraxa?« Trattner begriff so langsam, daß im Omo-Tal zwar ständig von Kriegen gegen dieses oder jenes Nachbardorf die Rede gewesen war, nicht aber vom großen Krieg, dem überall sonst im Land entgegengefiebert wurde. »Was bist'n du, Weraxa, Oromo oder Amhare?«

»Ich bin beides«, zögerte Weraxa mit seiner Antwort, »wie unser Präsident.« Dann rang er sich doch noch zu einer klaren Antwort durch: »Also bin ich auch auf seiner Seite.« Kaum hatte er's ausgesprochen, erfaßte er, was er gerade gesagt hatte, und tätschelte Mulugeta versöhnlich die Schulter: »Vor allem haben wir aber viel gemeinsam, Mulu. Heut morgen zum Beispiel 'nen gewaltigen Kater.«

Mulugeta nestelte am Kopftuch und zog an seinen Rasta-Zöpfchen. Wahrscheinlich verdeutlichte sich auch ihm erst nach und nach, was ihm derart unverhofft über die Lippen gekommen. Trattner blickte raus auf die Terrasse, wo sie vor wenigen Stunden so übermütig gefeiert hatten. Sie war von buschigem Grün eingefaßt, in dem überall weiße, violette, rote, orange Blüten saßen. Dahinter das Tal und die Berge im Dunst, durchaus malerisch.

»Übrigens, Joe, heute tritt Großbritannien aus der EU aus«, wollte Weraxa das Gespräch neu anknüpfen, »falls dich das mehr interessiert.«

»Was mich wirklich interessiert«, zog Trattner den Zettel aus der Hosentasche: »Was hast'n du mir da gestern eigentlich aufgeschrieben?«

Weraxa nahm sich den Zettel, las, guckte etwas beleidigt und schob den Zettel zurück: »Na, was wohl. Sag selbst!«

Trattner buchstabierte: »*Ki-hi-ne-nyn-do.*«

»Was *das* heißt, weiß ich nicht.« Weraxa hatte sich wieder dem Fernseher zugedreht. »Aber auf dem Zettel steht ›Ich liebe dich‹.« Dann sagte er's auch auf Suri, bewußt nachlässig und nebenbei, *Kihinenyndo*.

Es klang genauso, wie es Trattner ausgesprochen hatte. Zumindest fast genauso.

»Warum fragst du?« Weraxa schien ein wenig enerviert, wer weiß, welche Nachrichten er nebenbei zur Kenntnis nahm. »Hast du ihr ein Liebesgeständnis gemacht?«

»Ich hab's versucht«, gestand Trattner.

»Und dir 'ne Abfuhr geholt?« Weraxa drehte sich mit Schwung vom Fernseher ab und Trattner zu.

»Wo steckt sie eigentlich?« Wenigstens um die Schilderung der Details seiner Blamage wollte Trattner herumkommen. »Ist sie schon fertig mit Frühstücken?«

»Ich dachte die ganze Zeit, sie würde sich noch 'n bißchen von dir erholen.« Plötzlich war Weraxa völlig bei der Sache. »Hier ist sie nicht aufgetaucht.«

Während er's sagte, ging er bereits los, Trattner hinterher. An der Rezeption wußte man zunächst nichts, telefonierte ein bißchen herum, bald bestätigte sich Weraxas Ahnung: Schon vor Anbruch des Tages hatte Natu das Hotel verlassen, der Pförtner hatte sie gesehen. Er habe geglaubt, daß sie wieder einen Spaziergang machen wolle, und sich nichts weiter gedacht.

Natu war nicht unter der Dusche gewesen und nicht im Restaurant, sie war nicht im Hotel und wahrscheinlich auch nicht mehr in Karat Konso. Natu war weg. Weraxa schien nicht sonderlich überrascht. Trattner biß sich auf die Lippen und wollte auf der Stelle hinterher. Er war überzeugt, daß man Natu noch irgendwo einholen und zurückbringen konnte. Weraxa kanzelte den Vorschlag kurz und entschieden ab:

»Jetzt mal ganz ruhig, Joe.«

*

»Alles gut?« fragte Mulugeta, als die beiden wieder neben ihm Platz nahmen.

»Nichts ist gut!« fauchte ihn Trattner an, auf Deutsch. »Hör endlich auf mit diesem dämlichen Spruch.«

Mulugeta hatte kein Wort verstanden, aber alles begriffen: »*Problem.*«

»*Big problem!*« bestätigte Trattner, »*big, big problem!*«

»*No problem*«, korrigierte Weraxa. Dann informierte er Mulugeta, ab heute würden sie wieder zu dritt reisen. Trattner widersprach erneut, noch immer hatte er nicht begriffen, daß Natu wirklich weg war. Daß sie aus freien Stücken weggegangen war. Nun ja, »aus freien Stücken«. Weraxa wurde deutlicher: Eigentlich habe er schon gestern damit gerechnet. Natu sei immerhin gebeten worden –

»Sie ist gezwungen worden!« widersprach Trattner: Bargudu habe ihr eine unmißverständliche Warnung zukommen lassen.

Sie sei gegangen, insistierte Weraxa, um die Familienehre wiederherzustellen.

»Sie werden sie umbringen!« Trattner war verzweifelt.

»Ach was«, winkte Weraxa ab, »sie werden sie vielleicht ein bißchen verhauen.«

Für Trattner war der Fall klar, mochte Weraxa nur reden. Von wegen, daß es um Shamba ginge und daß er seine Mutter brauchte! In Wirklichkeit ging's um Recht und Gesetz, der Rat der Alten wollte über Natu zu Gericht sitzen. Und das Urteil stand bereits fest, dafür würde Bargudu längst gesorgt haben. Trattner versagte es fast die Stimme, als er's aussprach: »Morgen ist sie tot.«

Auch bei den Suri gehe es nach Recht und Gesetz, darauf bestand Weraxa. Selbstverständlich werde Natus Stimme vor dem Rat der Ältesten zu Gehör gebracht werden. Und dann werde es eine Versöhnungszeremonie zwischen ihrer Familie und Bargudu geben. Die werde natürlich ein bißchen was kosten.

»Aber sie ist vollkommen unschuldig, man darf sie nicht bestrafen!« platzte es zornig aus Trattner heraus. Und etwas leiser: »Man darf sie nicht erschlagen!«

»Ach ja?« tat Weraxa so, als ob er überrascht wäre: »*Kihinenyndo?*« Weraxa hatte die Frage in gespielter Unschuld gestellt. Um nach einer kleinen Pause, in der Trattner seinem Blick auswich, achselzuckend selbst die Antwort zu geben: »Aber du hast's ihr ja noch nicht mal sagen können.«

In dem Moment, wo Weraxa so gnadenlos die Wahrheit aussprach, fühlte Trattner, wie selbst die Dinge von ihm wegrückten und sich abwandten.

»Oder wie lange hätten wir noch fahren sollen, bis du's ihr gesagt hättest?«

Sie hat mich verraten, dachte Trattner. Sie hat uns verraten. Es hatte doch gerade erst angefangen. Hatte noch nicht mal angefangen.

Weraxa merkte, daß er Trattner verletzt hatte, und legte ihm seinen Arm um die Schultern: »Hör mal, Joe. Nicht jede Frau hat das Glück, so lieben zu können, wie du's dir ausmalst. Liebe in Surma Kibish, das ist was ganz andres als Liebe in Addis. Oder in Aksum. Und erst recht als Liebe bei euch zu Hause.« Für Romantik sei bei den Suri wenig Raum. In der Pubertät vielleicht, aber sonst? Das Leben dort sei hart, und hart seien die Regeln, die jeder einzuhalten habe. Auch eine Natu könne sich ihnen nicht entziehen.

»Aber genau das hat sie doch ein Leben lang getan!« widersprach Trattner. »Und indem sie mit uns mitgekommen ist, hat sie's erst recht getan!«

»Sie hat's tun wollen. Und ihren Fehler erkannt.« Jetzt werde sie ein bißchen dafür büßen müssen, aber das sei sie ihrer Familie schuldig. Auch ihrem Dorf. Und erst recht Bargudu.

»Und mir, ist sie mir nicht auch was schuldig?«

»Dir? Bist du ihr nicht selbst alles schuldig geblieben, was sie von einem Mann hätte erwarten dürfen?«

Gewiß hatte Weraxa sein Urteil gar nicht so vernichtend formulieren wollen – Trattner empfand's wie einen Schlag ins Gesicht. Für ein paar Momente war er wie benommen, er nahm einen großen Schluck Kaffee, um sich an der Tasse festzuhalten.

»Was hast du denn mit ihr gemacht?« wurde auch Mulugeta neugierig.

»Nichts.« Trattner setzte an, etwas anzufügen, eine Menge anzufügen, merkte aber sofort, daß ihn niemand verstehen würde. Trotzig wiederholte er nur: »Nichts.«

»Das ist zuwenig, Joe.« Mulugeta kratzte sich verlegen, er war sichtlich bemüht, jede Deftigkeit zu vermeiden. »Aber hast du uns nicht erzählt, du hättest mit ihr – ?«

»Gar nichts hab' ich!« widersprach Trattner.

Mulugeta blickte ihn ungläubig an. Eine Weile lang schwiegen sie zu dritt. Jetzt hörte man die eifrige Stille, die von den japanischen Touristen verbreitet wurde. Sie waren so tief in ihre Handys versunken, daß sie die Kellner gar nicht bemerkten, die ihnen die halb leer gegessenen Teller unter der Hand wegzogen. Im Grunde waren sie gar nicht hier, im Süden Äthiopiens, sie waren das Frühstück über zu Hause in Japan.

»Wie hätte ich denn was tun können?« setzte Trattner schließlich zu seiner Verteidigung an. Es war eh schon alles egal. »Sie wollte mich ja noch nicht mal küssen!«

Mulugeta blickte ihn entsetzt an. Wohingegen sich Weraxa fast höhnisch zu Wort meldete: »Wer küßt denn auch schon bei den Suri? Mit Lippenteller geht's nicht, ohne geht's auch nicht.«

»Aber sie hat doch ganz normale Lippen …«
Weraxa nickte. »Mag sein. Doch wie sollte sie küssen können, wenn sie's gar nicht will?« Sie sei vielleicht die erste in Surma Kibish gewesen, die sich gegen das Aufschneiden der Unterlippe gewehrt habe. Aber Küssen habe sie deshalb noch längst nicht gelernt. In ihrer Generation habe man sich noch nicht geküßt. Ja, die Jüngeren, die hätten jetzt Handys und sähen dauernd irgendwelche Videos, die würden wohl schon küssen können. Oder zumindest wollen.

»Und woher weiß man dann, daß eine Frau –, daß sie – ?«
Weraxa lachte laut auf, es klang so, als würde er Trattner auslachen. »Daß sie *lollu* ist? Na, du nimmst sie dir – «
»Nein!« Trattner war empört: »Woher weiß man, *daß sie in einen verliebt ist?*«
»Ach so«, beschwichtigte Weraxa halbherzig: »Aber das weißt du doch längst.«

Mulugeta brauchte eine Weile, um Trattners Schweigen zu verarbeiten. Dann beschwor er ihn mit einer Inbrunst, als hätte das noch irgendeinen Sinn: »Joe, du hättest sie haben können, jede Nacht. Was hätte sie denn noch tun sollen, um dir das zu zeigen?«

Sie hätte mich küssen können, dachte Trattner, aber er sagte es nicht.

Mulugeta packte Trattner an beiden Schultern und rüttelte ihn: »Bist du denn kein Mann? – Du hast zwar hingeschaut, aber nichts gesehen.«

Vielleicht hab' ich mehr gesehen als ihr alle zusammen, dachte Trattner.

Mulugeta wollte es noch immer nicht wahrhaben: »Die Hauptsache ist das Wichtigste.«

Mulugeta hatte bei jeder Gelegenheit unglaublich dumme Sprüche drauf, Trattner kannte das. Er ließ die Kaffeetasse endlich los und verteidigte sich: »Bei uns ist die Hauptsache nicht das Wichtigste.« Und nach einer Pause fügte er an: »Da ist alles mögliche wichtig.«

»Aber was ihr für wichtig haltet«, fiel Weraxa ein, »ist für eine Natu vielleicht überhaupt nicht wichtig.«

Warum er seine männlichen Interessen denn nicht vertreten habe? Mulugeta konnte sich nicht damit abfinden, daß sich Trattner so entsetzlich anders verhalten hatte, als er's getan hätte, so entsetzlich unmännlich: Er hätte doch ein Recht dazu gehabt.

Sogar ein Recht?

»Aber ja, ein Recht! Sie hat dich angesprochen, sie hat für dich eine Szene in der Kneipe gemacht, sie ist dir nachgereist, sie ist zu dir in den Wagen gestiegen und zu dir ins Bett, was hätte sie denn noch tun sollen? Dir erst mal ausreden, daß du ein Schlappschwanz bist?«

Ja, jetzt lag Trattner am Boden. Und Weraxa trat noch mal nach: »Bei den Suri sagt man in solchen Fällen: Er ist wie ein Mann, der sich seinen Kaffee selber kocht.«

Nun war wirklich alles gesagt. Während sie alle drei eine Weile lang schweigend aßen, was schon lange für sie auf den Frühstückstellern bereitlag, dämmerte ihnen, daß sie vielleicht einiges zuviel gesagt hatten. Und daß sie es im nachhinein ein wenig korrigieren sollten – Mulugeta meldete sich mit einem ehrlich gebrummten:

»*Big problem.*«

Es klang so, als würde er Trattners Kummer teilen.

»*Problem finished*«, korrigierte ihn Weraxa umgehend: Er sei froh, daß Natu die Warnung verstanden und sich auf den Weg gemacht habe. »Besser für sie.« Nach einer Pause: »Und besser für uns.« Nach einer weiteren Pause: »*No Natu no cry.*«

Schließlich zogen die Kellner auch ihnen die Teller unter den

Händen weg, Trattner blickte ihnen kauend hinterher. Auf den Fernsehschirmen sah man einen heulenden Mann, ein paar ausgebrannte Fahrzeuge und jemanden, der eine Rede hielt.

*

Normalerweise wäre heute ein Besuch beim König von Konso angestanden, dazu alte Dörfer mit mehreren Mauerringen, UNESCO-Welterbe ... Und morgen ... Übermorgen ... Aber Weraxa mochte die anstehenden Attraktionen noch so verheißungsvoll anmoderieren, ohne Natu erschien Trattner alles sinnlos. Es blieb nur der sofortige Abbruch der Reise. Das heißt ...

»Sollten wir ihr nicht hinterherfahren?«

»Da mischen wir uns besser nicht ein«, entschied Weraxa. Mit den Suri wolle er's sich genausowenig verderben wie mit den Mursi. »Und außerdem, Joe: In fünf Tagen mußt du auf'm Flughafen von Addis sein. Das würden wir zeitlich gar nicht schaffen.«

»Dann also nach Addis.«

Trattner hatte es so bestimmt wie möglich gesagt, damit Weraxa nicht merkte, wie es ihm die Kehle schnürte. Er ging zurück in ihre Hütte, die nurmehr seine Hütte war, sperrte die Tür sorgfältig hinter sich ab, warf sich aufs Bett und – noch immer stieg ihr Duft aus dem Kissen, dem Laken, der Matratze und erfüllte den gesamten Raum. Dieser unvergleichliche Duft nach Unterholz und wilden Kräutern, nach alter Lederhaut und gelber Krähe und am Ende auch nach dem Gesang der Frauen, wenn sie das Haus gebaut hatten, und dem Chor der Frösche am Morgen.

Das vergißt du nie, sagte er sich. Solange du dich an diesen Geruch erinnerst, ist sie noch immer da.

Ohne jede Eile packte er seinen Rucksack. Den kleinen Tonhund hatte er schon tags zuvor in eine aufgeschnittne Wasserflasche gegeben, damit er die Fahrt bis Addis heil überstand. Natu hatte nichts zurückgelassen – bis auf den Ohrteller. Auch den wickelte Trattner sorgfältig in eins seiner T-Shirts. Selbst wenn er nur für Touristen angefertigt worden war und die falschen Muster hatte.

Da entdeckte er auf seinem Nachtkästchen einen ihrer Messingreifen, er lag auf seinem Taschentuch. Sie hatte ihn also nicht vergessen, sondern für ihn dagelassen. Ein Abschiedsgeschenk! Sofort floß Trattner wieder neue Energie zu. Seine erste Freundin hatte ihm einen kleinen Kaktus geschenkt, eine andere eine Kassette mit ihren Lieblingsliedern. Und jetzt lag da ein dünner Blechring und wollte dasselbe bedeuten.

An der Rezeption erwartete sie der Ortsführer, den Weraxa für den heutigen Tag gebucht hatte. Er trug keine Kalaschnikow, sondern um den Hals ein Plastikband mit Kennkarte, die ihn als offiziellen Führer in Konso Karat auswies. Der König freue sich auf ihren Besuch, teilte er stolz und schüchtern zugleich mit, er begrüße sie mit den Worten: »Die Sonne scheint, aber der Wind ist kalt.«

Weraxa gab ihm Geld und schickte ihn heim.

Der Pförtner salutierte. Als er im herankommenden Wagen Trattner erkannte, ließ er den Schlagbaum allerdings unten. Er wollte ihm berichten, daß seine Freundin weit vor Morgengrauen aufgebrochen sei. Auf der Straße habe sie sich nach rechts gehalten, wie gestern abend. Sie sei aber noch mal zurückgekehrt und habe ihn gebeten, ihm, Trattner, etwas auszurichten. Er heiße doch Josef? Von dem, was seine Freundin dann sagte, habe er kein Wort verstanden. Er habe es sich jedoch, Silbe für Silbe, diktieren lassen. Als er ablas, was er sich auf seinem Zettel notiert hatte, übersetzte Weraxa, ohne zu zögern:

»Laß das, was ich gesagt habe, nicht zu Boden fallen.«
Der Pförtner grinste zufrieden und salutierte erneut. Er hatte rosa schimmernde Nagelbetten, der Nagel seines kleinen Fingers war unglaublich lang und oval gefeilt. Dann zog er die Schranke hoch.

*

Nur noch zurück ging's nun also, zurück in den Norden.
»Schau mal, Joe, das sind alles Flüchtlinge«, sagte Weraxa, während sie im Schrittempo durchs Zentrum von Karat Konso fuhren. Er zeigte auf eine Reihe von Fußgängern, die ihnen am Straßenrand entgegenkamen. Die Frauen trugen Bündel auf dem Kopf; die Kinder, als sie Trattners gewahr wurden, rannten ein paar Meter nebenher mit und riefen »*Where are you go*«, »*Hello pen*«, »*Umbrella*«, »*I don't*«. Die Route gehe von hier nach Kenia, erklärte Weraxa, und weiter nach Südafrika. Weil Trattner nicht reagierte, löste er den Sicherheitsgurt und kniete sich so auf seinen Sitz, daß er Trattner ins Gesicht schauen konnte. Der sah weiterhin nur aus dem Fenster.
»Bist du dir sicher?« wollte Weraxa von ihm wissen. »Du willst wirklich unser ganzes restliches Programm streichen?«
Das war vielleicht das einzige, was Trattner noch wollte. Er saß wie versteinert. Die Strecke nach Addis Abeba war über fünfhundert Kilometer lang und Weraxa fleißig am Telefon, um alles abzusagen, was er für die kommenden Tage arrangiert und schon gebucht hatte. Trattner sah aus dem Fenster, immer nur aus dem Fenster. Als sie Karat Konso hinter sich gelassen hatten, stand ein riesiger Regenbogen überm Tal, wenig später fuhren sie durch ihn hindurch und in den Regen hinein. Bald waren vom Straßenbelag nurmehr verschieden große Teerflecken übrig, nach links und rechts führten schlammige Wege in die

Berge. Auf der Gegenfahrbahn hatte sich ein Lkw im Morast festgefahren und blockierte den Verkehr, am obern Rand seiner Frontscheibe stand *He died for us.* Immer wieder überholte Mulugeta lange Schlangen von Pkws, Lkws und Kleinbussen, die am Straßenrand warteten, weil querende Bäche bereits zu braunen Flüssen angeschwollen waren. Nur Fahrzeuge mit Allradantrieb kamen noch durch, Mulugeta hatte jedesmal sein Vergnügen.

Um Viertel nach zehn klarte der Himmel auf, es tröpfelte noch eine Weile und wurde deutlich wärmer. Nun, da der Regen aufgehört hatte, brachen die Hirten mit ihren Herden auf und trieben sie auf der Straße. Einer der Hirten versetzte seinen Ziegen derbe Tritte, um sie für Mulugeta von der Fahrbahn zu treiben. Hinter einer Bananenplantage lagen Haufen grüner Bananenstauden am Straßenrand, in separaten Haufen Bananenblätter. Dann kam ein vom Blitz getroffner Baum, schwarzer Scherenschnitt vor hellblauem Himmel, auf dem obersten Ast saß schwarz ein Storch. Als sie den Baum passierten, hob der schwarze Storch ab und flog in einem weiten Bogen über Wiesen und Felder. Die Bergspitzen dahinter waren von dünnen Wolkenbändern behängt.

Bald kam ihnen ein erster Bus entgegen, wie es sie überall in Äthiopien gab, weiß mit hellgrünem Aufbau, beschriftet mit *1st Level.* Der Bus war vielleicht das erste, was Trattner nicht nur sah, sondern auch wieder zur Kenntnis nahm. In einem dieser Busse saß Natu und fuhr in entgegengesetzter Richtung. Noch immer hing ihr Geruch im Wagen, er mußte nur die Augen schließen, so war sie da und fuhr mit ihm nach Addis. Sobald er die Augen wieder öffnete, war der Platz neben ihm leer, er sah nichts als den großen See, den man schon von der *Kanta Lodge* gesehen hatte.

Wenn sie tatsächlich nicht küssen, grübelte er, dann war das gestern vielleicht gar keine Zurückweisung. Sondern ein Mißverständnis. Wenn man wirklich so passiv wird, sobald die Wirkung des Qat nachläßt, dann war sie gestern womöglich nur müde. Aber auch: Wenn er alles hatte richtig machen wollen, wo andre entschlossen zugriffen, dann hatte er alles falsch gemacht.

»Du kümmerst dich doch?« fragte er Weraxa, »du rufst doch Koko an und bringst raus, wo sie ist?«

Er werde sein Bestes versuchen, versprach Weraxa.

»Und bringst raus, was mit ihr passiert?«

»Das kann ich dir jetzt schon sagen«, behauptete Weraxa, drehte sich diesmal aber nur halb über die Schulter zu ihm um. »Wenn sie zu Hause ankommt, wird ihr irgend jemand Milch zu trinken anbieten, um zu sehen, ob sie mit dir geschlafen hat.« In diesem Fall würde sie nämlich die Milch verweigern müssen, und sie wüßten Bescheid.

»Aber Natu glaubt doch sicher gar nicht an den ganzen Quatsch!«

»Die andern aber schon«, versetzte Weraxa, »vor allem die Älteren. Das genau ist ja vermutlich ihr Problem.«

Damit hatte er wohl recht. Natus Vergehen bestand darin, daß sie die Entscheidungen über ihr Leben nicht dem Regenmacher und dem Schamanen und all den andern überlassen hatte, von denen Regeln aufgestellt und Regelverletzungen bestraft wurden. Ihr Vergehen bestand darin, daß sie selbst angefangen hatte zu denken.

»Ruf doch gleich mal an«, bat er Weraxa, »vielleicht wissen die in Surma Kibish ja schon, daß sie kommt.«

Aber sooft Weraxa an diesem Tag auch versuchte, mit Kokordi zu sprechen, nie wollte sich eine Verbindung aufbauen.

✳

All die Unbeschwertheit der vergangenen Tage war dahin, nicht nur für Trattner. Weraxa und Mulugeta redeten kaum noch miteinander, und wenn doch, klang's gereizt. Vielleicht war's auch für sie besser, daß die Reise abgebrochen wurde. Schon in Arba Minch mußten sie freilich eine Pause einlegen – das *Haile Resort*, in dem Weraxa Zimmer für die übernächste Nacht reserviert hatte, wollte die Buchung nicht stornieren, er mußte hin.

Der Besitzer des *Haile Resort* war der ehemalige Langstreckenläufer Haile Gebrselassie, eine Marathonlegende, von seinem Luxushotel hatte Weraxa schon seit Tagen geschwärmt. Als sie die Empfangshalle betraten, wischte gleich eine Angestellte hinter ihnen den Dreck weg, den sie auf den spiegelnden Fliesen hinterließen. Weraxa wurde in die Räumlichkeiten hinter der Rezeption gebeten, Mulugeta und Trattner schlenderten durch die Ladenstraße hinaus in den Garten und erklommen dort einen Aussichtsturm. Der Blick fiel über See und Garten, auf einer gepflegten Rasenfläche wurden gerade Hochzeitsfotos geschossen. Eine üppige Braut in Tüll und Rüschen posierte samt goldnem Krönchen, der Bräutigam mit golden schimmernder Armbanduhr, die er in jeder neuen Position erst mal wieder unterm Sakkoärmel hervorzupfte. Schließlich zog die Braut ihre weißen Pumps aus und lagerte sich im Gras. Der Fotograf arbeitete jetzt mit einer Drohne, schon kurz nach dem Start krachte sie gegen die Hotelwand.

Rund um den Pool lag man auf Liegen. *Im* Pool versuchten zwei Mädchen zu schwimmen; zehn Halbwüchsige standen bis zur Hüfte im Wasser, mit beherzten Griffen wurde dafür gesorgt, daß die Mädchen nicht untergingen. Sobald man sie schwimmen ließ, soffen sie sofort ab, nicht ohne dabei das Victory-Zeichen zu machen, weil ja auch immer irgendwer mit dem Handy filmte. Vielleicht hätte Natu besser hier zur Welt kommen sollen, dachte Trattner.

»Bald geht's los«, sagte Mulugeta ganz unvermittelt, nachdem sie eine Weile einträchtig geschwiegen und das Treiben der Hotelgäste beobachtet hatten: Es sei nur noch eine Frage von Tagen, na gut, von Wochen, dann sei er da.
Der Krieg. Trattner hatte ihn während der Fahrt fast vergessen. So schnell, wirklich? Aber warum?
Weil der Präsident Tigray den Kampf angesagt habe! Weil er das tigrayische Regionalparlament entmachten wolle! Weil er Tigray am liebsten zerschlagen und in sein Herrschaftsgebiet einverleiben wolle! Aber das ließen sich die Tigrayer nicht gefallen. Die Polizei sei aufmarschiert, Trattner habe es ja heute früh im Fernsehen gesehen.
Aber das sei doch Militär gewesen?
»Du kapierst wirklich gar nichts, Joe. Hast du denn nach drei Jahren hier immer noch deine westliche Brille auf?« Offiziell sein's Polizisten gewesen, die eine Parade abgehalten hätten. Immerhin schon mit Sturmgewehren und Granatwerfern, ob Trattner wenigstens das gesehen habe? Mulugeta war sichtlich stolz und sichtlich erregt. Alles, was er sich während der Fahrt verkneifen hatte müssen, ließ er nun heraus. Während sie zurück zur Rezeption schlenderten, verriet er Trattner noch schnell, die Volksbefreiungsfront von Tigray stelle bereits heimlich eine Armee auf.
»Und?« fragte Trattner. »Was wirst du tun?«
»Ich werd' natürlich kämpfen«, verkündete Mulugeta mit einem für seine Verhältnisse ungewohnten Pathos, »wie's sich für einen Mann gehört.«
Am Tresen der Rezeption erwartete sie Weraxa. Als er sie vom Garten kommen sah, reckte er den Daumen in die Höhe, allerdings ohne zu grinsen. Nachdem er sich zu seinem Erfolg hatte gratulieren lassen, wollte er von Trattner und Mulugeta wissen, worüber sie sich gerade so angelegentlich unter-

halten hätten. In seiner Frage schwang ein leichtes Mißtrauen mit.

»Über Weiber natürlich«, zögerte Mulugeta keine Sekunde: Trattner habe ihn gefragt, ob wir hier wüßten, wie man gerade in der westlichen Welt über sie denke. Oder eigentlich über Männer.

»Und?« Weraxa konnte nichts damit anfangen. »Wissen wir's?«

»Und ob wir's wissen!« verkündete Mulugeta, es klang ein wenig abfällig und verächtlich. Dann lachte er halbherzig auf. Ja, die Unbeschwertheit der vergangnen Tage war bei allen dreien dahin.

*

An der Ausfallstraße wieder einmal dutzendweise Doppelbetten direkt am Straßenrand, drei bis vier Meter hoch getürmt Matratzen, blaue Rankenmuster auf gelbem Grund, jede in Plastik eingeschweißt. Ein paar Kfz-Werkstätten, wie überall im Land waren sie mit einem Stapel Reifen markiert, der oberste hochkant und mit Gold- oder Alufolie umwickelt. Eine Gruppe Mädchen in schwarzweiß gestreiften Trikots und Schlappen ging zum Training, sie trugen ihre Fußballschuhe in der Hand. Vielleicht hätte Natu besser hier zur Welt kommen sollen, dachte Trattner erneut.

Kaum waren sie noch ein Stück weiter nördlich, fingen die Schikanen wieder an – Rüttelschwellen und dahinter gern eine Straßensperre. Während alle Fahrer ihre Papiere vorweisen mußten und ausführlich befragt wurden, winkte man Mulugeta in der Regel durch, schließlich saß ein Weißer im Fond. An einer der Sperren hatte man einen Bus angehalten und alle Passagiere hintereinander antreten lassen, sie wurden der Reihe nach überprüft.

Die Straße führte eine Zeitlang an einem andern See entlang, dann durch eine Ebene, links Berge, darüber ein grauer Himmel. Mal standen Mädchen am Straßenrand, mal Jungen, die den Autofahrern Teller mit Papayas, Mangos, Bananen präsentierten. Manche Dörfer bestanden nur aus Lehmhütten mit Wellblechdächern, in andern gab's sogar Straßenlampen mit Solarplatten, dazu eine Reihe Palmen als Mittelstreifen. Überall standen Tischkicker unter freiem Himmel, es wurde eifrig daran gespielt.

Als es einmal in Serpentinen bergab ging, wurden sie in der Kurve radschlagend von zwei kleinen Jungen erwartet und ein Stück begleitet. Kaum hatten sie ihr Kunststück gezeigt, rannten sie den Hang hinunter, um sie in der nächsten Serpentine im Spagat zu erwarten und in der übernächsten rücklings, die Hosen heruntergezogen, mit den Ärschen wie Tabledancerinnen kreisend. Mulugeta hielt kurz an, damit ihnen Weraxa Geld geben konnte. Als einige Serpentinen tiefer kleine Mädchen standen, die sich alle gleichzeitig umdrehten und mit ihren Ärschen wackelten, fuhr er, verächtlich schnaubend, vorbei.

Mitten auf freier Strecke hatten sie eine Panne. Mulugeta fluchte, es war die zweite innerhalb weniger Tage, immerhin wußte er noch einen zweiten Reservereifen auf dem Dachgepäckträger. Kaum hatte er den Wagen aufgebockt, kamen Kinder aus den Feldern herbeigerannt, manche schon etwas größer, aber auch ganz kleine, Jungen wie Mädchen. Alle forderten sie »*Aba*« und »*Birr*«, Weraxa verstand ihre Sprache nicht, und sie legten auch keinen besondern Wert drauf, verstanden zu werden. Die leeren Plastikflaschen, die in andern Landesteilen recht begehrt waren, interessierten sie nicht, einer der größeren Jungen schlug sie Weraxa aus der Hand.

Was anfangs wie ein Spiel aussah, wurde schnell ernst. Sie

umkreisten das Auto, immerhin konnte Weraxa noch die Zentralverriegelung betätigen und sich, Seite an Seite mit Trattner, schützend vor Mulugeta stellen, der im Eiltempo das Rad wechselte. Zunächst wichen die Kinder ein paar Meter zurück, wenn sie auf Gegenwehr stießen. Aber es wurden mehr und mehr, und als sie zwanzig oder dreißig waren, ließen sie sich nicht mehr verscheuchen. Permanent kreischend, umkreisten sie den *Nissan Patrol*, ständig huschten zwei, drei von ihnen an Weraxa und Trattner vorbei, hierhin und dorthin und überallhin greifend und zupfend. Trattner konnte mit den Händen kaum alle Seitentaschen seiner Hose abschirmen, alle Gürtel- und Hemdtaschen, immer wieder erschollen spitze Schreie, die vielleicht Schreie des Ärgers waren, weil ein Griff mißglückt oder abgewehrt war, vielleicht aber auch solche des Triumphes.

Wie es gelang, unversehrt ins Auto und davonzukommen, war im Rückblick fast ein Rätsel. Irgendwann war der neue Reifen montiert, Mulugeta wuchtete den alten auf die Rückbank, rief, er werde als nächstes die Beifahrertür aufreißen, und dann ... waren sie alle im Nu drinnen, auf- und ineinander verkeilt auf der Beifahrerbank. Mulugeta verriegelte mit einem raschen Tastendruck wieder die Türen. Wütend spuckten die Kinder gegen die Scheiben und trommelten mit ihren Fäusten daran, andre traten gegen die Karosserie, Mulugeta gab Gas.

Eine Weile lang sagte keiner ein Wort. Trattner erinnerte sich an ein Rudel wilder Hunde, das eine junge Antilope müdegejagt hatte. Am Ende stand sie da und mußte es geschehen lassen, daß die Hunde sie einkreisten und immer mal wieder einer an ihr hochsprang, zunächst ohne zuzubeißen, bald jedoch da und dort einen kleinen Fetzen Haut abreißend, keineswegs den finalen Biß anstrebend, sondern immer nur weitere kleine Wunden setzend, die sich summieren würden, so daß keine Gefahr mehr von der Beute ausging, wenn man sie, bald, zu Fall bringen würde. Als die Antilope am Boden lag, wurde sie noch immer nicht getötet, warum auch, sterben würde sie von allein, die Hunde begannen hier ein Stück Fleisch von ihr abzureißen und da und dort und endlich alle gleichzeitig und überall. Die Antilope blickte sich anfangs sogar noch nach ihren Peinigern um, man konnte nur hoffen, daß sie bald ohnmächtig werden und schnell verbluten würde. Trattner hatte das als äußerst grausam erlebt, wenngleich er die Effizienz der Hunde widerwillig, geradezu haßerfüllt bewundert hatte. Das Handwerk des Tötens übten sie perfekt aus, indem sie es gar nicht mal ausübten.

In den Dörfern gab's jetzt bunt angemalte Häuser und dazwischen weiße Minarette mit grüner Spitze. Am Straßenrand Esel, mit Heu oder Wasserkanistern beladen, in langen Kolonnen. Auf der Fahrbahn ein totgefahrner Raubvogel.

*

Mittagspause machten sie erst am späten Nachittag in Butajira, vorher war Mulugeta nicht zum Anhalten zu bewegen gewesen. Nachdem er auch seinen zweiten Reservereifen montiert hatte, fuhr er volles Risiko, er wollte die Sache so schnell wie möglich hinter sich bringen. Überdies ruckelte der Motor mitunter, er fürchtete, bei der nächsten Komplikation in die Werkstatt zu müssen. Das wollte er dann doch lieber in Addis als in der Provinz. Daß die Kinder bei ihrem Überfall Weraxas Hosentaschen geleert hatten, war da fast nebensächlich – der Großteil der Reisekasse war ohnehin im Omo-Tal draufgegangen, der Rest der Reise war vorab über Kreditkarte finanziert gewesen.

Kurz nach dem Überfall war eine komplett verschleierte Frau in Schwarz als Tramperin am Straßenrand gestanden. Nach ein, zwei Stunden Fahrt hatten die Moscheen nicht mehr nur einen, sondern zwei Türme gehabt und schließlich sogar vier. Immer wieder kamen ihnen chinesische Lkws entgegen, sie trugen auf der Kühlerhaube einen Stern, der dem von *Mercedes* ähnlich sah. Zwischen den Dörfern Stoppelfelder oder Ödland, die Erde war hier wieder schwarz und trocken, das Gras gelb statt grün. Man sah der Landschaft an, daß sie schon lange des Regens entbehrt hatte, sie bestand nur aus Staub und Hitze. Bald tauchte auch wieder die erste *Coca-Cola*-Reklame auf, der erste Zebrastreifen. In Butajira waren die gleichen Matratzen am Straßenrand gestapelt wie in Karat Konso, standen die gleichen hellgrünen, hellblauen, rosa Plastikhocker und -tische vor den Restaurants wie überall, die gleichen staubstarrenden Palmen beidseits der Hauptstraße.

Das *Unique Burger & Pizza* lag im ersten Stock und hatte einen Balkon, von dem man auf die Hauptstraße blicken konnte. Gerade passierte, wild hupend, ein Hochzeitskorso, Kleinbusse voller singender und klatschender Menschen. Dann wieder nur Lkws und Tuk-Tuks, jedes zweite hatte auf der Rückseite ein Bild von Bob Marley, die andern eines von Che Guevara. Gegenüber lag einer der zur Straße offnen Poolbillard-Salons, die es überall im Hochland gab, davor stand eine große Reklametafel. Sie zeigte eine lasziv blickende Frau im Bikini, die breitbeinig auf einem Billardtisch kniete und mit ihrem Queue in Richtung des Betrachters stieß. Direkt daneben ein gleichfalls zur Straße offnes Café, in dem kein einziger Mann mit Kalaschnikow saß. Davor hatte ein Schuhputzer seinen kleinen Stand aufgeschlagen, er goß rundum Wasser auf die Erde, um den Staub zu bannen. Ein Stück weiter, im Schatten einer Palme, ein Schneider.

Mulugeta war im Wagen geblieben, er wollte lieber schlafen, immerhin standen ihm noch 130 Kilometer bis Addis bevor und dort dann die Staus auf den Ausfallstraßen. Weraxa las schweigend seine Textnachrichten, Trattner lauschte der Musik, die leise aus den Lautsprechern kam, und sah der Frau zu, die den Boden zwischen den Tischen wischte. Am Nachbartisch ein Vater, der seinem Sohn ausführlich erklärte, wie er einen Cheeseburger zu essen habe. Einige Tische entfernt eine gepflegte ältere Dame, die sich zu ihrer vegetarischen Pizza einen Fruchtcocktail gönnte; ein Pärchen, das kaum zum Essen kam, weil es so viel zu bekichern gab.

Ganz sicher hätte Natu auch besser hier zur Welt kommen sollen, dachte Trattner. Er hatte den Kummer von heute morgen tief in seinem Innersten verwahrt, die Aufregung nach dem Überfall der Kinder war verflogen. Zum ersten Mal seit Tagen saß er entspannt da, fast wieder der alte Trattner – allerdings nicht unverwundbar, unbesiegbar und allzeit mit zwei unpassenden Sprüchen auf den Lippen, sondern, im Gegenteil, in jeder Hinsicht am Ende. Trotzdem lief es auf dieselbe Lässigkeit hinaus, auf denselben Genuß der schieren Anwesenheit – wenn auch ohne Hoffnung auf mehr. Er war so in Gedanken versunken, daß er gar nicht mitbekam, wie er Natus Armreif aus der Hosentasche zog und, nicht zum ersten Mal heut, mit den Fingerspitzen über die Wölbung strich.

»*Ayayay*«, sagte Weraxa, »*Kihinenyndo.*«

Da war's schon wieder vorbei mit Trattners Lässigkeit. Als Weraxa nach dem Armreif greifen wollte, steckte er ihn schnell zurück in die Hosentasche.

»Sie hat dir ihr Herz geschenkt.« Weraxa legte sein Handy auf die Tischplatte. Als er merkte, daß Trattner nicht reagierte, erkundigte er sich vorsichtig: »Oder weißt du etwa nicht mehr, was der Armreif bedeutet? Was es heißt, wenn eine Frau einem Mann ihren Armreif schenkt?«

Der Kellner servierte die bestellten Pizzas, Trattner wünschte

Weraxa guten Appetit und glaubte, die Sache sei damit erledigt. Aber dann legte er Messer und Gabel doch gleich wieder beiseite, denn Weraxa zog nun selbst einen Armreif hervor. Er sah genauso aus wie der von Trattner.

»Sie hat dir auch einen geschenkt?« Fast versagte es Trattner die Stimme. »Jetzt sag endlich mal ehrlich, hattest du was mit ihr?«

»Wie das denn?« spielte Weraxa den Empörten. »Sie hat doch jede Nacht mit dir verbracht!«

Weraxa genoß die Situation sichtlich. Nach einer Pause beugte er sich halb übern Tisch und blickte Trattner fest in die Augen: »Meiner ist von Gulduni.«

»Wer ist das denn?« Trattner holte Natus Armreif hervor und hielt ihn neben den von Weraxa. Sie sahen völlig gleich aus.

»Die kennst du doch.« Weraxa zog seinen Reif zurück und verstaute ihn wieder: »Die Tochter von Bargudu.«

»Also die, die dir ihre Narben gezeigt hat?« Trattner erinnerte sich, daß ihm Bargudus Tochter angeboten hatte, ihn zu lausen, und daß er sie ziemlich aufdringlich fand.

»Genau die«, bestätigte Weraxa.

»Und warum sieht ihr Armreif genauso aus, als wär's einer von Natu?«

»Weil's da unten nur solche Armreife zu kaufen gibt, ganz einfach.« Gulduni wolle ihn heiraten, aber er habe keine große Lust drauf, am Ende wolle sie auf diese Weise ja doch nur nach Addis abhauen. Außerdem wäre Bargudu garantiert dagegen.

»Ach ja? Und warum?«

»Weil ich für die Suri nur ein Hochländer bin, das verdirbt den Stamm.« Weraxa sagte das ohne Bedauern. »Wenn schon kein Suri, dann müßt' ich wenigstens 'n Weißer sein. Das ist der dicke, fette Löwe unter der Palme, der geht natürlich immer.«

»*Shit happen*«, sagte Trattner. Aber so ganz glaubte er Weraxa nicht. Ob er schon länger mit dieser Gulduni –? Seit wann er denn mit ihr liiert sei?

Er sei gar nicht liiert, stellte Weraxa richtig. Er habe sich ihre Narben zeigen lassen und am Abend den Rest. Das sei alles, auch wenn's Gulduni anders sehe.

Auch Trattner sah's anders. Aber Weraxa kam ihm zuvor: Sie seien ja schon am nächsten Morgen weitergefahren, hätte er sie etwa auf ihrem Kuhfell allein lassen sollen?

Als sie beide ihre Pizza zur Hälfte gegessen hatten, kam der Restaurantchef und wollte wissen, ob alles in Ordnung sei. Währenddessen wischte die Frau schon zum zweiten Mal den Boden um ihren Tisch herum. Kaum hatten sie ihre Mahlzeit beendet, kam der Chef erneut und wollte wissen, ob alles zu ihrer Zufriedenheit gewesen sei. In der Toilette war der Spülkasten mit Meer und Strand und Palmen bemalt, auf der Spültaste klebte ein *Apple*-Logo, dazu der Name einer chinesischen Firma.

*

Mulugeta hatte in der Zwischenzeit nicht etwa geschlafen, sondern eine Tankstelle gefunden, an der er ungepanschtes Benzin bekam. Gemeinsam mit einem der Tankwarte hatte er sich die Beulen und Kratzer angesehen, die seinem kleinen Haus von den Kindern verpaßt worden waren, und vor allem dem Motor gelauscht. Leider habe der nicht so geklungen, wie er sollte.

Trotzdem kamen sie an, spätnachts, weil sie aufgrund eines Anschlags auch noch eine Umleitung hatten nehmen müssen. Trattner waren irgendwann die Augen zugefallen. Erst an einer Straßensperre war er wieder aufgewacht, an der sich Weraxa und die Soldaten begrüßten, indem sie jeder dreimal die Schultern aneinanderstießen. Weraxa war also fast schon zu Hause. Als sie in Addis einfuhren, war sich Trattner sicher: Es war die absolut falsche Richtung, in die er heute gefahren war. Den ganzen Tag hing Natus Duft im Wagen, bevor er an seinem Hotel ausstieg, atmete er ihn noch einmal tief ein.

Nun ja, »sein Hotel«. Das, in dem Weraxa während der Fahrt ein Zimmer reserviert hatte, war ausgebucht, als sie endlich ankamen, von einer Reservierung wollte man an der Rezeption nichts gewußt haben. Weraxa fand mit Not noch ein Hotel an einer Hauptverkehrsstraße, das Trattner beherbergen konnte. Dann hatte er's so eilig heimzukommen – er meinte: zur Familie seines Bruders –, daß er vergaß, Nachverhandlungen über die entstandnen Kosten zu führen. Ja, er werde weiter versuchen, Kokordi zu erreichen, ja, er werde sich regelmäßig bei Trattner melden, und in sieben Tagen werde er ihn abholen und zum Flughafen bringen. Mulugeta hatte sich fürs erste bei einem entfernten Verwandten einquartiert, er befürchtete, daß sein Wagen in die Werkstatt mußte. Als sie sich schon voneinander verabschiedet hatten, kam er Trattner noch mal nach ins Foyer. Den ganzen Weg von der Drehtür bis zur Rezeption strahlte er ihn an. Dann umarmte er ihn und wollte ihn gar nicht mehr freigeben. Schließlich riß er sich los und haspelte etwas in mehreren Anläufen hervor, das sich Trattner erst im nachhinein zu einem Satz zusammensetzte: Wer von einer Reise nicht voller Zweifel zurückkehrt, der hat nichts verstanden.

Nun war der Moment des Abschieds wirklich da. Mulugeta fügte noch schnell ein Schnalzen, Schnauben und Schlatzen verschieden kleiner Tiere an, aber eher wie ein Zitat, als ob er Trattner die alte Vergnügtheit in Erinnerung rufen wollte, schließlich stapfte er, schnoddernd und schnaddernd, hinaus. Trattner fuhr im Aufzug hoch zu seinem Zimmer und roch bereits beim Eintreten: Jetzt war er wirklich allein. Vielleicht nicht ganz allein, dachte er noch. Mulugeta war nie ein guter Redner gewesen. Aber vielleicht am Ende doch ein guter Freund.

*

Als er spät am nächsten Morgen aufwachte, erinnerte er sich mit zunehmender Verdrossenheit daran, daß er gestern vor lauter Müdigkeit lang keinen Schlaf hatte finden können. Daß ihn, kaum daß er endlich doch eingeschlafen war, jaulende Hunde geweckt hatten, kurz danach eine endlose Kolonne Lkws, die unter seinem Fenster vorbeizog. Und daß er, als er aufstehen und nachsehen wollte, was auf der Straße passierte, einen Stromschlag von der Nachttischlampe bekommen hatte – der Schalter war auf der unteren Seite völlig offen, er hatte direkt auf die Kontakte gegriffen.

Blickte er auf den neuen Tag, wurde seine Verdrossenheit nicht geringer. Am Fußende seines Bettes lag, zum ersten Mal seit Tagen, keine Seife. Es war der absolut falsche Ort, an dem er war. Sein Flug würde am 7. Februar gehen, bis dahin hatte er noch sieben Tage und sechs Nächte in Addis zu verbringen – wozu? Nach dem Frühstück packte er seinen Rucksack aus und setzte den Tonhund aufs Nachtkästchen, legte Natus Armreif daneben, auch den Ohrteller. Am Ende sogar den Kronkorken, den er in Surma Kibish vom Kneipenboden aufgelesen hatte.

Beim Auspacken hatte er den Stempel wiedergefunden, den ihm Professor Wiltschek nach seinem Berliner Debakel überreicht hatte. Während er den grob geschnittnen Stein betrachtete, dessen Stempelkappe die Königin von Saba zeigen sollte, fiel ihm die fliehende Stirn auf, die von der Rundung des Kriegshelms fortgesetzt wurde. Natürlich sah er auf den ersten Blick, daß der Kopf eher kantig martialische Züge trug, die Königin war als Kriegerin dargestellt. Auf den zweiten Blick wurde's schwierig und vor allem interessant. Nach dem dritten Blick war sich Trattner sicher, was ihm der Stempel sagen wollte. Auch wenn die Wölbung des Hinterkopfs durch den Helm verborgen blieb, deutete er ihm die gleiche oval geschwungene Schädelform an, die ihn einst schon an Nofretete fasziniert und in ihrer Vollendung bei Natu begeistert hatte.

Trattner stellte auch den Stempel auf seinen Nachttisch. Was ursprünglich nichts als ein Akt infamer Niedertracht gewesen war – die Überreichung auch noch eines Andenkens an sein Fiasko am Deutschen Archäologischen Institut –, hatte eine Pointe bekommen, mit der man sich lange in leicht abwegigen Spekulationen beschäftigen konnte. Leider verfügte Trattner nur über ein einziges Foto von Natu, und ausgerechnet darauf trug sie auch noch seine Sonnenbrille. Selbst wenn man's mit zwei Fingern großzog, erkannte man nicht allzuviel von ihr. Trattner googelte Bilder der Nofretete-Büste und stellte überrascht fest, daß das linke Ohr, nein, nicht etwa zur Hälfte abgeschlagen, aber doch deutlich beschädigt war, auch das Ohrläppchen war abgebrochen. Der fließende Übergang von Nase und Stirn war der gleiche wie bei der Königin von Saba – und anders als bei Natu –, die Abdeckung des Hinterkopfs, hier durch die blaue Krone, ebenfalls. Natürlich hatte Nofretete keine Wimpern, es war ja eine Büste, sie hatte aber auch keine Brauen, nur einen die Brauenform nachziehenden Schminkstrich. Vor allem strahlte sie die gleiche kühle, abweisende Aura aus, die auch Natu manchmal haben konnte.

Trattner holte sein Skizzenbuch und betrachtete die Zeichnung, die er vor einem halben Leben – es war gerade mal vier Nächte her – von Natus Kopf angefertigt hatte. Nein, keine der Analogien ging perfekt auf, aber völlig aus der Luft gegriffen waren sie deswegen auch nicht. Der Zottler Schani hätte wahrscheinlich behauptet, alle drei Köpfe seien Erscheinungen ein und derselben Idee. Der fixen Idee nämlich, der Trattner schon als Schüler anheimgefallen und jetzt endgültig auf den Leim gegangen sei. Nun gut, der Zottler Schani war ein Herr Professor und lebte davon, durch gezielte Abweichungen vom Hausverstand Aufmerksamkeit zu generieren. Vielleicht sollte er ihm nach seiner Rückkehr den Stempel zur Begutachtung übergeben?

Aber was hieß hier »Rückkehr«? Trattner betrachtete sein Flugticket mit zunehmender Feindseligkeit und bald offener Feindschaft. Wie konnte er abfliegen, ohne Gewißheit über Natus weiteres Schicksal zu haben? Sollte es das denn schon gewesen sein, sein Rendezvous mit der Vorsehung?

Trattner rief Weraxa an, der versicherte, sich zu kümmern. Danach Mulugeta, der gerade in einer Kfz-Werkstatt den Motor seines Wagens belauschte, mißmutig und wortkarg. Eine Weile brütete Trattner vor sich hin. Als er sich wenigstens zu einem Spaziergang aufgerafft hatte, ermahnte ihn der Portier, vorsichtig zu sein, es gebe zunehmend Raubüberfälle. Nicht nur in Addis, nein! Und immer häufiger komme es zu Übergriffen aufgrund bloßer Mißverständnisse, Trattner solle sich auf keinen Fall in ein Gespräch über Politik hineinziehen lassen.

Während er die Straße entlang stadteinwärts schlenderte, passierte er zunächst ockerfarbne Wohnblocks mit weißen Satellitenschüsseln auf den Balkons. Dann eine Reihe von Hochhäusern im Rohbau, die Arbeiten daran waren offensichtlich eingestellt, im Erdgeschoß gab's Geschäfte mit Leuchtreklamen. In einer Baulücke ein frisch gepflügter Acker, ein paar Meter weiter verkaufte man die gleichen gelben Matratzen wie im Süden, allerdings mit Rankenmuster in Rot. Eine Bretterbude mit Theke, auf der ein Metzger mit zwei kleinen Messern ein Stück Fleisch zerhackte, rasend schnell und im regelmäßigen

Taktschlag, hinter ihm hing eine Rinderhälfte. Zwischen den geparkten Autos tanzten und klatschten ein paar Männer, eine Hochzeitsgesellschaft. Die Frauen, die Trattner entgegenkamen, trugen Plastikschlappen, einige auch zwei verschiedne, etwa eine *Adilette* und eine andre mit Camouflage-Print, dazu gern Socken. Die reichen Frauen dagegen, wie überall in Äthiopien, zeigten sich in goldnen oder silbernen Riemchensandalen. Sie blickten nicht weg, wenn Trattner sie ansah, und schritten lächelnd an ihm vorüber.

Aber im Grunde sah er nur immer wieder Natu, wie er sie in den vergangnen Tagen öfter vor sich hatte hergehen sehen, er sah, wie sie sich halb nach ihm umwandte, das kaum wahrnehmbare Lächeln im Abdrehen des Kopfes.

Vor einem Restaurant für rohe Fleischgerichte standen ein paar Männer gelangweilt herum, sie ließen sich die Schuhe putzen und studierten dabei ihre Handys. Einer davon – er hatte seinen Kinnbart rot gefärbt – fauchte Trattner auf Englisch an, er solle nach Hause abhauen. Als Trattner verdutzt fragte, warum, behauptete der Mann: Seinerzeit seien es »auch solche wie du« gewesen, die Aids ins Land gebracht hätten.

Und als nächstes brächten sie Corona, fiel ein andrer ein und fuchtelte mit dem Display seines Handys vor Trattners Nase herum: Täglich gebe es Meldungen von sonstwo, sicher bald auch aus Äthiopien, sie wüßten Bescheid.

Trattner versicherte ihnen, er werde sich so bald wie möglich davonmachen, und kehrte um. Der Rückweg zum Hotel ging bergab, man sah weit über die Hügel der Stadt. Aus einem vorbeirasenden Auto schrie ihm der Beifahrer etwas zu, es klang wie »*Brother*«.

*

Zurück in seinem Zimmer, sah sich Trattner wieder einmal an ein ziemlich lausiges Ende gekommen, ob mit diesem Land und seinen verschiednen Völkern, ob mit seinen Grabungen und der scherbenweisen Verhökerung von Weltkulturerbe oder mit Natu und all den andern Frauen seines Lebens. Wie sein Blick jedoch aufs Nachtkästchen fiel, wußte er plötzlich, daß all das nicht stimmte.

»Sie hat dir ihr Herz geschenkt«, sagte er halblaut vor sich hin.

Der Armreif war das Kostbarste, was Natu besaß, er war weit mehr als ein Schmuckstück. Trattner erinnerte sich, daß sie, noch als junges Mädchen, einen ihrer Armreife Saba Kana geschenkt hatte, und daß er, damit geschmückt, gegen Bargudu gekämpft hatte. Ganz langsam, ganz langsam, ganz langsam dämmerte es ihm, daß also auch dieser Armreif, den sie als erwachsene Frau für ihn zurückgelassen, nicht nur ein Geschenk war, sondern auch eine Bitte, ein Wunsch, eine Aufforderung: daß er um sie kämpfen sollte.

Oh nein, Natus Herz war ihm nicht einfach so geschenkt worden. Um's zu besitzen, hatte er's auch zu erwerben. Er bog den Armreif an beiden Enden auseinander und streifte ihn über sein rechtes Handgelenk. Noch immer saß er etwas zu eng und drückte. Aber ein leichter Schmerz war vielleicht genau das, was er gebraucht hatte, um den großen Schmerz anzugehen. Höchste Zeit, wesentlich zu werden. Lena hatte recht gehabt. Doch was nützte es, wenn man das Richtige gesagt bekam, aber von der Falschen? Natu hatte gar nichts gesagt. Aber sie war die Richtige.

Und die Reise mit ihr war noch nicht zu Ende, das war jetzt klar. Mit einem Mal wurde Trattner von einer großen Unrast erfaßt, am liebsten hätte er auf der Stelle Weraxa und Mulugeta getroffen und sie zum Aufbruch überredet. Als Weraxa endlich seinen Anruf annahm, klang er ziemlich betrunken:

Keine Sorge, er versuche sein Bestes. Er könne Kokordi allerdings partout nicht erreichen, vielleicht sei sein Akku leer.

Er habe etwas Wichtiges mitzuteilen, hob Trattner an. Das gehe allerdings nicht am Telefon, dazu brauche man ein paar *Bedele*-Biere, er wolle ihn und Mulu zum Essen einladen.

Ehe er die Sache noch ein bißchen geheimnisvoller machen konnte, unterbrach ihn Weraxa: Ganz schlecht, Joe. Heute habe er ein großes Familientreffen und keine Zeit für irgendwas sonst, selbst wenn in der nächsten Viertelstunde der Krieg erklärt würde.

Das Telefonat mit Mulugeta lief kein bißchen besser, er war noch schlechter gelaunt als am Vormittag: In der Werkstatt, die ihm bislang immer hatte helfen können, sei man diesmal auf keine Lösung gekommen. Morgen früh müsse er seinen Wagen in eine Vertragswerkstatt von *Nissan* bringen, am andern Ende der Stadt.

Immerhin gelang's, mit den beiden eine Verabredung für übermorgen Abend zu treffen. Trattner warf die Trekkinghose, die er sich an der Felswand von Abuna Yemata zerrissen hatte, in den Papierkorb, dazu die Turnschuhe, die noch immer so aussahen, als wäre er gerade von den Lehmfeldern der Dassanetch zurückgekommen. Weg mit dem alten Leben! Er träumte davon, mit Natu ein neues Leben anzufangen. Sicher nicht in Wien, sicher nicht in Surma Kibish, aber vielleicht ja hier, in Addis, wo sich ihrer beider Lebenskreise berührten. Addis war die häßlichste Stadt, die er kannte, ein Moloch aus Staub und Chaos – aber egal. Ein Schaumstoffsofa für sie beide würde sich auch hier zuschneiden lassen.

Nun ja, man konnte sich als Weißer auch schon in Addis lächerlich machen, wenn man mit einer jungen schwarzen Frau auftauchte. Trattner hatte immer grinsen müssen, sobald ihm ein solches Paar begegnet war. Noch ehe er genau hingesehen, hatte er schon zu wissen geglaubt, was da lief und warum. Egal! Außerdem war Natu alles andre als eine dieser erotisch aufgetakelten Gespielinnen. Alles. Andre.

Erst jetzt begriff er, wie sehr er sich, bar jeder Vernunft, in sie verliebt hatte. Er glaubte, sich zu erinnern, wie weich ihre Haut an den Achselhöhlen war und wie hart an den Fußsohlen, auch wenn er gleichzeitig daran zweifelte, ob er sie je dort berührt hatte. Für einige Momente glaubte er, alles nur geträumt zu haben, alles. Auch eine geträumte Liebesnacht ist eine Liebesnacht, sagte er sich, vielleicht sogar noch intensiver als die real erlebte.

Dann betrachtete er den Armreif an seinem Handgelenk, roch daran, weil er hoffte, eine Spur von Natus Geruch dort wiederzufinden. Er erinnerte sich an einen Spruch, den der Zottler Schani gern im Munde führte, wenn er wieder mal mit Trattners künstlerischen Ambitionen ins Gericht ging: An die Eroberung des Glücks glauben die am festesten, die wissen, daß es unmöglich zu erobern ist. Sie tun's, hatte Trattner immer gekontert, weil sie sonst nicht leben könnten.

*

Wieder wurde er nachts durch jaulende Hunde geweckt, wenig später durch den Lärm einer Lkw-Kolonne. Als er ans Fenster trat, war unter ihm, vom gelben Licht der Laternen befunzelt, das Band der Straße, darauf vom einen Ende zum andern ein Militärkonvoi. Immer wieder kam er ins Stocken, im Grunde stand er die meiste Zeit, bei laufenden Motoren. Am nächsten Morgen erzählte der Portier, daß dies schon die dritte Nacht sei, in der man Truppen verlege, die Transporte würden in den Norden gehen, an die Grenze zu Tigray. Nur für den Fall der Fälle, beschwichtigte der Portier, als wollte er seinen Gast nicht unnötig beunruhigen: Die Äthiopier hätten ja schon Italien besiegt, auch mit Tigray würden sie kurzen Prozeß machen, hier in Addis würde man davon nichts mitbekommen. Offenbar waren Tigrayer keine Äthiopier mehr, jedenfalls dieser Tage.

Auch Trattner wäre gern ein großer Kämpfer geworden. Nicht nur einer, der ziemlich viel einstecken und aushalten konnte, sondern auch einer, der austeilen konnte, wenn's drauf ankam. Denn da war ja noch die Sache mit Lena. Bis heute nagte es an ihm, daß er damals im entscheidenden Moment – ja was denn? Hatte er denn nicht gekämpft? Hatte er nicht sogar schon zum entscheidenden, zum finalen Schlag ausgeholt? Trattner war sich nicht so sicher. Dabei war er ja mit geradezu romantischen Vorsätzen nach Wien geflogen, damals, nach der Pleite in Berlin, als man den zweiten Tag seiner Befragung kurzerhand gestrichen hatte, weil er bereits nach dem ersten erledigt war.

Im Grunde hatte er seit dem Besuch von Professor Wiltschek geahnt, daß die Sache in Berlin nicht gut ausgehen konnte. Und schon viel länger, daß die Sache mit Lena nicht gut ausgehen würde, wenn sie sich nur stritten oder aus dem Weg gingen. Nach ein paar Gläsern Arrak im *Daddy Club* war er eines Abends – war's im Sommer 2018 gewesen? – zum leicht größenwahnsinnigen Schluß gekommen, er müsse Lena retten. Er war ja vielleicht nicht ganz unschuldig an der jüngsten Entwicklung. Schließlich hatte er nur schamlos aufgelacht, als sie ihn, das lag wirklich Jahre zurück, unglaublich zärtlich und durch die Blume gefragt hatte, ob's nicht vielleicht schön wäre, eine Familie zu gründen.

»Ich hätte einfach ja sagen und sie heiraten sollen«, sagte Trattner an besagtem Abend der Kellnerin, die gekommen war, um ihm die Hand auf die Schulter zu legen. Es war Iman, die auf ihrer Flucht hier hängengeblieben war und die er besonders mochte. »*I should have simply said ...*«, war er drauf und dran, ihr die ganze Geschichte seines Versagens zu erzählen. Aber Iman betrachtete das einfach als Bestellung und drehte mit einem knappen »*Bad boy*« ab.

Kein Wunder, wußte er beim nächsten Glas, daß sich Lena von ihm zurückgezogen, daß sie Ersatz gesucht hatte. Wo sie früher Bewunderung bekommen hätte, forderte sie jetzt Respekt; wo sie noch immer mit ihrem Charme überzeugt hätte, witterte sie Sexismus und Diskriminierung. Das war doch kein Leben mehr, glaubte Trattner mit einem Mal zu wissen, das war ein anhaltender Hilferuf.

Vielleicht hätte er sich nicht so bereitwillig von Lena zurückziehen sollen, vielleicht hätte er nicht so schnell Trost bei andern suchen sollen? Oh, Trattner war schon reichlich betrunken, und als er sich mit einem letzten Arrak Mut gemacht hatte, beschloß er, endlich um sie zu kämpfen. Er war bereit, alles zu verzeihen, was sie gesagt hatte und getan, war bereit, alles wieder gutzumachen – auf einen Schlag und mit zwei Ringen.

»*You know what?*« empfing er Iman in einer wohlig aufrauschenden Versöhnlichkeit, er hätte sie umarmen können: »*Next time I see her I will say …*«

»*Good boy*«, hatte Iman schon genug begriffen und ging zum nächsten Tisch.

Auch in der Katerstimmung tags drauf widerrief Trattner seinen Beschluß nicht. Nur ließ sich der gar nicht so leicht in die Tat umsetzen. Immer wenn er während eines seiner Wienaufenthalte auf eine Situation hinarbeitete, in der er Lena einen Antrag hätte machen können, wurde sie schnell besonders unausstehlich.

Ende Oktober 2019 saß er in Berlin, vielleicht ein gutes Jahr nach jenem Arrak-Abend im *Daddy Club,* und wie immer, wenn er nach Hause flog, hatte er die beiden Ringe dabei. Diesmal, beschloß er, würde er nicht erst auf eine günstige Gelegenheit warten. Seitdem er im Juli so hastig aus Wien abgereist war, hatte er nur ein einziges kurzes Mail an Lena geschrieben, um sich für den übermorgigen Tag anzukündigen. Nun hatte er die Chance, einen Tag früher nach Wien zu fliegen und sie zu überraschen. Er würde sie nicht etwa anrufen, er würde einfach in der Tür stehen und, wer weiß, kaum daß er die Tür hinter sich zugezogen hatte, ganz klassisch um ihre Hand anhalten. Sie war jetzt 39, ein Alter, in dem die Weichen unter Umständen noch mal neu gestellt wurden. Während er die Minibar in seinem Hotelzimmer leer trank, buchte er seinen Flug um.

Es war dann aber Lena, die eine Überraschung für ihn hatte. Auf der Treppe zu seiner Wohnung, in der sie seit fünfzehn Jahren mit ihm lebte, wunderte er sich über den köstlich würzigen Geruch, der im Stiegenhaus hing. Während der drei Monate, die seit seiner letzten Abreise verstrichen waren, mußte ein neuer Mieter eingezogen sein, der offensichtlich kochen konnte. Vor seiner Wohnungstür zupfte Trattner den Rosenstrauß halb aus der Papierhülle, dabei hörte er Lena drinnen ungewohnt laut loslachen. Der würzige Geruch kam aus der eignen Wohnung, Trattner atmete tief ein, vielleicht auch, um Luft zu holen für das, was er gleich sagen wollte.

Damit die Überraschung perfekt war, sperrte er die Tür nicht selber auf, nachdem er geklingelt hatte. In der Wohnung rumste es, er hörte schnelle Schritte im Flur, schon wurde die Tür aufgerissen. Ein barfüßiger Mann, das Hemd aufgeknöpft, starrte ihm ins Gesicht, auf den Rosenstrauß und wieder ins Gesicht. Trattner starrte zurück. Schließlich setzte er, immer noch entschlossen, den Fuß über die Schwelle. Doch noch ehe er seinen Rollkoffer hinterhergezogen hatte, verstellte ihm der Mann den Weg:

Was ihm einfalle, hier einfach einzutreten?

»'tschuldigen Sie mal, ich bin hier z' Haus«, hielt Trattner dagegen. Die Frage sei ja wohl eher, was *er* hier mache, noch dazu barfuß.

»Z' Haus?« Der Mann war fassungslos, er schlug sich mit der Hand gegen die Stirn, »was ich hier mach'?« Er gewährte Trattner eine kurze Pause, dann lachte er auf wie jemand, der nicht mehr ganz nüchtern ist.

Trattner ließ den Griff des Rollkoffers los und schob den Mann mit der freien Hand ein Stück zurück in den Flur. Noch begriff er nicht ganz. In diesem Moment trat Lena aus der Küche, »Bitte, Kurti«, und kam auf die beiden zu, »Ich hab' dir doch schon alles erklärt.«

Sie trug das schwarze Stretchkleid, das ihr Trattner mal geschenkt hatte, einfach so, weil er so glücklich war, daß sie die Figur dazu hatte, sie trug schwarze Nylonstrümpfe und sogar ihre schwarzen Lackpumps. So hatte er sie schon lange nicht mehr gesehen, er bestaunte sie wie eine Unbekannte. »Bitte«, wiederholte sie und legte ihre Hand beschwichtigend auf die Schulter dieses ... dieses ... barfüßigen Manns.

»Aber Lena«, stotterte Trattner anstelle einer Begrüßung, »du schaust ja heut ... Du schaust großartig aus.«

»Du bist doch heut noch gar nicht dran?« wandte sie sich erst jetzt an ihn, ihre Stimme kühl, ihr Blick eiskalt: »Also mach bitte keinen –«

Weiter kam sie nicht. Dem Mann, den sie gerade als Kurti angesprochen, entfuhr ein halblautes »Da schau her!«. Schon wischte er erst ihre Hand, dann sie selbst grob beiseite, so daß sie gegens Schuhregal prallte. Lena stand wie benommen, die Hand an der Wange. Der Kurti baute sich wieder direkt vor Trattner auf:

»Wüst' vielleicht deiner Ex nachschnüffeln oder was?«

Er schlug Trattner den Rosenstrauß aus der Hand, den er unverdrossen in der Linken gehalten hatte. Lena, die sich wieder gefangen hatte, versuchte, den Kurti zu besänftigen:

»Bitte, Kurti, werd ned grantig a no …«

»I bin's aber scho!« schrie der Kurti und schwitzte vor Wut. Er hob die Hand gegen sie, als wollte er ihr eine Ohrfeige verpassen. Plötzlich grinste er jedoch, packte sie um die Taille und – weil sie sich wehrte – wurde richtig zudringlich, zog sie mit grobem Griff an sich heran, bis er seine Hüften an die ihren pressen konnte. So blieb er ein, zwei Sekunden stehen und blickte Trattner herausfordernd an. Jetzt sah man, daß er schon *ziemlich* angetrunken war. Dann schubste er Lena achtlos von sich, machte einen Schritt auf Trattner zu, griff ihn am Revers und bellte ihn an, so daß ihm die Speicheltropfen ins Gesicht sprangen: »Und jetzt zu dir, du Beidl.«

Er schnippte Trattner mit Zeige- und Mittelfinger auf die Wange. Trattner war kein Feigling, aber er kannte die Spielregeln nicht. War das schon der Anfang einer Schlägerei? Als der Kurti immer lästiger wurde, wischte er dessen Hand weg, schubste ihn ein paar Schritte zurück und gleich noch ein paar: »I glaub, du hast an Huscher?«

Endlich hatte Trattner begriffen. Der Kurti sah sofort, daß es ernst wurde. Er ging geduckt in Stellung, die Fäuste erhoben, und tänzelte hin und her, um Trattner zu provozieren. Aber das war gar nicht mehr nötig, Trattner war so fuchtig, daß er den Kurti am liebsten totgeschlagen hätte, er trieb ihn mit seinen Faustschlägen durch den Flur und vor der Küchentür zu Boden. Noch ehe sich der Kurti aufrichten konnte, verpaßte ihm Trattner einen weiteren Treffer, stand im nächsten Moment schon über ihm, die Linke gerade ausgestreckt in seinen Haaren, um ihn zu fixieren, die Rechte zum finalen Schlag erhoben –, aber da fiel ihm von hinten Lena in den Arm, »Bitte, Josef«, und hängte sich auch gleich mit ihrem ganzen Körpergewicht daran.

Es dauerte, bis sich Trattner aus Lenas Umklammerung befreit hatte, ohne allzu grob dabei zu werden. Zeit genug für den Kurti, sich aufzurappeln und blitzschnell ein Messer aus der Küche zu besorgen. Er wartete nur auf den Moment, da Lena aus dem Weg gehen würde. Aber das tat sie nicht.

»Bitte, Josef.«

Im Gerangel mit ihm hatte sie ihre Pumps verloren, der Lippenstift war verwischt, und dennoch, und dennoch, und dennoch! sah sie so gut aus, wie sie Trattner seit Jahren nicht mehr gesehen hatte.

»Bitte«, wiederholte sie und hielt seinem Blick stand. In diesem einen Wort war alles gesagt und entschieden. Den Kurti keines weiteren Blickes mehr würdigend, ging Trattner zurück zur Wohnungstür, die noch immer offenstand. Das Blut rauschte ihm durch die Schläfen, und all die Dinge, die ihm in der Wohnung bis gerade eben vertraut gewesen, rutschten weit weg. Seinen Rollkoffer vergaß er nur deshalb nicht, weil er umgefallen war und im Weg lag. Als er ihn am Griff gepackt und sich wieder aufgerichtet hatte, tippte ihm jemand auf die Schulter. Er drehte sich wie in Trance um, sah noch für den Bruchteil einer Sekunde den Kurti, wie er zum Schlag ausgeholt hatte, schon knirschte es häßlich und wurde dunkel. Als Trattner wieder die Augen aufschlug, lag er auf dem Flurboden, kurz vor der Wohnungstür, und wie er sich ins Gesicht griff, merkte er, daß er blutete.

»Geh scheißn!«

Wer schrie denn da, wer war gemeint?

Aufzustehen war mühsam, stehenzubleiben war mühsam, ein paar taumelnde Schritte dahin und dorthin zu setzen, den Rollkoffer zu finden, den Rollkoffer am Griff zu packen, mit der freien Hand das Blut aus dem Gesicht zu wischen, einen weiteren Schritt sorgfältig vor den andern zu setzen. Trattner hatte plötzlich Angst, zwischen die Muster im Fußabstreifer und ins Leere zu treten. Kaum stand er im Stiegenhaus, hörte er die Tür hinter sich ins Schloß fallen. Hinter der gegenüberliegenden Wohnungstür fragte eine Frauenstimme ängstlich, ob sie die Polizei rufen solle. Trattner wischte sich das Blut mit dem Sakkoärmel aus dem Gesicht und sah zu, daß er fortkam. Während er sich die Stiege hinabhangelte, wurde ihm schwindlig, er hatte Angst, in die Schatten auf den Treppenstufen zu treten.

Auch in der Gasse draußen war alles weit weg und still, Trattner hatte Mühe, sich der einen oder andern Fassade zu versichern. Wenn er sich auf seine Nase griff, war da kein Schmerz, es fühlte sich taub an. Er merkte gar nicht, daß er den Weg zum *Café Zartl* eingeschlagen hatte, merkte kaum, daß er's betrat. Drinnen irrte er hin und her, in jeder Sitznische saß schon wer und sah ihn an. Mariola begrüßte ihn, wie immer, durch ein bloßes Nicken im Vorbeigehen. Dabei wies sie einladend auf die beiden Tische beim Tresen, die sie stets für spontan vorbeikommende Stammgäste reserviert hielt.

Als sie mit einem Achterl zu ihm an den Tisch kam, ohne daß Trattner bestellt hätte, schüttelte sie den Kopf: »Wer hat Ihnen denn so arg herg'richt, Herr Magister?«

Sie schickte ihn in die Toilette, wo er sich das Blut von Gesicht und Händen wusch. Zurück am Tisch, sickerte es ihm nach wie vor aus der Nase, er tupfte es mit einer Papierserviette ab. Der eine oder andre Stammgast kam vorbei, um ihn besorgt in Augenschein zu nehmen und ins Spital zu schicken, die Notaufnahme drüben in der Rudolfstiftung sei rund um die Uhr geöffnet.

»Heut bin i auf was draufkommen«, sagte Trattner, als sich Mariola kurz zu ihm gesetzt hatte und ihm ein zweites Achterl hinschob.

»Mir scheint, Sie haben eine Erfahrung gemacht, Herr Magister«, ergänzte sie. Seine Nase sehe leider immer noch so aus, als sei sie gebrochen.

Aber es war noch viel mehr gebrochen.

Daß Lenas Neuer ein richtiger Macho war – nicht nur einer wie Trattner, der den Macho gelegentlich *spielte* –, war schon schlimm genug. Als ob ausgerechnet so einer zu ihr gepaßt hätte, zu einer Gleichstellungsbeauftragten oder was sie genau war. *Falls* sie es überhaupt noch war, sicher hatte sie ihre Ansichten über Geschlechterrollen entsprechend angepaßt. Besonders schlimm war, daß sie so phantastisch ausgesehen hatte. Wie lange hatte er gehofft, sie würde sich wieder zurückverwandeln in die Frau, in die er sich verliebt hatte. Nun hatte sie es getan – für einen andern. Trattner hätte sich in die Hand beißen können vor Wut.

Mariola ergriff selbst eine Papierserviette und tupfte ihm da und dort das Blut ab. Dann überredete sie ihn, zumindest seinen Freund anzurufen, den Herrn Professor. Als der kurz drauf das Kaffeehaus betrat, begrüßte er erst mal ausführlich Mariola. Erst danach wandte er sich an Trattner: »War's das endlich?«

»Das war's«, sagte Trattner.

Erst wie sich der Zottler Schani zu ihm an den Tisch gesetzt hatte, sah er den ganzen Schaden: »Ja, Pepi, wie ham s' denn dich zug'richtet?«

Da ihn Trattner nur auf eine benommen wirkende Weise anschwieg, schob er das Achterl, das Mariola auch ihm gebracht hatte, gleich wieder weg. Und fuhr Trattner in die Rudolfstiftung.

*

Vier Monate später saß Trattner im Hotel in Addis und strich sich versonnen über die feine Narbe auf dem Nasenrücken. »Josephhh...«, sagte er leise und versuchte dabei, Natus dunkle Stimme zu imitieren, *»Josephhh...«*. Er war bereit, den Schlag nachzuholen, den Lena vor einem Vierteljahr verhindert hatte. Daß es am Ende vielleicht Bargudu sein würde, der den Schlag empfing, tat nichts zur Sache. Es ging um Gerechtigkeit, im einen wie im andern Fall. Vor allem ging's darum, sich für eine Sache zu entscheiden und dafür auch zu kämpfen.

Mußte er wirklich kämpfen? War er nur dann ein Mann, wenn er kämpfte? Lena hätte das Gegenteil behauptet. Wäre er so aufgetreten, wie sie es von ihm forderte, man hätte ihm schon in Libyen und auf Djerba übel mitgespielt. In Äthiopien allemal. Hier hatten auch die Priester Dreck unter den Fingernägeln, wenn sie segneten, selbst sie waren Männer. Und erst die Krieger in Surma Kibish! Um bei ihnen zu bestehen, mußte man gewiß nicht immer gleich kämpfen, aber dazu bereit sein, mußte man schon. Es kam drauf an, so klar und unmißverständlich für etwas einzustehen, daß man gar nicht zuschlagen mußte.

Erst wenn Trattner auf diese Weise in Surma Kibish aufgetreten war, würde die Sache mit Lena *wirklich* abgeschlossen sein, und die mit Natu konnte beginnen. Als er im letzten Oktober nach Aksum zurückgekehrt war, hatte er alles verloren gehabt, was ein Mann verlieren kann – die Frau, die er liebte, den Beruf, der ihn ernährte, die Wohnung, in der er zu Hause war. Er hatte wie benommen weitergelebt, als hätte Kurtis heimtückischer Hieb nachgewirkt, und darauf gewartet, daß es anders werden würde. Aber es wurde nicht anders, weil er selbst es nicht wurde.

Jetzt, nach der Reise mit Natu, *war* er ein andrer. Er verfluchte alles, was er von Lena über Männer gehört hatte. Wo auch immer, in Wien oder Surma Kibish, in Aksum oder Addis, wurden klare Vorgaben an Geschlechterrollen gemacht, die sich alle gegenseitig ausschlossen. Wahrscheinlich fuhr man am besten, so dachte er jetzt, wenn man immer so auftrat, wie es gerade erwartet wurde. Vielleicht war das zynisch, aber bestimmt respektvoller, als Überzeugungen aus westlichen Metropolen in ein Dorf am Rande des Omo-Tals importieren zu wollen – das wäre ja, jedenfalls in Lenas Worten, nichts andres als ein neuer Kolonialismus.

Plötzlich erschien ihm alles wieder ganz einfach. Vielleicht ein bißchen zu einfach, sei's drum. Bestimmt lag's an Natus Armreif, bestimmt.

*

Am Abend traf er sich mit Weraxa und Mulugeta im *Makush*. Das Restaurant lag in der Nähe des Flughafens, entsprechend beliebt war's bei äthiopischen Reiseleitern. Überall saßen Touristengruppen, die hier noch ein letztes gemeinsames Abschiedsessen einnahmen. Weraxa begrüßte Trattner mit der Bemerkung, gestern habe man in Wolisso beinah einen Australier gelyncht. Die Menge sei überzeugt gewesen, Touristen wie er würden den Coronavirus nach Äthiopien einschleppen.

»Keine Sorge, Joe, in Addis passiert so was nicht.« Auch Weraxa wollte Trattner beruhigen. »Und am Siebten feiern wir hier eh schon deinen Abschied.«

»Wenn du dich da nicht täuschst«, widersprach Trattner, Weraxa verstand's als Witz und lachte artig. Er hatte ein äußerst verwegnes Rasierwasser aufgelegt und grüßte nach links und rechts, während sie ein Kellner an den reservierten Tisch führte.

Alle Wände waren mit Ölbildern behängt, die Lokalität nannte sich daher *Makush Art Gallery & Italian Restaurant*.

Offenbar spekulierte man darauf, daß der eine oder andre noch in letzter Minute ein Mitbringsel kaufen wollte. Die Bilder sahen genauso aus wie überall dort im Land, wo Touristen auftauchten. Vielleicht wurden sie ja zentral angefertigt, gerüchteweise in Kenia. An einem der Tische passierten sie einen Priester. Den Kopf leicht in den Nacken gekippt, saß er offnen Mundes da, ein weißbärtiger Greis mit eckiger Nase und auch sonst markant knochigen Gesichtszügen. Seine Gebetskrücke hatte er hinter sich an die Wand gelehnt. Auch nachdem er bereits Platz genommen, beobachtete ihn Trattner noch eine Weile. Ständig kamen äthiopische Gäste und Kellner, die das Kreuz in seiner Hand küssen wollten. Wenn er den Segen austeilte, sah man, daß seine langen Fingernägel stark ausgeblichen waren. Als ihm eine *Injera* serviert wurde, segnete er auch sie, bevor er zu essen begann.

»Du willst uns verarschen«, sagte Weraxa, als Trattner mit seinem Beschluß hervorgekommen war. Sie hatten sich gründlich mit Pasta angestopft und auch schon leidlich eingetrunken, nun holte Trattner sein Flugticket hervor und hielt's erst Weraxa, dann Mulugeta unter die Nase:

»Damit ihr seht, daß ich's ernst meine.« Ohne Hast zerriß er's in immer kleinere Stücke. »Ich bleib hier.«

Weraxa lächelte ihn leer an. Mulugeta fiepte kurz auf. Plötzlich begriff er und platzte los, es klang ein bißchen unanständig:

»Du willst sie dir holen.« Er lachte schallend, klopfte Trattner anerkennend auf die Schulter, von Mann zu Mann, und fügte, noch lachend, an: »Vollstes Verständnis, Joe.«

»Aber warum?« wollte's Weraxa weder verstehen noch glauben.

»Um sie vor Bargudu zu retten«, versetzte Trattner. Er leerte sein Bier und kam mit seiner Bitte heraus: »Seid ihr dabei?«

»Du willst also«, setzte Weraxa an, »du willst allen Ernstes wieder nach – ?« Er konnte seinen Satz nicht zu Ende formulieren, so absurd erschien ihm die bloße Nennung des Ortes.

»Die Zeit bis zum Siebten«, ergänzte Trattner, »die hätten wir ja sowieso da unten verbracht, wenn alles nach Plan verlaufen wäre.«

Es sei aber nicht nach Plan verlaufen, widersprach Weraxa. Und falls sie erneut »da runter« fahren sollten, würd's erst recht nicht nach Plan verlaufen, auch dort habe sich die Lage zugespitzt. Trattner solle sich glücklich schätzen, daß er das Land in wenigen Tagen verlassen könne.

Er sei glücklich zu bleiben, hielt Trattner dagegen, und allen Ernstes gewillt, in Äthiopien, ausgerechnet in Äthiopien und ausgerechnet zu diesem Zeitpunkt, jawohl, noch mal neu anzufangen – mit Natu.

Ach, Natu. Weraxa machte eine abschätzige Geste. Die sei doch nichts Besondres. Frauen wie sie gebe es überall, noch dazu für einen Weißen. Und außerdem –

»Kein außerdem«, unterbrach Trattner: »Du hast immer irgendwelche Gründe.« Und er dachte: Aber ich hab' ein Ziel.

Worauf ihm Weraxa eine Weile ernst in die Augen sah: Ja, er habe Gründe. Schließlich gab er sich einen Ruck und setzte neu an: Vor allem habe er *einen* Grund, den er Trattner eigentlich habe ersparen wollen. »Heut hab' ich Kokordi erreicht.«

»Und?«

»Der Ältestenrat hat getagt.« Das Urteil sei gesprochen und bereits vollzogen.

»So schnell schon?« Mulugeta spitzte die Lippen, sog die Luft ein und stieß sie wieder aus, immer wieder, immer schneller, bis er hechelte.

Sie ist tot, war sich Trattner sofort sicher. »Sag mir jetzt nicht, daß sie das überlebt hat!«

»Bestimmt hat sie das«, versicherte Weraxa, »bestimmt!« Ob er den Urteilsspruch denn nicht hören wolle?

Ach, winkte Trattner ab, da säßen ein paar alte schwarze Männer beisammen, was könne da schon rauskommen, wenn sie über eine Frau urteilten. Noch dazu über eine Natu.

Oh, da unterschätze er die Suri, korrigierte Weraxa. Im Ältestenrat säßen zwar nur Männer, das schon. Aber sie seien ja alle verheiratet, hätten Schwestern, Töchter, Enkelinnen. Hätten Nachbarinnen, Tanten, Großmütter. Sie alle würden in den Tagen vor der Versammlung mit den Männern reden. Im Grunde würden bei den Suri eh ständig alle mit allen reden.

Ach, winkte Trattner ab.

Ob er den Urteilsspruch endlich hören wolle? Trattner schwieg, also fuhr Weraxa fort: Natürlich habe Natu die Versammlung gestört und Bargudu beschimpft, nicht nur des zerbrochenen Krugs wegen. Sie habe mit ihm abgerechnet und ihn derart beleidigt, daß man ihn zurückhalten mußte, ihr Gewalt anzutun. Als das Urteil verkündet worden war, mußte Natu wieder mit Stockhieben zur Raison gebracht werden.

Trattner fragte sich, ob Kokordi wirklich derart detailliert berichtet hatte oder ob Weraxa nach Gutdünken ausschmückte. Womöglich hatte er überhaupt nicht mit Kokordi gesprochen und erfand alles nur, um sich eine erneute Fahrt nach Surma Kibish zu ersparen.

»Nun ja«, fuhr Weraxa fort, »so haben wir sie kennengelernt.« Die Ältesten hätten beschlossen, sie zu ihren Verwandten in den Süden zu schicken, sie solle dort einen ihrer Onkel heiraten.

Das sei ja eine Verbannung, sagte Mulugeta. Und noch dazu in den Südsudan, sofern er Natus Lebenserzählung recht in Erinnerung habe.

Das sei ja Inzucht, sagte Trattner. Und obendrein mit diesem versauten Onkel! Nein, fügte er nach einer Pause an, das glaube er nicht. »Ein Schwein wie Bargudu schickt Natu doch nicht zu einem andern Schwein, der will sie doch selber.«

Offensichtlich nicht mehr, korrigierte Weraxa. Vielleicht sei's seine Rache dafür, daß ihn Natu zweimal als Bräutigam ausgeschlagen habe.

Ach was! Trattner wußte es besser, sie war tot, Bargudu hatte sie erschlagen. Hätte er's nicht getan, es wäre ihm erneut als Zeichen der Schwäche ausgelegt worden. Er mußte Natu für ihre Provokationen bestrafen, für ihre Arroganz, etwas Besseres zu sein als eine gewöhnliche Suri-Frau, er mußte es tun, um Tradition und Anstand in seinem Dorf zu bewahren, er mußte das Glück der Gemeinschaft gegen die Glücksansprüche des einzelnen verteidigen, die Tradition gegen die Moderne, den Süden gegen den Norden ... Trattner hatte das in allen Variationen rauf und runter gedacht, seitdem Natu verschwunden war; inzwischen hatte er's verinnerlicht. Wer weiß, warum Weraxa nicht die Wahrheit sagen wollte, vielleicht um Trattner zu schonen, vielleicht verfolgte er eigne Interessen, ob Guldunis oder gar Natus wegen. Aber Trattner sagte nur:

»Egal, was die Ältesten beschlossen haben, Bargudu hat sie erschlagen. Er konnte ja gar nicht mehr anders.«

»Du glaubst mir also nicht«, griff Weraxa nach seinem Handy und tippte darauf ein. »Dann soll's dir Kokordi selber sagen.«

Mulugeta hatte eine Ecke seiner Papierserviette lang und dünn gedreht und reinigte sich damit eins seiner Nasenlöcher. Weraxa telefonierte:

»Hello ... Erchi ... Eschi ... Oooky ...«

Mulugeta reinigte sein andres Nasenloch, Trattner sah ihm zu. Plötzlich stieß ihn Weraxa an, nickte und reichte ihm sein Handy. Noch ehe er's allerdings am Ohr hatte, hörte es Trattner knacken und rauschen, zögernd fragte er:

»Koko?«

Er hörte eine Männerstimme, verstand sie aber nicht, konnte nicht mal entscheiden, ob sie überhaupt auf seine Frage antwortete.

»*Tscharli, Koko. Saga Joe.*«

Rauschen, Knacken, abgerißne Fetzen von Worten, dazu energisch eine Frauenstimme, offensichtlich aus einer andern Verbindung. Trattner legte auf, er hätte sowieso nichts geglaubt, Kokordi war ja Bargudus rechte Hand.

»Wenn du dir plötzlich so sicher bist, daß sie tot ist«, nahm Weraxa das Handy wieder an sich, »warum willst du dann überhaupt noch hin?«

»Das ist doch völlig klar!« Keine Sekunde mehr brauchte Trattner darüber nachzudenken: Er wolle Beweise, er wolle Gewißheit.

»Du würdest auch Kokordi nicht glauben?« verstand ihn Weraxa ganz recht. »Wann glaubst du denn endlich?«

»Wenn ich ihr Grab gesehen hab'.«

»Ihr Grab?« Gerade eben war Weraxa noch beleidigt gewesen und drauf und dran, sich schmollend zurückzuziehen, jetzt triumphierte er: »Da wirst du lange suchen können! Hast du gehört, Mulu, er will ein Grab in Surma Kibish finden!«

Mulugeta hatte es gehört. Aber er wußte nicht, was daran so absurd sein sollte. Weraxa blickte ihn ein wenig enttäuscht an und wandte sich wieder an Trattner:

»Das würde ein schäbiger Ort sein, Joe. Genaugenommen würd's gar kein Ort sein, sondern irgendein Fleck da oder dort in der Landschaft. Nichts würde an sie erinnern.« Ja, wenn ein Held gestorben wäre oder ein alter Mann! Da hätte seine Familie eine Kuh geschlachtet und ihn ins Kuhfell eingewickelt; man hätte neben der Hütte seiner Hauptfrau ein Grab für ihn gegraben und das Blut der Kuh hineingegossen, dann ihre Knochen hineingeworfen – jedenfalls wenn man's heute noch so machte wie früher. Man hätte die Beerdigungstrommel geschlagen, so daß der Tote gut in der Erde schlafen würde; die Familie hätte den Totentanz getanzt, so daß der Geist des Verstorbnen nicht zurückkehren und die Hinterbliebnen mit Krankheit schlagen würde. »Aber eine wie Natu, die wird einfach neben ihrem Feld verscharrt. Oder sonstwo.«

»So ganz ohne Grabstein oder irgendwas, das an sie erinnert?« Trattner wunderte sich immer wieder, wieviel Weraxa über die Suri wußte. Er mußte schon oft dort gewesen sein, und zwar nicht nur als Reiseleiter, das war klar, sonst hätte er nie solche Details in Erfahrung bringen können. Aber als was?

»Die meisten sind ja jetzt Christen«, räumte Weraxa ein, »aber beim Begraben sind sie noch echte Suri.« Schon nach ein paar Tagen könne man als Fremder gar nicht mehr genau sagen, wo eine Frau wie Natu begraben sei, man sehe überall das gleiche Gras, die gleichen Büsche.

Trattner erinnerte sich, daß Natu den zerbrochnen Krug nicht zuletzt deshalb so schnell ersetzt wissen wollte, weil sie das Grab von Arenja ohne Markierung nicht mehr gefunden hätte.

»Ob sie nun erschlagen wurde oder zu ihrem Onkel in den Südsudan geschickt, du wirst nichts mehr von ihr finden, Joe!« Weraxa hätte genausogut »Gib's auf« sagen und sich mit einem Schwung abdrehen können, so wie Leute, die mit ihrem Lächeln allein sein wollen.

Zumindest finde ich die Wahrheit heraus, dachte Trattner. Die Wahrheit über Natu, über Surma Kibish und wieviel ein Leben dort wert ist. Wenn wirklich alles so passiert ist, wie ich glaube, dann werde ich ... ja, was denn? Erst recht für sie kämpfen. Aber er sagte nur, daß er da unten noch eine Rechnung offen habe.

Das genügte, um Mulugeta ein anerkennendes Grunzen zu

entlocken und Weraxa ein dezent niederträchtiges Grinsen: Ob sich Trattner etwa schuldig fühle? Weil er nicht rechtzeitig was getan habe und es wettmachen wolle, indem er zu spät was tue? Er wisse ja selbst, was ein Besuch bei den Suri anrichten könne. Ob's da nicht angeraten sei, wenigstens jetzt ein Mann zu sein und heimzufliegen?

Trattner wischte alle Einwände und Bedenken vom Tisch und stellte seine Frage erneut: »Seid ihr dabei?«

Seitdem er vom Rat der Ältesten berichtet hatte, lächelte Weraxa fast ununterbrochen sein Weraxalächeln. Kopfschüttelnd fragte er Trattner, warum er sich das antun wolle: »Es gibt so viele Frauen, wie Natu eine ist – oder meinetwegen auch war. Du könntest jede von ihnen haben.«

»Seid ihr dabei?« wiederholte Trattner.

Mulugeta hob an, über sein kleines Haus zu klagen, jeden Tag entdecke man in der Werkstatt neue Mängel. Wenn's so weitergehe, könne er nie mehr bei einer Reise dabei sein, nicht mal bei seiner eignen Heimreise nach Aksum. Selbst wenn die Werkstatt irgendwann alles repariert haben sollte, weil er's gar nicht bezahlen könne. Die Inflation liege derzeit bei über zwanzig Prozent, im Grunde müßte die Werkstatt gar nichts weiter tun, als den Wagen so lang wie möglich einzubehalten.

»Wenn ich dir die Reparatur bezahle«, ging ihn Trattner augenblicklich an, »wärst du dann dabei?«

»Du meinst ...«, begriff Mulugeta erst langsam, daß er gerade ein traumhaftes Angebot bekommen hatte, »du meinst ... Also wenn du mir mein kleines Haus wiederverschaffst, soll ich dich dafür hinbringen?«

Trattner strahlte, als hätte Mulugeta bereits zugesagt.

»Der Krieg kommt ...«, fing Mulugeta langsam an, die Sache laut zu durchdenken. »Na gut, wir wollen ja nur für ein paar Tage in den Süden, das könnte vielleicht noch gehen. Allerdings bin ich Tigrayer, ich muß in den Norden, wenn du verstehst.«

In ungewohnter Entschlossenheit unterbrach ihn Trattner: »Nicht so hastig, Mulu, nicht so hastig!« Er sei zwar Tigrayer und werde seinem Land beistehen. »Aber noch mehr bist du mein Freund, erst mal mußt du mir beistehen.«

So schnell werde er vielleicht doch nicht kommen, der Krieg, wiegelte überraschenderweise Weraxa ab, erst mal komme Corona.

Trattner witterte seine Chance und zog ein Bündel Dollarnoten aus der Hosentasche, das er für diesen Moment eingesteckt hatte. Es war alles, was er nach dieser Reise noch an Bargeld hatte – eine ganze Menge. »Wie gesagt«, hob er an, »bis zum Siebten hab' ich ja eh schon alles bezahlt, und was jetzt neu dazukommt –«

Moment mal, unterbrach ihn Weraxa, nur damit das klar sei: Das Geld sei weg, das Trattner vorab bezahlt habe. Restlos weg. Auch wenn sie ein paar Tage früher zurückgekommen seien. Das meiste sei für Schutzgelder und Bestechung draufgegangen, es habe etwa doppelt so viele Straßensperren gegeben wie bei seiner letzten Reise, damit habe er nicht rechnen können.

Weraxa griff nach dem Bündel Dollarscheine, das ihm Trattner durchaus mit Kalkül beharrlich hingehalten hatte. Kaum hatte Weraxa jedoch angefangen, die Scheine durchzuzählen, hielt er inne und zeigte auf die Seriennummer eines Scheins: »Das sind alte Noten, Joe, die werden oft gar nicht mehr akzeptiert.«

Mulugeta nickte und seufzte wie irgendein Nachttier in einem fernen Dschungel, halb verärgert, halb enttäuscht. Weraxa zählte sämtliche Scheine durch und ließ wissen: Das reiche unter den gegebnen Umständen sowieso nicht, damit kämen sie nicht mal bis Surma Kibish, und dort sei ja dann noch Bargudu zu bezahlen, der sei besonders geschäftstüchtig.

Eine Weile lang hörte man nur die Unterhaltung von den Nachbartischen, noch immer waren alle Tische belegt, vor allem von Deutschen und Italienern. Trattner blickte auf den Priester, der die Mahlzeit im Kreis seiner Begleiter längst beendet hatte, er war noch immer gut damit beschäftigt, jeden zu segnen, der sein Kreuz zu küssen kam.

»Vielleicht besser so«, meldete sich Mulugeta endlich wieder zu Wort, »die Regenzeit ist in diesem Jahr früher dran, da steckst du auch mit Allrad bald irgendwo fest.«

»Du sparst auf jeden Fall ein Vermögen, Joe«, ergänzte Weraxa. In einigen Gegenden, durch die sie auf der Hinfahrt gekommen seien, hätten Milizen die Kontrolle übernommen, das seien alles Banditen, die wollten viel mehr Wegegeld als Polizei und Militär bislang zusammen. Ganz zu schweigen davon, daß die Grenzen der Bundesstaaten gerade geschlossen würden, in den Nachrichten habe man berichtet, die Straßen nach Tigray seien bereits abgeriegelt. Als nächstes mache man die Grenze zu Oromia dicht, dann seien sie hier in Addis eingeschlossen.

Macht ihr nur so weiter, dachte Trattner. Wenn meine Dollarscheine die passenden Seriennummern hätten, würdet ihr trotzdem fahren. Fieberhaft dachte er darüber nach, wie er so schnell wie möglich zu einem Vermögen kommen könnte.

»Erinnert ihr euch noch an Turmi?« legte Weraxa nach. Da habe es heute Proteste gegen die Regierung gegeben – und am Ende sechs Tote. In Turmi! Das sei doch ein verschlafenes Kaff! Solche Käffer gebe es jetzt überall in Äthiopien.

Weraxa setzte an, die verschiednen Bombenanschläge, Scharmützel, Straßenkämpfe in Nord, Süd, Ost und West zu referieren, in diesem Moment jedoch hatte Trattner seinen kapitalen Einfall:

»Ich hab' die Lösung, Leute.« Es war definitiv der alte Trattner, der ihm da aus den Augen blitzte: Noch habe dieser Wiltschek nicht die Regie übernommen, noch liege alles, was sie während der vergangnen Jahre ausgegraben hätten, am Stadtrand von Aksum für sie bereit. Trattner blickte triumphierend in die Runde: fast alles jedenfalls. Das könne man ja verhökern.

Mulugeta sah ihn bewundernd an, soviel kriminelle Energie hatte er Trattner dann doch nicht zugetraut. Man konnte ihm an seinen Gesichtszügen ablesen, wie er den Plan durchdachte, immer wieder zog er dabei an einem seiner Rastazöpfchen. Sogar Weraxa nickte anerkennend.

Noch sei er ja ganz offiziell Grabungsleiter, bestätigte Trattner ihre wildesten Spekulationen, noch könne er eine Anweisung geben.

Weraxa spitzte die Ohren, er fühlte sich als Kenner der entsprechenden Kanäle sofort angesprochen: »Alles?«

»Alles.« Trattner nickte grimmig. Der Nebeneffekt – Rache für das, was Wiltschek in die Wege geleitet hatte – beflügelte ihn fast ebensosehr wie die Aussicht, die Fahrt in den Süden finanzieren zu können. »Alles.« Es sei nur eine höhere Form der Gerechtigkeit.

Mulugeta und Weraxa sahen's genauso. Das einzige Problem: Weraxa konnte nicht mehr hin. Ob man ihn als halben Amharen oder als halben Oromo wahrnehmen würde, in Tigray galt er nun als Feind.

»Du hängst doch eh die ganze Zeit am Handy«, räumte Trattner auch dieses Problem entschlossen beiseite: »Dann telefonierst du eben mit deinen Kunden und bietest der Reihe nach an, was wir auf Lager haben.«

»Na ja, das meiste ist ja nur –«

»– ein Scherbenhaufen, ich weiß. Aber denk doch mal an die Stele, die wir letztes Jahr gefunden haben!«

»Die, an der du dich ein bißchen verhoben hast?« wußte Weraxa. Daran, daß er sie selber längst verkauft hatte, erinnerte er sich freilich auch.

»Genau die«, bestätigte Trattner. »Die allein könnte uns ja schon die Reise finanzieren.«

Mulugeta grinste, der Plan gefiel ihm immer besser.

Auch Atse werde sich an die Stele erinnern, spann Trattner seinen Plan fort, der habe damals am lautesten gelacht.

Er habe aber kein Handy, begriff Weraxa, worauf Trattner hinauswollte, da müßten sie schon Takle nehmen.

Ob Atse oder Takle, das spiele keine Rolle. Trattner war richtig in Fahrt. Der eine wie der andre sei ihm was schuldig, schließlich hätten sie ihn in alles hineingeritten.

»Wenn sie die Stele nicht schon längst verscherbelt haben«, gab Mulugeta zu bedenken, »zuzutrauen wär's ihnen.«

»So was nimmt dir kein Privatmann ab«, widersprach Weraxa, »so was nimmt nur ein Museum.« Für »so was« müsse Takle erst mal die richtigen Leute im Ausland kennen. Und was Atse betreffe, der betreibe ja eh nur Detailhandel vor Ort.

Trattners spontane Idee klang inzwischen wie ein lang gereifter Plan und leuchtete rundum ein. Weraxa würde die Funde anbieten und alles regeln – Übergabe, Transport, auch, wo notwendig, Bestechung. Takle würde Fall für Fall vor Ort übernehmen, die Gelder einkassieren und Atse damit nach Addis schicken – als ehemaliger Flüchtling war der zwar weder in Tigray noch in Addis gern gesehen, aber eben auch kein Feind. Es würde ein paar Tage dauern – sei's drum, so schnell würde der Flugverkehr nicht eingestellt werden.

Perfekt, dachte Trattner.

Alle Achtung, dachte Mulugeta.

Na gut, dachte Weraxa, da wird Takle eben zaubern müssen. Gab aber wenigstens schon mal zu bedenken, daß Takle natürlich einen Teil des Geldes verschwinden lassen werde. Aber – entkräftete er seinen Einwand gleich beflissen selbst – er habe schon öfter mit ihm gearbeitet und den Eindruck, Takle sei genau der Richtige. Um nicht länger Vermutungen anzustellen, rief er ihn an und erklärte ihm, wofür er ihn gerne buchen wolle: »Hello ... Erchi ... Eschi ... Oooky ...«

Immer wieder nickte Weraxa, Takle schien angetan, er wolle sich gleich morgen einen ersten Überblick über die Bestände verschaffen. Plötzlich war auch Weraxa wieder so, wie ihn Trattner immer gemocht hatte, er sah sich schon mit ihm und Mulugeta gen Süden fahren.

Nun waren alle äthiopischen Biere getrunken, die im *Makush* auf der Speisekarte standen, *Habesha Beer*, *St. George Beer*, *Waliya Beer*, *Harar Beer* – nur *Bedele Beer* gab's hier nicht.

»Das trinken wir in Surma Kibish«, befand Trattner, und sie stießen auf die kommende Reise an. Weraxa holte tief Luft und wollte noch einen allerletzten Einwand machen, aber Mulugeta unterbrach ihn sofort:

»Laß gut sein.«

Weraxa raffte sich nur noch zu einem abschließenden Geraune auf: Der Weg nach Surma Kibish werde Trattner diesmal nicht ganz so gut gefallen, der sei jetzt mehr als ein echtes Abenteuer.

»Die einfachen Wege sind die schwierigsten«, konterte Trattner. Auch er war betrunken, aber auf eine vergnügte Weise. Keiner der drei hatte noch Gründe, jeder hatte ein Ziel. Auf dem Weg zum Ausgang ließen sie sich vom Priester segnen. Trattner, der niemals religiöse Ambitionen gehegt hatte, sah leicht verwirrt auf die weißen Fingernägel des Priesters, hatte er die schon mal gesehen? Dann küßte er das Kreuz in seinen Händen.

»Am Ende kann nur Gott uns helfen«, verabschiedete sich

draußen Weraxa. Es war für immer, aber das wußte er in diesem Moment wahrscheinlich nicht mal selbst.

*

Dann zog sich die Sache jedoch hin – die mit Mulugetas Wagen, erst recht die mit dem Antiquitätenhandel. 4. Februar, 5. Februar, 6. Februar ... Ob sich das noch ausgeht? fragte sich Trattner fast zu jeder vollen Stunde. Er dachte nicht mehr über Natu nach, dachte nur ununterbrochen an sie. Jeden Morgen ging er nun selber, am Kellner vorbei, in die Küche, um sich sein Frühstück zusammenzustellen. An manchen Abenden ließ er sich vom Restaurant eine Flasche Arrak aufs Zimmer bringen und trank, bis sich seine schlimmsten Befürchtungen in anmutige Phantasien verwandelt hatten, mit einem leichten Hang ins Frivole. Ja, wenn's so simpel bei den Suri lief! seufzte er dann. Und wenn's auch bei Lena so simpel gelaufen wäre? Er wagte nicht, sich die Antwort darauf zu geben.

Jede Nacht jaulten die Hunde, manchmal fiel der Strom aus, und es wurde *richtig* still. Militärkonvois gab's keine mehr, jedenfalls nicht auf der Straße, die Trattner überblicken konnte, dafür täglich neue Gerüchte. Auf die Demonstrationen ginge man jetzt überall im Land bewaffnet, zumindest mit Stöcken und Macheten, danach werde fast immer geplündert. An der Grenze von Tigray sei's zu ersten Zusammenstößen zwischen Regierungstruppen und den Kämpfern der tigrayischen Volksbefreiungsfront gekommen. Die ersten Flüchtlinge seien unterwegs, je nach Ethnie entweder Richtung Sudan oder Richtung Amhara.

7. Februar, 8. Februar, 9. Februar ... Jeden Tag wartete Trattner auf Weraxas Anruf. Abends brannten ihm die Augen vom vielen Staub, den der Wind durch die Stadt trug. Wenn er die

Augen schloß, sah er Natu, den Krug auf dem Kopf, wie sie in Zeitlupe auf ihn zukam. Im nächsten Moment sah er das Buschland, wie es Stück für Stück ihr Grab in Besitz nahm und schon fast völlig überwuchert hatte. Der Abend im *Makush* hatte ihm endgültig klargemacht, was er wollte: wesentlich werden, aufbrechen, was auch immer ihn am Ziel erwartete. Wenn man ihn nur endlich ließe! Als der *Nissan Patrol* nicht und nicht aus der Werkstatt kam, ging er mit Mulugeta hin und machte dem Meister und seinen Gehilfen eine solche Szene, daß der Wagen zwei Tage später abgeholt werden konnte.

10. Februar, 11. Februar, 12. Februar ... Oft lehnte Trattner nur im Fenster und betrachtete die gegenüberliegenden Fassaden und wie sie ihre Farben veränderten, von einem stumpfen Grau vor Sonnenaufgang bis zum intensiven Ocker, ja Violett bei Sonnenuntergang. In diesen letzten Minuten sammelten die Satellitenschüsseln das restliche Tageslicht und strahlten so weiß, daß man die Augen schließen mußte. Sofern das Internet nicht gerade ausgefallen war, sah Trattner Videos von zerstörten Dörfern, die Kamera fuhr langsam über vernichtete Lebensmittelvorräte und Wellblechdächer, in die man Löcher geschossen hatte, damit sie nicht mehr vor Regen schützten. All das sah er wie Nachrichten aus einem fernen Land, als ob sie ihn nichts angingen. Tatsächlich kamen die Meldungen aus allen möglichen Landesteilen, in denen verfeindete Gruppen oder Völker schon mal mit Milizen aufeinander losgingen, keine einzige jedoch aus den Grenzgebieten im Süden. Dort herrschte weiterhin Frieden – oder nur derselbe Krieg, für den sich in Addis noch nie jemand interessiert hatte. Mehrmals täglich telefonierte Trattner mit Weraxa und ließ sich berichten, welche Geschäfte Takle auf den Weg gebracht hatte und welche er bereits in eigner Regie verhandelte. Keine Frage, Takle war auf seine Weise ein Genie. Aber zaubern konnte er nicht.

13. Februar, 14. Februar, 15. Februar ... Trattner saß in seinem Zimmer, die Augen auf den Altar gerichtet, wie er die Zusammenstellung seiner Devotionalien auf dem Nachtkästchen nannte. Am liebsten hätte er ein Opfer davor dargebracht oder irgendeinen Gott angerufen, der noch groß und lebendig war; meinethalben auch einen Schamanen engagiert, der die Sache mit Zauberei beschleunigte und das Warten beendete. Stattdessen produzierte er ein paar Tierlaute, lauschte ihnen hinterher, roch an Natus Armreif.

Verließ er das Hotel und flanierte stadteinwärts, interessierte ihn einzelnes sehr und alles gar nicht. Addis war eine Stadt voller Rohbauten rund um einen riesigen Aufmarschplatz, eine Stadt voller Piktogramme und naiver Malerei an Geschäften und Restaurants zusätzlich zur Beschriftung, eine Stadt, in der sich der Verkehr jeden Morgen, jeden Abend auf die gleiche Weise staute und es trotzdem niemals laut wurde. Einzig interessant war der zentrale Markt, der noch aus der Zeit der italienischen Besatzung *Mercato* hieß und ein reines Chaos war. In den Gassen zwischen den Ständen Menschen, Ziegen, Esel. Überall war man mit der Wiederaufbereitung alter Dinge beschäftigt, sogar Metallfässer wurden auseinandergenommen und zu großen *Injera*-Pfannen plattgehämmert. Haufenweise bot man leere Flaschen an, Glasampullen, Plastikbehälter. Ein kleiner Junge saß auf dem Boden, Trattner wäre fast über ihn gestolpert, und rührte einen Farbtopf mit der Hand um. Sein Arm verschwand bis zum Ellbogen in der Farbe. Ständig kamen Lastenträger von vorn, von hinten, von der Seite, sie schritten schnell und ohne Rücksicht ihrer Wege, Trattner mußte sich immer wieder zur Seite drücken. Und ausgerechnet hier, fragte er sich auf Schritt und Tritt, willst du mit ihr leben?

Auch außerhalb des Marktes sah er überall Frauen in weißen Umhängen, freilich keine einzige, die ihn so geknüpft hatte wie

Natu. Betrat er ein Lokal, hatte man oft Gras auf die Bodenfliesen gestreut, um die Gäste willkommen zu heißen. Dennoch konnte es passieren, daß er als Ausländer aufgefordert wurde zu verschwinden, es hätte sich jemand beschwert. Einmal wurde er gar nicht erst bedient, weil der Kellner Angst hatte, sich bei ihm zu infizieren. Jetzt schon? Jetzt schon. Er bat um Verständnis, empfahl Trattner dann auch gleich, jeden Tag Knoblauch zu essen, das sei ein guter Schutz vor Corona: »Paß gut auf dich auf, Bruder ... Wenn du in Afrika krank bist, bist du sehr krank.«

Und ausgerechnet hier, fragte sich Trattner, willst du mit ihr leben? In einem der Außenbezirke betrat er spontan die winzige Baracke eines Herrenfriseurs und ließ sich den Vollbart abrasieren, der ihm während der letzten Wochen gewachsen war. Ein Großteil des Salons war eine Ladestation, parterre und auf dem zweiten Frisiertisch wurden gerade an die vierzig Handys aufgeladen. Für Stromausfälle stand ein Dieselgenerator bereit. Neben dem Spiegel hing, wie in allen äthiopischen Friseursalons, ein Poster mit den verschiednen Frisuren, die zur Auswahl standen. All die Männerköpfe mit ihren unterschiedlich geschnittnen Haaren waren in derselben Hautfarbe abgebildet, zartbeige bis fastweiß. Als Trattner den Friseur darauf ansprach, meinte der nur: »*More beautiful.*« Er hatte sich Klopapier in die Ohren gestopft, warum auch immer, und desinfizierte den Scherkopf ausführlich mit seinem Feuerzeug. Mitten in der Rasur ging mit einem Knall die Lampe aus. Der Friseur mußte zwei blanke Kabelenden neu zusammendrehen, ehe er Trattner, ohne ihn erst lang zu fragen, auch die Schläfen glattrasierte und zum Abschluß eine scharfe Kontur an Stirn und Nacken setzte. Anstelle Wangen, Hals und Kinn mit Rasierwasser zu betätscheln, massierte er seine Kopfhaut mit Haaröl ein und knetete ihm den Nacken. Währenddessen putzte auf der Straße ein kleiner Knirps einem noch kleineren Knirps die Schuhe.

Und ansonsten?
Nichts ansonsten, das war's ja.

*

Am Tag, da Trattner ans Fenster trat und Atse nach Addis flog, war draußen der 16. Februar, ein Sonntag. Mulugeta hatte den Wagen längst für die anstehende Fahrt gerüstet; um Benzin für beide Reservekanister zu bekommen, war er an verschiednen Tankstellen lange angestanden. Als Weraxas Anruf kam, mußte Mulugeta nur noch vorfahren. Aber dann war Atse doch noch nicht gelandet, war gleich auf dem Flughafen in eine Kontrolle geraten, saß auf irgendeiner Polizeistation fest. Weraxas Auskünfte waren widersprüchlich, bei jedem Telefonat nannte er einen andern Grund für die Verzögerung. Am Nachmittag tauchte Atse überraschend im Hotel auf, drückte Trattner gleich einen weißen Ärmel in die Hand und übermittelte Grüße von Weraxa: Den Ärmel werde er als Beifahrer zu schätzen lernen. Nein, Weraxa brauche ihn nicht selbst, er fahre ja nicht mit.

Nicht? Mit? Trattner und Mulugeta schauten Atse an, der mit seinem einen Auge nervös zur Seite, auf den Boden und zur andern Seite guckte. Er hatte sich für die Reise einen Anzug angezogen, der ihm deutlich zu groß war, dazu Kunstlederschuhe, die er offensichtlich eben erst hatte blank wichsen lassen – er sah noch zwielichtiger aus, als er's immer schon getan. Während er als Führer im Palast der Königin von Saba jedoch recht großspurig aufgetreten war, wirkte er heute fast kleinlaut. Verlegen blickte er hierhin und dorthin und möglichst niemandem in die Augen.

»Ach, das hat er euch noch gar nicht gesagt?« Atse tat erstaunt: »Er hat seinen Einberufungsbescheid bekommen.«

Mulugeta und Trattner griffen gleichzeitig nach ihren Handys. Aber unter Weraxas Nummer meldete sich nur die Mailbox. Auch die Summe stimmte nicht, die Atse überreichte, Weraxa hatte einen weit höheren Betrag in Aussicht gestellt. Atse beteuerte, er habe alle Anweisungen von Takle befolgt und auf dem Grabungsfeld energisch für Ordnung gesorgt. Sozusagen ein kompletter Ausverkauf, Trattners Nachfolger werde Augen machen. Ständig blickte er auf die große Armbanduhr, die ihm Takle für die Reise geliehen hatte, wollte sich am liebsten schon wieder verabschieden.

Moment mal, hielt ihn Mulugeta etwas derb zurück, das seien auf den ersten Blick zwar alles neue Scheine, aber er wolle sich wenigstens noch die Seriennummern ansehen. Nebenbei ließ er sich von Atse Neuigkeiten aus Tigray erzählen. Im Grunde wußte er aber selbst schon alles und weit besser Bescheid als Atse, der zwar viel beobachtet, aber wenig gesehen hatte. Er war eben kein Tigrayer.

»Hast du keinen Einberufungsbescheid bekommen?« fragte ihn Atse.

»Ich?« Mulugeta war empört. »Ich bin doch kein Amhare, die könnten mir doch gar nicht vertrauen.«

»Sei froh, daß du hier bist«, begriff Atse nicht ganz. In den Bergen braue sich was zusammen.

Nicht nur in den Bergen! Mulugeta fühlte sich in seiner Ehre angegriffen: Froh werde er erst sein, wenn er wieder in Aksum sei, hoffentlich noch rechtzeitig. Er werde kämpfen, wie es sich für einen Mann gehöre.

»Schon gut, Mulu, schon gut.« Atse fühlte sich sichtlich unwohl und wollte weg. Irgendwas hatte er zu verbergen, im Zweifelsfall viel Geld, aber sicher auch etwas, das er mit Weraxa abgesprochen hatte.

Trattner versuchte erneut, Weraxa zu erreichen, ohne Erfolg.

Er konnte es überhaupt nicht einschätzen, ob ihnen das Geld reichen würde, sagte aber nur: »Fahren wir trotzdem?«

»Natürlich«, zögerte Mulugeta keine Sekunde, schließlich müsse er sein kleines Haus abbezahlen. »Und außerdem, Joe, bist du mein Freund.«

*

Daß keiner von ihnen beiden Suri sprach, fiel ihnen erst auf, als sie Addis schon einige Kilometer hinter sich gelassen hatten. Von wegen geschloßne Grenze, Trattner hatte es eine Weile gar nicht mitbekommen, daß sie nicht mehr durch Addis, sondern durch Oromia fuhren. Er streifte den weißen Ärmel über und ließ den Arm aus dem Beifahrerfenster hängen, fand sich schnell lächerlich und zog ihn wieder zurück. Den Ärmel ließ er gleichwohl übergestreift, auch wenn er nicht gerade gut auf Weraxa zu sprechen war.

Viel zu spät war Atse heute gekommen, viel zu spät hatten sie aufbrechen können. In den Vororten waren die Straßen von Gläubigen verstopft, die vom Kirchgang zurück in ihre Dörfer gingen, dazwischen Kühe, Maultiere, Taxis. Dann auch noch eine Straßensperre des Militärs, an der Mulugeta weitere Zeit mit Erklärungen verlor und Trattner seine ersten neuen Dollarnoten. Sie kamen gerade mal bis Wolisso. Dort waren einige Geschäfte mit Brettern vernagelt, vor andern sah man lange Schlangen an Menschen. Ein Pkw mit großen Boxen auf dem Dach fuhr durch die Straßen, der Fahrer spielte immer wieder dieselbe Ansage und danach, gleichfalls übersteuert, dieselbe Musik. Auf der Suche nach einem Restaurant kreuzte Mulugeta die Hauptstraße auf und ab, es waren aber alle geschlossen. Im einzigen, das noch geöffnet hatte, gab's lediglich Qat, die Wirtin stand davor und zerstampfte Qatblätter in einem Mörser.

»Davon werden wir nicht satt«, knurrte Mulugeta.
Kaum hatten sie sich entschlossen, zu Fuß in den Seitengassen weiterzusuchen, strömten aus allen Richtungen kleine Kinder und wollten von Trattner an die Hand genommen werden. Es ging auf fünf Uhr zu, in einer Stunde würde die Sonne untergehen. Überall kehrten die Frauen den Staub von links nach rechts, die meisten hatten halb durchsichtige weiße Chiffontücher um die Schultern gelegt, an den Rändern bunt bestickt, und ebensolche Schals um den Kopf, selbst im Dreck der Gasse wirkten sie erhaben. Vor einer Kneipe stand ein Tischkicker, Mulugeta und Trattner wurden herbeigewinkt und auf ein Spiel eingeladen. Dahinter schloß sich eine Reihe von Schneiderläden an, in deren Schaufenstern weiße Sakkos mit buntgemusterten Revers und aufgestickten Motiven, meist Bäume, ausgestellt waren.

Plötzlich rannten zwei Mädchen auf Trattner zu, etwa zwölf oder dreizehn Jahre alt und in wehenden weißen Tüchern, dahinter ein Junge. Unwillkürlich zuckte Trattner zusammen, doch dann wollten sie nur mit ihm fotografiert werden. Eine der beiden hakte sich ganz unbekümmert bei ihm ein und gab Mulugeta ihr Handy; der Junge mußte mit allen weiteren Handys Gruppenfotos machen. Das Mädchen, das sich bei Trattner untergehakt hatte, lachte ununterbrochen, Trattner konnte gar nicht anders und ließ sich von ihrer guten Laune anstecken. Sie trug ein prächtig besticktes Chiffontuch um die Schultern und eins auf dem Kopf, das sie – wie auch die Freundin das ihre – mit einem Stirnband in den äthiopischen Nationalfarben fixiert hatte. Immer wieder ermunterte sie den Jungen, sie zu fotografieren, in dieser und in jener Pose, abwechselnd strahlte sie Trattner an oder in die Kamera. Schließlich löste sie ihre Hand und ... verabschiedete sich nicht etwa, nein! Sondern legte ihm, noch immer wortlos, den Arm um die Hüften, zog ihn mit festem Griff an ihre Seite und ging los.

Oh ja, sie ging los, ging den Weg einfach weiter, den er zufällig mit Mulugeta eingeschlagen hatte, ging mit ihm durch dieses späte Licht des Tages und auf dem schmalen Erdstreifen, der eine der Nebenstraßen von Wolisso war – an einigen weiteren Geschäften vorbei, einem hohen Bretterzaun, einem schief mit einem Holzpflock aufgebockten Tuk-Tuk, bis eine weitere Lokalität auftauchte, die bei näherem Hinsehen vielleicht sogar ein Restaurant war. Ein Motorradfahrer fuhr langsam an ihnen vorbei, auf seiner Jacke stand *Think and act*. Als das Mädchen merkte, daß Trattner und Mulugeta Anstalten machten, in das Lokal hineinzugehen, gab sie Trattner frei, strahlte ihn ein letztes Mal an und sprang zurück zu ihrer Freundin, die in einigem Abstand nachgekommen war.

Bevor Trattner das Lokal betrat, blickte er sich noch einmal um und sah, wie das Mädchen, neben seiner Freundin rennend oder hüpfend, am Ende der Gasse verschwand.

»Was war *das* denn?« sagte er halblaut vor sich hin, und als ihn Mulugeta fragend anblickte, übersetzte er für ihn: »War das nicht in Wolisso, wo sie den Australier beinah gelyncht hätten?«

»Vielleicht war's ja nur ein Gerücht«, winkte Mulugeta ab. »Aber du, du wirst morgen von all ihren Klassenkameradinnen beurteilt werden, und ich bin mir sicher, daß sie kein gutes Haar an dir lassen.«

*

Es war tatsächlich ein Restaurant, allerdings gab's nur *Injera*. Die Wirtin saß mal an diesem oder jenem Tisch, ab und zu fütterte sie einen ihrer Gäste. Wenn sie ein neues Bier aus der Eistruhe holte, klappte sie den Deckel der Truhe hoch, setzte sich auf ihren Rand und wippte nach vorn, schnappte sich eine Flasche und wippte zurück, dies alles mit ihrer enormen Leibesfülle geschickt ausbalancierend. Noch auf dem Weg zurück zu dem, der bestellt hatte, setzte sie die Flasche schräg an ihren Backenzähnen an und biß den Kronkorken ab. Auch sie hatte sich fein herausgeputzt, allerdings in wallend scharlachroten Tüchern, sie war laut und derb und wurde von allen geliebt.

Trattner nahm jedoch kaum Notiz von ihr. Er versuchte zu begreifen, was er gerade erlebt hatte. War's etwas von Bedeutung gewesen? In Wolisso gab's keine Touristen und auch sonst gewiß kaum Weiße, aber hätten da nicht ein, zwei Fotos gereicht?

»Wuff!« machte Mulugeta und, weil Trattner nicht aus seinen Gedanken aufschrecken wollte, noch mal: »Wuff!« So laut, daß an den Nachbartischen gelacht wurde. Trattner sah Mulugeta an, als müßte er sich erst erinnern, dann antwortete er mit einem leisen Grollen. Auch darüber wurde rundum gelacht. Doch Trattner ließ nicht etwa ab und fiel ins Gelächter ein, sondern, mit ernster Miene, fuhr fort zu grollen, anschwellender Mißmut aus der Tiefe seiner Kehle oder eigentlich seiner selbst. Jetzt klang's nicht mehr nach einem großen Hund, sondern nach einem Löwen, einem alten verwundeten Löwen, der sich zum Sterben ins Dickicht zurückgezogen hatte und sich nicht mehr aufstöbern und beim Sterben stören lassen wollte. Mulugeta lauschte mit ungläubig großen Augen. Wie Trattner seinen Kopf mit einem Ruck auf ihn zufahren ließ und dabei nach ihm schnappte, fuhr er erschrocken zurück, großes Gelächter. Trattner blickte sich nach den andern Gästen um und ließ, abebbend, ein letztes Grollen ertönen. Mulugeta jaulte bewundernd auf, dann hieb er ihm all seine Heiterkeit auf den Oberschenkel:

»Swei is bässa!«

Er lachte schallend. Die Wirtin kam bereits von der Eistruhe zurück, um die beiden Fremden auf eine Runde Bier einzuladen. Und so ging's weiter, immer gab ihnen einer der Gäste etwas aus. Am Schluß konnten sie froh sein, daß sie ihren Wagen wiederfanden, daß sie damit aus der Stadt hinausfanden und in den erstbesten Feldweg hinein. Weit waren sie an diesem Tag nicht gekommen, aber Trattner schlief beseelt ein. Es war die absolut richtige Richtung, in die er heute gefahren war.

*

Beide wachten sie, von Mücken zerstochen, lang vor Sonnenaufgang auf – der eine auf dem Fahrersitz, der andre auf der Rückbank. Als der Morgen graute, legte Mulugeta seine Jazz-CD ein und gab entschlossen Gas, er wollte Strecke machen. Büsche, Grasland, Felder, Hügel – wenn nicht die großen Rundhütten gewesen wären, umgeben von Avocado- und Mangobäumen, hätte man glauben können, man fahre durch die Bucklige Welt in Niederösterreich. Dann wieder Sandflächen mit sparsamer Vegetation. Verdorrte Grasflächen, verstreut darin Herden. Immer wieder eine Siedlung aus putzigen Steinhäusern mit Wellblechdächern, auf Geheiß der Regierung erbaut, um Menschen aus den unfruchtbaren Gebieten des Nordens darin anzusiedeln. Die Bewohner waren längst wieder in ihre Heimat geflohen, die Häuser allesamt verlassen. Etwas später einige Baustellen, an denen chinesische Traktoren geparkt waren und niemand arbeitete. Ein langgestrecktes Straßendorf aus lauter Lehmhäusern, deren Wände mit weißen Querstreifen verziert waren. Die Stromleitung, die kreuz und quer über die Hauptstraße gespannt war, hing an einer Stelle bis auf den Straßenbelag durch. Schon am Vormittag Frauen mit aufgespannten Regenschirmen gegen die Sonne. Mitten auf der Straße plötzlich eine blaue Plastikplane, darauf ein Haufen dunkelroter Chilischoten. Irgendwann ein Leichenzug, die Leiche, in weiße Tücher eingewickelt, auf einer Bahre von acht Männern getragen. Schließlich ein Armeejeep mit Blaulicht, der die Straße absperrte, weil ein Militärtransporter in Überbreite entgegenkam.

Aber Mulugeta ließ sich nicht aufhalten, selbst wenn links und rechts die Böschungen brannten, wenn am Straßenrand ein Heiliger stand oder ein Mörder, nicht der Weg war das Ziel, das Ziel war das Ziel. Als es gen Mittag richtig heiß wurde, fielen Trattner immer häufiger die Augen zu, und jedesmal, wenn er sie wieder aufschlug, erschien ihm alles schöner, was an Landschaft vorüberflog. Dann kam – nicht etwa schon die südliche Grenze von Oromia und auch nicht nur irgendeine weitere Straßensperre lokaler Behörden oder Machthaber. Sondern eine Brücke über einen Fluß, in geringer Entfernung die Ruinen einer von den Italienern erbauten Brücke, und dahinter eine Straßensperre des Militärs. Die Schlange an Pkws, Lkws und Bussen, die sich davor gebildet hatte, war so lang, daß Trattner und Mulugeta über zehn Minuten daran entlanggehen mußten, bis sie den Kontrollpunkt erreichten. Kleine Kinder strichen um die Fahrzeuge herum und boten in durchsichtigen Plastikbeuteln Pflaumen an. Bäuerinnen aus dem Umland hatten am Straßenrand Früchte und Gemüse zum Verkauf arrangiert, einige sogar Fladenbrot, Eier und Milch. Als Hintergrund dazu, weit in die Tiefe gestaffelt, das Hügelparadies der Hochebene.

Vor den Containern des Militärpostens standen die Fahrer mit ihren Papieren Schlange, um sich drinnen den Fragen der Offiziere zu stellen. Mulugeta verhielt sich genauso unverschämt wie Weraxa, er stellte sich nicht etwa hinten an, er ging an der Schlange vorbei, direkt zu den Soldaten, die den Eingang kontrollierten. Trotz Beschimpfung von allen Seiten wich er dort nicht vom Fleck, im Gegenteil, knüpfte ein Gespräch mit einem

Soldaten an. Mochte der anfangs auch grimmig schweigen und ihm bedeuten, zu verschwinden und sich hinten anzustellen, irgendwann erlahmte seine Widerstandskraft. Eine Weile tat er immerhin noch so, als nähme er Mulugeta gar nicht wahr. Doch irgendwann kam der Punkt, an dem er plötzlich loslachte, Mulugeta hatte einen Witz gemacht oder ein lustiges Geräusch, damit hatte er gewonnen. Fortan ließ ihn der Soldat nicht etwa nur gewähren, sondern umarmte ihn, verbrüderte sich mit ihm vor allen andern, die längst zu protestieren aufgegeben hatten. Nachdem er eine Weile gemeinsam mit ihm weitergekichert hatte, wies er Mulugeta ins Büro des Offiziers.

Und auch dort dasselbe Procedere. Ein bärbeißig dreinschauender Offizier, der knappe Fragen stellte, und ein gutgelaunter Mulugeta, der lange und immer längere Antworten gab. Irgendwann schien er gar nicht mehr zu antworten, sondern freiweg draufloszuerzählen. Der Offizier beschäftigte sich nicht länger mit Trattners Visum und dem Konvolut an Bescheinigungen, die Mulugeta mit sich führte, sondern erzählte seinerseits. Daß ihm Trattner am Ende ein paar Dollarscheine zustecken mußte, war eine Selbstverständlichkeit. Als Mulugeta an der Schlange der wartenden Autos vorbeigefahren kam, erwartete ihn der Offizier vor seinem Container. Er hatte bereits die Absperrung für ihn wegschieben lassen und hob die Hand zum Abschiedsgruß.

Dennoch saßen sie kurz drauf schon wieder fest, diesmal in einem Stau mitten in Jimma. Minutenlang ging's nicht mal zentimeterweise voran, und niemand wußte, warum's am späten Vormittag hier überhaupt einen Stau gab. Kurzentschlossen stellten sie den Wagen ab und machten sich auf die Suche nach einem Café.

Überall wurde Qat verladen, auf die Dächer der Busse, aber auch auf Motorräder, deren Fahrer als Qat-Kuriere arbeiteten. Jimma schien vom Qat-Handel zu leben, auch die meisten Cafés waren bei näherem Hinsehen Qat-Kneipen, in denen Gäste auf niedrigen Pritschen lagen und ihre Ration durchkauten. Parterre in Griffweite weitere Büschel. Auf den Straßen waren nur wenige Frauen zu sehen, die meisten voll verschleiert in Schwarz. In der Waschstraße einer Tankstelle – eine mannshoch durch Bretter eingefaßte Gasse mit ein paar Wasserschläuchen – spritzten sich die Tankwarte, allesamt nackt, gegenseitig ab. Offensichtlich gab's kein Benzin und auch sonst nichts zu tun. An einer Kreuzung weitab vom Zentrum fand Mulugeta ein winziges Café mit giftgrün gestrichnen Wänden und dunkelblauer Decke. Zwischen Tischen, Ventilatoren und einem alten, zerschließnen Billardtisch liefen Ziegen, aber es duftete wunderbar nach Kaffee und Weihrauch. Weraxa hätte garantiert behauptet, es röche nach geräucherten Jungfrauen. Mulugeta holte nur tief Luft, blickte Trattner an und grinste.

Was er dem Soldaten vorhin eigentlich erzählt habe, wollte Trattner wissen, dem Soldaten vor dem Container?

»Daß du bei den Suri eine Geliebte hast. Daß sie vielleicht totgeschlagen wurde, und daß du dringend hinmußt, um sie zu heiraten oder um ihren Mörder zu töten.«

Es sei nicht seine Geliebte, beschwerte sich Trattner, das wisse er doch.

Und ob er das wisse, beschwichtigte Mulugeta und kaufte einem Jungen, der von der Straße hereingekommen war und von Tisch zu Tisch ging, ein paar winzige Tütchen Erdnüsse und Sesamkugeln ab. »Die Feinheiten hab' ich weggelassen, sonst hätten wir uns hinten anstellen müssen.«

»Das hast du allen Ernstes erzählt?« fragte Trattner nach einer Weile.

Mulugeta nickte: »Etwas Besseres hätt' ich ja gar nicht erfinden können.« Übrigens habe er genau dasselbe auch dem Offizier erzählt, *der* habe dann von einer ähnlichen Geschichte gewußt. Allerdings sei's darin um eine Mursi-Frau gegangen und die Sache noch übler ausgefallen als die mit Natu.

»Ausgefallen?« fuhr Trattner auf. »Du denkst, meine Geschichte ist schon zu Ende?«

Mulugeta nickte erneut. Jetzt komme bestenfalls noch das Ende nach dem Ende. Oder schlimmstenfalls.

Und obwohl er für seine Verhältnisse schon viel gesagt hatte, war ihm das plötzlich noch immer zu wenig. Mulugeta holte weit aus. Bald hörte Trattner auf zu widersprechen, schweigend aß er die Sesamkugeln, danach die Erdnüsse auf. Mulugeta hingegen rührte nicht mal seinen Kaffee an, sosehr war er ins Reden geraten. Was er anfangs noch stockend, fast verlegen vorbrachte, klang bald klar und scharf, wie eine Abrechnung: Die Fahrt erscheine ihm vollkommen sinnlos. Was auch immer in Surma Kibish auf sie warte, es sei mit Sicherheit nicht Natu ...

*

»Als sie dir in die Kneipe nachkam, hat sie 'ne Szene für dich hingelegt, die du dein Leben nicht vergessen wirst. Sie hat dort nicht gegen Bargudu gekämpft, sondern für dich. Und was hast du getan, um unvergeßlich für sie zu werden? Du hast alles versäumt. Du bist die größte Enttäuschung ihres Lebens.«

»Du kannst 'nen Löwen ausgezeichnet spielen, Joe, aber du bist keiner. Du bist immer ›Ja, aber‹. Ein Suri ist ›Ganz oder gar nicht‹. Du denkst über alles ›Sowohl als auch‹. Ein Suri denkt ›Ja‹ oder ›Nein‹.«

»Die Suri – und alle andern da unten, aber natürlich auch wir im Norden, *alle* in diesem Land – haben einen stärkeren Willen als du. Wir haben ein stärkeres Ehrgefühl, eine stärkere Moral. Du bist 'n feiner Kerl, aber hast du einen Willen? Hast du eine

Moral? Also echten Kaffee und nicht nur so 'n dünnen Ersatzkaffee aus den Schalen der Kaffeebohnen?«

Ich hab' kein bißchen weniger Moral als du, wußte Trattner, nur eben eine andre. Er sagte aber: »Red nur weiter, Mulu. Am Ende hättest du dich auch nicht anders verhalten als ich. Immerhin war sie ja schwer verletzt, immerhin war sie –«

»Übertreib mal nicht«, fuhr ihm Mulugeta ins Wort, »wenn du sie *wirklich* gewollt hättest, hättest du's ihr auch zeigen können.«

»Ach ja? Wie denn?«

»Wie auch immer.« Mulugeta schnaubte verächtlich aus. »Natu ist 'ne emanzipierte Frau, ich weiß. Aber doch nicht nach euren Maßstäben! Hätte sie 'nen Mann gewollt, der kein richtiger Mann ist? Um Himmels willen. Sie kann zuschlagen, vergiß das nicht, sie kann töten. Sie wollte nicht irgendwen, sie wollte 'nen Mann.«

Du hast noch weniger von Natu kapiert als ich, dachte Trattner. Aber nun waren wirklich alle Sesamkugeln und Erdnüsse aufgegessen, er sagte nur: »Weißt du denn, wie *wir* darüber denken, wir im Westen?«

»Das weiß ich nicht, Joe, ich hab's damals nur so behauptet, sonst hätte Weraxa vielleicht nachgehakt.« Mulugeta packte seine kleine Kaffeeschale. Ehe er den kalten Kaffee hinunterkippte, hielt er sie einen Moment in der Hand, als wollte er sie zerdrücken. »Wenn ihr so denkt wie wir, dann ist alles in Ordnung, und wenn nicht, dann habt ihr 'nen Knall.«

So einfach war das. Eine Toilette gab's im Hinterhof, der Spülkasten mit Meer und Strand und Palmen bemalt, er kam Trattner bekannt vor. Aber vielleicht war er auch nur verwirrt von all dem, was Mulugeta so unvermutet herausgelassen hatte. Auf der Spültaste klebte ein *Apple*-Logo, dazu der Name einer chinesischen Firma. Als er ins Café zurückkam, nahm ihn Mulugeta ohne weitere Worte in den Arm. Erst nach einer Weile ließ er ihn wieder los und entschuldigte sich. All die Tage, die sie zu viert gefahren seien, habe er sich auf die Zunge gebissen, vielleicht hätte er eher was sagen sollen. Draußen vor dem Café fügte er noch an: »Weißt du, Joe, selbst ich – und ich bin immerhin ein Äthiopier wie sie! – hätte nicht mit ihr zusammenleben können. Ich meine, mit 'ner Suri. Oder auch mit 'ner Mursi. Mit keiner von dort unten, verstehst du?«

Trattner wollte nicht verstehen. Aber er verstand sehr wohl.

*

Zurück beim Wagen und bald auch wieder im Zentrum von Jimma, steckten sie erneut im Stau oder immer noch, in der Zwischenzeit schien sich kaum etwas vorwärtsbewegt zu haben. Es kursierten Gerüchte, daß es Zusammenstöße gegeben habe und ein Mann dabei erschossen worden sei, die Polizei habe eine Vollsperrung gemacht. Die ganze Zeit stand ein Lieferwagen hinter ihnen; irgendwann beschloß der Fahrer umzukehren und rangierte hin und her, um auf die Gegenfahrbahn zu kommen. Fast hatte er's schon geschafft, da fuhr er beim Zurücksetzen eine Beule in Mulugetas kleines Haus. Wie beide Fahrer den Schaden gemeinsam begutachteten, war auch das linke Rücklicht kaputt. Im Handumdrehen wurden sie von Männern aus andern Fahrzeugen umringt – die einen wußten alles besser und mischten sich überall ein, die andern mischten sich überall ein und wußten alles besser. Fast wären sie in ihrem Eifer gegeneinander handgreiflich geworden. Zu ihrer aller Enttäuschung einigten sich Mulugeta und der Lieferwagenfahrer im Handumdrehen.

Die Zeit, die Mulugeta am Vormittag gewonnen hatte, war verloren. Erst am späten Nachmittag kamen sie über die

Grenze ins Kaffa-Land. In Bonga, der ehemaligen Hauptstadt des Königreichs Kaffa, fanden sie ein Restaurant mit dem Bild eines Höckerrinds, hier sollte es also Rindfleischgerichte geben. Tatsächlich gab's Nudeln und, als eine Art Kranz darum herumgelegt, Spinat und Rote Bete. Ohne *Habesha Beer* war's kaum 'runterzukriegen.

Es ging schon auf sechs Uhr zu, als sie an einer Teeplantage vorbeifuhren. Auf einem Schild war sie als *Wushwush Tea Plantation* bezeichnet und über Hunderte von Metern durch eine Reihe schöner hoher Bäume von der Straße getrennt. Dahinter schimmerte es bis zum Horizont zartgrün. Mulugeta hoffte, hier einen Platz zum Übernachten zu finden, und stellte sein kleines Haus am Straßenrand ab. Kaum war er jedoch ausgestiegen, um gemeinsam mit Trattner einen geeigneten Platz unter den Bäumen zu suchen, trat aus der Plantage ein alter Mann auf sie zu. Er trug eine Machete und zeigte damit auf Trattner: So einer wie der da würde durch seinen Geruch den Teeblättern schaden! Und als Mulugeta fragte, ob er sich verhört habe: Weiße würden stinken, daher könnten sie hier nicht bleiben, auch nicht außerhalb der Plantage. Mulugeta wollte es nicht glauben und fragte erneut nach, worauf ihm der Alte versicherte, die Teesträucher würden das Deo-Spray der Touristen nicht mögen, dadurch werde die Qualität der Blätter schlechter. Als Mulugeta einen Schritt näher an ihn herantrat, hob er die Machete. Die Stämme der Bäume waren von Kletterpflanzen bewachsen – wildem Pfeffer, dessen intensiven Geruch man noch auf der Straße wahrnahm. Er machte dem Tee offensichtlich nichts aus.

»Seine Pflanzen gehen ein, weil sie euch nicht riechen können«, resümierte Mulugeta kopfschüttelnd, während er langsam weiterfuhr, nach einem andern Platz zum Übernachten Ausschau haltend, »wenn das kein Rassismus ist, dann weiß ich auch nicht.« Leider sei in Äthiopien fast jeder Rassist, deshalb gebe es ja auch wieder Krieg. Aber zuvor würden sie Surma Kibish erreichen, das garantiere er.

Am andern Morgen erreichten sie erst mal die nächste Straßensperre. Hinter einer Biegung standen links und rechts der Fahrbahn junge Männer, einige davon eher Kinder als Jugendliche, auch sie schon mit Kalaschnikows und Macheten bewaffnet. Sie hatten ein Seil über die Straße gespannt, das in der Mitte ein ganzes Stück auf dem Teer lief, man hätte locker darüber- und einfach weiterfahren können. Aber genau dort, in der Mitte der Straße, war ein abgeschlagner Kopf so aufgestellt, daß er Mulugeta und Trattner entgegenblickte. Sie hatten ihm eine Sonnenbrille aufgesetzt.

»*Shit happen*«, sagte Mulugeta noch.

*

Es waren Banditen, die gar nicht versuchten, sich als Miliz oder sonst etwas Beßres auszugeben. Seitdem das Militär in den Norden verlegt worden sei, gehöre die Straße ihnen. Ständig kicherten sie, wahrscheinlich waren sie auf Droge. Andre durchsuchten in aller Gründlichkeit das Wageninnere, luden einen Großteil der Essens- und Wasservorräte ab, einer nahm sich Trattners Wanderschuhe. Als der protestierte, hätte er fast auch noch die Schuhe ausziehen müssen, die er trug. Da sie weder von *Nike* noch von *Adidas* waren, durfte er sie behalten. Obwohl alles heiter und entspannt ins Werk gesetzt wurde, ging's doch erstaunlich zielstrebig und schnell, währenddessen kam kein weiteres Auto. Am Ende war's die teuerste Straßensperre, die Trattner und Mulugeta auf ihrer Fahrt passiert hatten, die Hälfte ihres Geldes war weg. Die andre Hälfte war so gut versteckt gewesen, daß sie keiner gefunden hatte.

Selbst Mulugeta brauchte danach eine Weile, bis er wieder zu zusammenhängenden Sätzen zurückfand. In mehreren Anläufen haspelte er etwas hervor, das vielleicht ein Trost für Trattner sein sollte: Wer noch mit Geld von einer Reise heimkomme, sei nie richtig weg gewesen. Dann gab's wieder Rinderherden auf der Straße und Mädchen, die, tief gebeugt, Feuerholz nach Hause schleppten oder eine Reihe Esel mit Wasserkanistern führten. Straßendörfer, die alle gleich aussahen. In den Cafés Männer mit Gewehr, die auf den Sonnenuntergang warteten oder darauf, daß ihre Frauen von der Feldarbeit heimkamen und ihnen das Abendessen kochten.

Dann wieder blühende Schattenfurchenlandschaft mit Schmetterlingen, Regenwälder und an den gerodeten Hängen Kaffeefelder. Am Nachmittag würden die Konturen zerflimmern und überall nur der Staub zu sehen sein. Eine Ziege, die mit einem angewinkelten Vorderbein, offensichtlich gebrochen, in plumpen Sprüngen über die Straße hüpfte, um auch dort die Sträucher abzufressen. Ein Pferdekarren, den Mulugeta eher beiläufig überholen wollte. Aber da brach das Pferd seitlich aus, weil am Straßenrand ein Kadaver lag, vielleicht der eines großen Hundes, Mulugeta konnte gerade noch bremsen. Wieder eine Weile nur Hügel und weitere Hügel und nach ein paar Kurven noch mehr Hügel. In einem der Dörfer vertraten sie sich kurz die Beine, man erreichte es von der Straße über eine Brücke. Im Fluß darunter, er hatte sich schon tief ins Hochland eingegraben, wurde Wäsche gewaschen. Mulugeta kaufte Qat, damit sie in Surma Kibish nicht mit leeren Händen ankommen würden, Trattner ließ sich noch mal frisch rasieren. Der örtliche Friseursalon bestand aus drei Bretterwänden mit Dach, in die gerade mal ein Frisierstuhl hineinpaßte, der Barbier arbeitete mit stumpfer Rasierklinge und ohne Schaum, es tat richtig weh. Vor dem Salon hatten sich im Nu an die zwanzig Dorfbewohner eingefunden, die schweigend zusahen, bis Trattner fertigrasiert war. Beim *Pepsi* danach erklärten sie ihm – oder vielmehr Mulugeta –, daß die Brücke, über die sie gekommen waren, für die Flüchtlinge aus dem Südsudan gebaut worden war, die Grenze sei nicht weit weg, so kämen sie schneller weg von hier. Noch immer konnte sich Mulugeta leidlich verständlich machen, es fand sich immer einer, der Amharisch sprach, der Rest lief über Gesten, Grimassen und Humor.

Dann lag ein toter Waschbär auf der Straße, die nur noch eine Staubpiste war, kurz drauf waren sie in Dima. Ja, in Dima, wo sie vor einem knappen Monat einen Kaffeestopp gemacht hatten. Auch diesmal mußte Mulugeta hier auf die Polizeistation, um Wagen und Passagiere vor der Fahrt ins Suri-Land registrieren zu lassen. Der Beamte verstand sich als Außenposten der zentraläthiopischen Zivilisation, er mahnte zur Vorsicht, hier unten gebe es kaum noch Militär. Die Mursi würden die Gelegenheit nützen, um alte Rechnungen mit der Regierung zu begleichen – und auch mit dem einen oder andern Hochländer. Auf Mulugetas Erwiderung, sie würden nur bis zu den Suri fahren, winkte der Beamte ab: Die seien genauso schlimm.

Aber auch Trattner hatte eine Rechnung zu begleichen. Als sie zum Wagen zurückgingen, kam ihnen barfüßig eine alte Suri-Frau entgegen, ihre blauschwarze Decke lose über der Schulter geknüpft, die Brüste hingen ihr bis auf den Bauch herab. Offensichtlich eine Witwe, sie hatte ihren Lippenteller schon so lang nicht mehr getragen, daß ihre Unterlippe geschrumpft war und als dicker, faltiger Wulst ein, zwei Finger weit nach vorn ragte.

Am andern Ende des Ortes war der Fluß, der die Grenze zum Suri-Land markierte. Als sie über die Brücke fuhren, 14 Uhr, sah man am einen Ufer die Einwohner des Örtchens, wie sie ihre Fahrzeuge wuschen, und am andern ein paar Suri, die ihre Herde in den Fluß getrieben hatten.

Und schon ging's an die tausend Meter bergab. Als auf einer Hügelkuppe der Regenwald kurz die Sicht freigab, reichte der Blick weit übers Omo-Tal – gelbe Savanne, gesprenkelt mit grünen Bäumen und Büschen. Trattner roch an seinem Armreif und war mit einem Mal unglaublich aufgeregt. Fast gleichzeitig dachte er: daß er noch rechtzeitig eintreffen und Natu retten würde; daß er zu spät dran war und nur noch ihr Grab sehen würde. Mit einem Mal wußte er weder im einen wie im andern Fall, was er dann tun sollte.

Als hätte Mulugeta seine widerstreitenden Gedanken gelesen, sagte er plötzlich: »Und denk dran, Joe ...«, er zog die Lippen ein und erzeugte ein lautes Knallen, als ob ein Korken aus einer Weinflasche gezogen wurde, »diesmal machst du die Sache klar.«

Trattner schwieg. Ein paar Serpentinen später hörte er sich sagen: »Gib mir 'nen Tag, Mulu. Nur 'nen einzigen Tag. Dann fahr' ich entweder wieder mit dir ab. Oder ich bleib da.«

Womit die Talsohle erreicht war, Mulugeta legte seine CD ein. Es nieselte ein wenig, aber das machte nichts. Buschsavanne mit Saxophonsolo. Grassavanne mit Improvisation am Piano. Ein Galeriewald an einem Bachlauf entlang mit Klarinettenbegleitung. Kaum war das Nieseln wieder vorbei, wurde die Sonne gleich stechend. Da und dort ein einzelner Baum als schwarzer Schattenriß. An einem Bach direkt neben der Piste wuschen sich ein paar Mädchen. Eine schöne Frau, zwischen den Brüsten dunkel leuchtend der dicke Wulst einer Schmucknarbe, winkte ihnen zu. Wieder nur Gestrüpp direkt neben der Piste. Immer häufiger am Wegrand Suri und schließlich ständig Suri. Als die Zweige gegen die Windschutzscheibe schlugen und an der Karosserie entlangstrichen, merkte Trattner, daß er schon eine Zeitlang den Arm aus dem Fenster hatte heraushängen lassen. Seltsam, sogar den weißen Ärmel hatte er übergestreift, ohne daß er's im mindesten mitbekommen hätte.

Ähnlich überrascht war er, als Mulugeta plötzlich abbremste. Sie waren fast am Ortseingang von Surma Kibish angekommen, man sah schon die Goldgrube, die Hauptstraße, in deren Spurrillen das Wasser stand, den Marktplatz, zum großen Teil eine einzige Pfütze. Offenbar hatte es in den letzten Tagen stark geregnet. Vielleicht war hier die Regenzeit tatsächlich schon angebrochen, während man in den höheren Lagen, gar nicht so weit entfernt, noch darauf wartete. Aber Mulugeta wendete und fuhr ein Stück zurück. Er wolle nicht einfach so an ihrer Stammkneipe, wie er sie nannte, vorfahren. Sie seien ja nicht angekündigt und vielleicht auch nicht willkommen, jedenfalls was Bargudu betreffe. Er schlug vor, zuerst zum Fluß zu fahren, dorthin, wo sie vor einem knappen Monat ihre Zelte aufgeschlagen hatten, und von dort zu Fuß nach Surma Kibish zu gehen, das wirke vielleicht ein bißchen bescheidner.

Kurz vor fünf hatten sie ihr altes Camp erreicht, von niemand erwartet, von niemand begleitet, von niemand bewacht. Innerhalb weniger Minuten hatten sie Trattners Zelt an einer Stelle aufgeschlagen, die noch nicht im Schlamm zerflossen war. Mehrfach versicherten sie einander, daß es hier niemand entdecken würde, denn eine weitere Nacht auf der Rückbank wollte sich Trattner ersparen. Als sie den Trampelpfad durch die Bananenplantage nach Surma Kibish zurückgelegt hatten, war's gerade noch hell. Mehrfach blieb Trattner stehen und atmete tief ein. Ja, es roch nach … vielleicht ja nach ranziger Butter und Kuhfell und Kaffeebohnenschalenkaffee mit Ziegenmilch, es roch nach Regenwald, wenn der Morgennebel daraus aufdampfte, und nach den Wasserstellen, wenn die Herde getrunken hatte, es roch nach vorbeihuschenden Hunden und vergorner Hirse, und am Ende roch's auch nach dem nächtlichen

Gelächter der Hyänen und dem Gebrüll der Affen und dem blendend weißen Vollmond über der schwarzen Savanne.

Auf der Hauptstraße war noch einiges los, aber abgesehen von den Kindern beachtete sie kaum jemand. Allenfalls ein alter Mann, der sie nur deshalb per Handschlag begrüßte, damit er fürs Wiederloslassen Geld bekam; ein junges Mädchen, das in einiger Entfernung stehenblieb, als sie der Fremden gewahr wurde. Sie trug ein weißes Tuch, auf der Schulter geknüpft, und blickte sie mit regloser Miene an, als sie passierten. An der ersten Kneipe gingen sie vorbei, hier gab's kein Flaschenbier, erst recht keine Terrasse.

Auf dem Weg zur zweiten Kneipe lag ein letztes Zwielicht über der Straße. Mit einer alten Frau, die reglos vor einem Laden stand, stieß Trattner nur deshalb nicht zusammen, weil ihn Mulugeta schnell noch zur Seite riß. Lacht doch wenigstens, dachte er, damit ich euch sehe! Aber sie lachten diesmal nicht und freuten sich nicht, wahrscheinlich hatte sie Bargudu damals auch dafür bezahlt. Mulugeta hatte seine Schuhe ausgezogen, weil er barfuß im Schlamm besser Tritt faßte; Trattner rutschte um ein Haar in eine Pfütze, hätte ihn Mulugeta nicht gerade noch am Arm zu fassen bekommen. Als sie ihre ... Stammkneipe? Nein, es war ja eher das Gegenteil einer Stammkneipe. Als sie die Kneipe betraten, war die Sonne untergegangen, ein Streifen geronnenes Licht lag noch zart überm Horizont. Die Geräusche des Tages waren verebbt, die Geräusche der Nacht noch nicht erwacht, als ob die Welt für ein paar Sekunden den Atem anhielte. Drinnen in der Kneipe war's stockdunkel. Und auch dort schlagartig still. Vollkommen still.

Sie waren da. Und alle andern, die man nicht hörte und nicht sah, sie waren auch da.

*

»*Tscharli*«, sagte Trattner ins Dunkel hinein, »*saga Joe.*«

Es raschelte noch nicht mal. Wenn die Silhouetten der Kneipengäste nicht schemenhaft zu ahnen gewesen wären, man hätte glauben können, der Raum sei völlig leer.

»*Saga Mulu*«, ergänzte Mulugeta etwas lauter.

»*Yaya*«, versuchte Trattner. Der Raum schien ihm vor Stille zu knistern, er hätte am liebsten laut hineingeschrien.

»*Ayayay*«, resignierte Mulugeta.

Als immer noch keine Antwort kam, stolperten sie drauflos, Richtung Hinterausgang. Als sie die Terrasse erreicht hatten, herrschte auch dort sofort großes Schweigen. Die Kneipengäste – draußen konnte man sie besser erkennen als drinnen – sahen die beiden Fremden an, nicht unbedingt empört, aber angenehm überrascht waren sie auch nicht. Die Frauen, die neben der Terrasse auf dem Boden lagerten, guckten ebenso unfreundlich. Da erhob sich auch schon einer der Männer, um sie zu verscheuchen. Während er sich die Kopfhörer aus den Ohren zog, bahnte er sich mit entschloßnen Schritten seinen Weg durch die Bankreihen und baute sich vor Trattner und Mulugeta auf. Er hatte einen kleinen grünen Batzen auf der Stirn, knapp über der rechten Augenbraue, und trug ein offnes kurzärmliges Hemd. Seine Brust war mit einem Silberkreuz geschmückt und vor allem mit Narben, desgleichen die Arme, soweit man sie sehen konnte. Schon setzte er zu einer barschen Zurechtweisung auf Englisch an, stutzte jedoch, sah erst Trattner, dann Mulugeta von oben bis unten an und hieß sie – nicht gerade willkommen:

»Was wollt ihr denn hier schon wieder?« Es war Aru, der Sohn von Natus Mutterschwester, auch Trattner hatte ihn zunächst nicht erkannt.

»Wir sind gekommen …«, hob Mulugeta an, merkte aber, daß er nicht angesprochen war.

»Ich bin hier«, übernahm Trattner, »weil ich wissen will, ob sie tot ist.«

Es dauerte ein bißchen, bis Aru verstehen wollte, um wen's ging. Mittlerweile hatte irgendwer die Glühbirne angeschaltet, die unterm Dach der Terrasse baumelte, Trattner erkannte auch Arus abgeschnittne Jeans wieder und die weißen Plastikschlappen.

»Natu? Das will ich nicht hoffen.« Aru entspannte sich ein wenig, freundlicher wurde er aber nicht. »Sie ist drüben. Drüben im Südsudan. Bei ihrer Familie.«

»Etwa bei diesem Onkel?« Trattner hängte seiner Frage ein häßliches Grunzen an. »Der ist doch ein Schwein, der war doch schon –«

»Untersteh dich«, fuhr ihm Aru ins Wort, »er ist auch mein Onkel.«

»Und jetzt will er Natu heiraten?«

»Wer hat dir denn das erzählt?« Aru war ernsthaft entrüstet. »Er hat Natu immer wie eine eigne Tochter behandelt, auch jetzt hat er sie wieder bei sich aufgenommen.«

»Ach, wie eine Tochter?« höhnte Trattner. »Und du hast sie immer wie eine Schwester behandelt?«

»Natürlich hab' ich das«, versicherte Aru. Und als ihn Trattner auf die Schläge ansprach, die er Natu vor aller Augen hier verabreicht hatte: Das habe er als ihr Verwandter tun müssen.

Während sie so standen, hatte immerhin ein Munkeln rundum eingesetzt, noch kein Reden, aber auch kein Schweigen mehr. Mulugeta hielt sich einen halben Schritt hinter Trattner, um zu zeigen, daß er sich bei allem heraushielt, was mit Aru zu verhandeln war, er machte nicht mal einen leisen Pieps.

»Und Bargudu?« setzte Trattner nach, »hat's der etwa auch tun müssen?«

»Was denn?« Wieder brauchte Aru ein bißchen, bis er verstand, was Trattner sagen wollte. Dann wurde er so zornig, als hätte Trattner gerade ihn selbst beschuldigt, Natu erschlagen zu haben. Im Gegenteil, beteuerte er, Bargudu sei's ja sogar gewesen, der ihr auch diesmal wieder half! Trattner solle gefälligst mal zuhören. Schon bevor der Rat der Ältesten zusammengekommen sei, habe man in allen Dörfern rundum über Natu gesprochen, über ihr respektloses Verhalten gegenüber Bargudu *und überhaupt*, man sei's wirklich leid mit ihr gewesen. Auch der Rat sei zu keinem günstigen Urteil gekommen, die Sache mit dem zerbrochnen Krug sei ja nur das letzte einer ganzen Reihe ähnlich unerhörter Ereignisse gewesen. Aber noch bevor man eine Kuh habe schlachten können, um aus ihrem Gedärm ein genaues Urteil herauszulesen, habe Bargudu um Milde gebeten. Ja, Bargudu. Es sei ja ohnehin sein Amt, bei Streitfällen zu vermitteln. Er habe dem Rat versichert, es sei die beste Lösung für alle, wenn man Natu zu ihrer Familie zurückschicke.

Noch vor wenigen Stunden war sich Trattner sicher gewesen, daß Weraxa gelogen hatte, um ihm die Wahrheit zu verschweigen, vielleicht ja: zu ersparen. Und obwohl ihn Aru auf dieselbe Weise abspeisen wollte, war er sich kein bißchen weniger sicher, daß Natu noch in Surma Kibish sein mußte, tot oder lebendig. Freiwillig wäre sie nie zu diesen Onkeln im Südsudan gegangen, und wenn man sie etwa mit Gewalt hatte fortschaffen wollen, dann gewiß um den Preis ihres Lebens. All das hatte Trattner schon x-mal durchdacht und auch, daß er die Wahrheit nur selbst würde herausfinden können – morgen.

»Siehst du das da?« fragte er Aru. Indem er ihm sein Handgelenk knapp vors Gesicht hielt, die Hand zur Faust geballt, war er vollkommen sicher, hier für die gerechte Sache zu stehen. Er fühlte sich stark wie schon lang nicht mehr. »Weißt du, was das ist?«

Aru wußte, daß es ein ganz gewöhnlicher Armreif war, wie

ihn alle Suri-Frauen trugen, es gebe sie in jedem Geschäft zu kaufen und im Dutzend billiger auch in Dima. »Was glaubst *du* denn, was es ist?«

»Ich *glaube* nicht«, reckte sich Trattner noch ein bißchen höher, um so richtig auf Aru herabschauen zu können, »ich *weiß*, daß mir Natu diesen Armreif geschenkt hat.« Und nach einer Pause, in der er seinen Triumph auskostete: Sie habe ihm ihr Herz geschenkt, damit er um sie kämpfe.

»Ach ja?« verwunderte sich Aru. »Ihr Herz?« Wie er denn darauf komme?

Nun wollte er ihm also auch noch Natus Armreif lächerlich machen. Wahrscheinlich würde er als nächstes die ganze Geschichte, die Trattner erlebt hatte, mit einer schäbigen Bemerkung kaputtzumachen suchen. Trattner wurde gleichzeitig vom alten Groll gegen Aru durchrieselt und einem Ehrgefühl, wie er's in dieser berauschenden Heftigkeit nicht kannte. Konnte man hier leben und ernsthaft so tun, als wäre ein Armreif nichts weiter als ein Armreif? Wollte sich Aru etwa über ihn lustig machen?

Er könne auch noch für Natu kämpfen, wenn sie tot sein sollte, stellte Trattner klar.

»Ach ja? Du?« Aru musterte Trattner, ob er dafür Manns genug war. Er hatte einen klaren Blick, seine Augäpfel waren kein bißchen eingetrübt. »Gegen wen denn?«

Als Trattner damit herauskam, daß er gegen Bargudu kämpfen wolle, fiel ihm Aru ins Wort: *Den* Kampf könne er gleich hier und auf der Stelle haben. Bargudu sei eine Respektsperson, niemand im ganzen Suri-Land würde gegen ihn kämpfen. Aber jeder für ihn.

Aru packte den nächstbesten Kampfstock, der am Zaun lehnte, und hielt ihn Trattner herausfordernd hin. Der riß ihm den Stock voll Wut aus der Hand. Das hatte Aru nicht erwartet. Ein paar Sekunden standen die beiden Aug in Aug. Außer Aru verstand keiner der Kneipengäste Englisch, aber jeder hatte begriffen, was gerade passiert war, das Gemurmel erstarb. Aru war ein versierter Stockkämpfer, keine Frage, aber Trattner war einen Kopf größer, vor allem trug er Natus Armreif. Aru sah es. Mit einem Mal lächelte er Trattner an:

Es wäre nicht fair, gegen einen Fremden zu kämpfen, der wisse ja gar nicht mit einen Kampfstock umzugehen. »Jeder hier hat jedoch gesehen, daß du kämpfen *würdest*, willkommen!«

Das Gemurmel hob wieder an. Aru lud Trattner auf eine Runde Bier ein, jetzt könnten sie Freunde werden. Ein paar der Gäste rutschten näher aneinander, so daß Trattner und Mulugeta auf Arus Bank Platz fanden. Dann brachte er drei Flaschen warmes *Bedele Beer*, auch er ließ die Kronkorken auf den Boden fallen. Trattner sprach ihn auf seine Narben an, wie viele Feinde er denn getötet habe? Keinen einzigen, erwiderte Aru, die meisten Narben seien eine Art Familienschmuck, seit Generationen von den Vätern an ihre Söhne weitergegeben. Auch Mulugeta konnte wieder mitreden, er deutete auf den grünen Batzen über Arus Augenbraue und fragte, was er zu bedeuten habe.

Ach, das sei nur Qat, erklärte Aru. Er sei heute auf einer Beerdigung gewesen, und da habe ihn der Sohn der Verstorbnen angespuckt wie all die andern Trauergäste auch, so sei's der Brauch.

Trattner wollte's genauer wissen, wer weiß, was ihm derlei Details morgen nützen konnten.

Da sei nicht viel zu erzählen, wollte Aru das Thema schnell wieder abtun, es sei ja nur eine Nachbarin gewesen, die man beerdigt habe. Eher widerwillig schilderte er, daß man sie in ihrem Haus aufgebahrt hatte, bis alle Verwandten angereist waren, daß der älteste Sohn eine Milchkuh mit einem Stein erschlagen und daß man mit dem Blut den Mittelpfosten ihres Hauses beschmiert hatte. Nach dem Essen wurde ein paar Stunden gemeinsam Qat gekaut, die Frauen sangen Loblieder auf die Verstorbne, dann wurde rund um die Stelle, an der die Nachbarin vergraben werden sollte, der Totentanz getanzt. Die Frauen schlugen die Trommel und stießen spitze Trillerschreie aus, die Männer bliesen ins Horn und schossen mit ihren Gewehren in die Luft. Viele trugen kleine Glöckchen um die Fesseln, die beim Tanzen schepperten, so sei der Nachmittag vergangen. Gegen Sonnenuntergang habe man die Leiche in ein weißes Tuch gewickelt und aus dem Haus geholt. Als sie im Grab lag, begoß man sie mit dem Blut der Kuh, als man das Grab mit Erde zugeschüttet hatte, gab man den Stein darauf, mit dem die Kuh erschlagen worden. Eigentlich hätte man noch die Hütte der Verstorbnen herbeitragen und darübersetzen müssen, als Sonnenschutz für die Totenwache. Aber darauf habe man verzichtet, es sei ja nur eine ganz gewöhnliche Frau gewesen.

Dies alles eher unwillig und kurz angebunden, denn eigentlich wollte Aru nicht darüber reden, er wollte Trattner selbst eine Frage stellen und sie auch selbst beantworten. Aber als er mit der Schilderung des Begräbnisses fertig war, blickte Trattner unverwandt auf den Hintereingang der Kneipe und war kaum ansprechbar, Aru mußte sich notgedrungen erst mal mit Mulugeta abgeben. Da er kein Amharisch sprach und Mulugeta kein Oromo, unterhielten auch sie sich auf Englisch. Trattner hörte mit halbem Ohr zu, natürlich ging's um den kommenden Krieg. Tatsächlich hoffte Trattner, daß Natu plötzlich in der Türöffnung stehen würde. In beständiger Erwartung ihres Anblicks musterte er die Männer, die sich hier so friedlich und fast schweigsam zum Trinken versammelt hatten. Wo er doch jetzt wußte, daß sie im ganzen Omo-Tal als Viehdiebe und Brandschatzer verschrien und Todfeinde vieler Völker waren.

Zunächst schienen's ihm schlichtweg dieselben zu sein, die schon vor Wochen auf der Terrasse gesessen waren, es hätte ein Gemälde sein können, ein Stilleben noch weit stiller als ein paar zusammenliegende Zitronen oder Kürbisse. Wie bereits bei seinem ersten Besuch in dieser Kneipe lernte er schnell, sie an ihren Haarornamenten auseinanderzuhalten – kleine oder größere Haarkappen da oder dort am Kopf, Haarbänder, die vom einen Ohr zum andern liefen oder von der Stirn bis in den Nacken. Erst spät, sehr spät erkannte er – und da er's erkannte, erschrak er regelrecht – aber warum? Warum erschrak er darüber? –, daß im entgegengesetzten Eck, an der Rückwand der Kneipe, auch einige alte Frauen beisammensaßen. Man konnte sie nur an den herunterhängenden Unterlippen von den Männern unterscheiden. Es roch nach Hirsebier und Gras, nach Leder und Schweiß und nach –

Da kam Aru mit frischem Bier, und indem Trattner nach einer der Flaschen griff, sah er ihn zumindest mal wieder an, endlich konnte Aru mit seiner Frage herauskommen: Woher er eigentlich das Recht nehme, hier aufzukreuzen und sogar schon zum zweiten Mal?

Ob dieses Recht nicht jeder habe? Jetzt war's an Trattner, die Frage nicht zu verstehen.

»Vor ein paar Jahren hätten wir dich noch mit 'nem Gewehrschuß empfangen«, erwiderte Aru, »oder zumindest mit 'ner Tracht Prügel.«

»Und heute?« wehrte sich Trattner. »Heute laßt ihr euch dafür bezahlen, daß ihr mich nicht erschießt?«

Die Bezahlung sehe er als kleine Entschädigung, belehrte ihn Aru, eine Entschädigung dafür, daß hier so langsam alles aus den Fugen gerate. Trattner habe ja mit eignen Augen gesehen, welche Folgen ein unerbetner Besuch haben könne.

Das habe er, versicherte Trattner, genau deshalb sei er zurückgekommen. Es sei ja schier unglaublich, daß man hier vor aller Augen Unrecht begehen und andre ungestraft ins Unglück stürzen könne.

Wieder bekam Aru den stechend klaren Blick. Offenbar hegte auch er einen Groll gegen Trattner, jetzt konnte er damit herausrücken: »Wenn du etwa Bargudu meinst und wenn du etwa glaubst, daß *er* schuld ist an Natus Unglück, dann kann ich dich beruhigen. Schuld ist kein andrer als du.«

Aru war im Verlauf des Abends doch kein Freund geworden. »Oh ja, du bist schuld an der ganzen Geschichte«, echauffierte er sich, »allein deshalb, weil du hier warst. Mit euch kommen die falschen Wünsche und die falschen Hoffnungen.« Zugegeben, das sei ein bißchen subtiler als Erschießen, liefe jedoch aufs gleiche hinaus.

Höchste Zeit zu gehen. Trattner warf Aru im Aufstehen noch einen Geldschein zu, er wollte sich nicht von ihm einladen lassen. Aru ließ den Schein zu Boden fallen und trat im Aufstehen mit seinem Plastikschlappen darauf. Es roch nach Hirsebier und Schweiß, nach Gras und Leder und der erkalteten Asche des Feuers, es roch nach einer stockdunklen Nacht und nach Feindschaft.

*

Auch diesmal lagen die Schatten schwarz überm Heimweg, wenn man stehenblieb, konnte man hören, wie die Erde atmete. Und wie sie, vor allem in der Bananenplantage, seufzte und surrte, kicherte und klagte. Wenn die Geräusche allzu nah kamen, schaltete Trattner die Taschenlampe am Handy an, und weil sich dann jählings das Dunkle unter seinen Füßen auftat, mußte er immer wieder stehenbleiben, bis sich der Abgrund vor seinem Schritt geschlossen hatte.

Als er im Zelt lag, gab's keine Männer am Lagerfeuer, auf deren Gesang er hätte lauschen können, nur die entsetzliche Gleichgültigkeit der Grillen, den plötzlich aufschluchzenden Kummer der Nachtvögel, die hysterische Aufgeregtheit der Affen. Sobald's einmal still wurde, war das kein Anlaß zur Entspannung, im Gegenteil, das unablässige Geschrei war ja nur die laute Kehrseite dessen, was lautlos geschah.

Trattner lag und starrte ins Finstre. Mochte er in dieser Nacht auch tausend Zweifel hegen, er fühlte es unmißverständlich: Morgen würde sein neues Leben, auf das er schon so lang gewartet hatte, morgen würde es beginnen. Er rechnete mit allem.

*

Der Tag begann mit dem halben Schrei eines Raben, da war's noch dämmrig, kurz drauf mit dem zudringlich regelmäßigen Gepiepse eines Insekts, fast so laut wie das Warnsignal eines rückwärts fahrenden Lastwagens. Es war Mulugeta, der sich neben Trattners Zelt gestellt hatte und das Weckertier nachmachte. Draußen war bereits der ganze Morgen versammelt, der Lärm und das Licht des neuen Tages – und der Dorfpolizist in Begleitung von Badiso.

Trattner, noch im Zelt, wünschte den beiden einen guten Morgen, Mulugeta versicherte Badiso, indem er sich an den Polizisten wandte: »Wir haben nur unsre Herzen mitgebracht.«

»Laß den Quatsch«, winkte der Polizist verächtlich ab. »Ich seh' doch, daß du aus Tigray bist. Und du siehst hoffentlich, daß ich Amhare bin.« Er kam sofort zur Sache: Campieren sei hier nur mit besondrer Genehmigung gestattet. Mulugeta hatte keine vorzuweisen. Das sei schlecht, bedeutete ihm der Polizist, forderte seine Papiere zur Einsicht, warf einen kurzen Blick darauf und ließ wissen, daß er sie auf seiner Dienststelle überprüfen werde, Mulugeta könne sie am Nachmittag abholen. Zunächst aber mußte er in beßre Laune versetzt werden.

Als Trattner vom Fluß zurückkam, in dem er sich kurz gewaschen hatte, war bereits ein schmierenkomödiantisches Verhandeln und Feilschen im Gang. Irgendwann quittierte Mulugeta eine Forderung des Polizisten mit einem erschrocknen Quieken, fortan lachten die beiden fast über jede ihrer Bemerkungen. Badiso stand dabei und wartete ab, bis er dran war. Mulugeta wollte ihn mit ein paar Büscheln Qat abspeisen, aber die wies er zurück. Der Polizist wußte, daß Badiso im Auftrag von Bargudu gekommen war, um den »richtigen« Betrag einzukassieren. Die Suri waren noch längst nicht so gerissen im Umgang mit Fremden wie die Völker am andern Ufer des Omo, aber das Eintreiben von Schutzgebühren war ihnen schon geläufig.

Grinsend teilte der Polizist Trattner mit, daß Gastfreundschaft bei den Suri eine Selbstverständlichkeit sei. »Aber Bargudu hat mir gesagt, daß du nicht sein Gast bist.« Der Polizist stand breitbeinig vor Trattner, beide Daumen in die Koppel eingehängt wie damals, als er zuguckte, wie Natu verprügelt wurde. Schlagartig war er wieder so schlechtlaunig, als hätte Mulugeta nicht gerade eben noch mit ihm gescherzt und ihm dabei ein dickes Bündel Birr zugesteckt. »Bargudu weiß, warum du gekommen bist« – ah, schoß es Trattner durch den Kopf, Weraxa hat mich verraten –, »und weil er auch weiß, daß du nicht finden wirst, was du suchst, gibt er dir diesen Tag. Keinen zweiten.« Trattner sah die ganze Zeit über Badiso an, der etwas verloren danebenstand, sein dunkelgrünes Tuch mit den blauen Streifenmustern über der Schulter. Auch er hatte etliche Narben auf Armen und Beinen, unter anderem ein großes Kreuz in einem Kreis. Sah man ihn länger an, entdeckte man drei feine Linien unter seinen Lippen, an den Mundwinkeln liefen sie in einer dreifachen Wellenbewegung in die Wangen hinein. »Und wenn du zurück in deinem Land bist«, referierte der Polizist den Rest von Bargudus Botschaft, »so sag deinen Leuten, daß keiner mehr von euch bei uns willkommen ist.«

»Keiner?« fragte Trattner. »Warum?«

»Weil ihr die falsche Zukunft bringt und die Zwietracht.«

Das Argument kannte Trattner bereits, offensichtlich hatte man sich auf seinen Besuch vorbereitet. Dann wurde bezahlt, diesmal nicht für Schutz und Hilfe, sondern dafür, daß sie des nachts nicht ausgeraubt wurden und anderntags unbehelligt abfahren durften. Badiso nahm das Geld ohne erkennbare Regung und schob's unter seine Decke. Der Polizist ließ abschließend wissen, Kokordi sei »mit den andern« noch in Dima, um Honig zu verkaufen, aber bereits verständigt und unterwegs.

Trattner zog sein Handy hervor und zeigte ihm das Foto von Natu. Er hatte ja lediglich dies eine, und auch das nur, weil sie sich plötzlich seine Sonnenbrille aufgesetzt und ihn gedrängt hatte, ein Bild von ihr zu machen. Als er's dem Polizisten zur näheren Betrachtung überließ, wußte der gar nicht, worum's Trattner ging. Er stritt rundheraus ab, daß vor ein paar Wochen eine Frau von Badiso verprügelt worden, so was habe er hier noch nie erlebt. Badiso selbst stand reglos herum. Als ihm Trattner das Foto seiner Schwester direkt vors Gesicht hielt, ertrug er auch das, er drehte nicht mal den Kopf weg. Bargudu mußte auch in dieser Hinsicht seine Weisungen gegeben haben.

Natürlich war Kokordi telefonisch nicht erreichbar, genausowenig Weraxa. Als ob sie sich alle gegen dich verschworen haben, dachte Trattner. Sei's drum. Er beschloß, auf eigne Faust nach Natu zu suchen, und Mulugeta schlug vor, daß sie zumindest bis zur Goldgrube fahren könnten, jetzt seien sie ja offiziell angemeldet. Der Polizist bestätigte es, er wollte nämlich mitfahren. An der Goldgrube verabschiedete er sich ohne weitere Umschweife, erinnerte Mulugeta nur noch mal daran, heut nachmittag seine Papiere abzuholen. Es klang wie eine Einladung auf ein Bier in sein Büro.

Und Badiso? Fuhr nicht etwa nur mit und ging dann seiner Wege, er ging mit. Da er fast taub war, konnte er sich mit einiger Berechtigung Trattners Nachfragen nach Natus Verbleib entziehen. Er machte nur immer wieder dieselbe wegwerfend schlenkernde Handbewegung, um anzuzeigen, daß sie fort sei.

Es war nicht so früh am Morgen wie damals, als sie hier gestanden und auf den zweiten Wagen gewartet hatten, der Nebel hatte sich bereits in der Morgensonne aufgelöst. Das Gras stand leuchtend grün gegen einen grauen Himmel, jeder Halm ganz fein und hoch. Leise Gräser, leise Bäume, leise Landschaft. Trattner und Mulugeta passierten das leere Schulgebäude und hielten auf den Platz zu, auf dem damals Markt abgehalten wurde, Badiso als Aufpasser hinterdrein. Einige der Pfützen waren getrocknet, das Wasser stand nicht mehr so tief in den Spurrillen wie gestern abend. Nur ein paar alte Frauen hatten sich auf dem Platz eingefunden. Sie unterhielten sich, während sie einander ständig, in wechselnden Konstellationen, berührten. Niemand nahm Notiz von den beiden Fremden, abgesehen von einem kleinen Jungen, der »*turussi*« rief und mit dem Finger auf sie zeigte. Ein alter Mann kam auf sie zu, bettelte Trattner an, »*wo-wo-wo*«, und zupfte zudringlich an seiner Kleidung. Selbst ihm nannte Trattner Natus Namen und zeigte ihm ihr Foto, ohne daß der Alte darauf reagiert hätte.

Wie ausgestorben selbst die Hauptstraße war! Heute erschien sie Trattner schäbig und, schlimmer fast, belanglos, als hätte der Regen allen Zauber herausgewaschen. Die Baracken waren notdürftig zusammengenagelte Bretterbuden, die Kneipen Kaschemmen, der Rest rotbrauner Schlamm. Ab und zu kam ihnen, mit oder ohne Kleinkind, eine Witwe entgegen, an der zusammengeschrumpelten Unterlippe auch für Trattner sofort zu erkennen. Alle andern waren bei der Arbeit, die Männer bei ihren Herden, die Frauen auf den Feldern. Lediglich ein paar herumstreunende Jungen interessierten sich für die Fremden, »*You! You!*«, und am Ende auch nur für Geld oder Kugelschreiber. Mulugeta verscheuchte sie, indem er sie wie eine Raubkatze anfauchte. Ein weiterer Alter, der vor einer Baracke hockte und sich die Zähne putzte. Als Trattner auf ihn zutrat und ihm sein Handydisplay entgegenhielt, zog er sich den Ast aus dem Mund, Mulugeta sagte in den verschiednen Tonlagen: »Natu? Nasedi? Natu? Nasedi?«, laut, leise, fragend, fordernd, und zeigte dabei in wechselnde Himmelsrichtungen. Der Alte schüttelte nicht mal den Kopf, schob sich den Ast wieder in den Mund und biß weiter darauf herum.

So kam Trattner nicht weiter. Mulugeta hatte die Idee, bei den Händlern nachzufragen, an deren Geschäften sie gerade vorbeigegangen waren. Die meisten seien Amharen, mit denen könne er sich verständigen. Außerdem lebten sie außerhalb der Dorfgemeinschaften, Bargudu könne ihnen nicht vorschreiben, was sie zu sagen und zu verschweigen hatten. Freilich waren die meisten Läden geschlossen. Als sie schließlich einen Händler fanden, der gerade Hacken und Äxte vor seinem Geschäft arrangierte, erfuhren sie, daß einige seiner Kollegen vertrieben worden waren – etwa weil sie irgendwen bei den Behörden verpfiffen hatten, der sich seine Hochzeit durch Rinderdiebstahl finanzieren wollte. Die Zeiten seien neuerdings wieder günstig für Selbstjustiz; einer, der sich nicht habe verjagen lassen wollen, sei über Nacht verschwunden. Der Händler sprach Englisch, Trattner konnte ihm selber erzählen, wen er suchte. Das Foto von Natu studierend, schüttelte der Händler den Kopf. Als ihm Trattner eine Packung Kekse abkaufte, glaubte er sich daran zu erinnern, daß Natu nach Tubung gegangen sei, um eine Kuh zu kaufen. Oder nach Ma Ninge? Als Trattner noch ein paar Schokoriegel kaufte, war er sich plötzlich sicher, daß Natu das Wasser irgendeiner Nachbarin bewache, die ihrerseits nach Tubung gegangen war. Oder nach Tum? Jedenfalls zu einer Hochzeit.

Ähnlich verliefen die Gespräche mit den andern Händlern – man erinnerte sich, wahrscheinlich weil man den Fremden einen Gefallen tun wollte, und wußte in Wirklichkeit nichts. Es war so, als hätte Natu nie hier gelebt, es gab keine Spur, die sie hinterlassen, und erst recht keine, die zu ihr hinführte. Am Weg, der parallel zur Hauptstraße führte, entdeckten sie in der Nähe ihrer Kneipe eine Mühle. Davor standen einige Frauen mit kleinen Säcken Hirse oder Mais an. In der Mühle selbst arbeiteten ausschließlich Amharen, die sich nicht stören lassen wollten.

Zurück auf der Hauptstraße fiel Trattner der Durchgang zwischen den beiden Hütten ins Auge, in dem Natu verschwunden, als sie Kokordi zum ersten Mal verjagt hatte. Dahinter führte ein Pfad ins Gebüsch, der sich immer wieder verzweigte. Sogleich herrschte eine flirrende Stille. Sobald der Blick einmal frei schweifen konnte, genoß Trattner nicht etwa die Aussicht, sondern nützte die Gelegenheit, das Terrain nach bösen Überraschungen abzusuchen. Über den Bergspitzen waren schiefergraue Wolken aufgezogen, die schwarze Schatten auf die Savanne warfen. Trotzdem war's bereits wieder so hell, daß Trattner seine Sonnenbrille aufsetzen mußte.

Mit einem Mal tat sich zwischen den Büschen vor ihnen ein Feld auf. An seinem Rand, im Schatten gelagert, fünfzehn oder zwanzig Frauen, eine davon sang gerade ein Lied. Als Trattner auftauchte, riß der Gesang ab. Wie er sich näherte, kam wieder Leben in die Gruppe, die Ältesten wurden auf eine derbe Weise laut. Eine bot ihm die Hand, mit der sie ihn dann nicht etwa begrüßen, sondern festhalten wollte, und zupfte mit der andern Hand ekelhaft an ihm herum. Welche Kraft sie noch hatte! Immer wieder aufs neue drückte sie zu. Da sie das Ganze auch noch ständig kommentierte, sorgte sie für anhaltendes Gegröle. Obwohl Trattner kein Wort verstand, war klar, daß die Alte derbe Scherze auf seine Kosten riß. Badiso sprang ihm keineswegs bei, er stand etwas abseits und wartete ab. Für Mulugeta interessierte sich niemand, auch er wartete.

Die Gerätschaften, die zur Feldarbeit gebraucht wurden, lagen verstreut um die Frauen herum, dazu ein paar Kanister Bier, aus denen sie Plastikflaschen nachfüllten, die zwischen ihnen kursierten. Den Namen Natus hatten sie noch nie gehört, auf dem Foto wollte sie keine wiedererkennen. Fortwährend lachten sie und untermalten ihre Kommentare mit Geräuschen, die Mulugeta zu ihrer Überraschung irgendwann aufgriff und auf seine Weise variierte. Prompt packte auch ihn eine der Alten an der Hand, das Spektrum ihrer Heiterkeit erweiterte sich beträchtlich.

Die jüngeren Frauen sahen bei alldem nur zu, dezent amüsiert, und hielten sich heraus. Eine von ihnen trug ein weißes Tuch anstelle der Decke, sooft Trattner sie auch ansprach, drehte sie sich weg. Ein kleines Mädchen, vielleicht fünf Jahre alt, starrte ihn ernst, fast düster an. Während er den Weg mit Mulugeta zurückging, sangen die Frauen wieder und trommelten auf ihren Bierkanistern. Einige ließen schrille Schreie los, vielleicht als eine Art Abschiedsgruß.

Von Anfang an lagen Trattners größte Hoffnungen auf einem Besuch in Natus Dorf; auf dem Hinweg dorthin hatte er nur nach ihr gefragt, um nichts unversucht zu lassen. Diesmal trug ihn kein Kokordi durch den Fluß, bis zur Mitte der Oberschenkel versank er im Wasser. Danach der Pfad hangaufwärts durchs mannshohe Gras, nach wenigen Schritten lag eine in zwei Teile zerschlagne Schlange auf dem Weg, grüngelb gefärbt, als hätte sie jemand mit einem Hieb seines Kampfstocks getötet. Sobald

Trattner stehenblieb und sich umdrehte, flatterten einige Raben davon, die ihm in kurzem Abstand nachhüpften. Weit ging der Blick übern Fluß und in die Savanne. Die Wolken hatten sich über den Kranz der Berge geschoben und zu einer grauen Wand zusammengefunden, vielleicht zog ein Gewitter auf. Eine leichte Brise fuhr durch Gras und Gebüsch, manchmal raschelte es so, als würde sich ein kleines Tier darin zu schaffen machen – die leise Stimme der Landschaft am späten Vormittag.

Auch Natus Dorf war fast ausgestorben. Sobald man durch die Lücke des Dornengestrüpps trat, mit dem die Hütten ihres Krals umfriedet waren, stand man auf einem leeren Platz. Zwei kleine Jungen, vielleicht fünf Jahre alt, fochten mit Ästen gegeneinander, sie spielten *Donga*. Vor einer der Hütten saßen zwei Mädchen, kaum älter, mit Messingreifen an Armen und Beinen und der Kordel um die Hüften. Die eine zog der andern mit einem Dorn die Haut am Bauch hoch, bis sie aufschrie, sie spielten Tätowieren.

Ein paar Frauen, vor großen flachen Steinen kniend, zerrieben Hirse oder Mais, der Speichel lief an ihren langen Unterlippen entlang und tropfte ins Mehl. Einige blaue und rote Vögel hüpften zwischen den Mahlsteinen herum und versuchten, ein paar Körner abzubekommen. Eine junge Mutter wusch ihren Säugling, indem sie mit geschürzten Lippen einen dünnen Wasserstrahl auf seinen Kopf richtete. Eine weitere fegte den Platz zwischen den Hütten mit einem Büschel Zweige, ihr Kind auf dem Rücken. Bis auf eine alte Frau, die ein zerschließnes Polyesterkleid trug, waren sie mit kurzen, vielfach zerrißnen Rökken bekleidet. Keine trug Ohr- oder Lippenteller oder hatte sich sonstwie herausgeputzt. Keine wollte mit Trattner reden, als ob er ein Fremder für sie wäre, den sie noch nie gesehen hatten. Er selbst erkannte sie tatsächlich nicht, hatte er sie doch alle nur bunt bemalt gesehen, nicht ihre abgeschminkten, ihre wirklichen Gesichter. Es war, als würde er noch mal völlig neu hier ankommen.

Schon wieder wußte er nicht weiter. Aber als hätte sie irgendwer gerufen, liefen jetzt ein paar halbwüchsige Mädchen herbei. Sie erkannten Trattner wieder und zeigten, durcheinanderschnatternd, mit dem Finger auf ihn. Genaugenommen auf seine Sonnenbrille. Diesmal waren keine größeren Jungen in der Nähe, die sie ihnen hätten streitig machen können. Ihre Ohren waren klein und zierlich, sofern sie nicht schon mit Pflöcken oder Tellern künstlich geweitet waren, ihre Gesichter schmal geschnitten, die Brille war ihnen allen viel zu groß. Doch jede wollte sich damit vor den andern in Pose werfen und von Trattner fotografiert werden. Schließlich konnte ihnen Trattner sein Foto von Natu präsentieren – auch die erkannten sie sofort wieder. Sobald Trattner Natus Namen nannte und, die Hand demonstrativ als Blendschutz über seine Augen haltend, in verschiedenen Richtungen nach ihr Ausschau hielt, deuteten einige nach Süden, in die Savanne, andre auf eine der Hütten.

Auch hier stand Badiso nur dabei, er hatte offenbar Weisung, Trattner machen zu lassen. Mulugeta stöberte zwischen den Hütten herum und war aus Trattners Gesichtsfeld verschwunden. Nun wollten auch die erwachsnen Frauen das Foto mit Natu sehen, selbst die junge Mutter kam, die ihr Baby gewaschen und anschließend mit Butter eingeschmiert hatte. Auf der zerfloßnen Butter saß bereits eine dicke Schicht Staub. Sie alle erkannten Natu, die junge Mutter versuchte Trattner, mit Gesten, Grimassen, Geräuschen und viel guter Laune zu verdeutlichen, daß sie mit Natu schon mal auf derselben Kuhhaut übernachtet hatte, am Feuer.

Während er sich mit ihr verständigte, winkte ihm die ganze Zeit eines der Mädchen, ihm zu ebenjener Hütte zu folgen, die sie ihm auf die Frage nach Natus Verbleib bedeutet hatte. Wie

Trattner endlich zu ihr kam, hockte sie sich hin und glitt geschmeidig durch den niedrigen Eingang der Hütte. Trattner schob sich auf Knien und Ellbogen hinterher, stieß gleich auf eine weitere Wand aus dünnen Pfählen, während seine Beine noch außerhalb des Eingangs waren. Als sich seine Augen an das dämmrige Licht gewöhnt hatten, erkannte er, daß an der Außenwand der Hütte ein schmaler Gang entlanglief. Um ins Innere zu kommen, mußte man ihn entlangkriechen, bis man auf eine zweite Türöffnung stieß. Dort erwartete ihn das Mädchen, während bereits weitere Mädchen hinter ihm herkrochen, um zu sehen, was in der Hütte passieren würde.

Kaum hatte sich Trattner, dem Mädchen folgend, in den Innenraum der Hütte gezwängt, zuckte er erschrocken zurück – am entgegengesetzten Ende des Raums saß eine Frau, in weißes Tuch gekleidet. Sie sagte nichts und regte sich nicht, als ob sie den plötzlichen Besuch gar nicht wahrgenommen hätte. Vergeblich versuchte Trattner, irgend etwas an ihr wiederzuerkennen, am liebsten hätte er die Taschenlampe am Handy angeschaltet, nach einigem Zögern leuchtete er die Frau zumindest mit dem Display des Handys an: eine Greisin mit weißen Haaren, sie hatte sich schon seit längerem den Kopf nicht mehr rasieren lassen, war also offenbar in Trauer. Ihre Augen waren erloschen, ihr Blick nach innen gekehrt. Die nachfolgenden Mädchen drückten sich der Reihe nach an die Wand, keines wollte ihr zu nahe kommen. Als die Alte unvermittelt nach vorn rückte, bis zum Mittelpfosten der Hütte, wichen sie noch ein Stück weiter vor ihr zurück. Trattner leuchtete ihr auf unverschämte Weise ins Gesicht, als der Schein seiner Lampe übern Mittelpfosten strich, sah er, daß er rot gestrichen war. Es roch nach ... Nach was roch's hier eigentlich?

Und wieso hatten ihn die Mädchen ausgerechnet hierher gebracht? Ein weiteres Mißverständnis? Nach einer Weile glaubte er, in der Alten die Frau wiederzuerkennen, die bei seinem ersten Besuch im Dorf so unheimlich ausgesehen hatte. Ohne ihre Perücke aus Metallrollen, ohne ihr weiß geschminktes Gesicht und den riesigen Lippenteller aus Holz wirkte sie weniger wie eine Schamanin, für die er sie damals gehalten hatte, als wie eine Verrückte, die hier im Halbdunkel mitsamt ihren Erinnerungen hauste. Sie sah Trattner auf eine Weise an, als wäre sie erleuchtet und verwirrt zugleich – offenbar war sie noch nicht völlig erblindet und vielleicht ja doch eine Schamanin. Im Lichtkegel seines Handys erkannte er sukzessive ihren Hausrat, ein paar Kuhhäute, Schüsseln, Kalebassen, sah sogar deren verkrusteten Rand und roch das Hirsebier, das darin verwahrt war. Daneben roch er Asche, Lehm, Stroh und überhaupt alles, was er als Natus Duft kennengelernt hatte und was der Geruch der Suri, des Dorfes, des Südens sein mochte. Vor allem aber roch er ... Blut, ja, jetzt wußte er, was ihm sofort in die Nase gestiegen war, der Geruch des frischen Bluts, wie man's ihm in einer Schale gereicht hatte. War dies etwa Natus Hütte und die Alte ihre Mutter, die über den Tod ihrer Tochter verrückt geworden? Aber die war ja schon bei seinem ersten Besuch im Dorf, gelinde gesagt, seltsam gewesen, und vielleicht roch's in den andern Hütten genauso? Abgesehen davon, daß hier das frische Blut dominierte. Es kostete Trattner einige Überwindung, auch der Alten das Foto von Natu entgegenzustrecken. Sie betrachtete es lang, während sie ihren herabhängenden Unterlippenwulst mit Daumen und Zeigefinger in die Länge und immer weiter in die Länge zog, bis er so straff gespannt war, daß Trattner fest damit rechnete, er würde im nächsten Moment zerreißen. Als sie ihn losließ, schnurrte er wieder zum runzlig dunklen Wulst zusammen und hing halbkreisförmig bis übers Kinn hinab.

Und das war auch schon alles. Trattner war froh, als er wieder zurück auf dem Platz stand und sich, geblendet von soviel Licht, wieder die Sonnenbrille aufsetzen konnte. Mulugeta hatte ihn erwartet – und offenbar auch ein paar Jungen, die mit ihm gekommen waren. Beide hoben sie gerade an, von ihren Erlebnissen zu berichten, als sich recht barsch ein Junge zwischen sie drängte und auch gar nicht erst lang fragte, sondern Trattners Sonnenbrille an sich riß. Augenblicklich stürzten sich weitere Jungen auf ihn und versuchten, ihm die Brille abzunehmen. Trattner hatte das Gefühl, das alles schon einmal erlebt zu haben.

Es war Shamba, kein Zweifel, Natus Sohn. Kaum hatte ihn Trattner erkannt, packte er ihn auch schon am Genick und drückte so fest zu, daß er sich vor Schmerz krümmte. Shamba stöhnte nicht mal, bleckte nur die Zähne und versuchte, sich aus dem Griff herauszuwinden. Trattner drehte ihm den Kopf in seine Richtung und blickte ihn so lange an, bis er die Brille freigab.

»Shamba«, sprach er ihn dann an, zeigte ihm das Foto und sagte: »Natu.«

Daß Shamba hier im Dorf war, war für Trattner der schlagende Beweis, daß Natu nicht bei ihrem Onkel sein konnte. Für ein paar Tage hatte sie ihren Sohn zwar zurückgelassen, für immer würde sie es niemals getan haben. Und mußte also auf jeden Fall noch hier sein, ob tot, ob lebend.

»Wo ist sie?« fragte er Shamba, der trotzig schwieg. »Wo ist sie?« fragte er die andern Jungen. Wieder zeigte er das Foto von Natu herum, schließlich hielt er's ständig vor Shambas Augen. Am Ende wies er selber, mit beiden Händen abwechselnd, in alle möglichen Richtungen, immer wieder auch auf die Erde, um Shamba anzudeuten, er solle ihn, falls seine Mutter tot war, zu ihrem Grab führen. Jungen und Mädchen redeten wild durcheinander, mitunter schrien sie einander an. Sie schienen deutlich mehr zu verstehen als ihre Mütter, die sich abwartend in einiger Entfernung hielten oder sich wieder ihren Tätigkeiten zugewandt hatten. Mit einem kleinen Entsetzen mußte Trattner am Rand des Geschehens die Alte wahrnehmen. Sie war ihm offenbar aus ihrer Hütte gefolgt und sah zu, was er als nächstes tun würde.

Vor allem aber sah er Shamba, ließ ihn nicht mehr aus den Augen, hielt ihn fest mit seinem Blick. Immer wieder sprach er ihn mit Natus Namen an, hielt sich die Hand hinters Ohr, als ob er auf eine Antwort von ihr lauschte, auch eine, die aus der Tiefe der Erde kommen mochte. Als er mit einer wegwerfend schlenkernden Handbewegung andeutete, daß ihre Seele zum Himmel gefahren sein, und mit der nächsten, daß ihr Körper in der Erde ruhen könnte, stieß Mulugeta einen Pfiff aus und nickte ihm anerkennend zu.

Auf der Stelle antwortete Shamba mit demselben Pfiff. Mulugeta lachte laut auf und wiederholte den Pfiff, allerdings in einer andern Tonlage. Wieder erwiderte Shamba, und da fiel auch Trattner ein – er kannte die Abfolge der Pfiffe, wenngleich er nicht wußte, welches Tier damit imitiert wurde und was es sagen wollte. Eine Weile unterhielten sie sich auf diese Weise zu dritt, Shamba wurde dadurch immerhin etwas zugänglicher. Das hat sie ihm beigebracht, vermutete Trattner, aber vielleicht lernen's die Kinder hier auch von selbst. Er hielt Shamba seine Sonnenbrille hin, sagte »Natu«, drückte ihm die Brille in die Hand. Oh ja, nickte er ihm auffordernd zu: Du führst mich zu Natu und kriegst dafür meine Brille. Eine Weile stand Shamba und blickte auf die Brille, dann beriet er sich mit den andern Jungen. Auch die Mädchen mischten sich ein, bald zeigten die einen wieder hierhin, die andern dorthin.

»*Birr, Birr*«, trat der größte Junge auf Trattner zu, schon die Kinder ließen sich bezahlen. Trattner verteilte Geldscheine. Als erneut ein Gerangel anhob, verteilte er weitere Scheine, bis je-

der, wirklich jeder einen bekommen hatte, auch die Frauen, die
der Reihe nach zu ihm gekommen waren, und am Schluß noch
die Alte, die vielleicht eine Schamanin war. Dann setzte sich
Shamba in Bewegung.

*

Wenn sich Trattner umblickte, sah er einen langen Zug an Kindern, die ihm – oder eigentlich Shamba – folgten. Mulugeta hatte sich entschuldigt, er mußte die Papiere beim Dorfpolizisten abholen. Einige Schritte hinter dem Zug folgte statt seiner die Alte, ausgerechnet sie, und bei Badiso, ausgerechnet ihm, hatte sie sich untergehakt, auf daß er sie führe. Es war die Stunde nach Mittag, schwer und schwül und still. Der Himmel hing so drückend über dem Tal, daß in der gleißenden Helligkeit alle Farben verblaßten, am Horizont braute sich was zusammen.

Es ging bergan in den Busch. Sobald das Dorf verlassen war, hob innerhalb weniger Schritte erneut diese trügerisch träge Landschaft an, so fest schien sie zu schlafen, daß sie nicht mal einen Duft absonderte. Gleichzeitig sah jeder Busch so aus, als ob sich hinter seiner Friedlichkeit vielfältige Gefahr versteckt hielt. Jeder abgestorbne Baum warf harte Schatten, die sich Trattner in verwirrenden Mustern vor die Füße legten und unter seinem Schritt auftaten, er mußte immer wieder stehenbleiben, bis sich die Abgründe geschlossen hatten.

War der Weg anfangs noch verschlammt gewesen, wurde er schnell trockner, je höher sie kamen. Und wieder tat sich das Gebüsch von einem Schritt zum nächsten auf, wieder lag vor ihnen – kleines gerodetes Rechteck im Regenwald – ein Feld, wieder lagerte eine Gruppe Frauen im Schatten der Bäume. Rund um das Feld standen Kinder, um es vor Vögeln und Pavianen zu schützen. Shamba ging am Rand des Feldes entlang, die

Frauen blickten ihm stillschweigend entgegen und ließen ihn stillschweigend passieren, nur einige der Kinder, die eigentlich Wache stehen sollten, schlossen sich dem Zug an. Kurz bevor er das Ende des Feldes erreicht hatte, bog Shamba ein, zwei Schritte ab ins Gebüsch – oder eigentlich nur an den Rand des Gebüschs – und blieb auf eine Weise stehen, daß Trattner sofort wußte: Sie waren angekommen.

Aber wo? Am Rand eines Feldes, an einer Stelle, wo die Natur eine Art Ausbuchtung gelassen hatte. In den Baumwipfeln waren, verkeilt in Astgabeln, Bienenröhren angebracht. Nichts deutete darauf hin, daß man an einem Grab stand. Drehte man sich um und sah übers Feld, reichte der Blick auch von hier bis weit hinein in die Ebene. Der Himmel lag in verschieden flimmernden Schichten fast farblos darüber und brachte den Saum der Büsche auf der andern Seite des Felds in Bewegung, ständig kräuselten sich die Konturen und ließen sich nicht fixieren.

Die Erde war so rot wie überall sonst, von einzelnen Grasbüscheln durchsetzt, nichts deutete darauf hin, daß hier vor wenigen Tagen eine Grube ausgehoben worden war. Oder nahm sich der Regenwald das Land so schnell wieder zurück? Da bückte sich Shamba und drückte einen tiefhängenden Zweig beiseite. Nun *sah* Trattner, daß er nicht *irgendwo* stand – er sah einen Krug. Einen Krug, wie ihn Natu auf dem Kopf getragen, einen Krug, wie ihn Bargudu zerschlagen hatte.

Alles rund um ihn war Stille, zum Zerreißen gespannte Stille, und so aufgeladen mit Erwartung, als ob gleich irgend etwas Schauriges passieren würde. Trattner schloß die Augen und sah Bargudu vor sich und wie er, lautlos und in Zeitlupe, Natu mit dem Gewehrkolben erschlug. Er hörte all die kleinen Geräusche, die er von ihr gelernt und mittels derer er sich mit ihr unterhalten hatte, das halblaute Piepen und Rascheln der Tiere, das Knacken und Rauschen der Bäume, das Knistern der Erde, und all die kleinen Geräusche ergaben die große Stille, die ihn umgab, selbst das Tuscheln der Kinder gehörte dazu.

Als er die Augen wieder öffnete, fiel sein Blick auf den Stein, der vor dem Krug im Lehmboden eingelassen war. Er mochte etwas größer sein als die andern, etwa handtellergroß, vor allem ein bißchen flacher, er schloß so plan mit dem umgebenden Lehmboden ab, als hätte man ihn bewußt an dieser Stelle plaziert. War das die Sorte Stein, mit der man beim Begräbnis eine Kuh erschlug? Hatte das etwa Shamba getan, war's Natus Grabstein? Oder stand man hier vielmehr an der Grabstelle ihrer Freundin Arenja? Der Krug, den man hinter dem Stein sah, war das nicht der Ersatzkrug, den Natu unbedingt am selben Abend noch zu Arenjas Grab bringen wollte? Oder hatte ihn irgendwer von dort weggenommen, um damit Natus Grab zu markieren?

Nach Rat und Gewißheit suchend, sah Trattner die Kinder im Halbkreis hinter sich stehen, auch ein paar Frauen vom Feldrand hatten sich unter sie gemischt, nur die Alte aus dem Dorf hielt sich abseits, neben ihr Badiso. Noch immer waren sie alle so still, als ob sie warteten, ja, auf etwas lauerten. Trattner räusperte sich, um die Stille zu übertönen, dann trat er auf Shamba zu, ließ sich zu ihm hinab und blickte ihm fest in die Augen: »Natu?« Genaugenommen blickte er auf die verspiegelten Gläser seiner Sonnenbrille und sah darin, lächerlich klein und verzerrt, nur sich selbst. Er deutete auf den Krug, auf den Grabstein, auf die Erde und wiederholte immer wieder: »Natu?«

Aber Shamba antwortete nicht, antwortete so lange nicht, bis ihn Trattner packte und zunächst mit beiden Händen schüttelte, als könnte er damit die Zunge in ihm lockern, bald am Genick griff und in seiner Not ein weiteres Mal zudrückte. Shamba krümmte sich in seiner Pein, blickte aber verstockt weg, bis ihn Trattner aus der Umklammerung entließ.

»Natu?« Jetzt schrie er den Namen in die Runde, und als

wollte er die Erinnerung an sie befördern, die Erinnerung an die große Kämpferin, die sie gewesen, rief er: »*Siro, siro, siro, siro!*«

Einige Frauen griffen den Ruf auf, und eine begann, das Lied der Siegerin anzustimmen, Trattner erkannte es sofort. Er trat auf die Frau zu und, auf den Krug hinter sich deutend, fragte sie: »Natu?« Die Frau hörte zu singen auf und nickte; als er die Frage wiederholte, nickte sie erneut. Jede der Frauen, die er reihum fragte, bestätigte es.

Konnte es sein, daß Aru gestern gar nicht auf dem Begräbnis irgendeiner Nachbarin gewesen war, sondern auf dem von Natu? Dann läge sie hier ja erst seit wenigen Stunden in der Erde, dann könnte man ja ... eine Sondage vornehmen, ein mal ein Meter, ach was, eine veritable Ausgrabung, und zwar auf der ... Trattner dachte den Gedanken gar nicht erst zu Ende, er war's vielleicht gar nicht selber gewesen, der ihn gedacht, und sicher war's nicht er, Josef Trattner, 47 Jahre, 188 cm, 85 kg, blaue Augen, gescheiterter Schaumstoffhallodri und geschaßter Grabungsleiter mit Gold im Haar ... Nein, nicht er selbst war's, der sich da vor dem Grab abkniete und mit beiden Händen in den weichen Lehm griff, den Stein packte und, zum Entsetzen der Zuschauer, aus dem Boden riß.

Ja, er wollte sie sehen! Je besinnungsloser Trattner mit beiden Händen wühlte, desto berauschter war er, es war wie eine Erlösung. Alles, was da unten liegt, ist wunderschön und wartet auf dich. Hinter ihm erschollen Rufe, »*eh, eh, eh, eh*«, und gleich ein unglaubliches Geschrei, egal! Er würde so lange greifen und graben und der Sache auf den Grund gehen, bis er die Wahrheit in Händen hielt. Von hinten wurde er da und dort gepackt und dahin und dorthin gezerrt, aber so kurz vorm Ziel ließ er sich von niemand mehr aufhalten. Der Lehm war zäh und das Loch noch klein, aber –

– schon wurde ihm schwindlig. Eben hatte er

noch wie wild gegraben, nun tat sich unter ihm mit einem Mal eine riesige Dunkelheit auf. Nicht mal mehr den Blick abzuwenden gelang ihm. Er hatte nach der Tiefe verlangt, jetzt verlangte die Tiefe nach ihm. Der Lärm hinter ihm ebbte ab und rückte weit weg. Da brach ihm der Schweiß aus. Er schloß die Augen und stürzte, ohne einen Laut von sich zu geben.

Sobald er mit dem Kopf auf der Erde lag, hörte er, wie sie zitterte. Indem er das Ohr an sie legte, ja fast ein bißchen in den Lehm hineindrückte, hörte er ihr Herz schlagen, *dugedong, dugedong, dugedong,* vielleicht auch Natus Herz oder sein eignes, und bald dröhnten die Schläge, daß der Boden bebte. Trattner fühlte, wie ihm all die Anspannung der letzten Tage, Wochen, Jahre entwich. Aber auch all die Kraft, die er immer aufgebracht hatte, um die Dinge möglichst locker zu nehmen und ihnen, trotz allem, etwas Heiteres abzugewinnen.

Als er die Augen wieder aufschlug, als er, fast in Zeitlupe, seinen Oberkörper aufrichtete und sich auf den Fersen absetzte, hielt das Dröhnen an und war das Stampfen der Kinder und Frauen, die um ihn herumtanzten. Irgend jemand schlug einen kräftigen Rhythmus, irgend jemand sang dazu, alle andern antworteten im Chor. Auch dieses Lied erkannte Trattner. Es war der schaurige Trauer- und Totentanz, den Natu auf der Hotelterrasse vorgeführt hatte, das Lied der Siegerin, die alles verloren hatte.

Wie sich der Tanz zusehends zum Tumult entwickelte, immer schneller der Rhythmus, immer wilder die Tänzer und so eng um Trattner herum, daß er sich kaum noch regen konnte, riß er sich zusammen und stand plötzlich wieder in voller Größe unter ihnen. Im Nu wichen die Kinder zurück, erstarb der Gesang. Nur der Rhythmus wurde noch ein paar Takte weitergeschlagen – es war Badiso, der mit dem Stiel einer Axt auf einen umgefallenen Baumstamm schlug –, und die Alte, die die

Vorsängerin gewesen, schlug noch ein paar Halbtöne an, ehe auch sie erlosch. Rund um Trattner waren Gras und Buschwerk niedergetrampelt, der Krug war zerbrochen und auch seine Sonnenbrille, die Bruchstücke in den Lehmboden hineingestampft.

Als sich Trattner gefaßt hatte, bückte er sich und nahm eine Scherbe des zerbrochnen Krugs an sich. Fast hätte er sich schon abgedreht, da fiel ihm der Kronkorken ein, den er seit Wochen in seiner Hosentasche mit sich trug, der *Bedele Beer*-Kronkorken mit der Meerkatze. Er drückte ihn in das Loch, das ihm vor wenigen Minuten wie ein Abgrund erschienen war, drückte ihn mit dem Rand so in die Erde, daß er plan auflag. Darüber legte er den Grabstein und trat ihn mit den Füßen fest. Alle, die gerade noch so wild um ihn herumgetanzt hatten, sahen still zu.

So oder so, sagte er sich, es ist vorbei. Alles, was jetzt kommt, ist egal.

*

Als erstes kam Kokordi, und egal war das dann doch nicht. Wieder führte Shamba den Zug an, diesmal bergab. Frauen und Kinder, die sich dem Tanz am Grab angeschlossen hatten, waren auf ihr Feld zurückgekehrt. Nur die Alte war zurückgeblieben, nachdem sie eine Weile vergeblich versucht hatte, Trattner mit allerhand unverständlichen Gesten am Gehen zu hindern. Bei Tageslicht wirkte sie kaum weniger schaurig als im Dämmer der Hütte, ihre Augen schienen blind zu sein und sahen doch alles. Am Ende hielt sie ihn sogar am Hemd fest, er mußte sich von ihr losreißen.

Die Büsche waren jetzt andre Büsche, und das Feld war ein andres Feld und auch der Himmel darüber und das Licht, alles war anders als auf dem Hinweg. Weit vor ihm auf dem Pfad sah Trattner jemanden bergab gehen, der ein rotes Tuch über die Schulter geworfen hatte. Nachdem sie etwas aufgeholt hatten, war's eine der Frauen, die am Feldrand gerastet und sich offensichtlich schon vor ihnen auf den Weg gemacht hatte, das rote Tuch war eine rote Jacke. Ein Mann kam ihr entgegen, der freilich keinerlei Notiz von ihr nahm, er hatte es eilig – Kokordi.

»Endlich hab' ich dich gefunden, Joe«, schnaufte er, als er Trattner gegenüberstand. »Was willst du denn ausgerechnet hier?«

Was ich will? hätte ihn Trattner gern angeschrien, aber er konnte nur flüstern: »Ich will … Ich will …« Er wußte nur noch, daß er wollte.

»Etwa Natu?« half Kokordi.

»Ich war an ihrem Grab«, sagte Trattner eher zu sich selbst als zu ihm.

»Aber sie ist ja gar nicht tot!« verwunderte sich Kokordi. Trattner wisse doch, daß sie bei ihrem Onkel sei.

Und Shamba? Bei der Erwähnung des Onkels war Trattner wieder hellwach. Wieso sei ihr Sohn dann noch hier, wo sie doch seinetwegen hatte heimkommen sollen?

Ach, Shamba, winkte Kokordi ab, der sei in der Tat schwierig, der brauche ihre starke Hand. Sobald alles mit dem Onkel geregelt sei, werde er natürlich nachkommen.

»Und das Grab?« insistierte Trattner. Einige der Kinder waren an ihnen vorbei- und vorausgerannt, nun machte auch Kokordi die ersten Schritte bergab, Trattner folgte, der Rest der Kinder hinterher. »Weshalb hätte mich Shamba zu ihrem Grab geführt, wenn sie gar nicht tot ist?«

»Aber wie kommst du drauf, daß es Natus Grab ist?« Kokordi blieb schon wieder stehen und wandte sich mit ernster Miene zu ihm um. »Es ist Arenjas Grab.«

Wirklich? Die Kinder hatten doch ernstgemacht, sie hatten nicht gespielt und schon gar nicht gelogen. Wieso sollte ihn Shamba zu Arenjas Grab geführt haben, wo er ihn doch gebeten hatte, ihn zu seiner Mutter zu führen?

»Weil Natu dort fast täglich hinging. Und weil sie ihn oft mitgenommen hat.« Wenn man in Surma Kibish nach Natu gesucht habe, habe man sie zumeist auf Arenjas Grab gefunden.

Ach, und das Feld, das sei also nicht ihr Feld?

Nein, es sei Arenjas Feld gewesen, deshalb sei sie ja dort begraben. Inzwischen werde das Feld von ihren Schwestern bestellt.

Eine Weile ging Trattner wortlos hinter Kokordi her, der's nicht eilig hatte. Noch immer die Schwüle, die Schwere des Himmels und die Landschaft, die sich drunter wegduckte. Ohne den Schutz der Sonnenbrille war die Helligkeit kaum zu ertragen. Immer wieder überholte ein Junge oder ein Mädchen, um schneller zurück zum Dorf zu kommen. Wollte Kokordi den Rückweg bewußt in die Länge ziehen, damit Trattner weniger Zeit blieb, um Natus Spur zu finden? Auch heute trug er zufällig wieder – oder noch immer – sein schwarzes Muskelshirt mit den giftgelbgrünen Bündchen. Nein, Trattner hatte ihn von Anfang an nicht gemocht, er mochte ihn auch jetzt nicht.

»Und wer ist die Alte?« fragte er schließlich.

Kokordi brauchte eine Weile, um zu begreifen, wer gemeint war. Wieder blieb er stehen, drehte sich um und zog eine betrübte Miene: Es sei Natus Mutter. Nein, eine Schamanin sei sie nicht, im Gegenteil, nach dem Tod ihres Mannes sei sie schnell gealtert, erschreckend schnell. Natu habe erst ihren Vater ins Grab gebracht, er sei am Kummer über sie zugrunde gegangen, und dann ihre Mutter um den –

Kokordi brach mitten im Satz ab und machte die Geste, die er schon vor Wochen gemacht hatte, als es um Natu ging. Ohnehin hatte er für seine Verhältnisse ungewöhnlich direkt geantwortet, ohne all die blumigen Wendungen, die er sonst so gern gebrauchte.

»Vielleicht ist sie gar nicht verrückt«, widersprach Trattner. »Auch Natu war's ja nicht. Selbst wenn ihr das alle behauptet habt.«

»War's *nicht*?« Kokordi sah Trattner forschend in die Augen, ging weiter, blieb nach ein paar Schritten erneut stehen: Da sei er ja erleichtert, daß Trattner das nach so wenigen Tagen in ihrer Gesellschaft erkannt habe und daß er noch mal zurückgekommen sei, um sie alle, die Bewohner von Natus Dorf, von Surma Kibish und des ganzen Suri-Lands, über ihren Irrtum aufzuklären.

Nie widersprach Kokordi auf direkte Weise, schlimmstenfalls sagte er, er denke darüber nach und in Zukunft werde sich ein Weg finden. Nun aber diese Ironie! Die überraschte Trattner denn doch, seine Achtung vor ihm stieg sprunghaft. Den Rest des Weges gingen sie schweigend hintereinander. Jetzt wußte Trattner, daß ihn Kokordi genausowenig mochte wie er ihn.

Längst hatten sich sämtliche Kinder an ihnen vorbeigedrückt, man sah die letzten gerade noch weit vor ihnen den Pfad bergab rennen. Als Trattner und Kokordi das Dorf erreichten, hatten sie sich bereits in alle Himmelsrichtungen zerstreut. Die Frauen, die Mais und Hirse gemahlen hatten, waren verschwunden, das ganze Areal schien wie ausgestorben. Erst hier unten fiel Trattner auf, daß Badiso nicht mitgekommen war. Wahrscheinlich war er bei seiner Mutter geblieben, er wußte Trattner ja unter Kokordis Beobachtung.

»Aber das da«, Trattner deutete auf die Hütte, in der er Natus Mutter aufgestöbert hatte, »das ist schon ihr Haus?« Er wußte, daß er von Kokordi nur selten die Wahrheit erfuhr, aber aus der Art, wie er antwortete, hatte er oft eigne Schlüsse ziehen können. »Oder willst du mir erzählen, daß es Arenjas Haus ist oder –«

»Aber nein, das will ich nicht«, beschwichtigte Kokordi. Er wies in den Himmel, der sich auch über Surma Kibish zugezogen hatte: »Komm, Joe, der Regen ist bald da.« Es sei schon fast vier, eine gute Zeit, um ein Bier zu trinken. Und außerdem … Hier säßen ihm zu viele Raben herum.

Oder Krähen? Kokordi sprach mal von *raven*, mal von *crow*, nie brächten sie etwas Gutes, man habe sich vor ihnen zu hüten. Trattner sah sie jetzt auch wieder, sie hüpften dahin und dorthin, um nachzusehen, ob's was zu holen gab. Überrascht war er darüber keineswegs. Auch im Norden und überall sonst in diesem Land, soweit er's kannte, gab's Raben, groß und selbstbewußt, sie fürchteten sich vor nichts und ließen niemanden in Ruhe. Irgendwann hatte man sich daran gewöhnt und verscheuchte sie mit halber Hand. Kokordi sah das offenbar anders, er schien sich fast vor ihnen zu fürchten, so kannte ihn Trattner gar nicht. Erst am Ufer des Kibish entspannte er sich wieder. Fragte dann aber gar nicht erst, sondern schritt schnell voran:

»*Watch, watch, watch carefully!*«

*

Am andern Ufer kamen ihnen zwei Frauen entgegen, ihre Babys auf dem Rücken, jede einen Maissack auf dem Kopf.

So ein Sack wiege fünfzig Kilo, hob Kokordi an, die Frauen der Suri seien … Doch zum Glück klingelte sein Handy. Kaum hatte er das Gespräch angenommen, steckte er das Handy schon wieder in die Hosentasche, der Empfang sei hier fast immer schlecht. Wenn man ein wichtiges Gespräch führen wolle, müsse man nach Maji fahren.

Offenbar wollte er mit der Flußseite auch das Thema wechseln. Mehrfach versuchte er, den Anrufer zurückzurufen, aber auch das klappte nicht. Am liebsten hätte sich Trattner für die ironische Spitze von vorhin gerächt und ihm versichert, wie froh er sei, im Moment keine Raben zu sehen, er hätte ja nicht mal den Notruf alarmieren können. Aber er erinnerte sich noch rechtzeitig, daß er nicht Kokordis, sondern Natus wegen nach Surma Kibish zurückgekommen war und daß er keine Rechnung mit ihm zu begleichen hatte, sondern mit Bargudu. Hatte er sich nicht geschworen, um Natu zu kämpfen, ob sie nun tot war oder lebendig? Vielleicht. Seitdem er von Natus Dorf zurück und wieder auf der andern Seite des Kibish war, war er auf merkwürdige Weise erleichtert, plötzlich war er sogar bereit, die Mißstimmung zwischen ihm und Kokordi zu bereinigen. Während sie auf die Hauptstraße von Surma Kibish zuhielten, fragte er ihn auf scheinheilige Weise leutselig:

»Du hast heut Honig verkauft?«

»Ach, das sagen wir nur so, wenn wir nichts sagen wollen.« Kokordi griff das neue Thema dankbar auf. »In Wirklichkeit waren wir Waffen kaufen. Jetzt haben wir endlich genauso gute Gewehre wie die Nyangatom. Dazu drei Maschinengewehre.«

»Und was habt ihr damit vor?«

»Wir werden unser Land zurückerobern!« Kokordi gab sich siegessicher, Trattner rechnete damit, daß er »*Dhos! Dhos! Dhos!*« anfügen würde, aber er tat's nicht. »Seit Jahren warten wir auf diese Gelegenheit, Joe, seit Jahrzehnten.« — »Sobald's da oben im Norden richtig losgeht, ist sie da.«

Er fieberte dem Ausbruch des Krieges mit derselben Ungeduld entgegen wie viele in diesem Land, obwohl's für ihn ein völlig andrer Krieg sein würde als etwa für Weraxa und Mulugeta.

»Ihr werdet alte Rechnungen begleichen«, tat Trattner so, als ob er nur vermutete, was er fest zu wissen glaubte, »wie's die Mursi bereits tun?«

»Es ist mehr als eine alte Rechnung!« widersprach Kokordi. »Es geht um unser Land.«

Die Suri wollten den heiligen Berg zurückerobern, auf dem ihre Vorfahren bestattet waren. Selbst einem Kokordi, der in westlicher Kleidung herumlief und offensichtlich studiert hatte, waren die Ahnen das Wichtigste; wer sie nicht in Ehren halte, sei dem Untergang geweiht. Seine größte Sorge war ausgerechnet Bargudu, der wolle immer nur den Frieden bewahren, mit jedem und zu jedem Preis. Aber diesmal werde der Rat der Alten den Krieg beschließen, da sei er sich sicher.

Als Bargudus Name fiel, wurde es Trattner wieder bewußt: Auch er hatte hier noch eine Rechnung zu begleichen. Mittlerweile waren sie an den ersten Baracken vorbei, außer ihnen war kaum jemand unterwegs. Der Händler des Geschäfts, in dem sich Trattner am Vormittag verproviantiert hatte, stand vor der Tür und grüßte. Trattner kaufte auch noch die restlichen Pakkungen Kekse, die er in seinen Regalen fand. Erst jetzt spürte er, daß er furchtbar lang schon nichts Ordentliches mehr gegessen hatte, noch im Laden riß er die erste Packung auf und stopfte sich Kekse in den Mund. Der Händler erkundigte sich, ob Trattner die Frau gefunden habe, die er suche. Nachdem ihm Kokordi erklären konnte, um wen's sich handelte, schlug er die Hände zusammen:

»Um Himmels willen, ausgerechnet *die*?« Trattner könne froh sein, daß er sie nicht gefunden habe. Er selbst sei zwar erst seit kurzem hier und kenne die Frau kaum; aber jeder seiner Kollegen sei erleichtert, daß sie endlich weg sei – und das, obwohl sie überall noch Schulden habe. Daß sie die jemals würde zurückzahlen können, habe eh keiner mehr geglaubt, nirgendwo habe sie noch Kredit bekommen.

Trattner hatte immer ein gerolltes Bündel an Birr-Scheinen in der linken Hosentasche, manche waren zerrissen und geklebt, viele beschriftet und alle unglaublich dreckig. Der eine oder andre lehnte die Annahme solcher Scheine ab, aber schon der nächste nahm sie bedenkenlos an. Das Bündel hervorziehend, sah er sich um, was er als nächstes kaufen würde, wer weiß, was der Händler noch alles über Natu zu erzählen wußte.

Allzuviel war's nicht. Jeder, der hier einen Laden betreibe, sei's gewohnt, daß die Frauen über Mißernten klagten oder daß ihnen die Affen das Feld zerstört hätten; allen gebe man einen gewissen Kredit. Natu habe nie geklagt. Aber sie habe ihr Feld gar nicht erst bestellt, soweit er gehört habe, geschweige denn bewacht, es sei ihr völlig egal gewesen. Sie habe einfach, Rind um Rind, die kleine Herde verkauft, die sie von ihrem Vater vererbt bekommen hatte, bis nurmehr ein paar Ziegen übrig waren. Irgendwann wollten ihr auch die Nachbarinnen nichts mehr leihen, sie mußte es ihnen wegnehmen, um wenigstens das Nötigste zum Überleben zu haben.

Trattner kaufte eine der blauen Decken, die stapelweise angeboten wurden. Natürlich kamen auch sie aus China, reinstes Plastik, als er jedoch eine von ihnen umlegte, spürte er sofort, wie angenehm sie sich trug. Der Händler zeigte ihm, wie man sie über der Schulter knotete und versicherte ihm, er sehe großartig darin aus. Wenn er auch noch sein Hemd auszöge, würde man ihn für einen Suri halten.

Warum sie denn ihr Feld nicht bestellt habe, wollte Trattner von ihm wissen.

Vielleicht habe ihr Vater sie zu sehr verwöhnt, mutmaßte der Händler.

»Weil sie's nie gelernt hat«, wußte Kokordi, der bislang schweigend zugehört hatte. »Weil sie nie mitarbeiten mußte wie ihre andern Geschwister.« Weil sie durchgesetzt habe, daß sie, wenigstens ein oder zwei Jahre, zur Schule gehen durfte. »Überleg mal, Joe«, beschwor ihn Kokordi, »niemand läßt seine Kinder hier länger zur Schule gehen als ein paar Wochen am Anfang des Schuljahrs.« Die Eltern seien überzeugt, daß das, was man den Kindern in der Schule beibringen wolle, nicht zum Leben der Suri passe, zu ihren Bräuchen, ihren Werten, ihrem Alltag.

»Aber Koko, du warst auch auf der Schule«, unterbrach Trattner.

»Ich war doch ein Junge!« Außerdem sei er in Maji zur Schule gegangen, einer seiner Onkel lebe dort.

»Und dein Vater hat das erlaubt?« Trattner gab sich jovial und freundschaftlich, vielleicht war Kokordi hier ja auch ein Fremder. Vielleicht nicht ganz so fremd wie er selbst, aber doch schon fremd genug. »Da mußt du ja einen fortschrittlichen Vater gehabt haben.«

Den habe er und habe ihn eigentlich nicht, erwiderte Kokordi. Er druckste noch eine Weile herum, dann gab er zu, daß Bargudu sein Vater war. Zwar nicht der offizielle Mann seiner Mutter, aber mit dem habe sich Bargudu geeinigt, daß das Kind, Kokordi, nicht in Surma Kibish aufwachsen und daß er sich darum kümmern würde.

Als sie sich vom Händler verabschiedeten, hatte Trattner bereits alle Kekse aufgegessen. Einträchtig schritten sie nebeneinander in Richtung Kneipe, ein Suri in der Kleidung eines Westlers, ein Westler in der Kleidung der Suri, sie mochten ein seltsames Paar abgeben. Auf dem Weg stellte sich noch heraus, daß Kokordi verheiratet war und seine Familie in Maji lebte. Oh ja, er hatte ein erstes Kind, einen Sohn. Aber gehörte das überhaupt noch zu Trattners Geschichte? Das Seltsamste war vielleicht, daß Trattner seit seinem Zusammenbruch auf Natus Grab so leicht geworden war – er ließ alles geschehen, und es geschah, er ließ die Leute reden und erfuhr Sachen, die er durch Fragen nie herausbekommen hätte. Das *Aller*seltsamste war vielleicht, daß er überhaupt nicht mehr den leisesten Druck verspürte, heute irgendeine Rechnung zu begleichen.

Als ob sie für ihn schon am Grab von Natu beglichen worden wäre.

*

In der Kneipe hatten sich erst einige Männer und Frauen eingefunden. Die meisten von ihnen schliefen, ausgestreckt auf dem Boden, aber da es noch hell war und genügend Licht hereinfiel, konnte Trattner ohne Mühe darübersteigen. Das *Bedele Beer* lag, ein kleiner Haufen, in einem Eck, sie nahmen zwei Flaschen mit auf die Terrasse. Wie selbstverständlich setzten sie sich auf die Bank, die direkt an der Brüstung stand, dort waren schon einige Kronkorken in die Erde getreten, jetzt kamen zwei neue dazu.

»Mal ehrlich, Koko«, wandte sich Trattner fast freundschaftlich an seinen Aufpasser: »Hat er sie erschlagen? Als der Rat über sie befinden wollte?«

Kokordi wußte sofort, um was es ging, fast schien's Trattner, als hätte er auf die Frage gewartet: »Du willst unbedingt hören, daß Natu tot ist, ich weiß. Soll ich dir also erzählen, daß Bargudu einen heißen Bauch bekam und zuschlug – damit du endlich zufrieden bist?« Kokordi machte eine Pause, in der er Trattner in die Augen blickte. Seine Augäpfel waren kaum rosa eingefärbt, er mußte nur selten Qat kauen oder hatte es sogar ganz aufgehört. »Ja, Joe«, fuhr er plötzlich auf übertriebne Weise fort, »diesmal schlug er zu, mit dem Gewehrkolben.« Und nach einer weiteren Pause: »Er mußte ein zweites Mal zuschlagen, ein drittes Mal, weil Natu auch noch im Sterben so stark war, daß ein Hieb nicht genügte.«

Wieder sah ihn Kokordi auf eine provozierende Weise an, er wartete auf eine Reaktion. Trattner ließ die Luft durch die Lippen entweichen und fügte das Geräusch des tropfenden Wasserhahns an, Mulugeta hätt's nicht besser vermocht. Kokordi hörte es sich eine Weile an und kratzte sich an seiner Schußwunde. Schließlich ergriff er Trattners Hand:

»Und wenn's dir Bargudu selber so erzählen würde, es stimmt nicht.« Pause. »Du wirst's mir nicht glauben, Joe, er hat sie gerettet.« Während der Rat der Alten reihum die Zuhörer zu Wort gebeten habe, sei Natu immer wieder aufgesprungen, um sich einzumischen. Trattner kenne sie ja, sie sage dann Sachen, die andre nicht mal zu denken wagten. So habe sich die Stimmung immer stärker gegen sie aufgeladen. Die Älteren warfen ihr vor, sie habe nie so sein wollen wie all die andern – sie sei die erste gewesen, die den Lippenteller nicht habe tragen wollen, das sichtbare Zeichen weiblicher Tugend und Schönheit. Sie habe immer zu laut geredet und sich zu wenig um ihren Sohn gekümmert, sei zu schnell gegangen und nie mit ausgestreckten Beinen am Feuer gesessen, wie es sich gehöre. Die Jüngeren warfen ihr vor, daß sie auch noch als verheiratete Frau ständig *lollu* war – sie habe sich nach der Geburt ihres Sohnes viel zu früh mit ihrem Mann aufs Kuhfell gelegt, so daß Shamba schwachsinnig geworden, immer wieder sei sie über Tage verschwunden und habe werweißwo werweißwieviele Liebhaber. Selbst die Verehrer der jungen Mädchen verhexe sie noch und mache sie ihnen abspenstig.

»Sie riecht schlecht«, faßte Kokordi zusammen.

Das sah Trattner anders.

Es stellte sich schnell heraus, daß Kokordi nicht ihren Körpergeruch gemeint hatte. Sondern ihr Benehmen, so drücke man das bei den Suri aus. Natu habe sich schlecht benommen, schon immer und in jeder Hinsicht, das Maß sei endgültig voll gewesen.

Daß die Sache schlecht ausgehen würde, habe auch Bargudu gesehen. Um Natu vor einer Verurteilung zu retten, machte er ihr vor versammelter Dorfgemeinschaft ein Heiratsangebot, er verbürge sich für sie und werde dafür sorgen, daß alle Schulden beglichen und jedweder Groll aus der Welt geschafft würden. »Ein äußerst ehrenwertes Angebot, Joe«, versicherte Kokordi, »welcher normale Mann hätte eine solche Frau freiwillig geheiratet?«

Das sah Trattner anders. Fast wäre er Kokordi ins Wort gefallen, aber er nahm doch lieber nur einen Schluck aus der Flasche. Während der letzten Minuten waren immer mehr Gäste eingetroffen, auch Badiso, der sich still zu ihnen gesetzt und gleich Trattners Hand ergriffen und nicht mehr losgelassen hatte. Als wäre er nicht mehr sein Aufpasser, sondern sein Freund.

»Aber da hättest du Natu hören sollen«, fuhr Kokordi fort. »Sie machte sich vor allen andern über Bargudu lustig, sie verhöhnte ihn, sie beschimpfte ihn als – ach, Joe, ich erspar' dir die Details.«

Zum dritten Mal hatte sie ihn abgewiesen, Trattner bewunderte sie.

»Nun hatte sie nicht nur alle Frauen zum Feind«, kam Kokordi zum Schluß seiner Schilderung, »sondern auch alle Männer. Es waren aber vor allem die Frauen, die eine harte Strafe forderten!« Die Frauen der Suri seien stark, sie ließen sich von ihren Männern nichts sagen. Aber bei einer Ratsversammlung müsse so lang miteinander geredet werden, bis alle übereinstimmten, das sei die Art der Suri, selbst ein Bargudu habe hier nichts zu befehlen. Er bringe die Erde und den Himmel zusammen, er bewahre die Ordnung des Kosmos und des Dorfes, aber auch er könne nur Vorschläge machen. Als er gemerkt habe, daß die Urteile immer härter ausfielen, die von den Rednerinnen gefordert wurden, habe er den Vorschlag gemacht, Natu zurück zu ihrer Familie zu schicken. Für immer.

»Sie hat ihn zum dritten Mal abgewiesen«, merkte Trattner an, »da wollte er sie wenigstens aus den Augen bekommen. Noch dazu –«

»Zum dritten Mal?« verwunderte sich Kokordi. »Wie kommst du denn da drauf, Joe?« Bargudu sei mit zwei Frauen aus den besten Familien verheiratet, um eine wie Natu hätte er doch niemals ernsthaft geworben!

»Und jetzt hat er sie zu diesem schweinischen Onkel geschickt«, ergänzte Trattner. Da wisse er ja, was ihr alle Tage blühe, das sei vielleicht die Höchststrafe für Natu.

Wie er's denn wagen könne, von ihrem Onkel so zu reden? Kokordi war ernsthaft empört: Er kenne ihn doch gar nicht! Es sei ein angesehener Mann, ähnlich wie Bargudu, und hochbetagt dazu.

»Würdest du mich zu ihm bringen?« fragte Trattner.

»Bist du verrückt?« Kokordi schnappte nach Luft. »Das würde Bargudu niemals zulassen. Wir haben sie weggeschickt, damit sie dort bleibt, nicht damit du sie uns zurückbringst.« Überdies sei's da unten brandgefährlich, nicht zuletzt wegen der Flüchtlinge, die seien alle schwer bewaffnet. »Nein, Joe, dorthin geht man nicht freiwillig.«

Trattner verzichtete auf weiteren Widerspruch, er begnügte sich damit, es besser zu wissen. »Tu mir einen Gefallen, Koko, ruf ihn an. Damit er mir die Geschichte selbst erzählt.«

Das könne er nicht, versicherte Kokordi, Bargudu habe kein Handy. »Ich bin sein Handy.«

Dann solle er Badiso schicken. Der könne ihm bei dieser Gelegenheit ja das Geld bringen, das er heut morgen abkassiert habe.

»Joe, er will dich nicht mehr sehen.«

»Aber ich will ihn sehen!« Nun war auch Trattner ernsthaft empört: »Schau mal hier, Koko ...« Der Zeitpunkt war gekommen, um die Faust zu ballen und Natus Armreif herzuzeigen.

»Ist er von Natu?« fragte Kokordi überflüssigerweise.

»Bargudu wird ihn sofort erkennen«, bestätigte Trattner.

Kokordi sagte nichts mehr. Dann sprach er kurz mit Badiso, gab ihm seine Flasche mit auf den Weg und schien ihn sogar zur Eile anzufeuern.

Kokordi lehnte sich zurück und verschränkte die Arme vor der Brust. Trattner ließ ihn wissen, daß sie jetzt Freunde seien und er deshalb die nächste Runde ausgebe.

*

Innerhalb der letzten Viertelstunde war's in der Kneipe richtig voll geworden. Auch auf der Terrasse drängten sich die Männer, direkt vor der Bretterwand auch heute ein paar Frauen. Gerade kam eine weitere in einer roten Jacke dazu – Trattner hatte sie nur von hinten gesehen, doch an der Jacke erkannte er sie wieder –, und jetzt trommelten die ersten Tropfen aufs Wellblechdach. Fast gleichzeitig kam die Nacht, so unbarmherzig schnell, wie sie in diesem Land immer kam, vielleicht hatte es was zu bedeuten. Kokordi nützte die Zeit bis zu Bargudus Eintreffen, um weitere unschöne Details über Natu zu berichten:

Es scheine ihm, Trattner habe ein sehr romantisches Bild von ihr. Tatsächlich sei sie jähzornig, eitel, ungerecht, gewalttätig. Und natürlich *lollu*, schon vor ihrer Hochzeit habe sie ihren Mann ständig betrogen. Ob Trattner denn wisse, daß sie ihn erschlagen habe?

»Saba Kana?«

»Ah, du bist informiert«, lächelte Kokordi, »wer weiß, was sie dir über ihn aufgetischt hat.« Er sei zwar ein Mursi gewesen, aber ansonsten ein feiner Kerl. Und ein großer Kämpfer! Nur von Natu habe er sich verprügeln lassen. Nun ja, das sei bei den Suri durchaus üblich, selbst Bargudu werde regelmäßig von seiner ersten Frau verhauen –

– Wir erzählen's euch nur nicht, weil wir wissen, daß ihr's lieber andersrum hört. Natu kam aus einer bitterarmen Familie, der Vater ein Säufer, die Mutter eine Schlampe, sie selbst als junges Mädchen Haut und Knochen, wahrscheinlich hätte sie nicht mal einen Mann bekommen. Sie hat sich buchstäblich hochgeboxt. Ja, sie war stark wie der Geruch von Zecken, nicht nur Saba Kana hat das zu spüren bekommen.

All das sind Sachen, die ich nur zum schmutzigen Erdboden sage. Aber du hast eine große Gabe, viel zu sehen und wenig zu erkennen. Also muß ich dir erzählen, was ich in meinem Bauch verwahrt habe. Eine normale Frau sorgt für ihren Mann, sie schreit ihn nicht an, und mit andern Männern redet sie nicht mal. Natu betrog den ihren schon vor der Hochzeit, sie schrie ihn an, und wenn er von der Herde heimkam, wies sie ihn von ihrer Kuhhaut. Saba Kana tat immer so, als bekäme er von all ihren Männergeschichten nichts mit, schon damals hätte er sie bestrafen sollen.

Aber dazu war er viel zu gutmütig. Im Grunde hatte sie ihn schon auf dem Gewissen, als er noch lebte – sie machte ihn vor den andern lächerlich, brachte ihm kein Essen, fegte nicht mal den Boden vor dem Haus, wenn er Besuch bekam. Kein Wunder, daß er zu trinken anfing, kein Wunder, daß er seine Rechte eines Nachts auch mal mit Gewalt einfordern wollte – da hat sie ihn erschlagen. Na gut, wirst du sagen, sie hat sich gewehrt.

Aber muß man dazu immer gleich die *Ula* überstreifen, noch dazu, wenn man sie so tödlich zu führen weiß wie Natu? Alle ihre Nachbarinnen waren längst wach, jeder wußte, was gerade in ihrem Haus passierte. Dann herrschte schlagartig Ruhe, und am nächsten Morgen fand man Saba Kanas Leiche vor ihrer Tür.

Bargudu sorgte dafür, daß die Sache vertuscht wurde. Er erzählte überall herum, er habe Saba Kana hoch oben im Norden gefunden, schon fast im Mursi-Land, weil er ja niemandem im Suri-Land die Sache in die Schuhe schieben wollte. Natürlich glaubte ihm keiner, natürlich kursierte die Wahrheit hinter vorgehaltner Hand. Und Natu? Sie nahm ihren Schmuck ab und verbarg sich in ihrem Haus, wie man's von einer Trauernden erwartet. Aber schon beim allerersten Besuch der Nachbarinnen ließ sie sich überreden, sich die Haare wieder abrasieren zu lassen und den Schmuck wieder anzulegen –

»– damit du's auch kapierst, Joe: um sich wieder für andre Männer schönzumachen.«

Seit ein paar Minuten trommelte ein tüchtiger Regen aufs Dach, darunter brannte die Glühbirne, jenseits der Brüstung war nurmehr Rauschen und Nacht. Es hätte fast heimelig sein können, wenn's nicht unheimlich gewesen wäre. Immer neue Gäste kamen durch den Hintereingang der Kneipe, die Bänke auf der Terrasse waren eng an eng besetzt. An der Brüstung lehnten Kampfstöcke und Kalaschnikows. Trattner ließ den Eingang zur Kneipe nicht aus den Augen, insgeheim hoffte er noch immer auf ein Wunder.

»Aber Saba Kana wurde ja erschossen«, wandte er zumindest ein.

»Das mag dir Natu erzählt haben«, wischte Kokordi den Einwand weg, »als Viehdieb womöglich.« Aber das stimme nicht. Jeder, der bei einem Raubzug getötet werde, müsse gerächt werden. Saba Kana sei nie gerächt worden. Niemand sei losgezogen, seinen Mörder zu suchen und zu erschießen – niemand von Natus Familie und auch sonst keiner.

War das ein Beweis? Vielleicht hätte man einen wie Saba Kana, der trotz allem immer ein Mursi und also ein Fremder geblieben, ohnehin nicht rächen wollen? Trattner wußte langsam nurmehr, daß er nichts wußte oder zuviel wußte, jedenfalls nicht angemessen genug, als daß er sich über Natu noch hätte sicher sein können. Hatte er sich dermaßen in ihr täuschen können? Nie würde er herausfinden, was hier mit ihr geschehen war, nicht mal, was er mit ihr in Wirklichkeit erlebt hatte, nie.

Kokordi nützte die Gelegenheit, um auf seinen Vorwurf von vorhin zurückzukommen: »Es gibt viele Natus bei den Suri, viel zu viele, wohl auch bei den Mursi, den Hamar und all den andern links und rechts vom Omo. Und dann kommt so einer wie du und will uns sagen, wie wir über sie zu denken haben.« Ob er ihm mal verraten solle, warum die Nyangatom damals den heiligen Berg erobern konnten? Weil auch zu ihnen ein paar Trattners gekommen seien und sich überall eingemischt hätten, vor allem in die medizinische Versorgung.

»Was heißt hier eingemischt!« protestierte Trattner. »Ich hab' mich ja gerade *nicht* eingemischt!«

»Es war irgendeine NGO, wenn du's genau wissen willst, aus Norwegen oder aus Schweden oder aus – egal.« Jahre, Jahrzehnte seien sie geblieben und hätten die Säuglingssterblichkeit drastisch reduziert.

»Aber dann haben sie doch was Gutes getan?«

»Etwas Gutes für die Nyangatom, vielleicht. Vor allem etwas Gutes für sich selbst. Und ganz sicher etwas Schlechtes für alle andern hier.« Irgendwann hätten die Nyangatom doppelt soviel Krieger wie früher gehabt, mit einem Mal seien sie in der

Überzahl gewesen. »Ihr laßt Gott klein sein, damit ihr groß seid. Ihr fühlt euch immer im Recht, wenn ihr uns die alten Bräuche wegnehmt und alles aus dem Gleichgewicht bringt.«

Kokordi unterbrach sich nur kurz, weil Badiso wieder auf der Terrasse auftauchte und ihm ein Zeichen machte.

»Für Natu seid ihr zum Verhängnis geworden, und Bargudu ist ständig in Sorge, daß euer Einfluß nicht zu groß wird.«

»Kommt er?« fragte Trattner.

»Bis *ihr* vor dreißig oder vierzig Jahren hierhergekommen seid, waren wir das Zentrum der Welt.« Kokordi ließ sich jetzt nicht mehr unterbrechen: »Und da haben wir begreifen müssen, daß *ihr* das Zentrum seid und wir am Rand sind, am äußersten Rand.« – »Und selbst dort wollt ihr noch, daß alle so denken und leben wie im Zentrum. Aber wenn wir so werden wie ihr, sind wir bald nicht mehr – wir.«

*

Trattner wartete zwei Bier lang in einer Art finsterer Gleichgültigkeit. Weil er den Tag über nur ein paar Kekse gegessen hatte, stieg ihm der Alkohol schnell in den Kopf, es war ihm gerade recht. Als Bargudu endlich auf der Terrasse erschien – vollkommen durchnäßt, obwohl er einen Schirm bei sich trug –, wechselte er erst mal ein paar Worte mit der Frau in der roten Jacke, dann kam er mit ihr gemeinsam auf Trattner zu. Diesmal gab er ihm nicht die Hand.

»Du bist sehr groß«, begrüßte ihn Trattner, der fast zwei Köpfe größer war als Bargudu, »du siehst nur klein aus.«

Anstatt zu antworten, machte Bargudu seine schlenkernde Handbewegung, mit der er Badiso zum Bierholen scheuchte. Sogar die Frau in der Jacke bekam eine eigne Flasche. Es war Gulduni, seine Tochter, auch sie überragte ihn deutlich. Als sie sich Trattner zuwandte, stand Bargudu reglos daneben und wartete ab, sein Auge ruhte auf ihr mit Wohlgefallen.

Gulduni hatte die rote Jacke an ihrem Sitzplatz zurückgelassen. Sie trug ein schlichtes schwarzes Kleid mit weißem Kragensaum und wußte, daß sie blendend darin aussah, ständig strich sie sich wie zerstreut über Bauch und Hüften.

»*You have already become one of us*«, bespöttelte sie Trattner zur Begrüßung und zupfte gleich da und dort an seiner Decke. Als sie anfing, den Sitz des Knotens zu korrigieren, riß er sich die Decke von der Schulter und warf sie unter die Sitzbank. Sofort griff Badiso danach und faltete sie sorgfältig zusammen. Gulduni spuckte über die Brüstung und fragte Trattner, ob er ihretwegen zurückgekommen sei, lachte aber gleich selbstgefällig auf, so daß er nicht zu antworten brauchte. Was er denn auf Arenjas Grab gesucht habe, sie sei heut nachmittag zufällig vorbeigekommen und habe ihn gesehen, mittlerweile werde hier überall darüber getratscht. Ohne eine Antwort abzuwarten, bot sie ihm unvermittelt an, ihn über Natus Abreise zu trösten. Auf welche Weise, ließ sie mit einem Lächeln offen. Daß auch sie immerhin genug Englisch sprach, um unmoralische Angebote zu machen, wunderte Trattner nicht. Bargudu kämpfte für den Erhalt der Traditionen, tat aber alles dafür, seine eignen Kinder für den Einzug der Moderne zu rüsten.

Sie sei doch mit Weraxa liiert? wandte Trattner ein.

Wenn er das behauptet habe, echauffierte sich Gulduni auf eine übertriebne Weise, dann sei er ein Lügner.

»Aber du hast ihm doch deine Narben gezeigt?« ließ sich Trattner nicht so schnell überzeugen.

»Ich hätte sie lieber dir gezeigt.« Gulduni lächelte ihn selbstbewußt an. In ihrem schmal geschnittnen Kleid hätte sie auch in Addis oder Wien oder überall sonst auf der Welt, weiß Gott, die Blicke auf sich gezogen. Dazu trug sie Ledersandalen mit fein geflochtnen Riemchen. Auf dem linken Arm waren ihr Dutzende an winzigen Narben Punkt an Punkt so gestochen, daß sie zwei parallele Linien ergaben, die im Ärmelausschnitt ihres Kleides verschwanden. »Soll ich sie dir zeigen?«

»Später«, sagte Trattner und wandte sich so dezidiert Bargudu zu, daß er fast mit dem Rücken zu ihr stand. Gulduni nahm einen Zug aus der Flasche, bohrte eine Weile zwischen den Zähnen, sah zu, wie Kokordi für einen weiteren Sitzplatz auf der Bank sorgte, und verschwand in den Innenraum der Kneipe. Bargudu übergab sein nasses Sakko an Badiso und ließ sich, nun im weißen Unterhemd, etwas umständlich auf der Bank neben Trattner nieder.

Das also war der mächtigste Mann in Surma Kibish, vielleicht gar im ganzen Suri-Land, der Mann, der immer einen kühlen Bauch hatte und Regen machen konnte. Noch immer hatte er diesen echsenhaft starren Blick, und noch immer war er betrunken – auf diese fein einjustierte Weise, wie es nur Alkoholiker sind, die ihren Pegel halten wollen.

Schon bei ihrer ersten Begegnung hatte Bargudu wenig geredet und umso mehr geschwiegen. Aber wie anders wirkte er auf Trattner heute! Fast wie ein gebrochner Mann. Er strahlte etwas Verschlagnes aus, mit seinen Beulen und Narben auf dem Kopf auch im konkreten Sinne, gleichzeitig aber etwas Gütiges, das womöglich nur Altersmilde war, Alterswehmut, Altersresignation. Am Ende war er vielleicht bloß mißtrauisch, weil er begriffen hatte, daß auch ein Trattner nichts als Ärger in sein Reich brachte und die falschen Sehnsüchte, an denen sein Volk zugrundeging.

Gegen *den* hast du kämpfen wollen? dachte Trattner. Vergiß es! Er ist nur gekommen, um dir trotzig ins Gesicht zu starren. Er will dir zeigen, daß er keine Angst vor dir hat, reden will er nicht. Vielleicht solltest du ihn erst mal auf alles mögliche ansprechen?

»Du hast den Regen gemacht«, begann er, indem er sich daran erinnerte, was ihm Bargudu damals erzählt hatte. »Nun werden eure Herden nicht mehr so weit wandern müssen.«

»Was dich betrifft, bin ich geizig mit meinen Worten«, versetzte Bargudu mit seiner leisen Stimme. Auch wenn er sprach, regte sich keine Miene in seinem Gesicht, er bewegte nur die Lippen.

»Und die Quellen werden nicht mehr so schnell versiegen«, fuhr Trattner unbeirrt fort, »sofern du auch die nächsten Tage Regen machst.«

Bargudu schwieg eine Zeitlang. »Laß den Regen herunterkommen«, ließ er sich plötzlich wieder vernehmen, »das einzige, was du von ihm bekommst, ist Wetter.«

Vielleicht sollte ich ihn auf den Krieg ansprechen? erwog Trattner. Und gratulierte zum Erwerb der neuen Feuerwaffen.

»Der Krieg ist da«, erwiderte Bargudu, diesmal ohne zu zögern. »Alles wird gut, und alles wird schlecht.« Er sprach nicht so sehr zu Trattner, als daß er Kokordi einzelne Worte und Halbsätze wie Brocken zuwarf, die der in ganze Sätze auswalzte. »Ich denke nicht mehr in Kühen. Ich denke in Maschinengewehren.« Man wußte nicht, welchen Krieg Bargudu meinte – den, der sich überall im Land anbahnte, oder den, den sein Volk, wieder mal, gegen die Nyangatom zu führen gedachte. Kokordi, der sich neben Badiso auf die Bank gegenüber gezwängt hatte, übersetzte auf Nachfrage immer nur »Krieg«.

Trattner sah in Bargudus verwüstetes Gesicht, in dem die Augäpfel in gebrochnem Weiß schimmerten, von roten Äderchen so mannigfaltig durchzogen, daß sie an vielen Stellen in ein mattes Rosa changierten. Mein Gott, dachte er, du hattest gewiß ein Leben lang Anlaß genug, Qat zu kauen. Und jetzt willst du noch mal in den Krieg ziehen, um dir weitere Narben zu erwerben? Dann kannst du also doch noch kämpfen! Trattner ballte seine Rechte und hielt Natus Armreif provozierend in die Höhe.

»Davon hab' ich schon gehört«, lächelte Bargudu. »Sie hat dir ihr Herz geschenkt. Soll ich dir gratulieren? Soll ich dich bedauern?«

»Beides«, versetzte Trattner. Gleich würde er ihm den Schlag verpassen, den er auf jeden Fall verdient hatte, gleich.

»Leider bin ich zu alt, um dich zum Kampf zu fordern.« Als hätte Bargudu Gedanken lesen können, legte er seine Hand auf Trattners Faust und drückte sie sanft herunter: Stattdessen werde er ihn aufs nächste Bier einladen.

Zum ersten Mal an diesem Abend zeigte Bargudu ein Lächeln, es reichte kaum bis in die Mundwinkel. Badiso holte Bier, und Trattner hatte seine Chance verpaßt. Alle, die ihn bislang kaum beachtet hatten, behielten ihn genau im Blick, seitdem sich Bargudu neben ihn gesetzt hatte. Sie waren gespannt, was diesmal passieren würde. Immer noch hoffte Trattner, daß Natu plötzlich durch die Hintertür treten und die ganzen Lügen zum Platzen bringen würde, mit denen man ihn hier abfinden wollte. Aber sie kam nicht, sie kam nicht, sie kam nicht. Stattdessen kam Mulugeta, Arm in Arm mit dem Dorfpolizisten. Beide trugen sie Regenmäntel mit den äthiopischen Hoheitszeichen und waren trotzdem völlig durchnäßt. Mulugeta entschuldigte sich, daß er's nicht früher geschafft habe:

»Es gibt immer mehr leere Flaschen als volle, Joe. Jedenfalls in meinem Leben.«

»Oder wie war das noch mal, Sisay?« Er wandte sich an den Polizisten. »Immer mehr volle als leere?«

Er ließ ein paar Pavianschreie ab, mit denen er auch alle andern zu begrüßen vermeinte, doch niemand fand ihn lustig. Auch der Dorfpolizist versuchte, sich bei Trattner zu entschuldigen:

»Wir haben nicht verzweifelt nach dem Tod gesucht. Oder wird hier gerade wer erschossen?« Sie hätten auf die Freundschaft zwischen Amharen und Tigrayern getrunken, das sei wichtig heutzutage und müsse gründlich geschehen. Der Polizist war in Sorge vor der Einberufung, für diesen Abend hatte ihn Mulugeta allerdings in gute Laune versetzt, wer weiß, um welchen Preis.

Die beiden gingen, um sich in der Kneipe mit weiteren Bieren zu versorgen, und kamen in Guldunis Begleitung zurück auf die Terrasse. Trattner hörte, wie Mulugeta ein paar seiner Standardgeräusche zum besten gab und für artiges Gelächter sorgte. Der Polizist bellte, Gulduni piepte, ein paar umsitzende Gäste steuerten weitere Geräusche bei. So überdeutlich Trattner dies alles hörte, so verschwommen sah er nur noch, was am andern Ende der Terrasse passierte. Er hatte Mühe, Dachbalken oder Kampfstöcke mit seinem Blick zu fixieren, immer mal wieder verdoppelten sie sich sogar, und dann mußte er die Augen kurz schließen, um wieder Ordnung in den Abend zu bringen. Badiso sorgte für weitere Flaschen – während er aus der Hintertür auf die Terrasse trat, löste er sich an den Rändern auf. Sofern Trattner die Augen zusammenkniff, glaubte er, dort auch Aru zu erkennen, wie er sich gerade zu Gulduni, Mulugeta und dem Polizisten dazugesellte. Gern hätte Trattner einfach weiter zugeguckt und sich dabei restlos betrunken, aber da zog ihn Bargudu unverhofft am Arm. Zunächst einmal wollte er ihm eine Weile stumm in die Augen sehen.

»Du weißt vielleicht nicht, was Hunger ist«, begann er, leise auf Trattner einzureden. »Er treibt unsere Krieger dorthin, wo die Herden der andern grasen ...« In Natus Familie habe immer Hunger geherrscht, ihr Vater sei ein schlechter Hirte und ein noch schlechterer Viehdieb gewesen, im Lauf einer Fehde habe er stets mehr Rinder verloren als gewonnen.

Bargudu hatte sich entschlossen, nicht länger zu schweigen. Bald redete er so ununterbrochen auf Kokordi ein, daß der immer wieder um eine Unterbrechung bitten mußte, um zu übersetzen. Und wieder, wie damals, wurde das, was Bargudu auf Suri gesagt hatte, auf Englisch doppelt und dreimal so lang: Also Nasedi, die jeder hier Natu nannte ...

*

Sie war gut und schlecht, so wie die Suri sind und vielleicht alle Menschen, bis auf die Nyangatom. Vielleicht war sie etwas besser und etwas schlechter. Sie konnte kämpfen, schon als Mädchen konnte sie es besser als alle andern, und schon als Mädchen behandelte sie die Männer schlechter, als es die andern Mädchen taten. Wenn nicht genug zu essen da ist, vermischt man die Milch mit Wasser, man stellt Fallen für Vögel und wilde Tiere auf, sammelt Blätter, besucht Verwandte in benachbarten Dörfern, in der Hoffnung, sich bei ihnen ein paar Tage lang satt essen zu können. Aber um Natus Familie schien festverknotet ein Fluch zu liegen, den auch die stärksten Schamanen nicht lösen konnten. Hunger! Bis auf Badiso starben all ihre Geschwister schon in jungen Jahren. Natu wurde von ihrer Mutter oft wie ein Tier an einen Baum weit weg angebunden, weil sie nicht aufhören wollte zu schreien. Manchmal schickte die Regierung einen Lkw mit Hirse, aber als die Lieferungen ausblieben und die Hungersnot in Surma Kibish immer größer wurde, ging Natus Vater zu Bargudus Vater, um seine Tochter dessen Sohn zu versprechen. Bargudus Vater hatte schon damals die größte Herde weit und breit, er hätte locker nicht nur Natus Familie, sondern ihr ganzes Dorf durchfüttern können. Doch er hatte ein schmales Herz. So kam's, daß Natu schon als kleines Mädchen Bargudu zur Braut versprochen wurde.

Aber dann wies sie einen solch reichen Verehrer einfach ab! Schon ihrer Familie zuliebe hätte sie ihn heiraten müssen, keiner hätte den Rest seines Lebens mehr gehungert. Als sie von Bargudu mit einem Zaubertrank angespuckt wurde, um sie vor aller Augen als seine Zukünftige auszuzeichnen, zwang sie ihren Vater, seine letzte Kuh zu schlachten, so daß sie sich mit deren Mageninhalt einschmieren und vom Zauberbann lösen konnte. Danach war sie wieder frei – und das stieg ihr offensichtlich zu Kopf, ein Leben lang wollte sie frei sein.

Aber die Suri wollen nicht frei sein. Sie wollen Suri sein und mit den andern gemeinsam. Natu ging im Dorf herum und verspottete Bargudu, und weil sie mit ihren Liedern und Schmähreden auch durch die Nachbardörfer zog, kam das Unglück weit über Surma Kibish hinaus. Früher konnten die Mädchen ihre Ehemänner nicht selber wählen, Natu war die erste, die nicht mehr gehorchte. Sie war die erste, die einen Hochländer als Freund hatte, die erste, die sich lieber Medizin aus Maji mitbringen ließ, als zum Heiler zu gehen, die erste, die … Ach, sie wollte *alles* anders machen, als es die Suri schon immer getan hatten. Bald war sie so stark, daß sie keiner daran hindern konnte.

Heute sieht jeder, was sie damit angerichtet hat. Viele der Jungen wollen nicht mehr so leben, wie es sich für einen Suri gehört. Sie verdienen lieber schnelles Geld mit Touristen, und wenn sie dabei bis nach Jinka gehen müssen und dort ihre Körper verkaufen –

*

»Aber ja, Joe«, ergänzte Kokordi, »eine normale Frau hätte dich niemals angesprochen, sie hätte ja gar nicht die Zeit dazu gehabt.«

Der Regen hatte deutlich nachgelassen, die ersten Gäste waren bereits wieder gegangen. Trattner bemerkte, daß Aru schräg hinter Kokordi stand, wer weiß, wie lange schon, und aufmerksam zuhörte. Denn Bargudu war noch längst nicht fertig:

»All unsre Traditionen sind im Busch. Schon die jungen Mädchen trinken zuviel und reden zuviel. Das macht ihren Bauch heiß, und sie schlafen mit jedem, der sie hinter eine Hütte wirft. Die jungen Männer trinken und reden noch mehr als sie. Alle haben sie ein Gewehr, das sie bei jeder Gelegenheit benützen wollen, statt ihre Sachen mit dem Stock auszufechten. Sie lassen ihre Rinder nicht mehr von mir segnen, sie kaufen lieber Spritzen in Jinka, um sie zu impfen. Niemand will mehr auf meinen Rat hören. Wir brauchen den Krieg, Joe, damit die Ordnung in unser Leben zurückkommt.«

Über Natu aber, obwohl sie immer betrunken war und vor den andern über ihn lästerte, habe er all die Jahre seine Hand gehalten.

Zum Lästern habe sie doch allen Grund gehabt, wandte Trattner ein, immerhin sei sie von Bargudu schon als junges Mädchen belästigt worden.

»Was sagst du da?« Bargudu fuhr mit einer Schnelligkeit von der Bank hoch, die ihm Trattner nicht zugetraut hätte. Er selbst erhob sich demonstrativ langsam. Das Getuschel auf der Terrasse erstarb.

»Ich soll sie belästigt haben? Wer wagt das zu sagen?« Bargudu war tatsächlich außer sich. Trattner rechnete damit, daß er im nächsten Moment ein Gewehr packen würde, um auf ihn einzuschlagen. Auch Kokordi und Badiso waren aufgesprungen, allerdings um Bargudu zurückzuhalten.

Natu selbst habe es ihm gesagt, ließ ihn Trattner in kurzen Worten wissen, Kokordi verwandelte auch das in einen unglaublich langen Satz. Bargudu, eben noch in höchster Anspannung, sackte in sich zusammen:

»Wer sonst als sie hätte's gewagt, eine solche Lüge zu verbreiten.«

»Ich habe nichts getan, außer zu existieren«, versicherte er, nachdem er ein paarmal tief Luft geholt, und setzte sich wieder. Im Gegenteil, er habe Natu vor jedem bewahrt, der sie bedrängte, schließlich habe er die Hoffnung nie aufgegeben, sie würde das Versprechen ihres Vaters irgendwann einlösen. »Aber im Grunde ihres Herzens war sie verworfen. Sie nahm sich jeden und wollte niemanden.« Sogar als sie Arenja erschlagen habe, sei er's gewesen, der im Rat der Ältesten ein Wort für sie einlegte. Nur ihm habe sie es zu verdanken, daß sie damals nicht aus Surma Kibish verjagt wurde.

Du mußt ihn loben, dachte Trattner, du mußt ihn so loben, daß er die Schmach vergißt. Dann wird er auch weitererzählen. »Ich danke dir«, sagte er leichthin, »sonst hätt' ich sie ja gar nicht kennengelernt.«

Er habe es nur für sie getan, resümierte Bargudu, habe es tun müssen.

Was denn genau?

Bargudu verstand nicht oder wollte nicht verstehen. Inzwischen hatte sich Aru direkt neben Kokordi geschoben; nun, da sich alle wieder auf ihre Plätze setzten, drängte er Badiso beseite, so daß er neben Kokordi Platz fand. Trattner wiederholte seine Frage, Bargudu antwortete jedoch nur wieder: Alles habe er tun müssen, ausnahmslos alles, was er ein Leben lang getan habe.

Trattner wußte nie sicher, ob ihn Bargudu beim Reden ansah oder durch ihn hindurch. Ob er nicht weit in die Ferne sah und ihm einfach nur schilderte, was er dort wahrnahm.

Sogar als die Sache mit Saba Kana passiert sei, fand er zu dem zurück, was er Trattner eigentlich hatte erzählen wollen: sogar dann noch habe er die Hand über Natu gehalten. Eine Frau, die

ihren eignen Mann erschlägt! Wann hätte es sowas schon mal in Surma Kibish gegeben, alle waren emp-
»*Eh, eh, eh, eh!*« mischte sich Aru ein. »Das hat's ja auch nie gegeben.« Und Bargudu habe es auch gar nicht gesagt.
Aru hatte auf Englisch gesprochen, vielleicht wollte er, daß Bargudu nicht verstand, was er sagte, bestimmt wollte er, daß es Trattner verstand. Kokordi drehte sich zu ihm um und versetzte etwas auf Suri, aber Aru schnitt ihm das Wort ab, wieder auf Englisch:
Schon die ganze Zeit habe er sich gewundert, was Kokordi da übersetze. Jeder in Surma Kibish wisse, daß er Natu immer gehaßt habe, aber wenn er ihr auch noch den Tod ihres Mannes unterschieben wolle … Das gehe zu weit.
Kokordi sprang auf, Aru erhob sich, alle andern taten's auch. Bargudu rechnete offenbar erneut damit, daß man ihm etwas unterschieben wollte, seine Augen waren jetzt wild und wachsam, sie ruckten wie die einer Taube vom einen zum andern. Er verstand nur, daß Kokordi, in seiner Ehre gekränkt, Aru beschimpfte, wieder auf Suri. Ob's Bargudu gewesen war, der Saba Kana erschlagen hatte? Mit seinem leicht gekrümmten Rücken und den vereinzelt verbliebnen Silberstoppeln hätte er ein harmloser alter Mann sein können, aber seine Augen waren so leer, wie sie es nur werden, wenn sie zuviel gesehen haben. Noch in Unterhemd und kurzen Hosen blieb er umwittert von Grausamkeiten, die er selbst begangen oder erlitten hatte, Dellen und Narben mochten nur einen geringen Teil davon repräsentieren.
Er habe sich Natu gegenüber immer korrekt verhalten, ließ er ungefragt wissen, widerwillig übersetzte es Kokordi für Trattner.
Anschließend übersetzte es Aru ein zweites Mal: Er habe Natu gegenüber immer nur das getan, was getan werden mußte.

»Und übrigens, Joe«, wandte sich Aru direkt an Trattner, »Bargudu hat vorhin auch mit keinem Wort gesagt, daß Natu immer betrunken war.«

»Sondern?« schrie ihn Kokordi an.

»Tatsächlich hat er gesagt, daß sie ständig aufsässig war.«

Da reichte es Kokordi: *Ayayay!* Er habe es so übersetzt, weil er wisse, daß Fremde derlei hören wollten. Dann fließe weiterhin Geld hierher.

»*Eeh!* In die Tasche von Bargudu und von dort zu all seinen Frauen und Kindern, sogar zu dir!«

Während Aru immer kälter wurde, geriet Kokordi völlig außer sich, er wollte sich nicht sosehr vor Aru als vor Trattner rechtfertigen: In der Tat, er sei Bargudus Sohn! Also spreche er immer für ihn und in seinem Sinn, auch wenn er nicht exakt seine Worte benutze.

Aru machte eine ausholende Geste mit dem Arm, als wende er sich an all jene, die sich auf der Terrasse eingefunden, dabei saß dort kaum mehr jemand: »Jeder weiß doch, warum Bargudu deine Mutter nach Maji geschickt hat, als sie mit dir schwanger war. Er hatte's ja mit ihrem Mann – oder sagen wir ganz offen: mit Natus Vater – so vereinbart.«

Aru machte eine Verbeugung vor Kokordi, um ihm seine Verachtung zu zeigen. Trattner versuchte zu begreifen, was er gerade gehört hatte – Kokordi war der uneheliche Sohn von Bargudu und Natus Mutter? Oder was hatte Aru da gerade behauptet? Jedenfalls beschimpfte ihn Kokordi dafür heftig auf Suri, ließ sich weder von Bargudu besänftigen noch von Gulduni, die herbeigeeilt kam, nun ganz Tochter, um ihrem Vater zu helfen und sich zwischen Kokordi und Aru zu drängen. Beide packten sie sofort an Schultern und Hüften und warfen sie zur Seite. Selbst als sie sich vom Boden aufrappelte, bewahrte sie sich einen Rest Koketterie. Da kam auch schon der Dorfpolizist und bemühte sich um sie, immer unterm Vorwand, ihr auf die Beine und zurück zu ihrer Sitzbank zu helfen. Einmal hielt Gulduni kurz inne und zog sich mit wütendem Ruck ihr Kleid herunter.

Unvermindert heftig derweil Kokordi und Aru, empört der eine, gelassen der andre. Auch das nur wenige Augenblicke lang. Schon wich Kokordi einen halben Schritt zurück und setzte eine beleidigte Miene auf. Trattner warf einen flüchtigen Blick zu Gulduni, sah, wie sie neben Mulugeta Platz nahm, der eingeschlafen war, man hörte ihn schnarchen. Hatte sie vielleicht gar nicht Bargudu, sondern Kokordi helfen wollen? Anscheinend war er ja ihr Halbbruder? In diesem Moment rauschte Kokordi an ihr vorbei und verschwand in der Kneipe. Das letzte, was man noch für einen Sekundenbruchteil aus dem Dunkel hervorleuchten sah, waren die giftgelbgrünen Bündchen seines Muskelshirts.

Er werde jetzt übersetzen, ließ Aru wissen, als sich Trattner wieder zurückfand zu Bargudu, in dessen Augen eine lauernde Entschlossenheit flackerte, seine ursprüngliche Zurückhaltung hatte sich ins Gegenteil verkehrt. Trattner bekam gerade noch mit, wie sich der Dorfpolizist auf die andre Seite von Gulduni setzte und ihr eine Flasche Bier in die Hand drückte. Erneut nahm Badiso Trattner an der Hand, erneut zupfte ihn Bargudu am Arm:

Selbst als Saba Kana bei einem Raubzug seines Dorfes erschossen wurde, habe er sich um Natu gekümmert. Von der Familie des Todesschützen habe er viel Geld für sie als Kompensation herausgehandelt. Davon hätte sie als Witwe bis an ihr Lebensende leben können.

Aru unterbrach seine Übersetzung und ließ Trattner wissen, daß Saba Kana mal eine junge Kuh so geschlagen habe, daß sie daran starb. »Wie hätte ihn selbst eine Natu erschlagen können?«

Demonstrativ mißbilligend schüttelte Aru den Kopf, wie habe es Kokordi so dreist erfinden können! Dann übersetzte er wieder, was Bargudu währenddessen gesagt hatte:

Natu habe das Geld zwar genommen, aber ihm nicht gedankt. Im Gegenteil, als ob all das, was er in seinem Leben für sie getan, ihren Haß nur noch mehr geschürt hätte. Sie wollte niemanden, sie duldete keine Hand auf ihrem Unterarm, am allerwenigsten die von Bargudu.

An dieser Stelle unterbrach Aru erneut: »Siehst du, Joe, auch das hat er vorhin falsch übersetzt.«

Trattner nickte, er hatte es ja schon immer geahnt. Aber am Ende wußte er auch jetzt nicht, ob Bargudu gerade gesagt hatte, was er zu hören bekam:

»Natu war gut und schlecht, sie hat immer was andres gewollt als ich.« Als sie ihm hier mit ihrem Krug eine Szene gemacht habe, sei's nicht das erste mal gewesen, daß man sie nur mit Stockhieben zur Raison bringen konnte. Oh, schon als junges Mädchen –

»Wer auch immer von euch redet«, unterbrach Trattner, »und wer auch immer übersetzt, alle betont ihr immer wieder, daß Natu schlecht war. War sie denn –«

»Sie war gut *und* schlecht!« korrigierte Aru. Bargudu nickte, obwohl er gar nichts verstanden haben konnte.

»War sie *lollu*?«

Aru lachte, es klang etwas bitter: »Sie war das Gegenteil von *lollu*.«

Aber Bargudu habe vorhin doch behauptet, sie sei verworfen gewesen?

Aru wandte sich an Bargudu und fragte nach. Bargudu wäre fast wieder von der Bank aufgesprungen, er redete eine Weile auf Aru ein, der ihm schließlich beschwichtigend die Hand auf den Oberarm legte und sich an Trattner wandte:

»Bargudu sagt: Wer das über Natu behauptet, lügt. Sie war eine wunderbare Frau.«

Trattner verschlug's die Worte. Hatte er richtig gehört?

»Aber ja«, bestätigte Aru, »sie war die Stärkste und Schönste, und obwohl sie so war, wie sie war, war sie auch die Klügste.« Die Eigensinnigste und die Klügste. Bargudu habe sie laufend bestrafen müssen, aber heimlich habe er sie bewundert.

Warum hat er sie dann erschlagen? dachte Trattner, er fragte Aru aber lieber nur: »Warum hat er sie dann – ?«

Das Ende des Satzes ließ er auf eine Weise im Raum hängen, die Bargudu sofort zu einer Antwort nötigte: »Was zu tun ist, muß getan werden.« Und noch mal: »Alles, was ich getan habe, mußte ich tun …«

»Du hast sie erschlagen?«

»… sonst wäre die Welt aus dem Gleichgewicht gekommen.«

Also doch. Trattner mußte tatsächlich schlucken. Also doch.

»Er hat sie wirklich erschlagen? Etwa hier, vor aller Augen?«

»Aber wer sagt *das* denn?« Aru übersetzte die Frage gar nicht erst, er beantwortete sie selbst: »Man erschlägt doch nicht einfach jemanden, wo denkst du hin, und schon gar nicht mitten im Dorf.«

»Aber Bargudu mußte doch tun, was er tun mußte«, widersprach Trattner, »er mußte sie doch –«

»Er mußte gar nichts«, fiel ihm Aru ins Wort. »Und er hätte auch gar nichts gedurft. Es ist nicht Bargudu, der entscheidet, es sind wir.« Aru wurde ein wenig zudringlich: »*Wir* haben sie weggeschickt, wir alle, auch Bargudu. Verstehst du?«

Also doch nicht erschlagen. Trattner mußte schon wieder schlucken. Also doch nicht.

»Ihr habt sie einfach nur fortgeschickt?« Trattner flüsterte fast. »Und sie ist allein losgezogen?«

Niemand sei bereit gewesen, sie zu begleiten, bestätigte Aru.

Nicht mal Badiso, der seine kleine Schwester so abgöttisch geliebt habe, nicht mal der.

Aber eine Frau, so ganz auf sich allein gestellt, und auch noch im Süden, wo neuerdings ja jede Menge –

Trattner hatte plötzlich das Gefühl, die Terrasse würde sich unmerklich zur Seite neigen. Schnell griff er nach Badisos Hand, aus der er sich gerade wieder einmal befreit hatte, und atmete tief ein. Sogleich spürte er wieder festen Boden unter den Füßen.

Eine Frau wie Natu solle man nie unterschätzen, gab Aru zu bedenken. Übrigens habe ihr Badiso nicht nur beigebracht, wie man mit dem Stock kämpft, sondern auch, wie man schießt. Jetzt habe er ihr sein eignes Gewehr mit auf den Weg gegeben. Dann aber räumte Aru achselzuckend ein: »Wir schicken niemanden fort, weil wir ihm den Tod wünschen. Aber du hast recht, Joe, da draußen in der Savanne kann viel passieren. Schon bei uns.«

So langsam dämmerte es Trattner, was Natu, noch im Suri-Land, passiert sein konnte. In der Verschwiegenheit der Wildnis hätte wohl nicht nur Bargudu eine Rechnung mit ihr zu begleichen gehabt. Trattner wagte nicht, den Gedanken zu Ende zu denken, überdies meldete sich Bargudu wieder zu Wort, und wieder wollte er beteuern: »Was ich getan habe, war gut und schlecht.« Er habe es tun müssen, damit das Gleichgewicht zwischen Himmel und Erde wiederhergestellt wurde.

Schon gut, dachte Trattner, du hast ein verdammt schlechtes Gewissen.

Bargudu fuhr fort: »Sie ist zum selben Platz gegangen, zu dem auch all die andern gehen.«

Trattner verstand nicht.

Bargudu erklärte: »Das Wasser des Flusses wurde schwarz.«

Trattner verstand erst recht nicht. Aru übersetzte, indem er nicht länger übersetzte: »Bargudu glaubt ... Bargudu befürchtet ... Bargudu macht sich Vorwürfe, daß Natu schon tot sein könnte. Wir wissen nur, daß sie aufgebrochen ist. Ob sie jemals ankommen wird und vielleicht sogar bei ihrem Onkel, wissen wir nicht.« Trattner schien's, als wollte sich auch Aru vor ihm rechtfertigen. »Wir wissen ja nicht mal, ob's diesen Onkel gibt. Keiner von uns ist je dort gewesen, da müßte er ja erst mal durchs Land der Nyangatom.« Aru bemühte sich, die Sache möglichst sachlich darzustellen, gab aber am Ende zu: »Es ist fast so, als ob sie vor unser aller Augen gestorben wäre. Mag sie am Leben sein, für uns ist sie tot.«

Der Regen hatte aufgehört. Aru schwieg, Bargudu schwieg, Trattner schwieg, Badiso schwieg sowieso. Keiner außer ihnen war noch auf der Terrasse, abgesehen von Mulugeta, der neben dem Kneipeneingang schlief. Kein einziger Kampfstock mehr, der an der Brüstung lehnte, kein einziges Gewehr. Die Nacht drum herum tiefschwarz und still, nicht mal Grillen hörte man. Das war's, dachte Trattner. Das war's.

*

Aber noch nicht ganz. Es fehlten noch ein, zwei Sätze, um das Maß seines Unglücks vollzumachen. Der Dorfpolizist war's nicht, der sie sagte, auch wenn er nun aus der dunklen Kneipe hervor- und auf Trattner zukam oder eigentlich zutorkelte.

Er sei jetzt sein Freund, fiel er Trattner um den Hals. Es dauerte eine Weile, bis er ihm klarmachen konnte, daß ihn Mulugeta zwar in phänomenal gute Laune versetzt, aber das Geld nur versprochen hatte. Typisch Mulu, dachte Trattner und drückte ihm ein paar Scheine in die Hand – er war genauso betrunken wie der Polizist, keiner der beiden erinnerte sich daran, daß Mulugeta schon bezahlt hatte. Der Polizist starrte die Geldscheine so intensiv an, als hätte er noch nie äthiopische Birr gesehen, dann sagte er: »*Give more.*«

»Du gibst ihm nichts mehr«, mischte sich Aru ein und riß den Polizisten von Trattner weg. Der Polizist schwankte und hielt sich an Aru fest. Aru versetzte ihm eine leichte Ohrfeige und noch eine auf die andre Wange, so daß er wieder losließ. Der Polizist grinste und schob die erschnorrten Birr in die Hosentasche. Grinsend verabschiedete er sich von Trattner, er habe noch was vor. Trattner erhob sich. Kaum stand er, war er bereits heftig bemüht, stehenzubleiben, er war nicht nur betrunken, sondern total betrunken. Auch er mußte sich an Aru festhalten, der sich in seiner Umarmung in Badiso verwandelte. Richtig, den gab's ja auch noch.

Während Trattner seiner Urteilskraft fast völlig verlustig gegangen war, hatte Bargudu ohne Lust und Durst an seinen Flaschen genippt, er hatte lediglich seinen Pegel gehalten. Zum Abschied wollte er Trattner noch ein paar Sätze auf den Weg geben, die ihn offensichtlich drückten und herausmußten. Was er sagte, wollte Aru allerdings nicht übersetzen. Man sah ihm an, daß er nach Umschreibungen suchte, mehrmals wurde er von Bargudu mit leichten Ellbogenstößen zu einer Äußerung ermuntert. Endlich rang er sich zu den Worten durch, die er freiwillig nie in den Mund genommen hätte:

»Bargudu sagt: Auch ich habe sie geliebt.«

Hat er das gerade wirklich so gesagt? schoß es Trattner durch den Kopf, vielleicht hat er sie ja auch nur »gemocht«? Aru hatte Bargudus Worte mit »*I loved her too*« übersetzt. »Genaugenommen«, korrigierte der sich, als Trattner nachfragte, »genaugenommen hat er sogar gesagt, er hat sie sehr geliebt.«

Statt daß Bargudu nun endlich seinen Mund gehalten hätte, ergänzte er und beharrte so lange auf einer Übersetzung, bis sich Aru erneut überwand: »Er sagt: Und ich liebe sie noch immer.«

Bargudu ging in die Knie, um die Erde zu berühren und die

Fingerspitzen kurz in den Mund zu führen. »Wenn du dich in Zukunft an sie erinnerst, weißt du, daß ich mich im selben Moment auch an sie erinnere.«

Trattner mußte sich erst mal wieder auf eine Bank ablassen. Bargudu nahm ihm gegenüber Platz und, leicht versetzt hinter ihm, ein zweiter Bargudu. Jetzt hatte er wieder diese stillen Augen. Vier stille Augen. Nachdem Trattner die Lider zusammengekniffen hatte, nur zwei. Er richtete seinen Blick auf Bargudus hellrosa leuchtende Nagelbetten, aber sooft er sie zählte, kam er auf ein andres Ergebnis. Soll ich auch noch Mitleid mit dir haben? fragte er sich. Zwei Männer mit Kummer, und natürlich schweigen sie sich an. Je weniger er mit ihm sprach, desto besser schien er sich mit Bargudu zu verstehen. Hatte der nicht schon beim letzten Mal gesagt, sie seien Freunde?

Was hast du da gerade gedacht? Jetzt erst begriff Trattner – erst jetzt! –, daß ihm Bargudu gerade den finalen Schlag versetzt hatte, nicht er ihm. Es wird Zeit, daß du nach Hause kommst, dachte er, sonst wirst du an diesem Land noch verrückt. Wo immer dein Zuhaus in Zukunft sein mag.

»Du bist mein Freund, Joe. Trotzdem mußt du morgen wieder weg, vergiß das nicht.« Bargudu konnte offenbar wirklich Gedanken lesen. Er machte seine schlenkernde Handbewegung, diesmal allerdings nicht zu Badiso, um ihn nach Bieren zu schicken, sondern in die entgegengesetzte Richtung, den Weg entlang, der an der Terrasse vorbeilief, und in die Nacht hinein.

Trattner stand auf, ganz langsam, weil die Dinge geradewegs vor ihm zurückwichen. Kaum hatte er sich von der Bank hochgedrückt, war sie hinter ihm versunken, und weil auch alles vor und neben ihm lautlos wegsackte, ließ er sich zu Boden gleiten, um sich an der verbliebnen Welt festzuhalten. Schließlich lag, saß, hockte und erhob er sich gleichzeitig, Aru zu seiner Rechten, Badiso zur Linken, mit vereinten Kräften brachten sie ihn zum Stehen. Er ging ein, zwei Schritte, bis er an der Lücke im Zaun stand, die der Eingang zur Terrasse war, der Ausgang ins Nichts. Er sah gerade mal ein paar Pfützen, in denen sich das Licht der Glühbirne spiegelte, und die schwarze Wand dahinter, zu der Büsche und Bäume zusammengefunden hatten. Sternlos der Himmel in einem dunklen Grau darüber. Hier war's gewesen, wo ... alles angefangen hatte, gestern erst oder vor einem halben Leben. Trattner spürte, wie ihm der Schweiß aus den Achselhöhlen lief, wie ihm ein Tropfen das Rückgrat hinabrollte.

Ehe man sich in Bewegung setzte, erinnerte sich irgendwer an Mulugeta. Nachdem er wachgerüttelt war, verkündete er als erstes, er sei fast nüchtern und könne noch fahren. Wohlweislich habe er sein kleines Haus ganz in der Nähe abgestellt.

Aru und Badiso hießen Trattner unterhaken und führten ihn durch die dunkle Kneipe. Immer wieder stolperte er über jemanden, der sich zum Schlafen hingelegt hatte, Aru witzelte: »Du hast vergessen, wie man geht.«

Draußen vor der Kneipe konnte Trattner wieder alleine stehen. Da und dort sah er jemanden, der nach Hause ging. Irgendwer übergab ihm die Decke, die er vergessen hatte – vielleicht Badiso, richtig, den gab's immer noch.

»Der Regen macht nur eine Pause«, sagte Bargudu und drückte Trattner seinen Schirm in die andre Hand: »Du wirst ihn noch brauchen.«

Trattner bedankte sich. Er war froh, daß er wieder festen Boden unter den Füßen hatte und daß es nur ein einziger Bargudu war, der ihm gegenüberstand. »Jetzt hab' ich so viel in meinem Bauch«, beugte er sich zu ihm hinab, »so viel, daß ich nicht mehr weiß, was ich glauben soll und wem.«

Bargudu schien einen Moment nachzudenken, ehe er mit

steinerner Miene verkündete: »Alles, was sie dir erzählt hat, stimmt, Joe. Nicht mir mußt du glauben, glaub ihr.«

Wenn du wüßtest, was ich dann von dir glauben müßte, dachte Trattner, aber er fragte lieber nur: »Jeder von euch hat mir ihre Geschichte anders erzählt, und je mehr ich drüber nachdenke, desto weniger finde ich ein Ende.«

Da ließ Bargudu noch einmal aufblitzen, daß er den Segen geben und das Gleichgewicht bewahren konnte, auch im Unterhemd, das nasse Sakko überm Arm: »Nur die kleinen Geschichten haben ein Ende. Die großen gehen immer weiter. Je öfter sie erzählt werden, desto mehr verzweigen sie sich – wie der Wald, der nach jedem Regen wächst, bis er undurchdringlich scheint. Selbst wenn du dir mit der Machete einen Weg schlägst – und vielleicht sogar einen zweiten – und weitere Wege, die davon abzweigen –, so wirst du nur immer den Weg kennenlernen, niemals den Wald. So ist es mit den Geschichten, wie sie bei uns erzählt werden.«

*

Kaum hatten sie einander endlich verabschiedet, hob der Regen wieder an – nur ein leichtes Nieseln, doch stark genug, daß Mulugeta den Schirm aufspannte und Trattner sich seine Decke wie ein Cape überwarf. So gingen sie den breiten Erdstreifen entlang, der die Hauptstraße von Surma Kibish war, Mulugeta vorneweg, Trattner, wie es seine Art war, hinterher.

»Hab' ich was Wichtiges versäumt?« fragte Mulugeta halb über die Schulter.

»Nein«, sagte Trattner.

Er war nicht mehr *total* betrunken, und doppelt sah er auch nichts mehr. Während er anfangs nur vorsichtig Schritt vor Schritt gesetzt hatte, ging er bald ganz beiläufig, und obwohl er ständig Pfützen umgehen mußte und dabei ein ums andre Mal fast ausrutschte, stellte sich wieder diese trügerische Leichtigkeit ein, die vielleicht nur seine hallodrihafte Form von Schwermut war. Sie waren nicht die einzigen, die sich in der Regenpause auf den Weg gemacht und es nun, überrascht vom erneut einsetzenden Nieseln, eilig hatten. Als Trattner auf die Uhr blickte, sah er, daß es noch längst nicht so spät war, wie er gedacht hatte. Und da vorn, vielleicht nicht mal mehr hundert Meter entfernt, schimmerte auch schon etwas Weißes, das mußte der *Nissan Patrol* sein, Mulugetas kleine Haus.

Während sie voranschritten, kam ihnen der weiße Fleck entgegen und war eine Frau. Was so weiß schimmerte, war das Tuch, das sie auf der Schulter verknotet hatte. Je näher sie kam, desto kleiner wurde sie und, wäre sie nicht so sehnig gewesen, fast zierlich. Schon ging sie, gesenkten Hauptes, an Mulugeta – der ihre Gestalt für einen Moment völlig verdeckte – vorbei.

Im nächsten Moment auch an Trattner.

Als er ihr hinterhersah, verwandelte sie sich von der Fremden, die ein paar Meter entfernt an den Baracken entlanglief, verwandelte sich in eine Frau, bei deren Anblick ihm schon mal das Herz ausgesetzt hatte.

Das linke Ohr war zur Hälfte abgerissen.

Blitzschnell kniff er die Augen zusammen, hörte das leise Nieseln rundum und laut sein Herz, wie es wieder zu schlagen begann, schnell und hart bis hinauf in den Hals und die Schläfen. Da war sie wieder!

Er riß die Augen auf. Oder hatte er sich das nur eingebildet? Er sah, wie die Frau, barfüßig leicht und federnden Schrittes, auf die gegenüberliegende Straßenseite hinüberwechselte und unter einem Dach verschwand, das zwei Baracken miteinander verband. Trattner rannte los. Als er die Lücke zwischen den beiden Baracken erreicht hatte, rutschte er im Schlamm seitlich weg, im Fallen sah er, wie die Frau auf der andern Seite des Durchgangs, sehr schmal in ihrem weißen Tuch, in die Dunkelheit hineinschlüpfte. Hastig rappelte er sich auf, der Schlamm wollte ihn gleich wieder nach unten ziehen. Aber er ließ es nicht zu, rannte durch den Durchgang – und wäre auf der andern Seite fast erneut gestürzt.

»Natu!« schrie er in die Dunkelheit, »*Kihinenyndo!*«

Das hatte er während der letzten Wochen so oft gesagt und geträumt, daß er's selbst in seinem desolaten Zustand über die Lippen bekam. Er sah den Beginn des Feldwegs, den er vor wenigen Stunden gegangen, er wußte, daß er schon nach wenigen Metern in den Busch führte und sich bald dahin und dorthin verzweigte. Das alles von mondloser Nacht so endgültig ins Dunkel gerückt, daß er's nie würde vergessen können, dessen wurde sich Trattner ganz langsam gewiß.

Als er den Kopf sinken ließ, wäre der Boden fast wieder unter ihm weggekippt. Er stemmte sich so breitbeinig wie möglich dagegen, um die Schwankungen auszugleichen. Von oben bis unten war er mit Schlamm bespritzt, einen ganzen Tag lang hatte er tapfer versucht, soviel wie möglich zu denken, um so wenig wie möglich zu fühlen. Aber nun war er verloren, es schnürte ihm den Hals, er konnte nicht mal schluchzen.

Irgendwann legte ihm Mulugeta die Decke über die Schultern, die er beim Laufen verloren hatte, und nahm ihn dabei fest in die Arme. So fest, daß Trattner keine Luft mehr bekam. Schließlich bellte er ihm ein leises »Wuff« ins Ohr, es mußte ein winziger Hund sein, ein Hündchen. Und weil Trattner nicht zurückbellte, übersetzte es Mulugeta für ihn: »Komm, Joe, wir gehen heim.«

Den Rest des Weges gingen sie neben- und miteinander, denn Mulugeta ließ Trattner gar nicht mehr los.

»Swei is bässa.«

Mitten durch die Pfützen gingen sie. Nur einmal blieben sie kurz stehen, weil sich Trattner in der Seitentasche seiner Hose der Scherbe versichern wollte, der Scherbe, die ihm vom zerbrochnen Krug geblieben war.

So oder so, sagte er sich, als er die Scherbe zurück in die Tasche schob, es ist vorbei. Alles, was jetzt kommt, ist egal.

***

Zwei Tage später, am 21. Februar 2020, wurde Trattner erschossen. Er befand sich mit Mulugeta auf der Rückreise nach Addis Abeba, als sie in Wolisso in einem Verkehrsstau steckenblieben. Einige Tage zuvor war ein bekannter Oromo-Sänger getötet worden, die Innenstadt war verstopft durch einen Trauerzug, der sich zunehmend zur Demonstration und bald zu einer Straßenschlacht mit der Polizei entwickelte.

Trattner soll, den Auskünften Mulugetas zufolge, mit ihm gemeinsam zunächst nur zugesehen haben. Dann aber wurde vor ihren Augen auf eine Gruppe Mädchen eingeschlagen, von denen eines unter den Hieben der Schlagstöcke zusammenbrach. Als ein Polizist weiter auf das Mädchen einprügelte, das, am Boden liegend, nurmehr schützend die Hände über den Kopf hielt, soll Trattner eingeschritten sein. Gemäß Protokoll, das aufgrund von Mulugetas Aussagen in der österreichischen Botschaft in Addis Abeba angefertigt wurde, drängte er sich vor das Mädchen und schubste den Polizisten weg. Er weigerte sich zu verschwinden, ließ sich auch durch Hiebe mit dem Schlagstock und den Warnschuß eines anderen Polizisten nicht umstimmen. Wer den tödlichen Schuß abgegeben habe, konnte Mulugeta nicht sagen, Trattner sei plötzlich umgefallen und sofort weggebracht worden. Bei dieser Demonstration sollen über zweihundert Zivilisten getötet worden sein, Josef Trattner war nur einer davon.

Im Protokoll der äthiopischen Behörden steht, es sei Widerstand gegen die Staatsgewalt beziehungsweise – auf seiten der Polizei – Notwehr gewesen. Trattners Bruder erzählt, der äthiopische Staat habe Ermittlungen gar nicht erst aufgenommen, die österreichische Botschaft bald wieder eingestellt.

Oh ja, Trattner hatte einen Bruder. Genaugenommen einen

Halbbruder, deutlich älter, aus der ersten Ehe von Trattner sen. Er heißt *Franz* Josef Trattner und sieht seinem Halbbruder offenbar erstaunlich ähnlich.

Von Trattners Tod habe ich eher zufällig im *Café Zartl* erfahren, Mariola hat mich dann mit seinem Halbbruder bekannt gemacht. Er war es, der mir das Protokoll zu lesen gegeben hat, das aufgrund von Mulugetas Aussagen angefertigt wurde. Wir trafen uns öfters im *Café Zartl*, gelegentlich auch zu dritt mit Professor Johann Zottler. Bei einem dieser Treffen übergab mir Professor Zottler Trattners Skizzenbuch. Nach der Überstellung von Trattners Habseligkeiten war es zunächst in der Zottlerei ausgewertet worden, man hatte sich darin Hinweise auf verschwundene Grabungsfunde erhofft, vergeblich. Bei näherer Sichtung entpuppte es sich als ein penibel geführtes Notizbuch – Trattner hat nicht nur Landschaften und Personen skizziert, sondern seine Reise, unter Angabe von Uhrzeiten, Entfernungskilometern, Wetterlagen usw., auch akribisch protokolliert. Immer wieder konnte ich bei der erzählerischen Rekonstruktion dessen, was Trattners letzte Tage gewesen sein mögen, seine eigenen Formulierungen wortwörtlich übernehmen. Was sich darin an konkreten Angaben über Land und Leute findet, habe ich nicht überprüfen können.

Franz Josef Trattner, wohnhaft im Wiener Bezirk Neubau, kümmert sich mit großem Engagement um den Nachlaß seines Bruders. Aus dessen Beständen kuratiert er nicht nur laufend Ausstellungen, sondern er regt auch immer wieder Künstler an, die mit Josef Trattner befreundet waren, die hinterlassenen Objekte in dessen Geist mit Performances aller Art neu zu beleben. Im Juni 2022 hat er ein paar Jazzmusiker zu einer Livesession in den riesigen Schaumstoffwürfel eingeladen, den Josef Trattner schon vor Jahr und Tag auf einem Weinberg bei Herrnbaumgarten im nördlichsten Waldviertel aufgestellt – man mag sagen:

hinterlassen hat. Nach einigen weiteren Veranstaltungen, die Franz Josef Trattner auf den Weg gebracht, moderiert, durch Interviews flankiert oder sonstwie begleitet hat, habe ich den Verdacht, es sei von Anfang an *er* gewesen, der Rotwein und Schaumstoff für die Kunst entdeckt hat. Und sein Bruder »nur« derjenige, der all das mit Wort und Tat in Szene setzte, als wären es seine eigenen Genialitäten.

Für 2023 ist eine Verkleidung besagten Würfels durch Trattners Weinbilder geplant, in einer späteren Phase soll der Würfel bepflanzt werden: Versöhnung von Schaumstoff und Natur. Franz Josef Trattner scheint mir, zwar auf den Spuren seines Bruders, nun Neuland auch als Künstler zu betreten. Sucht man »Josef Trattner« im Internet, erhält man zahlreiche Treffer zu seinen diversen Aktionen. Sucht man »Franz Josef Trattner«, erhält man – abgesehen vom einen oder anderen Namensvetter in der Steiermark oder in Oberösterreich – nichts. Franz Josef Trattner scheint, zumindest als Künstler, vollkommen in der Rolle des Josef Trattner aufgegangen zu sein, wohingegen der real existierende, der Mensch Josef Trattner gerade aufgrund jenes Vexierspiels schon so gut wie verschwunden ist. Professor Zottler würde sagen: seinem Lebensthema gemäß.

Fest steht, daß Trattners Leichnam nach der Überführung auf dem Grinzinger Friedhof bestattet wurde – Franz Josef Trattner zufolge mit Weraxas Ärmel über dem rechten Arm, Professor Zottler zufolge mit Natus Reif am Handgelenk. Letzterer soll eine grandiose Rede am Grab gehalten und dafür gesorgt haben, daß auf Grabstein und Grabschmuck verzichtet wurde. Er will damit eine Hommage an die Suri verbunden sehen, an ihre Tradition, einen Verstorbenen nicht durch Auratisierung seiner letzten Ruhestätte lebendig zu erhalten, sondern ihn »ohne Wenn und Aber zurück an die Natur zu geben«. Eine Art Grabschmuck hat das Grab gleichwohl – die Scherbe des zerbrochnen Krugs, die man in einer der Taschen von Trattners Trekkinghose fand. Sein Halbbruder hat sie, das erzählt er gerne, ein Stück weit in die Erde hineingedrückt, nachdem das Grab geschlossen war.

Als ich das Grab im Rahmen meiner Recherchen besucht habe (Gruppe 21, Reihe 6, Nr. 1A), war die Scherbe noch in situ. Trattners Ruhestätte liegt übrigens direkt neben dem Grab von Thomas Bernhard, einfach deshalb, weil diese Grabstelle seit vielen Jahren unbelegt und zum Zeitpunkt von Trattners Beisetzung frei war. Steht man davor, könnte man glauben, sie wäre weiterhin unbenutzt.

Wie ich unlängst im *Café Zartl* erfuhr, wird erwogen, eine Grabplatte mit Phantasienamen und -daten anfertigen zu lassen, um dem spurlosen Verschwinden – für gewisse Kreise der Zottlerei *das* Lebensthema Trattners – noch stärker Ausdruck zu verleihen. Das Vorhaben ist umstritten. Ohnehin wird es wohl erst in die Wege geleitet werden können, wenn der Rechtsstreit zwischen dem Deutschen Archäologischen Institut und der Österreichischen Akademie der Wissenschaften beigelegt ist. Berlin hat Anzeige gegen die Institution und gegen Professor Zottler persönlich erhoben, es geht um die Begleichung sämtlicher Schäden, die bei der Grabung auf dem Judith-Stelenfeld / Aksum durch die Verpflichtung Trattners als Grabungsleiter entstanden sind. Die Ermittlungen laufen, mit einem Prozeß wird aufgrund der schwierigen Beweislage, wenn überhaupt, erst in einigen Jahren gerechnet.

Bekanntermaßen brach der äthiopische Bürgerkrieg Anfang November 2020 aus, nicht ganz so früh, wie etwa Mulugeta vermutet hatte. Daß er – Stand Ende 2022 – Hunderttausende an Menschenleben gefordert hat, ist ebenfalls bekannt, und es ist zu befürchten, daß Mulugeta und Weraxa im Lauf der Kampfhandlungen gefallen sind. Was Weraxa betrifft, gilt als gesichert, daß er dem Einberufungsbescheid als Reservist der äthiopischen Armee Folge leistete. Von Mulugeta weiß man lediglich, daß er von Addis Richtung Aksum weiterfahren wollte, um sich dort den tigrayischen Rebellen anzuschließen. Von beiden fehlt seitdem jede Spur. Versuche, über Trattners Handy (in dem die Nummern der beiden gespeichert waren) mit ihnen in Kontakt zu kommen, schlugen stets fehl.

Bleibt zuletzt der Stempel, den Trattner von Professor Wiltschek geschenkt bekam, nachdem der ihn von Atse gekauft – oder beschlagnahmt? – hatte. Er fand sich in Trattners Rucksack. Sein Halbbruder hat ihn mir, zusammen mit dem kleinen Tonhund, an einem unserer Abende im *Zartl* überlassen – als Dank dafür, daß ich versucht habe, Josef Trattners letzte Lebenstage aufgrund seiner eigenen Aufzeichnungen und des Protokolls der österreichischen Botschaft darzustellen.

Wenn ich an Trattner denke, an Josef Trattner alias Joe oder *Josephhh...*, sehe ich ihn ausgerechnet in seinen letzten Augenblicken vor mir, von denen kaum etwas überliefert ist. Ich glaube nicht, daß er ein glücklicher Mensch war, als er starb. Aber ich möchte mir vorstellen, daß er mit sich im Reinen war. Vollkommen unbewaffnet stellte er sich der Polizeigewalt entgegen, er hatte nur sein Herz mitgebracht.

***

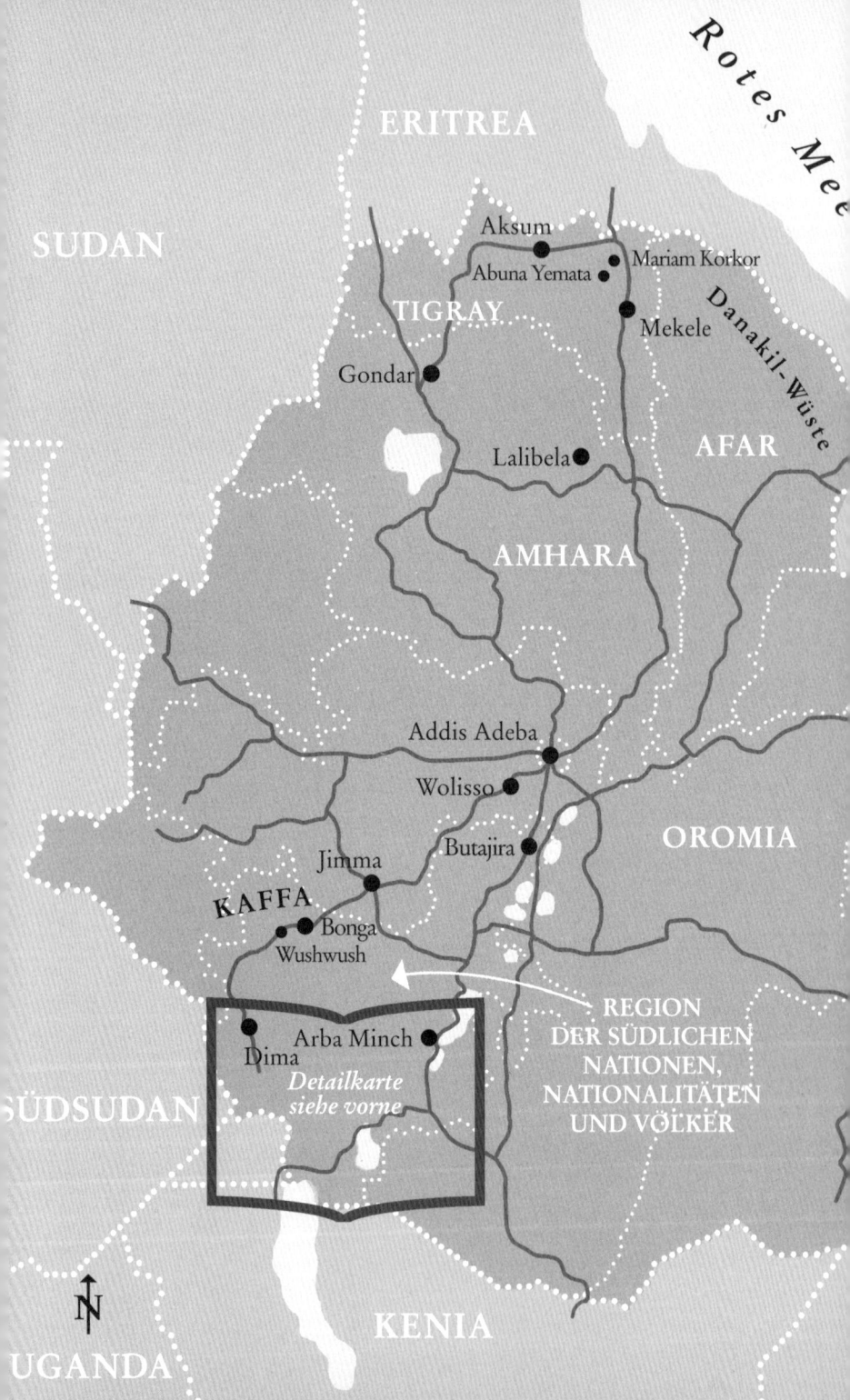